高等职业教育高速铁路工程技术专业“十二五”规划教材

高速铁路工程招投标与项目管理

李东侠　主　编
赵纪平　张全良　副主编

中国铁道出版社
2016年·北京

内容简介

本书为高等职业教育高速铁路工程技术专业“十二五”规划教材。是根据高职高专高速铁路工程技术专业及相关专业的项目管理与招投标课程的教学要求为高等职业教育高速铁路工程专业编写的。本书分两篇，上篇为高速铁路工程招投标，包括：绪论、高速铁路工程招标投标主体、高速铁路工程招标、高速铁路工程投标等内容；下篇为高速铁路项目管理，包括：工程项目管理简介、施工项目成本管理、施工项目进度管理、施工项目质量管理、施工项目合同管理、施工项目安全管理、客运专线铁路竣工验收等内容。本书紧密结合我国当前高速铁路项目管理的实际情况，吸取了近几年高速铁路项目管理的最新科研成果，着力与国际惯例接轨，具有科学性、先进性和实用性。

本书可为高职高专、继续教育学院和职工培训教学用书，也可供铁路施工企业项目管理人员参考。

图书在版编目（CIP）数据

高速铁路工程招投标与项目管理/李东侠主编．—北京：中国铁道出版社，2011.12（2016.12 重印）
高等职业教育高速铁路工程技术专业“十二五”规划教材
ISBN 978-7-113-13860-8

Ⅰ.①高… Ⅱ.①李… Ⅲ.①高速铁路－铁路工程－招标－高等职业教育－教材②高速铁路－铁路工程－投标－高等职业教育－教材③高速铁路－铁路工程－工程项目管理－高等职业教育－教材 Ⅳ.①U238

中国版本图书馆 CIP 数据核字（2011）第 251828 号

书　　名：高速铁路工程招投标与项目管理
作　　者：李东侠　主编　赵纪平　张全良　副主编

策　　划：刘红梅　编辑部电话：010-51873133　电子信箱：mm2005td@126.com　读者热线：400-668-0820
责任编辑：刘红梅
编辑助理：谢宛廷
封面设计：崔　欣
责任校对：孙　玫
责任印制：陆　宁

出版发行：中国铁道出版社（100054，北京市西城区右安门西街 8 号）
网　　址：http://www.tdpress.com
印　　刷：三河市航远印刷有限公司
版　　次：2011 年 12 月第 1 版　2016 年 12 月第 2 次印刷
开　　本：787 mm×1 092 mm　1/16　印张：16.75　字数：419 千
印　　数：3 001～6 000 册
书　　号：ISBN 978-7-113-13860-8
定　　价：33.00 元

前言

QIAN YAN

高等职业教育的培养目标是高素质技能型专门人才，高质量的教材是达到这一目标的基本保证。高职高专教材应当满足高等职业教育改革发展的需要，应当根据技术领域和岗位群的任职要求，参照相关的职业资格标准、改革理论体系和学习内容，突出职业能力培养的特色。本教材正是依据上述要求，根据高速铁路建设项目管理相关的内容，依据现行的《中华人民共和国建筑法》、《中华人民共和国招标投标法》、《中华人民共和国合同法》、《建筑工程施工合同示范文本》、FIDIC《施工合同条件》等与现行的法律、法规、规范、结合工程实际编写的。在教材内容安排上，注重系统性，前后知识连贯，形成完整的知识体系。

本教材以培养学生具有高速铁路项目管理与招投标知识能力为目标，全面系统地阐述了高速铁路工程招投标的理论和方法以及项目管理，重点讲述了高速铁路项目管理的内容。本书分两篇。上篇为高速铁路工程招投标，包括：绪论、高速铁路工程招标投标主体、高速铁路工程招标、高速铁路工程投标等内容；下篇为高速铁路项目管理，包括：工程项目管理简介、施工项目成本管理、施工项目进度管理、施工项目质量管理、施工项目合同管理、施工项目安全管理、客运专线铁路竣工验收等内容。本书紧密结合我国当前高速铁路项目管理及招投标的实际情况，吸取了近几年高速铁路项目管理的最新科研成果，着力与国际惯例接轨，具有科学性、先进性和实用性。

教学建议

章	内　容	学　时
上篇　高速铁路工程招投标		
1	绪论	4
2	高速铁路工程招标投标主体	2
3	高速铁路工程招标	8
4	高速铁路工程投标	8
下篇 高速铁路项目管理		
5	工程项目管理简介	4
6	施工项目成本管理	10
7	施工项目进度管理	10

续上表

章	内　容	学　时
8	施工项目质量管理	10
9	施工项目合同管理	16
10	施工项目安全管理	8
11	客运专线铁路竣工验收	6
合　计		86

本教材由吉林铁道职业技术学院李东侠任主编，吉林铁道职业技术学院赵纪平和天津铁道职业技术学院的张全良任副主编。上篇由赵纪平编写；第5章由张全良编写，第6章、第7章、第8章、第9章、第10章由李东侠编写，第11章由吉林铁道职业技术学院张伟编写，全书由李东侠统稿、修改并定稿。

由于时间仓促，加之编者水平有限，书中错误和不当之处在所难免，敬请广大读者批评指正。

编　者

2011.11

MU LU **目录**

上篇　高速铁路工程招投标

下篇　高速铁路项目管理

上篇　高速铁路工程招投标

1　绪　　论

本章描述

高速铁路工程招标投标，是指铁路单位(即业主或项目法人)通过招标的方式，将高速铁路工程项目的勘察、设计、施工、材料设备供应、监理等业务，一次或分步发包，由具有相应资质的承包单位通过投标竞争的方式承接。本章的内容为高速铁路招投标的概述，主要介绍铁路工程交易市场的概念、高速铁路工程交易市场的主体和客体、高速铁路工程承发包及建设市场的管理等。

拟实现的教学目标

1. 能力目标

- 能够认识铁路工程交易市场；
- 能够认识高速铁路工程承发包、判别承发包的方式；
- 能够认识铁路施工企业通过招投标取得工程承建权的过程。

2. 知识目标

- 了解高速铁路工程交易市场的概念及管理体制；
- 熟悉高速铁路工程承发包的内容、方式，铁路工程交易中心的功能及运行程序；
- 掌握高速铁路工程招标投标的概念、分类、特点以及招标投标活动的基本原则。

3. 素质目标

- 培养学生具有一定的高速铁路工程招投标意识、企业意识。

相关案例

某铁路建设单位准备在某市建一座公铁框构立交桥，预算投资200万元，建设工期为5个月。工程采用公开招标的方式确定承包商。按照《招标投标法》和《建筑法》的规定，建设单位编制了招标文件，并向当地的建设行政主管部门提出招标申请，得到了批准。但是在招标之前，该建设单位就已经与甲施工公司进行了工程招标沟通，对投标价格、投标方案等实质性内容达成了一致的意向。招标公告发布后，有甲、乙、丙三家公司通过了资格预审。按照招标文件规定的时间、地点和招标程序，三家施工单位向建设单位递交了标书。在公开开标的过程中，甲和乙承包商在施工技术、施工方案、施工力量和投标报价上相差不大，乙公司在总体技术和实力上较甲公司好一些。但是,定标的结果确定是甲承包公司。乙公司很不满意,但最终接受了这个竞标结果。20多天后,一个偶然机会,乙承包公司接触到甲公司的一名中层管理人员,在谈到该建设单位的工程招标时,甲公司的这名员工透露说,在招标之前,该建设单位已经和甲公司进行了多次接触,中标条件和标底是双方议定的,参加投标的其他人都蒙在鼓里。对此情节,乙公司认为该建设单位严重违反了法律的有关规定,遂向当地的建设行政主管部门举报,要求建设行政管理部门依照职权宣布该招标结果无效。经建设行政管理部门审查,乙公司所陈述的事实属实,遂宣布本次招标结果无效。

分析要点:本案例涉及到的是招标单位与投标单位相互串通而导致中标无效的问题。《工程建设项目施工招标投标办法》中列举了招标人与投标人串通投标的几种情形,"①招标人在开标前开启招标文件,并将投标情况告知其他投标人,或者协助投标人撤换投标文件,更改报价;②招标人向投标人泄露标底;③招标人与投标人商定,投标时压低或抬高标价,中标后再给投标人或招标人额外补偿;④招标人预先内定中标人;⑤其他串通投标行为"。本案中某建设单位的行为明显属于招标单位与投标单位相互串通投标行为。

《招标投标法》第五十五条明确规定:"依法必须进行招标的项目,招标人违反本法规定,与投标人就投标价格、投标方案等实质性内容进行谈判的,给予警告,对单位直接负责的主管人员和其他直接责任人员依法给予处分。前款所列行为影响中标结果的,中标无效。"

1.1 铁路工程交易市场

1.1.1 学习任务

能够认识铁路工程交易市场。

1.1.2 相关配套知识

1. 建设市场的概念

"市场"原意是指商品交换的场所,建设市场是指以建设产品承发包交易活动为主要内容的市场,一般称作建设市场或建设工程市场。

建设市场有广义的市场和狭义的市场之分。狭义的市场一般指有形建设市场,有固定的交易场所。广义的市场包括有形市场和无形市场,与铁路工程有关的技术、租赁、劳务等各种要素市场,为铁路工程提供专业服务的中介组织,靠广告、通讯、中介机构或经纪人等媒介沟通买卖双方或通过招标投标等多种方式成交的各种交易活动;还包括建设商品生产过程及流通过程中的经济联系和经济关系。可以说,广义的建设市场是工程建设生产和交易关系的总和。

铁路建设市场经过近几年来的发展已形成以发包方、承包方、为双方服务的咨询服务者和铁道部建设工程交易管理委员会组成的市场主体;由铁路建设产品和建设生产过程为对象组成的市场客体;由招投标为主要交易形式的市场竞争机制;由资质管理为主要内容的市场监督管理体系;以及铁道部工程交易中心为一级有形建设市场等,构成了完整的建设市场体系。

2. 铁道部工程交易中心

1)铁道部工程交易中心简介

铁道部工程交易中心(以下简称部工程交易中心)是铁路一级有形建设市场,为铁路建设进行勘测设计、施工、监理、物资及设备采购、招投标活动而设立的固定交易场所。

铁道部工程交易中心是实行自收自支的非营利性的全民所有制事业法人。

铁道部工程交易中心受铁道部建设工程交易管理委员会(以下简称管理委员会)的领导,受铁道部建设工程招投标管理办公室(以下简称铁道部工程招投标办公室)的监督和指导。

铁道部工程交易中心由铁道部工程管理中心负责日常管理。

2)交易范围

铁道部工程交易中心负责市场交易的日常组织管理和服务,对国家投资、合资和其他款源的铁路新建、改建、独立枢纽等基建大中型建设项目及限额5 000万元(含)以上更改项目的勘测设计、施工、监理、物资、设备采购等招投标提供交易服务和咨询服务。

3)机构设置和主要职责

机构设置:铁道部工程交易中心设主任一名、副主任二名,下设综合部、信息部、交易部。

主要职责:

(1)受管理委员会的领导、监督,定期汇报工作;

(2)组织起草铁道部工程交易中心章程、市场交易程序及各项交易规则,报管理委员会审批;

(3)收集、存储和发布招投标信息、企业状况信息、材料及设备价格信息、政策法规信息,为交易各方提供信息服务;

(4)负责交易活动的组织、协调和日常管理,办理交易许可证等有关工作;

(5)提出组建铁路招标评委专家库的初步方案并报部工程招投标办公室审批组建。在部工程招投标办公室的监督下,组织招标人从招标评委专家库中抽取评委专家;

(6)负责交易服务及提供场地和必要的设备、文整印刷、通信等服务;

(7)严格按照财政、税收、物价部门有关规定,办理各种结算业务,实行统一收费;

(8)收集保存交易过程的文档资料。

4)权利和义务

(1)铁道部工程交易中心享有下列权利:

①制订交易程序、交易规则;

②获取相关信息;

③配合部工程招投标办公室监督交易各方执行市场交易规则,对违法、违规的单位和个人有权劝阻和拒绝服务;

④收取有关费用。

(2)铁道部工程交易中心承担下列义务:

①收集、储存、发布铁路建设工程招标公告及有关信息;

②为部工程招投标办公室进驻市场集中办公提供场所和服务;

③为交易各方进驻市场交易提供场所和服务;

④协助部工程招投标办公室组织参与招投标有关人员的培训;

⑤保存交易过程的文档资料。

3. 建设市场的主体

建设市场的主体是指参与建设生产交易过程的各方,主要有业主(建设单位或发包人)、承包商、工程咨询服务机构等。建设市场的客体则为有形的建设产品(建筑物、构筑物)和无形的建设产品(咨询、监理等智力型服务)。

(1)业主(也称之为建设单位、发包人或招标人)是指既有某项铁路工程建设需求,又具有该项工程的建设资金和各种准建手续,在建设市场中发包工程项目铁路的勘察、设计、施工任务,并最终得到建设产品达到其经营使用目的的政府部门、企事业单位。

项目业主的产生,主要有三种方式:

①业主即原企业或单位。企业或机关、事业单位投资的新建、扩建、改建工程,则该企业或单位即为项目业主。

②业主是联合投资董事会。由不同投资方参股或共同投资的项目,则业主是共同投资方组成的董事会或管理委员会。

③业主是各类开发公司。开发公司自行融资或由投资方协商组建或委托开发的工程管理公司也可成为业主。

业主在项目建设过程的主要职能是:建设项目立项决策;建设项目的资金筹措与管理;办理建设项目的有关手续(如征地、建设许可等);建设项目的招标与合同管理;建设项目的施工与质量管理;建设项目的竣工验收和试运行;建设项目的统计及文档管理。

(2)承包商

承包商是指拥有一定数量的建设装备、流动资金、工程技术经济管理人员及一定数量的工人,取得铁路行业相应资质证书和营业执照的,能够按照业主的要求提供不同形态的建设产品并最终得到相应工程价款的建设施工企业。

对承包商一般都要实行从业资格管理。承包商从事铁路工程施工,一般需具备四个方面的条件:

①拥有符合国家规定的注册资本。

②拥有与其资质等级相适应且具有注册执业资格的专业技术和管理人员。

③有从事相应建设活动所应有的技术装备。

④经资格审查合格,已取得资质证书和营业执照。

承包商可按其所从事的专业分为土建、水电、道路、港口、铁路、市政工程等专业公司。承包商的实力主要包括四个方面:

①技术方面的实力。有精通本行业的工程师、造价师、经济师、会计师、项目经理、合同管理等专业人员队伍;有施工专业装备;有承揽不同类型项目施工的经验。

②经济方面的实力。具有相当的周转资金用于工程准备,具有一定的融资和垫付资金的能力;具有相当的固定资产和为完成项目需购人大型设备所需的资金;具有支付各种担保和保险的能力,有承担相应风险的能力;承担国际工程尚需具备筹集外汇的能力。

③管理方面的实力。建设承包市场属于买方市场,承包商为打开局面,往往需要低利润报价取得项目。必须在成本控制上下功夫,向管理要效益,并采用先进的施工方法提高工作效率和技术水平,因此必须具有一批过硬的项目经理和管理专家。

④信誉方面的实力。已完工程工程质量、安全、工期、文明施工、履约情况。

(3)工程咨询服务机构

工程咨询服务机构是指具有一定注册资金,具有一定数量的工程技术、经济、管理人员,取得建设咨询证书和营业执照,能为工程建设提供估算测量、管理咨询、建设监理等智力型服务并获取相应费用的企业。

工程咨询服务企业包括勘察设计机构、工程造价(测量)咨询单位、招标代理机构、工程监理公司、工程管理公司等。在国际上一般称为咨询公司。

4. 建设市场的客体

建设市场的客体，一般称作建设产品，是建设市场的交易对象，既包括有形建设产品，也包括无形产品——各类智力型服务。

(1)建设产品的特点

建设产品的固定性和生产过程的流动性。建设物与土地相连，不可移动，这就要求施工人员和施工机械只能随建设物不断流动。从而带来施工管理的多变性和复杂性。

建设产品的单件性。由于业主对建设产品的用途、性能要求不同以及铁路地点的差异，决定了多数建设产品都需要单独进行设计，不能批量生产。

建设产品的整体性和分部分项工程的相对独立性。这个特点决定了总包和分包相结合的特殊承包形式。在建设生产中，由各种专业施工企业分别承担工程的土建、安装、装饰、劳务分包，有利于施工生产技术和效率的提高。

建设生产的不可逆性。建设产品一旦进入生产阶段，其产品不可能退换，也难以重新建造。否则双方都将承受极大的损失。

建设产品的社会性。绝大部分建设产品都具有相当广泛的社会性，涉及公众的利益和生命财产的安全，会影响到环境，影响到进入或靠近它的人员的生活和安全。

(2)建设产品的商品属性

建设产品的商品属性的观念已为大家所认识，这成为建设市场发展的基础，并推动了建设市场的价格机制、竞争机制和供求机制的形成。

(3)铁路工程标准的法定性

建设产品的质量不仅关系承发包双方的利益，也关系到国家和社会的公共利益，其质量标准是以国家标准、国家规范等形式颁布实施的。从事建设产品生产必须遵守这些标准规范的规定。

铁路工程标准是指对工程勘察、设计、施工、验收、质量检验等各个环节的技术要求。它包括五个方面的内容：

①铁路工程勘察、设计、施工及验收等的质量要求和方法。

②与铁路工程有关的安全、卫生、环境保护的技术要求。

③铁路工程的术语、符号、代号、量与单位、建设模数和制图方法。

④铁路工程的试验、检验和评定方法。

⑤铁路工程的信息技术要求。

具体形式上，铁路工程标准包括了标准、规范、规程等。铁路工程标准的独特作用在于，一方面通过有关的标准规范为相应的专业技术人员提供了需要遵循的技术要求和方法；另一方面，由于标准的法律属性和权威属性，保证了从事工程铁路有关人员按照规定去执行，从而为保证工程质量打下了基础。

5. 建设市场的资质管理

为保证铁路工程的质量和安全，对从事铁路活动的单位和专业技术人员必须实行从业资格管理，即资质管理制度。

建设市场中的资质管理包括两类：一类是对从业企业的资质管理；另一类是对专业人士的资格管理。

1)从业企业资质管理

我国《建设法》规定，对从事建设活动的施工企业、勘察单位、设计单位和工程咨询机构(含监理单位)实行资质管理。

(1)工程勘察设计企业资质管理

我国铁路工程勘察设计资质分为工程勘察资质、工程设计资质。工程勘察资质分为工程勘察综合资质、工程勘察专业资质、工程勘察劳务资质；工程设计资质分为工程设计综合资质、工程设计行业资质、工程设计专项资质。

从事建设工程勘察、工程设计活动的企业，应当按照其拥有的注册资本、专业技术人员、技术装备和勘察设计业绩等条件申请资质，经审查合格，取得建设工程勘察、工程设计资质证书后，方可在资质许可的范围内从事建设工程勘察、工程设计活动。

工程勘察资质分为工程勘察综合资质、工程勘察专业资质、工程勘察劳务资质。

工程勘察综合资质只设甲级；工程勘察专业资质设甲级、乙级，根据工程性质和技术特点，部分专业可以设丙级；工程勘察劳务资质不分等级。

取得工程勘察综合资质的企业，可以承接各专业(海洋工程勘察除外)、各等级工程勘察业务；取得工程勘察专业资质的企业，可以承接相应等级相应专业的工程勘察业务；取得工程勘察劳务资质的企业，可以承接岩土工程治理、工程钻探、凿井等工程勘察劳务业务。

工程设计资质分为工程设计综合资质、工程设计行业资质、工程设计专业资质和工程设计专项资质。

工程设计综合资质只设甲级；工程设计行业资质、工程设计专业资质、工程设计专项资质设甲级、乙级。

根据工程性质和技术特点，个别行业、专业、专项资质可以设丙级，建筑工程专业资质可以设丁级。

取得工程设计综合资质的企业，可以承接各行业、各等级的建设工程设计业务；取得工程设计行业资质的企业，可以承接相应行业相应等级的工程设计业务及本行业范围内同级别的相应专业、专项(设计施工一体化资质除外)工程设计业务；取得工程设计专业资质的企业，可以承接本专业相应等级的专业工程设计业务及同级别的相应专项工程设计业务(设计施工一体化资质除外)；取得工程设计专项资质的企业，可以承接本专项相应等级的专项工程设计业务。铁道行业建设项目设计规模划分表如表 1.1 所示。

表 1.1　铁道行业建设项目设计规模划分表

序　号	建设项目	计量单位	大　型	中　型	小　型
1	新建铁路	km	≥50	10～50	<10
2	改建铁路	km	≥100	20～100	<20
3	枢纽	个	各种枢纽		
4	桥梁	座	深水独立特大桥		
5	隧道	座	≥5 km		
6	电气化	km	≥400		
7	通信信号	km	≥400		

注：1. 铁路综合设计甲(Ⅰ)级设计单位承担铁路设计任务不受限制，铁路综合设计甲(Ⅱ)级设计单位只能承接 100 km 以下的新建铁路或 200 km 以下的既有铁路改建(不含铁路枢纽、特殊特大桥、长度 1 km 以上隧道)的勘察设计。

2. 铁道综合乙级设计单位承担任务范围不包括区段站、特大桥、长度 500 m 以上隧道。

(2)建筑业企业(承包商)资质管理

建筑业企业(承包商)是指从事土木工程、建设工程、线路管道及设备安装工程、装修工程等的新建、扩建、改建活动的企业。我国的建筑业企业分为施工总承包企业、专业承包企业和劳务分包企业。施工总承包企业又按工程性质分为房屋、公路、铁路、港口、水利、电力、矿山、冶金、化工石油、市政公用、通讯、机电等12个类别;专业承包企业又根据工程性质和技术特点划分为60个类别;劳务分包企业按技术特点划分为13个类别。(建设业企业资质等级标准)。

企业经理具有10年以上从事工程管理工作经历或具有高级职称;总工程师具有10年以上从事施工技术管理工作经历并具有本专业高级职称;总会计师具有高级会计职称;总经济师具有高级职称。工程施工总承包企业资质等级分为特、一、二、三级;施工专业承包企业资质等级分为一、二、三级;劳务分包企业资质等级分为一、二级。特级、一级资质由国家建设部审批;二级以下资质,由企业注册所在地省、自治区、直辖市人民政府铁路主管部门审批;劳务分包系列企业资质由企业所在地省、自治区、直辖市人民政府建设主管部门审批。经审查合格的,由有权的资质管理部门颁发相应等级的建设业企业(施工企业)资质证书。建设业企业资质证书由国务院建设行政主管部门统一印制,分为正本(1本)和副本(若干本),正本和副本具有同等法律效力。我国铁路工程施工总承包企业资质等级标准和承包工程范围:

铁路工程施工总承包企业资质分为特级、一级、二级、三级。

特级资质标准:

①企业注册资本金3亿元以上。

②企业净资产3.6亿元以上。

③企业近3年年平均工程结算收入15亿元以上。

④企业其他条件均达到一级资质标准。

一级资质标准:

①企业近10年承担过下列5项中的3项以上所列工程的施工,工程质量合格。

a. 一级铁路干线综合工程100 km以上;

b. 长度1 000 m以上隧道2座;

c. 长度500 m以上特大桥3座,或长度1 000 m以上特大桥1座;

d. 编组站1个;

e. 单项合同额5 000万元以上铁路工程2个。

②企业经理具有10年以上从事工程管理工作经历或具有高级职称;总工程师具有10年以上从事施工技术管理工作经历并具有本专业高级职称;总会计师具有高级会计职称;总经济师具有高级职称。

企业有职称的工程技术和经济管理人员不少于300人,其中工程技术人员不少于200人;工程技术人员中,具有高级职称的人员不少于10人,具有中级职称的人员不少于80人。企业具有的一级资质项目经理不少于15人。

③企业注册资本金5 000万元以上,企业净资产6 000万元以上。

④企业近3年最高年工程结算收入2亿元以上。

⑤企业具有与承包工程范围相适应的施工机械和质量检测设备。

二级资质标准:

①企业近10年承担过下列5项中的3项以上所列工程的施工,工程质量合格。

a. 一级铁路干线综合工程40 km以上;

b. 长度500 m以上隧道3座；

c. 长度100 m以上大桥5座；

d. 区段站1个；

e. 单项合同额2 000万元以上铁路工程2个。

②企业经理具有8年以上从事工程管理工作经历或具有高级职称；技术负责人具有10年以上从事施工技术管理工作经历并具有本专业高级职称；财务负责人具有中级以上会计职称。

企业有职称的工程技术和经济管理人员不少于150人，其中工程技术人员不少于100人；工程技术人员中，具有高级职称的人员不少于5人，具有中级职称的人员不少于30人。企业具有的二级资质以上项目经理不少于10人。

③企业注册资本金2 000万元以上，企业净资产2 500万元以上。

④企业近3年最高年工程结算收入8 000万元以上。

⑤企业具有与承包工程范围相适应的施工机械和质量检测设备。

三级资质标准：

①企业近10年承担过下列4项中的3项以上所列工程的施工，工程质量合格。

a. 10万m^3以上整段路基土石方工程3项；

b. 中桥3座、小桥10座以上；

c. 中间站3个；

d. 单项合同额500万元以上铁路工程2个。

②企业经理具有5年以上从事工程管理工作经历或具有中级以上职称；技术负责人具有5年以上从事施工技术管理工作经历并具有本专业中级以上职称；财务负责人具有初级以上会计职称。

企业有职称的工程技术和经济管理人员不少于50人，其中工程技术人员不少于30人；工程技术人员中，具有中级以上职称的人员不少于10人。企业具有的三级资质以上项目经理不少于5人。

③企业注册资本金500万元以上，企业净资产600万元以上。

④企业近3年最高年工程结算收入1 000万元以上。

⑤企业具有与承包工程范围相适应的施工机械和质量检测设备。

承包工程范围：

特级企业：可承担各类铁路综合工程及通信、信号、电力工程施工。

一级企业：可承担单项合同额不超过企业注册资本金5倍的新建、扩建、改建大中型铁路综合性工程施工，包括大型路基土石方、大爆破、特大桥、长隧道、大型枢纽及生产配套设施等单项工程施工。

二级企业：可承担单项合同额不超过企业注册资本金5倍的新建、扩建、改建大中型铁路中10 km及以下的综合性工程施工，包括路基土石方、800 m及以下的特大桥、1 200 m及以下的隧道、编组站及生产配套设施等单项工程和30 km及以下地方或专用铁路、铁路专用线的施工。

三级企业：可承担单项合同额不超过企业注册资本金5倍的所在省、市辖区内铁路的小型路基土石方、小桥涵及5 km及以下地方或专用铁路及铁路专用线的施工。

(3)工程咨询单位资质管理

工程监理企业，其资质等级划分甲级、乙级和丙级三个级别。丙级监理单位只能监理本地区、本部门的三等工程;乙级监理单位只能监理本地区、本部门的二、三等工程;甲级监理单位可以跨地区、跨部门监理一、二、三等工程。

工程招标代理机构,其资质等级划分为甲级和乙级和暂定级。甲级工程招标代理机构可以承担各类工程的招标代理业务。乙级工程招标代理机构只能承担工程总投资 1 亿元人民币以下的工程招标代理业务。暂定级工程招标代理机构,只能承担工程总投资 6 000 万元人民币以下的工程招标代理业务。工程招标代理机构可以跨省、自治区、直辖市承担工程招标代理业务。

2)专业人士资格管理

由于他们的工作水平对工程项目建设成败具有重要的影响,所以对专业人士的资格条件有很高的要求,许多国家对专业人士均进行资质管理。

我国专业人士制度目前已经确定专业人士的种类有建设师、结构工程师、监理工程师、造价工程师、建造师等。资格和注册条件为:大专以上的专业学历,参加全国统一考试,成绩合格;具有相关专业的实践经验。

1.2 高速铁路工程承发包

1.2.1 学习任务

能够认识高速铁路工程承发包、判别承发包的方式。

1.2.2 相关配套知识

1. 工程承发包的概念

承发包是一种经营方式,是指交易的一方负责为交易的另一方完成某项工作或供应一批货物,并按一定价格取得相应报酬的一种交易行为。

工程承发包是根据协议,作为交易一方的建筑施工企业负责为交易另一方的建设单位完成某一项工程的全部或其中的一部分工作,并按一定价格取得相应报酬。

委托任务并负责支付报酬的一方称为发包人(建设单位)。

接受任务负责按时保质保量完成而取得报酬的一方称为承包人(建筑施工企业)。

目前我国在铁路工程建设中所采取的经营方式主要是承包方式。承包方式有分为指定承包、协议承包和招标承包。

指定承包是指国家对建设施工企业下达工程施工任务,建设施工企业接收任务并完成。

协议承包是指铁路单位与铁路工程施工企业就工程内容及价格进行协商,签订承包合同。

招标承包是指由三家以上铁路工程施工企业进行承包竞争,铁路单位择优选定铁路工程施工企业,并与其签订承包合同。

2. 工程承发包的内容

工程承发包的内容非常广泛,可以对工程项目建设的全过程进行总承发包,也可以分别对工程项目的项目建议书、可行性研究、勘察设计、材料及设备采购供应、建筑安装施工、生产准备和竣工验收等性阶段承包。

(1)项目建议书可由建设单位自行编制,也可委托工程咨询机构编制。

(2)可行性研究可委托工程咨询机构完成。

(3)勘察设计

该阶段可通过方案竞选、招标投标等方式选定勘察设计单位。

(4)材料和设备的采购供应

建筑材料的采购供应方式有:公开招标、询价报价、直接采购等。设备供应方式有:委托承包、设备包干、招标投标等。

(5)建筑安装工程施工

建筑安装施工内容包括施工现场的准备工作,永久性工程的建筑施工、设备安装及工业管道安装等。此阶段采用招标投标的方式进行工程的承发包。

(6)生产职工培训。

(7)建设工程监理。

3. 工程承发包方式

工程承发包方式,是指发包人与承包人双方之间的经济关系形式。主要分类为:

1)按承发包范围(内容)划分承发包方式

工程承发包方式可分为:建设全过程承发包;阶段承发包;专项(业)承发包。

(1)建设全过程承发包

建设全过程承包又叫统包、一揽子承包、交钥匙合同。它是指发包人一般只要提出使用要求、竣工期限或对其他重大决策性问题作出决定,承包人就可对项目建议、可行性研究、勘察设计、材料设备采购、建设安装工程施工、职工培训、竣工验收,直到投产使用和铁路后评估等全过程,实行全面总承包。

建设全过程承发包主要适用大中型铁路项目。这种承包方式的优点是:由专职的工程承包公司承包,可以充分利用其丰富的经验,还可进一步积累建设经验,节约投资、缩短建设工期并保证铁路项目的质量,提高投资效益。

(2)阶段承发包

它是指发包人、承包人就建设过程中某一阶段或某些阶段的工作,如勘察、设计或施工、材料设备供应等,进行发包承包。施工阶段承发包,还可依承发包的具体内容,再细分为以下三种方式:

①包工包料,即工程施工所用的全部人工和材料由承包人负责。

②包工部分包料,即承包人只负责提供施工的全部人工和一部分材料,其余部分材料由发包人或总承包人负责供应。

③包工不包料,又称包清工,实质上是劳务承包,即承包人(大多是分包人)仅提供劳务而不承担任何材料供应的义务。

(3)专项(业)承发包

它是指发包人、承包人就某铁路阶段中的一个或几个专门项目进行发包承包。专项承发包主要适用于可行性研究阶段的辅助研究项目;勘察设计阶段的工程地质勘察、供水水源勘察,基础或结构工程设计、工艺设计,供电系统、空调系统及防灾系统的设计;施工阶段的深基础施工、金属结构制作和安装、通风设备和电梯安装;铁路准备阶段的设备选购和生产技术人员培训等专门项目。由于专门项目专业性强,常常是由有关专业分包人承包,所以,专项发包承包也称作专业发包承包。

阶段承发包和专项承发包方式还可划分为:包工包料、包工部分包料、包工不包料三种方式。

2)按承包人所处的地位划分承发包方式

工程承发包方式可分为：(1)总承包；(2)分承包；(3)独立承包；(4)联合承包；(5)平行承包。

(1)总承包

总承包简称总包，是指发包人将一个铁路项目建设全过程或其中某个或某几个阶段的全部工作，发包给一个承包人承包，该承包人可以将在自己承包范围内的若干专业性工作，再分包给不同的专业承包人去完成，并对其统一协调和监督管理。

总承包主要有两种情况：一是建设全过程总承包；二是建设阶段总承包。

建设阶段总承包主要分为：①勘察、设计、施工、设备采购总承包；②勘察、设计、施工总承包；③勘察、设计总承包；④施工总承包；⑤施工、设备采购总承包；⑥投资、设计、施工总承包，即建设项目由承包商贷款垫资，并负责规划设计、施工，建成后再转让给发包人；⑦投资、设计、施工、经营一体化总承包，通称 BOT 方式，即发包人和承包人共同投资，承包人不仅负责项目的可行性研究、规划设计、施工，而且建成后还负责经营几年或几十年，然后再转让给发包人。

采用总承包方式时，可以根据工程具体情况，将工程总承包任务发包给有实力的具有相应资质的咨询公司、勘察设计单位、施工企业以及设计施工一体化的大建设公司等承担。

(2)分承包

分承包简称分包，是相对于总承包而言的，指从总承包人承包范围内分包某一分项工程，如土方、模板、钢筋等分项工程。或某种专业工程，如钢结构制作和安装、电梯安装、卫生设备安装等。

分承包人承包的工程，不能是总承包范围内的主体结构工程或主要部分(关键性部分)，主体结构工程或主要部分必须由总承包人自行完成

分包事实上都要经过发包人同意后才能进行。

(3)独立承包

它是指承包人依靠自身力量自行完成承包任务的承发包方式。此方式主要适用于技术要求比较简单、规模不大的工程项目。

(4)联合承包

联合承包是相对于独立承包而言的，指发包人将一项工程任务发包给两个以上承包人，由这些承包人联合共同承包。参加联营的各方仍都是各自独立经营的企业，只是就共同承包的工程项目必须事先达成联合协议，以明确各个联合承包人的义务和权利，包括投入的资金数额、工人和管理人员的派遣、机械设备种类、临时设施的费用分摊、利润的分享以及风险的分担等等。

(5)平行承包

它是指不同的承包人在同一工程项目上，分别与发包人签订承包合同，各自直接对发包人负责。

3)按合同计价方法划分承发包方式

工程承发包方式可分为：固定总价合同；计量估价合同；单价合同；成本加酬金；按投资总额或承包工程量计取酬金的合同。

(1)固定总价合同

固定总价合同又称总价合同，是指发包人要求承包人按商定的总价承包工程。这种方式通常适用于规模较小、风险不大、技术简单、工期较短的工程。其主要做法是，以图纸和工程说明书为依据，明确承包内容和计算承包价，总价一次包死，一般不予变更。

这种方式的优点是,因为有图纸和工程说明书为依据,发包人、承包人都能较准确的估算工程造价,发包人容易选择最优承包人。

其缺点主要是对承包商有一定的风险。

(2)计量估价合同

它是指以工程量清单和单价表为计算承包价依据的承发包方式。通常的做法是,由发包人或委托具有相应资质的中介咨询机构提出工程量清单,列出分部、分项工程量,由承包商根据发包人给出的工程量,经过复核并填上适当的单价,再算出总造价,发包人只要审核单价是否合理即可。这种承发包方式,结算时单价一般不能变化,但工程量可以按实际工程量计算,承包人承担的风险较小,操作起来也比较方便。

(3)单价合同

它是指以工程单价结算工程价款的承发包方式。其特点是,工程量实量实算,以实际完成的数量乘单价结算。

具体包括以下两种类型:①按分部分项工程单价承包。即由发包人列出分部分项工程名称和计量单位,由承包人逐项填报单价,经双方磋商确定承包单价,然后签订合同,并根据实际完成的工程数量,按此单价结算工程价款。这种承包方式,主要适用于没有施工图、工程量不明而且需要开工的工程。②按最终产品单价承包。即按每一平方米住宅、每一平方米道路等最终产品的单价承包。其报价方式与按分部分项工程单价承包相同。这种承包方式,通常适用于采用标准设计的住宅、宿舍和通用厂房等房屋建设工程。但对其中因条件不同而造价变化较大的基础工程,则大多采用按计量估价承包或分部分项工程单价承包的方式。

(4)成本加酬金(费用)合同

成本加酬金合同又称成本补偿合同,是指按工程实际发生的成本结算外,发包人另加上商定好的一笔酬金(总管理费和利润)支付给承包人的一种承发包方式。工程实际发生的成本,主要包括人工费、材料费、施工机械使用费、其他直接费和现场经费以及各项独立费等。其主要的做法有:成本加固定酬金;成本加固定百分数酬金;成本加浮动酬金;目标成本加奖罚。

(5)按投资总额或承包工程量计取酬金的合同

这种方式主要适用于可行性研究、勘察设计和材料设备采购供应等项承包业务。勘察费的计费方法,是按完成的工作量和相应的费用定额计取。

4)按获得任务的途径划分承包方式

(1)计划分配

在传统的计划经济体制下,由铁道部或铁路局的计划部门分配铁路工程任务,由设计、施工单位与铁路单位签订承包合同。

(2)投标竞争

通过投标竞争,中标者获得工程任务,与铁路单位签订承包合同。我国现阶段的工程任务是以投标竞争为主的承包方式。

(3)委托承包

委托承包即由铁路单位与承包单位协商,签订委托其承包某项工程任务的合同。主要用于某些投资限额以下的小型工程。

(4)指令承包

指令承包是由政府主管部门依法指定工程承包单位,仅适用于某些特殊情况。如少数特殊工程或偏僻地区工程,施工企业不愿投标的,可由项目主管部门或当地政府指定承包单位。

1.3 高速铁路工程招标投标概述

1.3.1 学习任务

能够认识铁路施工企业通过招投标取得高速铁路工程承建权的过程。

1.3.2 相关配套知识

1. 高速铁路工程招标投标概念

(1)招标投标

招标投标是在市场经济条件下进行工程建设、货物买卖、中介服务等经济活动的一种竞争方式和交易方式,其特征是引入竞争机制以求达成交易协议或订立合同。它是指招标人对铁路工程建设、货物买卖、中介服务等交易业务,事先公布采购条件和要求,吸引愿意承接任务的众多投标人参加竞争,招标人按照规定的程序和办法择优选定中标人的活动。

整个招标投标过程,包含着招标、投标和定标(决标)三个主要阶段。

招标是招标人事先公布有关工程、货物和服务等交易业务的采购条件和要求,以吸引他人参加竞争承接。这是招标人为签订合同而进行的准备,在性质上属要约邀请(要约引诱)。

投标是投标人获悉招标人提出的条件和要求后,以订立合同为目的向招标人作出愿意参加有关任务的承接竞争,在性质上属要约。

定标是招标人完全接受众多投标人中提出最优条件的投标人,在性质上属承诺。承诺即意味着合同成立,定标是招标投标活动中的核心环节。招标投标的过程,是当事人就合同条款提出要约邀请、要约、新要约、再要约……直至承诺的过程。

(2)高速铁路工程招标投标

高速铁路工程招标投标,是指铁路单位(即业主或项目法人)通过招标的方式,将高速铁路工程项目的勘察、设计、施工、材料设备供应、监理等业务,一次或分步发包,由具有相应资质的承包单位通过投标竞争的方式承接。

优点是:将竞争机制引入高速铁路工程领域,将工程项目的发包方、承包方和中介方统一纳入市场,实行交易公开,给市场主体的交易行为赋予了极大的透明度;鼓励竞争,防止和反对垄断,通过平等竞争,优胜劣汰,最大限度地实现投资效益的最优化;通过严格、规范、科学合理的运作程序和监管机制,有力地保证了竞争过程的公正和交易安全。

2. 高速铁路工程招标投标的分类

高速铁路工程招标投标按照不同的标准可以进行不同的分类,其特点主要有以下几点:

(1)高速铁路工程勘察设计招标投标的特点

工程勘察是指依据高速铁路工程目标,通过对地形、地质、水文等要素进行测绘、勘探、测试及综合分析测定,查明高速铁路场地和有关范目内的地质地理环境特征,提供高速铁路工程所需的资料及与其相关的活动。具体包括工程测量、水文、地质勘察和工程地质勘察。

工程设计是指依据高速铁路工程建设目标,运用工程技术和经济方法,对高速铁路工程的工艺、土木、建设、公用、环境等系统进行综合策划、论证,编制高速铁路工程所需要的文件及亏其相关的活动。具体包括总体规划设计(或总体设计)、初步设计、技术设计、施工图设计和设计概(预)算编制。

工程勘察招标投标的主要特点是:在评标、定标上,着重考虑勘察方案的优劣,同时也考虑勘察进度的快慢，勘察收费依据与取费的合理性、正确性，以及勘察资历和社会信誉等因素。

工程设计招标投标的主要特点是：在评标、定标上，强调把设计方案的优劣作为择优、确定中标的主要依据，同时也考虑设计经济效益的好坏、设计进度的快慢、设计费报价的高低以及设计资历和社会信誉等因素。

(2)高速铁路工程施工招标投标的特点

高速铁路工程施工是指把设计图纸变成预期的建设产品的活动。施工招标投标本身而言，其特点主要是：①在招标条件上，比较强调铁路资金的充分到位；②在招标方式上，强调公开招标、邀请招标，议标方式受到严格限制甚至被禁止；③在投标和评标定标中，要综合考虑价格、工期、技术、质量、安全、信誉等因素。

(3)高速铁路工程监理招标投标的特点

高速铁路工程监理招标投标的主要特点是：①在性质上属工程咨询招标投标的范畴；②在招标的范围上，通常主要是施工监理工作；③在评标定标上，综合考虑监理规划(或监理大纲)、人员素质、监理业绩、监理取费、检测手段等因素，但其中最主要的考虑因素是人员素质，分值所占比重较大。

(4)高速铁路工程材料设备采购招标投标的特点

高速铁路工程材料设备是指用于高速铁路工程的各种建设材料和设备。材料设备采购招标投标主要特点是：①在招标形式上，一般应优先考虑在国内招标；②在招标范围上，一般为大宗零星的铁路工程材料设备采购；③在招标内容上，全部材料设备进行总招标，也可以就单项工程所需材料设备进行分者就单件(台)材料设备进行招标，还可以进行从项目的设计，材料设备生产、制造、供应试到试用投产的工程技术材料设备的成套招标；④在招标中，一般要求做标底。

(5)高速铁路工程总承包招标投标的特点

工程总承包，简单地讲，是指对工程全过程的承包。按其具体范围，可分为三种情况：一是高速铁路工程项目从可行性研究、勘察、设计、材料设备采购、施工、安装，直到竣工验收、交付使用质量保修等的全过程实行总承包，就是所谓交钥匙工程。二是设项目实施阶段从勘察、设计、材料设备采购、施工、安装，直到交付使用等的全过程实行总承包。三是对整个高速铁路工程项目的某一阶段(如施工)或某几个阶段(如设计、施工、采购等)实行一次性总承包。工程总承包招标投标的主要特点是：①它是一种带有综合过程的一次性招标投标；②投标人在中标后应当自行完成中标工程的主要部分(如主体结构等)，对中标工程范围内的其他部分，经发包人同意，有权组织分包。

3. 高速铁路工程招标投标活动的基本原则

(1)合法原则

合法原则是指高速铁路工程招标投标主体的一切活动，必须符合法律、法规、规章和有关规定。即：①主体资格要合法。②活动依据要合法③活动程序要合法。④对招标投标管理和监督要合法。

(2)统一、开放原则

统一原则是指：①市场必须统一。②管理必须统一。③规范必须统一。

开放原则，要求根据统一的市场准入规则，打破地区、部门和所有制等方面的限制和束缚，向全社会开放高速铁路工程招标投标市场，破除地区和部门保护主义，反对一切人为的对外封闭市场的行为。

(3)公开、公平、公正原则

公开原则是指高速铁路工程招标投标活动应具有较高的透明度。具体有以下几层意思：①工程招标投标的信息公开。②招标投标的条件公开。③招标投标的程序公开。④招标投标的结果公开。

公平原则，是指所有投标人在高速铁路工程招标投标活动中，享有均等的机会，具有同等的权利，履行相应的义务，任何一方都不受歧视。

公正原则，是指在高速铁路工程招标投标活动中，按照同一标准实事求是地对待所有的投标人，不偏袒任何一方。

(4)诚实信用原则

诚实信用原则是市场经济的基本前提，是高速铁路工程招标中的重要道德规范。

(5)求效、择优原则

求效、择优原则，是高速铁路工程招标投标的终极原则。

(6)招标投标权益不受侵犯原则

高速铁路工程招标投标活动当事人和中介机构依法享有的招标投标权益，受国家法律的保护和约束。任何单位和个人不得非法干预招标投标活动的正常进行，不得非法限制或剥夺当事人和中介机构享有的合法权益。

知识拓展

工程承发包业务的形成与发展

1. 国际工程承发包业务的形成与发展

据美国《工程新闻纪录》杂志(ENR)的统计，世界上较大的工程承包公司有 225 家。包括美国、加拿大、欧洲和日本在内的发达国家 1997 和 1998 年分别有 161 和 155 家公司被列入全球最大的 225 家之内，其国外营业额分别占其营业总额的 85.9％和 85％；而同期，发展中国家和新兴工业化国家只拥有 225 家中的 64 和 70 家，其国外营业额占其营业总额的比重也只有 14.1％和 15％。据 2000 年有关资料统计，按照《工程新闻纪录》杂志(ENR)的排名，世界上最大的 225 家国际承包商中，中国上榜公司 34 家，如中国建筑工程总公司、中国冶金建设公司、中国水利电力铁路公司、中国公路桥梁公司等，国外营业总额共 47.69 亿美元，占全部营业总额 1 159 亿美元的 4.1％，居全球第六位，这表明我国建设企业已初步具有国际竞争力。2010 年我国企业在国际对外承包市场上表现抢眼，共有 54 家企业入选美国《工程新闻纪录》"全球最大国际承包商 225 强"榜单，比 2009 年增加 4 家。其中中国铁路建设工程总公司排第一位，第二位为中国铁路工程总公司，第五位为中国交通建设总公司，第六位为中国建筑工程总公司，第九位为中国冶金建设公司。此外，2010 年"中国军团"以 505.9 亿美元的营业总额，超过美国和法国，捧得上榜企业数量与营业总量双料冠军。

2. 国内工程承发包业务的形成与发展

我国工程承发包业务起步较晚，但发展速度较快，大致可划分为四个阶段。

(1)鸦片战争后

鸦片战争后外国建设承包商进入中国，包揽官方及私营的土建工程。我国自 19 世纪 80 年代，国人自营或与外资合营的营造厂在各大城市相继成立，逐渐形成了沿袭资本主义国家管理模式的建设承包业。到 20 世纪初，我国建设业已初步具有一般民用建设设计与施工的能力。1949 年解放之际，全国建设业仅有营造厂职工和分散的个体劳动者约 20 万人。

(2)新中国成立以后到 1958 年间

建设业的经营管理方式主要是推行承发包制，即由基本铁路主管部门按照国家计划，把铁路单位的工程任务以行政指令方式分配给建设施工企业承包。工程承发包实行了包工包料制度，在当时的历史条件下，虽然工程任务是以行政手段分配，建设业的发展受计划的控制，但仍起到了较大的积极作用，建设业仍处于逐年发展之中。实践证明，此期间铁路的工程项目铁路周期和工程质量都能达到国家的要求，建设设计和施工技术也都接近当时的国际水平。

(3)1958-1976 年

取消了承包制、合同制、法定利润以及铁路单位与建设施工企业双方的承发包关系，建立了现场指挥部，铁路单位与建设施工企业双方均属现场指挥部的管理体制。这实际上不承认建设施工企业是一个物质生产部门，不承认建设工程是商品。由于上述错误做法，违背了建设生产的客观经济规律，违反了基本铁路程序，结果大大削弱了建设业的经营管理，工期拖延，经济效果低下，企业亏损严重。这一时期建设施工企业处于徘徊不前的状态。

(4)1978 年至今

我国建筑业在党的改革、开放、搞活的方针政策指引下，认真总结经验教训，率先实行全行业改革。在此期间，建立、推行和完善了四项工程建设基本制度：①颁布和实施了建设法、招标投标法、合同法等法律法规，为建筑业的发展提供了法制基础；②制定并完善了建设工程合示范文本，贯彻合同管理制；③大力推行招标投标制，把竞争机制引入建设市场；④创建了建设监理制，改革建设工程的管理体制。

本章小结

本章讲述了铁路工程交易市场的概念及管理体制，铁路工程交易中心的功能及运行程序；高速铁路工程承发包的概念、工程承发包的内容、方式；高速铁路工程主、客体概念，高速铁路工程招标投标的概念、分类、特点以及招标投标活动的基本原则。通过本章的学习，应达到对铁路工程交易市场的运作程序、高速铁路工程的承发包体系和高速铁路工程招投标的概念有一个较深刻的了解和认识。

复习思考题

1. 何谓建筑市场？建筑市场体系由什么构成的？
2. 铁道部工程交易中心的交易范围有哪些？
3. 承包商从事高速铁路工程施工，一般需具备哪几个方面的条件？
4. 高速铁路工程施工总承包企业资质等级分为几级？资质等级标准是如何规定的？
5. 高速铁路工程承发包的内容有什么？
6. 论述高速铁路工程承发包的方式。
7. 简述高速铁路工程招投标的分类。
8. 简述述高速铁路工程招投标活动的基本原则。

2　高速铁路工程招标投标主体

本章描述

高速铁路工程招标人是指依法提出招标项目，进行招标的法人或者其他组织。通常为该高速铁路工程的投资人即项目业主或铁路单位。高速铁路工程招标人在高速铁路工程招标投标活动中起主导作用。高速铁路工程投标人是高速铁路工程招标投标活动中的另一主体，它是指响应招标并购买招标文件参加投标的法人或其他组织。高速铁路工程招标投标主体包括：高速铁路工程招标人，高速铁路工程投标人，高速铁路工程招标代理机构，高速铁路工程招标投标行政监管机关。

拟实现的教学目标

1. 能力目标

- 能够明确高速铁路工程招标人的资格、权利和义务；
- 能够明确高速铁路工程投标人的资格、权利和义务；
- 能够认识高速铁路招标代理机构；
- 能够明确高速铁路工程招标投标行政监管机关的职权。

2. 知识目标

- 掌握高速铁路工程招标人的资格、权利和义务；
- 掌握高速铁路工程投标人的资格、权利和义务；
- 熟悉高速铁路工程招标代理机构的资质、权利和义务；
- 了解高速铁路工程招标投标行政监管机关的职权。

3. 素质目标

- 培养学生具有对到高速铁路工程交易市场进行招投标活动单位资质要求的一般思想意识。

相关案例

某工程项目，建设单位通过招标选择了一家具有相应资质的监理单位承担施工招标代理和施工阶段监理工作，并与该监理单位签订了委托合同。在施工公开招标中，有A、B、C、D、E等施工单位报名投标，经监理单位资格预审均符合要求，但建设单位以A施工单位是外地企业为由不同意其参加投标，而监理单位坚持认为A施工单位有资格参加投标。

评标委员会由5人组成，其中当地建设行政管理部门的招投标管理办公室主任1人、建设单位代表1人、政府提供的专家库中抽取的技术经济专家3人。评标时发现，B施工单位投标报价明显低于其他投标单位报价且未能合理说明理由；D施工单位投标报价大写金额小于小写金额；其他施工单位的投标文件均符合招标文件要求。

建设单位最终确定C施工单位中标，并按照《建设工程施工合同(示范文本)》与该施工单位签订了施工合同。

问题：1. 在施工招标资格预审中，监理单位认为A施工单位有资格参加投标是否正确？

2. 指出施工招标评标委员会组成的不妥之处，说明理由，并写出正确做法。

3. 判别B、D两家施工单位的投标是否为有效标？说明理由。

案例分析要点：

问题1. 监理单位认为A施工单位有资格参加投标是正确的。《招标投标法》第六条规定：依法必须进行招标的项目，其招标投标活动不受地区或者部门的限制。任何单位和个人不得违法限制或者排斥本地区、本系统以外的法人或者其他组织参加投标，不得以任何方式非法干涉招标投标活动。

问题2. 评标委员会组成不妥，不应包括当地建设行政管理部门的招投标管理办公室主任。正确组成应为：评标委员会由招标人或其委托的招标代理机构熟悉相关业务的代表以及有关技术、经济等方面的专家组成，成员人数为5人以上单数，其中：技术、经济等方面的专家不得少于成员总数的2/3。

问题3. B施工单位的投标不是有效标，B单位的情况可以认定为低于成本，D单位的投标是有效标，他的情况不属于重大偏差。

2.1 高速铁路工程招标人

2.1.1 学习任务

明确高速铁路工程招标人的资格、权利和义务。

2.1.2 相关配套知识

1. 高速铁路工程招标人的招标资格

高速铁路工程招标人是指依法提出招标项目，进行招标的法人或者其他组织。通常为该高速铁路工程的投资人即项目业主或铁路单位。高速铁路工程招标人在铁路工程招标投标活动中起主导作用。

与投资主体多元化相适应，高速铁路工程招标人也多种多样，包括各类企业单位、机关、事业单位、团体、合伙企业、独资企业和外国企业以及企业的分支机构等。

高速铁路工程招标人的招标资格：是指高速铁路工程招标人能够自己组织招标活动所必须具备的条件和素质。

高速铁路工程招标人自行办理招标必须具备的两个条件是：①有编制招标文件的能力；②有组织评标的能力。

如不具备以上两个条件应委托招标代理机构代理组织招标。

2. 高速铁路工程招标人的权利和义务

1)高速铁路工程招标人的权利

(1)自行组织招标或者委托招标的权利

招标人发包工程项目，凡具备招标资格的，有权自己组织招标，自行办理招标事宜；不具备招标资格的,则有委托具备相应资质的招标代理机构代理组织招标,代为办理招标事宜的权利。招标人委托招标代理机构进行招标时,享有自由选择招标代理机构并核验其资质证书的权利,同时仍享有参与整个招标过程的权利,招标人代表有权参加评标组织。

(2)进行投标资格审查的权利

对于要求参加投标的潜在投标人,招标人有权要求其提供有关资质情况的资料,进行资格审查、筛选,拒绝不合格的潜在投标人参加投标。

(3)择优选定中标人的权利

择优选定中标人,就是要根据评标组织的评审意见和推荐建议,确定中标人。这是招标人最重要的权利。

(4)享有依法约定的其他各项权利

2)高速铁路工程招标人的义务

(1)遵守法律、法规、规章和方针、政策;

(2)接受招标投标管理机构管理和监督的义务;

(3)不侵犯投标人合法权益的义务;

(4)委托代理招标时向代理机构提供招标所需资料、支付委托费用等义务;

(5)保密的义务,招标人设有标底的,标底必须保密;

(6)与中标人签订并履行合同的义务;

(7)承担依法约定的其他各项义务。

2.2　高速铁路工程投标人

2.2.1　学习任务

明确高速铁路工程投标人的资质、权利和义务。

2.2.2　相关配套知识

1. 高速铁路工程投标人的投标资质

高速铁路工程投标人是高速铁路工程招标投标活动中的另一主体,它是指响应招标并购买招标文件参加投标的法人或其他组织。投标人通常应具备的基本条件是:①必须有与招标文件要求相适应的人力、物力和财力;②必须有符合招标文件要求的资质证书和相应的工作经验与业绩证明;③符合法律、法规规定的其他条件。

高速铁路工程投标人的投标资质(又称投标资格),是指高速铁路工程投标人参加投标所必须具备的条件和素质,包括资历、业绩、人员素质、管理水平、资金数量、技术力量、技术装备、社会信誉等几个方面的因素。

我国已对从事勘察、设计、施工、建设装饰装修、工程材料设备供应、工程总承包以及咨询、监理等活动的单位实行了从业资格认证制度,以上单位必须依法取得相应等级的资质证书,并在其资质等级许可的范围内从事相应的铁路工程活动。所以在高速铁路工程招标投标管理中,只需对他们已取得的相应等级的资质证书进行验证,即将工程勘察、设计、施工、建设装饰装修、工程材料设备供应、工程总承包以及咨询、监理等资质证书直接确认为相应的投标资质证书。

(1)工程勘察设计单位的投标资质

工程勘察设计单位参加高速铁路工程勘察设计招标投标活动，必须持有相应的勘察设计资质证书，并在其资质证书许可的范围内进行。

(2)施工企业和项目经理的投标资质

施工企业参加高速铁路工程施工招标投标活动，应当按照其资质等级证书所许可的范围进行。施工企业的专业技术人员参加高速铁路工程施工招标投标活动，应持有相应的执业资格证书，并在其执业资格证书许可的范围内进行。

在高速铁路工程项目招标投标中，国内实行项目经理认证制度。项目经理是一种岗位职务，它是指受企业法定代表人委托对工程项目全过程全面负责的项目管理者，是企业法定代表人在工程项目上的代表。因此要求企业在投标承包工程时，应同时报出承担工程项目管理的项目经理的资质情况，接受招标人的审查和招标投标管理机构的复查。项目经理资质分为一、二、三级。工作年限、施工经验和职称符合铁路部有关规定的施工企业人员，必须参加有关单位举办的项目经理培训班并经考试合格后申请取得相应级别的项目经理资质证书。

(3)铁路监理单位的投标资质

铁路监理单位参加高速铁路工程监理招标投标活动，必须持有相应的铁路监理资质证书，并在其资质证书许可的范围内进行。铁路监理单位的专业技术人员参加高速铁路工程监理招标投标活动，应持有相应的执业资格证书，并在其执业资格证书许可的范围内进行。

(4)铁路工程材料设备供应单位的投标资质

目前，我国对高速铁路工程材料设备供应单位实行资质管理的，主要是混凝土预制构件生产企业、商品混凝土生产企业和机电设备成套供应单位。

(5)工程总承包单位的投标资质

目前我国对工程总承包单位实行资质管理的，主要是勘察设计总承包单位、施工总承包单位等。

工程总承包单位参加工程总承包招标投标活动，必须具有相应的工程总承包资质，并在其资质证书许可的范围内进行。

2. 高速铁路工程投标人的权利和义务

(1)高速铁路工程投标人的权利

①有权平等地获得和利用招标信息；

②有权按照招标文件的要求自主投标组成投标联合体投标；

③有权要求招标人或招标代理机构对招标文件中的有关问题进行答疑；

④有权确定自己的投标报价；

⑤有权参与投标竞争或放弃参与竞争；

⑥有权要求优质优价；

⑦有权控告、检举招标过程中的违法、违规行为。

(2)高速铁路工程投标人的义务

①遵守法律、法规、规章和方针、政策；

②接受招标投标管理机构的监督管理；

③保证所提供的投标文件的真实性，提供投标保证金或其他形式的担保；

④按招标人或招标代理人的要求对投标文件的有关问题进行答疑；

⑤中标后与招标人签订合同并履行合同；

⑥履行依法约定的其他各项义务。

2.3 高速铁路工程招标代理机构

2.3.1 学习任务

能够认识高速铁路工程招标代理机构的资质、权利和义务。

2.3.2 相关配套知识

1. 高速铁路工程招标代理概述

高速铁路工程招标代理机构，是指受招标人的委托，代为从事招标组织活动的中介组织。它必须是依法成立，从事招标代理业务并提供相关服务，实行独立核算、自负盈亏，具有法人资格的社会中介组织，如工程招标公司、工程招标(代理)中心、工程咨询公司等。

(1)高速铁路工程招标代理的概念

高速铁路工程招标代理，是指高速铁路工程招标人，将高速铁路工程招标事务，委托给相应中介服务机构，由该中介服务机构在招标人委托授权的范围内，以委托的招标人的名义，同他人独立进行建设工招标投标活动，由此产生的法律效果直接归属委托的招标人的一种制度。

(2)高速铁路工程招标代理的特征

①高速铁路工程招标代理人必须以被代理人的名义办理招标事务。

②高速铁路工程招标代理人，具有独立进行意思表示的职能。这样才能使铁路工程招标活动得以顺利进行。

③高速铁路工程招标代理行为，应在委托授权的范围内实施。

④高速铁路工程招标代理行为的法律效果归属于被代理人。

2. 高速铁路工程招标代理机构的资质

招标代理人从事招标代理业务，必须依法取得相应的招标资质等级证书，并在其资质等级证书许可的范围内，开展相应的招标代理业务。

招标代理人应当具备下列条件：

(1)有从事招标代理业务的营业场所和相应资金；

(2)有能够编制招标文件和组织评标的相应专业力量；

(3)有可以作为评标委员会成员人选的技术、经济等方面的专家库；

(4)有健全的组织机构和内部管理的规章制度。

工程招标代理机构的代理资质分为甲、乙级。

甲级招标代理资质证书的业务范围是，代理任何建设工程的全部(全过程)或部分招标工作。乙级招标代理资质证书的业务范围是，代理总投资在 3 000 万元以下的建设工程的全部(全过程)或部分招标工作。

3. 高速铁路工程招标代理机构的权利和义务

(1)高速铁路工程招标代理机构的权利

①组织和参与招标活动。

②依据招标文件要求，审查投标人资质。

③按规定标准收取代理费用。

④招标人授予的其他权利。

(2)高速铁路工程招标代理机构的义务

高速铁路工程招标代理机构的义务主要有：

①遵守法律、法规、规章和方针、政策。

②维护委托的招标人的合法权益。

③组织编制、解释招标文件，对代理过程中提出的技术方案、计算数据、技术经济分析结论等的科学性、正确性负责。

④接受招标投标管理机构的监督管理和招标行业协会的指导。

⑤履行依法约定的其他义务。

2.4 高速铁路工程招投标监管机关

2.4.1 学习任务

能够明确高速铁路工程招标投标行政监管机关的职权。

2.4.2 相关配套知识

1. 建设工程招标投标监管体制

高速铁路工程招标投标涉及国家利益、社会公共利益和公众安全，因而必须对其实行强有力的政府监管。高速铁路工程工程招标投标活动及其当事人应当接受依法实施的监督管理。

国家指定了一个统一归口的建设行政主管部门，即建设部，它是全国最高招标投标管理机构，在建设部的统一监管下，实行省、市、县三级建设行政主管部门对所辖行政区内的建设工程招标投标分级管理。

建设工程招标投标分级管理，是指省、市、县三级建设行政主管部门依照各自的权限，对本行政区域内的建设工程招标投标分别实行管理，即分级属地管理。

2. 建设工程招标投标监管机关

建设工程招标投标监管机关，是指经政府或政府主管部门批准设立的隶属于同级建设行政主管部门的省、市、县(市)建设工程招标投标办公室。

(1)建设工程招标投标监管机关的性质

各级建设工程招标投标监管机关，从机构设置、人员编制来看，其性质通常都是代表政府行使行政监管职能的事业单位。

(2)建设工程招标投标监管机关的职权

建设工程招标投标监管机关的职权，概括起来可分为两个方面：一方面是承担具体负责建设工程招标投标管理工作的职责。另一方面，是在招标投标管理活动中享有可独立以自己的名义行使的管理职权。这些职权主要包括：

①办理建设工程项目报建登记。

②审查发放招标组织资质证书、招标代理人及标底编制单位的资质证书。

③接受招标人申报的招标申请书，对招标工程应当具备的招标条件、招标人的招标资质或招标代理人的招标代理资质、采用的招标方式进行审查认定。

④接受招标人申报的招标文件，对招标文件进行审查认定，对招标人要求变更发出后的招标文件进行审批。

⑤对投标人的投标资质进行复查。

⑥对标底进行审定，可以直接审定，也可以将标底委托建设银行以及其他有能力的单位审

核后再审定。

⑦对评标定标办法进行审查认定，对招标投标活动进行全过程监督，对开标、评标、定标活动进行现场监督。

⑧核发或者与招标人联合发出中标通知书。

⑨审查合同草案，监督承发包合同的签订和履行。

⑩调解招标人和投标人在招标投标活动中或履行合同过程中发生的纠纷。

⑪查处建设工程招标投标方面的违法行为，依法受委托实施相应的行政处罚。

3. 高速铁路工程招标投标监管机关

国务院铁路主管部门及受其委托的部门归口管理全国高速铁路建设工程招标投标工作，主要职责是：

(1)贯彻国家有关招标投标的法律、法规，制定高速铁路建设工程招标投标管理的规章制度并监督实施。

(2)对高速铁路建设项目工程招标投标活动实施监督。

(3)审查招标人资质。

受国务院铁路主管部门委托的铁道部工程招标投标管理办公室和铁路局工程招标投标管理办公室(以下统称工程招投标管理办公室)按委托规定权限负责监督、检查铁路建设项目招标投标活动。

工程招投标管理办公室的主要职责是：

(1)宣传、贯彻有关建设工程招标投标法律、法规和规章制度；

(2)审查招标人、招标代理机构和标底编制单位资格；

(3)监督、检查招标投标当事人的招标投标行为是否符合法律、法规规定的权限和程序；

(4)对新建、改建国家铁路、国家与地方或企业合资铁路的招标计划、标底、评标办法、招标结果进行审查、核准；

(5)协调与省、市地方招标投标管理部门的工作关系；

(6)组建并管理招标评标委员会评委专家库。

本章小结

本章主要讲述了高速铁路工程招标人、投标人、招标代理机构、行政监管机关的概念，强调了高速铁路工程招标人、投标人、招标代理机构的权利和义务；高速铁路工程招标人、投标人、招标代理机构在招投标中应具备的条件，指出了铁路工程招标投标行政监管机关的职权。

复习思考题

1. 简述高速铁路工程招标人、投标人、招标代理机构、行政监管机关的概念。
2. 简述高速铁路工程招标人、投标人、招标代理机构在招投标中应具备的条件。
3. 高速铁路工程招标代理机构的权利和义务是什么？
4. 高速铁路工程招标人的权利和义务是什么？
5. 高速铁路工程投标人的权利和义务是什么？
6. 高速铁道部工程招投标管理办公室的主要职责有哪些？
7. 建设工程招标投标监管机关的职权是什么？

3　高速铁路工程招标

本章描述

本章是高速铁路工程招投标中最重要的一个内容，重点内容有：工程招标的范围、方式；工程招标的程序及内容；工程招标文件的的编制要求、编制方法；工程标底的编制方法；工程评标定标的方法等。

拟实现的教学目标

1. 能力目标

- 能够认识高速铁路工程招标的范围及程序；
- 能够初步编制高速铁路工程招标文件；
- 能够具有初步编制高速铁路工程标底的能力；
- 能够具有初步从事高速铁路工程评标的能力。

2. 知识目标

- 了解高速铁路工程招标的范围、条件；
- 掌握高速铁路工程招标的方式、程序；
- 熟悉高速铁路工程招标文件的编制要求、编制方法；
- 熟悉高速铁路工程标底的编制方法；
- 掌握高速铁路工程评标定标的办法。

3. 素质目标

- 培养学生具有一定的高速铁路工程建设的招标意识。

相关案例

某高速铁路车站概算已经主管部门批准，施工图纸及有关技术资料齐全。现决定对该项目进行施工招标。因估计除当地施工企业参加投标外，还可能有外省市施工企业参加。故招标人委托咨询机构编制了两个标底，准备分别用于对当地企业和外省市企业标价的评定。招标人在公开媒体上发布资格预审通告，其中说明，3月10日和3月11日9～16时在市建筑工程交易中心发售资格预审文件。最终有A、B、C、D、E五家承包商通过了资格预审。根据资格预审合格通知书的规定，承包商于4月5日购买了本次招标的招标文件。4月12日，招标人就投标单位对招标文件提出的所有问题召开答疑会，统一作了书面答复。随后招标人组织各投标单位进行了现场踏勘。到招标文件所规定的投标截止日4月20日下午16时之前，这五家承包商均按规定时间提交了投标文件和投标保证金90万元。

4月21日上午8时整，在市建筑工程交易中心正式开标。开标时，由招标人检查投标文件的密封情况，确认无误后，由工作人员当面折封，由唱标人宣读五家承包商的投标价格、工期和其他主要内容。

评标委员会委员由招标人依法组建，其中，招标人代表4人，专家库中抽取的技术专家2人，经济专家2人。

按照招标文件中规定的综合评价标准，评标委员会进行评审后，确定承包商B为中标人。招标人于4月30日发出中标通知书，由于是外地企业，承包商于5月2日收到中标通知书。最终双方于6月2日签订了书面合同。

问题：在该项目的招标过程中哪些方面不符合招标投标的相关规定？

案例分析要点：

(1)不应编制两个标底。一个工程只能编制一个标底。

(2)出售资格预审文件的时间过短。自招标文件或资格预审文件开始出售之日到停止出售之日止，最短不得少于5个工作日。

(3)现场踏勘应安排在投标预备会(答疑会)之前。

(4)招标时限过短。自招标文件发出之日到投标人提交投标文件截止之日止，最短不得少于20个工作日。

(5)投标保证金的数额超过限额。一般为投标价的2%左右，但最高不超过80万元。

(6)开标时间应与投标人提交投标文件截止之时间、地点一致。

(7)不应由招标人检查标书密封情况。应由投标人或者其推选的代表检查投标文件的密封情况，也可以由招标人委托的公证机构检查并公证。

(8)评标委员会组成不符合要求。评标委员会由招标人的代表和有关技术、经济等方面的专家组成，成员人数为5人以上单数，其中技术、经济等方面的专家不得少于成员总数的2/3。

(9)签订合同日期过迟。招标人和中标人应当自中标通知书发出之日起30日内，按照招标文件和中标人的投标文件订立书面合同。

3.1　高速铁路工程招标一般规定

3.1.1　学习任务

能够认识高速铁路工程招标的范围及程序。

3.1.2　相关配套知识

1. 高速铁路工程招标范围

建设工程采用招标投标这种承发包方式，在提高工程经济效益、保证建设质量、保证社会及公众利益方面具有明显的优越性，我国对建设工程招标范围进行了界定，即国家规定了必须招标的建设工程项目范围。

(1)铁路工程招标范围的确定依据

确定铁路工程招标范围，可以把以下几个方面的因素作为依据进行考虑：

①工程资产的性质和归属；

②工程规模对社会的影响；

③工程实施过程的特殊性要求；

④招标投标过程的经济性和可操作性。

(2)我国目前对工程建设项目招标范围的界定

《中华人民共和国招标投标法》中规定:"在中华人民共和国境内进行下列工程建设项目,包括项目的勘察、设计、施工、监理以及与工程建设有关的重要设备、材料等的采购,必须进行招标:①大型基础设施、公用事业等关系社会公共利益、公众安全的项目;②全部或者部分使用国有资金投资或者国家融资的项目;③使用国际组织或者外国政府贷款、援助资金的项目"。

国家发展改革委员会。制定出了更具体的招标范围。各类工程建设项目达到下列标准之一的,必须进行招标:

①施工单项合同估算价在 200 万元人民币以上的;②重要设备、材料等货物的采购,单项合同估算价在 100 万元人民币以上的;③勘察、设计、监理等服务的采购,单项合同估算价在 50 万元人民币以上的;④单项合同估算价低于①、②、③项规定的标准,但项目总投资额在 3 000万元人民币以上的。但是建设项目的勘察、设计,采用特定专利或者专有技术的,或者其建设艺术造型有特殊要求的,经项目主管部门批准,可以不进行招标。

根据国家法律和相关部门的规定、铁路工程的特点,铁道部制定了更为详尽的招标范围,铁路建设项目达到以下规模和标准之一的必须进行招标:

①工程总投资 200 万元(含)以上或施工单项合同估算价在 100 万元人民币以上的;②监理单项合同估算价在 10 万元人民币以上的;③重要设备、主要材料采购单项合同估算价在 50 万元人民币以上的。

不足以上规模和标准的铁路建设项目参照本办法进行招标。高速铁路项目投资巨大,所以,都是必须公开招标的项目。

2. 高速铁路工程招标的条件

在高速铁路工程进行招标之前,招标人必须完成必要的准备工作,具备招标所需的条件。高速铁路工程施工招标应该具备以下条件:

(1)按照国家有关规定需要履行项目审批手续的,已经履行审批手续。

(2)工程资金或者资金来源已经落实。

(3)有满足施工招标需要的设计文件及其他技术资料。

(4)法律、法规、规章规定的其他条件。

3. 高速铁路工程招标的方式

我国规定国内工程招标应采用公开招标和邀请招标两种方式。

(1)公开招标

公开招标是一种由招标人按照法定程序,在公共媒体(指报刊、广播、网络等)上发布招标公告,所有符合条件的供应商或者承包商都可以平等参加投标竞争,招标人从中择优选择中标者的招标方式。

公开招标的优点是能为潜在的投标人提供均等的机会,能最大限度引起竞争,达到节约建设资金、保证工程质量、缩短建设工期的目的。但是公开招标也存在着工作量大,周期长,花费人力、物力、财力多等方面的不足。

我国规定,对国民经济或本地经济和社会发展有重大影响的大中型重点项目,应当采用公开招标的方式。对于有些不适宜公开招标的重点项目,经批准可采用邀请招标的方式。

(2)邀请招标

邀请招标又称有限竞争性招标,是一种由招标人选择若干符合招标条件的供应商或承包商，向其发出投标邀请，由被邀请的供应商、承包商投标竞争，从中选定中标者的招标方式。邀请招标的特点是：

①为了保证招标的竞争性，邀请招标必须向三个以上具备承担招标项目能力并且资信良好的投标人发出邀请书。

②邀请招标不需发布公告，招标人只要向特定的投标人发出投标邀请书即可。

3. 高速铁路工程施工招标的程序(图 3.1)

招标投标是一个整体活动，涉及业主和承包商两个方面，招标作为整体活动的一部分主要是从业主的角度揭示其工作内容，但同时又须注意到招标与投标活动的关联性，不能将两者割裂开来。所谓招标程序是指招标活动的内容的逻辑关系。高速铁路工程招标的程序是指招标工作在时间和空间上应遵循的先后顺序。高速铁路工程施工公开招标工作程序如图 3.1 所示，邀请招标程序可参照公开招标程序进行。其具体步骤如下。

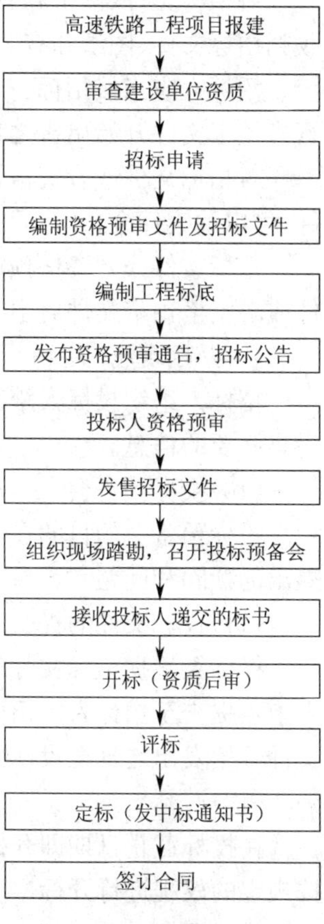

图 3.1 高速铁路工程项目招标程序(公开招标)

(1)高速铁路工程项目报建

根据《工程建设项目报建管理办法》的规定，凡在我国境内投资兴建的工程建设项目，都必须实行报建制度，接受当地建设行政主管部门的监督管理。

报建的内容主要包括：工程名称、建设地点、投资规模、资金投资额、工程规模、发包方式、计划开竣工日期和工程筹建情况等。

在高速铁路建设工程项目的立项批准文件或投资计划下达后，建设单位根据《工程建设项目建管理办法》规定的要求进行报建，并由建设行政主管部门审批。具备招标条件的，可始办理建设单位资质审查。

(2)审查建设单位资质

即审查建设单位是否具备招标条件，不具备有关条件的建设单位，须委托具有相应资质中介机构代理招标，建设单位与中介机构签订委托代理招标的协议，并报招标管理机构备案。

(3)招标申请

招标人填写“建设工程招标申请表”，并经上级主管部门批准后，连同“工程建设项目报建审查登记表”报招标管理机构审批。

申请表的主要内容包括：工程名称、建设地点、招标建设规模、结构类型、招标范围、招标方式、要求投标申请人资质等级、投标前期准备情况、招标机构组织情况等。

(4)招标文件编制与备案

按要求编制资格预审文件和招标文件，文件在招标管理机构备案后，才可刊登资格预审通告、招标通告。

(5)工程标底的编制

需要编制工程标底的，当招标文件的商务条款一经确定，即可进入标底编制阶段。

(6)发布招标公告

通过报刊、广播、电视等或者信息网上发布资格预审公告和招标公告。

(7)资格预审

由招标人对申请参加投标的潜在投标人进行资质条件、业绩、信誉、技术、资金等多方面的情况进行资格审查。只有在资格预审中被认定为合格的潜在投标人(或者投标人),才可以参加投标。

(8)发售招标文件

将招标文件、图纸和有关技术资料发售给通过资格预审获得投标资格的投标人。投标人收到招标文件、图纸和有关资料后,应认真核对,核对无误后,应以书面形式予以确认。

招标人应当按招标公告规定的时间、地点出售招标文件或资格预审文件。自招标文件或资格预审文件开始出售之日到停止出售之日止,最短不得少于5个工作日。

对招标文件或者资格预审文件的收费应当合理,不得以盈利为目的。对于所附的设计文件,可以酌收押金;开标后投标人退还设计文件的,招标人应向投标人退还押金。

招标文件或者资格预审文件售出后,不予退还。招标人在发布招标公告或者售出招标文件或者资格预审文件后不得擅自终止招标。

(9)踏勘现场

招标人组织投标人踏勘现场的目的在与了解工程场地和周围环境状况,以获取投标人认为有必要的信息。

(10)投标预备会

投标预备会的目的在于澄清招标文件中的疑问,解答投标人对招标文件和勘查现场中所提出的疑问和问题。

(11)投标文件的提交

投标人根据招标文件的要求,编制投标文件,并进行密封和标志,在投标截止时间前按规定地点提交至招标人。招标人接收投标文件并将其密封封存。依法必须招标的项目,自招标文件开始发出之日至投标人提交投标文件截止之日止,最短不得少于20日。

(12)开标

在投标截止日期即开标日期,按规定地点,在投标人或授权人在场情况下举行开标会议,按规定的议程进行开标。

(13)评标

由招标人按有关规定成立评标委员会,在招标管理机构的监督下;依据评标原则、评标方法,对投标人的报价、工期、质量、主要材料用量、施工方案或施工组织设计、以往业绩、社会信誉、优惠条件等方面进行综合评价,提出书面评标报告,推荐中标候选人。

(14)定标

评标委员会提出书面评标报告后,招标人一般应当在15日内确定中标人,最迟应当在投标有效期结束日前30个工作日内确定。中标人选定后由招标管理机构核准,获准后招标人发出"中标通知书"。

(15)合同签订

招标人与中标人应当在中标通知书发出之日起30日内,按照招标文件签订书面工程承包合同。

依法必须招标的项目,招标人应当在中标通知书发出之日起15日内,向当地有关建设行政监督部门提交招标投标情况的书面报告。书面报告包括以下内容:招标范围;招标方式和发布招标公告的媒介;招标文件中投标人须知、技术条款、评标标准和方法、合同主要条款等内容；评标委员会的组成和评标报告；中标结果。

3.2 高速铁路工程招标文件的编制

3.2.1 学习任务

能够初步编制高速铁路工程招标文件。

3.2.2 相关配套知识

1. 高速铁路工程招标文件的组成

由招标文件正式文本、对招标文件正式文本的解释和对招标文件正式文本的修改三大内容构成。

(1)招标文件正式文本

招标文件正式文本由四部分内容组成：

第一部分包括投标须知、合同条件、合同协议条款及合同格式等；

第二部分是技术规范；

第三部分是对投标书格式的要求，包括投标书格式、投标保函的格式、履约担保的格式、工程量清单与报价表、辅助资料表等；

第四部分是图纸。

(2)对招标文件正式文本的解释

招标人以书面形式对投标人的答疑，向所有投标人作出答复，其具体形式是招标文件答疑或投标预备会会议记录等。

(3)对招标文件正式文本的修改

在投标截止日前，招标人可以对已发出的招标文件进行修改、补充。并且要保证这些修改和补充发出之日距投标截止时间应有一段合理的时间。

2. 高速铁路工程招标文件的主要内容

1)投标须知

投标须知是投标人的投标指南，投标须知一般包括两部分：一部分为投标须知前附表，另一为投标须知正文。

(1)投标须知前附表

是指把投标活动中的重要内容以列表的方式表示出来。

(2)投标须知正文

投标须知正文内容很多，主要包括以下几部分：

①总则

包括：工程说明、资金来源、资质要求与合格条件、投标费用。

②招标文件

这是投标须知中对招标文件的组成、格式、解释、修改等问题所作的说明。

③投标报价说明

另有规定，具有标价的工程量清单中所报的单价和合价，以及报价汇总表中的价格，应包括施工设备、劳务、管理、材料、安装、维护、保险、利润、税金、政策性文件规定及合同包含的所有风险、责任等各项应有费用。投标人应按招标人提供的工程量计算工程项目的单价和合价，工程量清单中的每一单项均需填写单价和合价，投标人没有填写单价和合价的项目将不予支付，并认为此项费用已包括在工程量清单的其他单价和合价中。

投标报价可采用：a. 固定价。投标人所填写的单价和合价在合同实施期间不因市场变化因素而变动，投标人在计算报价时可考虑一定的风险系数。b. 可调价。投标人所填写的单价和合价在合同实施期间可因市场变化因素而变动。

④投标文件

a. 投标文件的语言。

b. 投标文件的组成。投标人的投标文件应由下列内容组成：

投标书；投标书附录；投标保证金；法定代表人资格证明书；授权委托书；具有标价的工程量清单与报价表；辅助资料表；资格审查表（资格后审用）；按本须知规定提交的其他资料。

c. 投标有效期。投标有效期是指投标文件在投标须知规定的投标截止日期之后的前附表中所规定的投标有效期的日历日前有效。

d. 投标保证金。投标保证金可以是现金、支票、银行汇票，也可以是在中国注册的银行出具的银行保函。银行保函的格式，应符合招标文件规定的格式。

投标人有下列情形之一的，投标保证金不予退还：投标人在投标有效期内撤回其投标文件的；中标人未能在规定期限内提交履约保证金（或履约担保书）或签署合同协议的。

e. 踏勘现场和投标预备会。在投标须知中应规定踏勘现场的时间和投标预备会召开的时间和地点，投标人应按时派代表参加。

f. 投标文件的份数和签署。在投标须知中应规定提交投标文件的份数，一般规定提交一份投标文件正本和前附表所列份数的副本。投标文件正本和副本如有不一致之处，以正本为准。投标文件正本与副本由投标人的法定代表人亲自签署（或加盖法定代表人印鉴），并加盖法人单位公章。

⑤投标文件的提交

a. 投标文件的密封与标志。投标人应将投标文件的正本和每份副本分别密封在内层包封，再密封在一个外层包封中，并在内包封上正确标明“投标文件正本”和“投标文件副本”。内层和外层包封都应写明招标人名称和地址、合同名称、工程名称、招标编号，并注明开标时间以前不得开封。在内层包封上还应写明投标人的名称与地址、邮政编码，以便投标出现逾期送达时能原封退回。

b. 投标截止期。投标截止期是指招标人在招标文件中规定的最晚提交投标文件的时间和日期。

c. 投标文件的修改与撤回。投标人可以在递交投标文件以后，在规定的投标截止时间之前，采用书面形式向招标人递交补充、修改或撤回其投标文件的通知。在投标截止日期以后，不能更改投标文件。在投标截止时间与招标文件中规定的投标有效期终止日之间的这段时间内，投标人不能撤回投标文件，否则其投标保证金将不予退还。

⑥开标与评标

对评标内容的保密、投标文件的澄清、投标文件的符合性鉴定、错误的修正、投标文件的评价与比较等的规定。有关澄清的要求与答复，应以书面形式进行，但不允许更改投标报价和投标的其他实质性内容。但是校核时发现的算术错误应予更正。

投标文件的符合性鉴定。在详细评标之前，评标组织将首先审定每份投标文件是否在实质上响应了招标文件的要求。实质上响应要求的投标文件，应该与招标文件中规定的要求、条件、条款和规范相符，无显著差异或保留。如果投标文件实质上不响应招标文件的要求，招标人将予以拒绝。

投标文件的评价与比较。评标组织将仅对通过符合性鉴定的投标文件进行评价与比较。

⑦授予合同

a. 合同授予标准。招标人将把合同授予其投标文件在实质上响应招标文件要求和按招标文件规定的评标方法评选出的投标人。

b. 中标通知书。确定出中标人后，招标人以书面形式通知中标的投标人。中标通知书中应包括中标合同价格、工期、质量和有关合同签订的日期、地点等内容。中标通知书将成为合同的组成部分。

c. 合同的签署。中标人按中标通知书中规定的时间和地点，由法定代表人或其授权代表前往与招标人代表进行合同签订。

d. 履约担保。中标人应按规定向招标人提交履约担保。投标人应使用招标文件中提供的履约担保格式。

2)合同条件及合同协议条款

国内铁路工程建设项目使用的是国家发改委、财政部、建设部(现为住宅与城乡建设部)、铁道部、交通部等九部委颁发的《标准施工招标资格预审文件》和《标准施工招标文件》试行规定(第 56 号令)和铁道部颁发的铁路工程施工合同示范文本。

我国的合同条款分为三部分：

第一部分是协议书；

第二部分是通用条款(或称标准条款)，是运用于各类建设工程项目的具有普遍适应性的标准化的条件，其中凡双方未明确提出或者声明修改、补充或取消的条款，就是双方都要履行的。通用条款内容见〔国家发改委等九部委令第 56 号《标准施工招标文件》中第一卷第四章第一节“通用合同条款”〕。

第三部分是专用条款，是针对某一特定工程项目，对通用条件的修改、补充或取消。

3)合同格式

合同格式是指招标人在招标文件中拟定好的合同具体格式，在定标后由招标人与中标人达成一致协议后签署。招标文件中的合同格式，主要有合同协议书格式、银行履约保函格式、履约担保书格式、预付款银行保函格式等。

4)技术规范

招标文件中的技术规范，主要包括工程现场的自然条件、施工条件及工程施工技术要求和采用的技术规范。

5)投标书及投标书附录

为了便于投标书的评比和比较，要求投标文件的内容按一定的顺序、一定的格式进行编写。

投标文件的参考格式，主要有投标书及投标书附录、法定代表人资格证明书、授权委托书等。

6)工程量清单与报价表

(1)工程量清单

(2)工程量清单报价表

①报价汇总表、②工程量清单报价表、③设备清单及报价表、④现场因素、施工技术措施及

赶工措施费用报价表、⑤材料清单及材料差价。

(3)工程量清单总说明。

(4)辅助资料表

一般辅助资料表包括以下内容：

①企业概况、项目经理简历及业绩表。

②主要施工管理人员表

③主要施工机械设备表

④拟分包项目情况表

⑤施工方案或施工组织设计

⑥计划开工竣工日期

⑦临时设施布置及临时用地表

(5)图纸。

3.3 高速铁路工程招标标底的编制

3.3.1 学习任务

能够初步编制高速铁路工程招标标底。

3.3.2 相关配套知识

1. 高速铁路工程招标标底的内容及编制要求

1)高速铁路工程招标标底的概念及作用

高速铁路工程招标标底是指高速铁路工程招标人对招标工程项目在方案、质量、期限、价格、方法、措施等方面的理想控制目标和预期要求。

高速铁路工程招标标底的作用主要体现在以下几个方面：

(1)是衡量投标报价的尺度。

(2)是评标的重要指标。

(3)是建设单位预先明确招标工程的投资额度，并据此筹措和安排建设资金的依据。

(4)是上级主管部门核实建设规模的依据。

2)高速铁路工程招标标底的主要内容

标底一般由下列内容组成：

(1)标底的综合编制说明。

(2)标底报审表、标底价格计算书、带有价格的工程量清单、现场因素、各种施工措施费的测算明细以及采用固定价格工程的风险系数测算明细等。

(3)主要材料用量。

(4)标底附件。如各项交底纪要，各种材料及设备的价格来源，现场的地质、水文、地上情况的有关资料，编制标底价格所依据的施工方案或施工组织设计等。

3)高速铁路工程标底的编制要求

(1)高速铁路工程标底编制的资质要求

我国对标底的编制采用严格的资质管理，只有具备相应的资质，才可以编制标底。

招标人有编制标底的资质，可以自行编制标底；

招标人没有编制标底的资质，可委托具有编制标底资质的招标代理机构或造价咨询公司代为编制。

(2)高速铁路工程招标标底的编制原则

①根据国家公布的统一工程项目划分、统一计量单位、统一计算规则以及具体工程的施工图纸、招标文件，并参照国家制订的基础定额和国家、行业、地方规定的技术标准规范，以及要素市场价格确定工程量和编制标底价格。

②按工程项目类别差别计价。

③标底价格作为招标人的期望值，应力求与市场的实际变化吻合，要有利于竞争和保证工程质量。

④标底价格应由成本、利润、税金等组成。

⑤标底价格应考虑人工、材料、设备、机械台班等价格变化因素，还应包括不可预见费(特殊情况)、措施费(赶工措施费、施工技术措施费)、现场因素费用、保险以及采用固定价格的工程的风险金等。工程要求优良的还应增加相应的费用。

⑥选择合适的计价方法。工料单价法；综合单价法。编制标底时应选择一种。

⑦一个工程只能编制一个标底价格。

2. 高速铁路工程招标标底的编制步骤和方法

1)标底的编制方法

高速铁路工程施工招标标底主要采用工料单价法和综合单价法来编制。

(1)工料单价法

①根据施工图纸及技术说明，按照预算定额规定的分部分项工程子目，逐项计算出工程量；

②再套用相应项目定额单价(或单位估价表单价)确定定额直接费；

③然后按规定的费用定额确定其他直接费、现场经费、间接费、计划利润和税金，还要加上材料调价系数和适当的不可预见费；

④汇总后即可作为工程标底价格的基础。

(2)综合单价法

按工料单价法中的工程量计算方法，计算出工程量后，应确定其各分项工程的单价，其包括人工费、材料费、机械费、管理费、材料调价、利润、税金以及采用固定价格的风险金等全部费用，即称之为综合单价。综合单价确定后，再与各分项工程量相乘汇总，加上设备总价、现场因素、措施费等，即可得到标底价格。如发包人要求增报保险费和暂定金额的，标底中应包含。

2)编制标底的主要依据

(1)招标文件。

(2)工程施工图纸、工程量计算规则。

(3)施工现场地质、水文、地上情况的有关资料。

(4)施工方案或施工组织设计。

(5)现行工程预算定额、工期定额、工程项目计价类别及取费标准

(6)国家或地方有关价格调整文件规定。

(7)招标时建设安装材料及设备的市场价格。

(8)标底价格计算书、报审的有关表格。

3)标底的编制步骤

(1)确定标底的编制单位。

(2)按第二项的要求提供完整的资料,以便进行标底计算。

(3)参加交底会及现场踏勘。

(4)编制标底。

4)标底的审定

工程施工招标的标底价格应按规定报招投标管理机构审查,招投标管理机构在规定时间内完成标底的审定工作,未经审查的标底一律无效。

(1)标底审查时应提交的各类文件

工程招标文件,施工图纸,填有单价与合价的工程量清单,标底计算书,标底汇总表,标底报审表,采用固定价格的工程的风险系数测算明细以及现场因素,各种施工措施费测算明细,主要材料用量,设备清单等。

(2)标底审定内容

对采用工料单价法编制的标底价格,主要审查以下内容:工程量计算是否准确、项目套用是否正确、费用计取是否正确等。

对采用综合单价法编制的标底价格,主要审查以下内容:标底计价内容、综合单价组成分析、设备市场供应价格、措施费、现场因素费用等。

(3)标底的审定时间

(4)标底的保密

标底审定完后应及时封存,直至开标时。

3.4　高速铁路工程评标办法

3.4.1　学习任务

能够初步制定高速铁路工程评标办法。

3.4.2　相关配套知识

1. 高速铁路工程招标评标定标组织

高速铁路工程招标过程中,评标定标是一个非常核心的环节。在评定标过程中一般应确定以下几个方面的内容:

(1)组建评标定标组织;

(2)确定评标定标活动原则和程序;

(3)制定评标定标的具体办法等。

评标委员会是在招投标管理机构的监督下,由招标人设立、负责评标定标的临时组织,它负责对所有投标文件进行评定,提出书面评标报告,推荐或确定中标候选人等工作。

评标委员会的人员构成由招标人或其委托的招标代理机构的代表,以及有关技术、经济等方面专家组成。成员人数应为5人以上单数,其中经济、技术方面的专家不得少于成员总数的2/3,该专家一般应从省级以上人民政府有关部门提供的专家名册或者招标代理机构的专家库中相应专家名单中确定。评标委员会成员名单应在开标前确定,并且在中标结果确定前应保密。

为了保证评标能够公平、公正进行，评标委员会成员有下列情形之一的，不得担任评标委员会成员：

(1)投标人或者投标主要负责人的近亲属；

(2)项目主管部门或者行政监督部门的人员；

(3)与投标人有经济利益关系，可能影响对投标公正评审的；

(4)曾因在招标、评标以及其他与招标投标有关活动中从事违法行为而受过行政或刑事处罚的。

如果评标委员会成员有以上情形之一的，应当主动提出回避。

高速铁路工程评标定标活动应当遵循公平、公正、科学、择优的原则。

2. 高速铁路工程评标定标的程序

高速铁路工程评标定标过程分两个阶段进行，第一阶段为评标的准备与初步评审，第二阶段为详细评审。

1)评标的准备与初步评审

(1)评标的准备

评标委员会成员在正式对投标文件进行评审前，应当认真研究招标文件，评标委员会成员应当重点了解招标文件规定的评标标准和方法。

(2)初步评审

初步评审的内容包括对投标文件的符合性评审、技术性评审和商务性评审。

① 符合性评审。投标文件的符合性评审包括商务符合性和技术符合性鉴定。投标文件应实质上响应招标文件的所有条款、条件，无显著的差异或保留。

② 技术性评审。投标文件的技术性评审包括：方案可行性评估和关键工序评估；劳务、材料、机械设备、质量控制措施、工期保证措施、安全保证措施评估以及对施工现场周围环境污染的保护措施评估。

③ 商务性评审。投标文件的商务性评审包括：投标报价校核，审查全部报价数据计算的正确性，分析报价构成的合理性，并与标底价格进行对比分析。如果报价中存在算术计算上的错误，应进行修正。修正后的投标报价经投标人确认后对其起约束作用。

(3)投标文件的澄清和说明

评标委员会可以要求投标人对投标文件中含意不明确、对同类问题表述不一致或者有明显文字和计算错误的内容作必要的澄清或者说明，但是澄清或者说明不得超出投标文件的范围或者改变投标文件的实质性内容。投标文件中的大写金额和小写金额不一致的，以大写金额为准；总价金额与单价金额不一致的，以单价金额为准，但单价金额小数点有明显错误的除外；对不同文字文本投标文件的解释发生异议的。以招标文件规定的主要语言为主为准。

(4)应当作为废标处理的情况

①弄虚作假。

②报价低于其个别成本。投标人的报价明显低于其他投标报价或者在设有标底时明显低于标底，应当要求该投云人作出书面说明并提供相关证明材料。投标人不能合理说明或者不能提供相关证明材料的，评标委员会认定该投标人以低于成本报价竞标，其投标应作废标处理。

③投标人不具备资格条件或者投标文件不符合形式要求，其投标也应当按照废标处理。

按照建设部的规定，建设项目的投标有下列情况的也应当按照废标处理：

a. 未密封。

b. 无单位和法定代表人或其代理人的印鉴，或未按规定加盖印鉴。

c. 未按规定的格式填写，内容不全或字迹模糊、辨认不清。

d. 逾期送达。

e. 投标人未参加开标会议。

④未能在实质上响应的投标。

(5)投标偏差

投标偏差分为重大偏差和细微偏差。

①重大偏差。

a. 没有按照招标文件要求提供投标担保或者所提供的投标担保有瑕疵。

b. 投标文件载明的招标项目完成期限超过招标文件规定的期限。

c. 明显不符合技术规格、技术标准的要求。

d. 投标文件载明的货物包装方式、检验标准和方法等不符合招标文件的要求。

e. 投标文件附有招标人不能接受的条件。

f. 不符合招标文件中规定的其他实质性要求。

②细微偏差。是指投标文件在实质上响应招标文件要求，但在个别地方存在漏项或者提供了不完整的技术信息和数据等情况，并且补正这些遗漏或者不完整不会对其他投标人造成不公平的结果。细微偏差不影响投标文件的有效性。

2)详细评审

详细评审是指在初步评审的基础上，对经初步评审合格的投标文件，按照招标文件确定的评标标准和方法，对其技术部分和商务部分进一步评审、比较。

(1)技术性评审

主要包括对投标人所报的施工方案或组织设计、关键工序、进度计划、人员和机械设备的配备、技术能力、质量控制措施、安全措施、文明施工方案、临时设施的布置，和临时用地情况、施工现场周围环境污染的保护措施等进行评审。

(2)商务性评审

指对投标文件中的报价进行评审，包括对投标报价进行校核，审查全部报价数据是否有计算上或累计上的算术错误，分析报价构成的合理性等。

设有标底的招标项目，评标委员会在评标时应当参考标底。

评标委员会完成评标后，应向招标人提出书面评标报告。

被授权直接定标的评标委员会可直接确定中标人。

招标人应当确定排名第一的中标候选人为中标人。排名第一的中标候选人放弃中标，因不可抗力提出不能履行合同，或者招标文件规定应当提交履约保证金而在规定的期限内未能提交的，招标人可以确定排名第二的中标候选人为中标人。

3. 高速铁路工程评标的具体方法

目前常用的评标办法有经评审的最低投标价法、综合评估法等。

1)经评审的最低投标价法

经评审的最低投标价法一般适用于具有通用技术、性能标准，或者招标人对于其技术、性能没有特殊要求的招标项目。即主要适用于小型工程，是一种只对投标人的投标报价进行评议，从而确定中标人的评标办法。

采用经评审的最低标价法对投标报价进行评议的方法有如下几种

(1)将投标报价与标底价相比较的评议方法有三种具体做法：①投标报价最接近标底价的(即为合理低标价)，即可中标；②投标报价与低于标底价某一幅度值之差的绝对值最小或为零的(即为合理低标价)，即可中标；③允许投标报价围绕标底价按一定比例浮动，投标报价在这个允许浮动范围内的最低价或次低价的(即为合理低标价)，即可中标。

(2)将各投标报价相互进行比较的评议方法(又称无标底招标)这种方法采用的较少。

(3)将报价和标底价结合与投标人报价进行比较的评议方法

综合考虑标底价和投标报价这两方面的因素，将其结合起来，形成一个复合的标底，再将各投标报价和复合标底相比较的方法。

2)综合评估法

综合评估法是对价格、施工组织设计(或施工方案)、项目经理的资历和业绩、质量、工期、企业的信誉、业绩和实力等因素进行综合评价从而确定中标人的评标定标方法。它是应用最广泛的评标定标方法。

综合评估法按其具体分析方式的不同，又可分为定性综合评估法和定量综合评估法。

(1)定性综合评估法

由评标组织对工程报价、工期、质量、施工组织设计、主要材料消耗、安全保障措施、业绩、信誉等评审指标，分项进行定性比较分析，综合考虑，经评议后，选择其中被大多数评标组织成员认为各项条件都比较优良的投标人为中标人，也可用记名或无记名投票表决的方式确定中标人。

(2)定量综合评估法

又称打分法、百分制计分评议法(百分法)。通常的做法是，事先在招标文件或评标定标办法中将评标的内容进行分类，形成若干评估因素，并确定各项评估因素在百分之内所占的比例和评分标准，开标后由评标委员会中的每位成员按照评分规则，采用无记名方式打分，最后统计投标人的得分，得分最高者(排序第一名)为中标人。

定量综合评估法中所有评标因素的总分值，一般都是 100 分。其中各个单项评标因素的分值分配，一般是：价格 30～70 分；工期 0～10 分；质量 5～25 分；施工组织设计 5～20 分；企业信誉和业绩 5～20 分；其他 0～5 分。

本章小结

本章是高速铁路工程招投标中最重要的一个内容之一，详细讲述了高速铁路工程招标的方式；高速铁路工程招标文件的的内容构成和编制要求、编制方法；招标标底的内容及编制办法；高速铁路工程招标评标委员会的组建、评标定标的程序及办法等。

复习思考题

1. 铁路工程招标的范围。
2. 高速铁路工程招标的方式有哪些？
3. 什么是公开招标？什么是邀请招标？

4. 高速铁路工程招标应按什么程序进行?
5. 高速铁路工程公开招标怎样进行资格预审?
6. 高速铁路工程招标文件有哪些内容组成?
7. 何为标底? 高速铁路工程的标底编制方法有哪几种?
8. 评标的具体方法有哪几种。评标委员会如何对投标文件进行评定的?
9. 评标的初步评审如何进行? 详细评审如何进行?
10. 评标委员会是如何确定的?

4 高速铁路工程投标

本章描述

高速铁路工程投标是高速铁路工程招标投标活动中，投标人的一项重要活动，也是施工企业取得承包合同的主要途径。本章重点讲述了高速铁路建设工程投标决策的内容，投标中应采取的基本策略和技巧，高速铁路建设工程投标的程序，高速铁路建设工程投标报价的构成和编制方法；高速铁路建设工程投标文件的内容、编制步骤及提交。

拟实现的教学目标

1. 能力目标

- 能够认识高速铁路工程投标的一般程序；
- 能够认识铁路施工企业如何进行投标决策；
- 如何选择投标策略和技巧、如何进行投标报价；
- 能够确定高速铁路工程投标文件的内容、编制投标文件及提交投标文件。

2. 知识目标

- 了解高速铁路工程建设投标决策的内容；
- 了解高速铁路工程投标中应采取的基本策略和技巧；
- 熟悉高速铁路建设工程投标的程序；
- 掌握高速铁路建设工程投标报价的构成和编制方法；
- 掌握高速铁路建设工程投标文件的内容、编制步骤及提交。

3. 素质目标

- 培养学生具有一定的工程建设投标意识、投标能力。

相关案例

某承包商通过资格预审后，对招标文件进行了仔细分析，发现业主所提出的工期要求过于苛刻，且合同条款中规定每拖延 1 d 工期罚合同价的 1%，若要保证实现该工期要求，必须采取特殊措施，从而增加成本；还发现原设计结构方案采用框架剪力墙体系过于保守。因此，该承包商在投标文件中说明业主的工期要求难以实现，因而在工期方面按自己认为的合理工期（比业主要求的工期增加 6 个月）编制施工进度计划并据此报价；还建议将框架剪力墙体系改为框架体系，并对这两种体系进行了技术经济分析和比较，证明框架体系不仅能保证工程结构的可靠性和安全性、增加使用面积、提高空间利用灵活性，而且可以降低造价约 3%。

该承包商将技术标和商务标分别封装，在封口处加盖本单位公章和法定代表人签字后，在投标截止日前1天上午将投标文件报送业主。次日(即投标截止日当天)下午，在规定的开标时间前1小时，该承包商又递交了一份补充材料，其中声明将原报价降低4%。

问题：该承包商运用了哪几种报价技巧？运用是否得当？逐一加以说明。

案例分析要点：

该承包商运用了三种报价技巧：多方案报价法、增加建议方案法、突然降价法。

其中，多方案报价法运用不当，因为运用该报价技巧时，必须对原方案报价，而该承包商在投标时仅说明了该工期要求难以实现，却未报出相应的投标价。

增加建议方案法运用得当，通过对两个结构体系方案的技术经济分析和比较，也就意味着对两个方案都报了价，论证了建议方案的技术可行性和经济合理性，对业主有很强的说服力。

突然降价法也运用得当，原投标文件的递交时间比规定的投标截止时间仅提前了1 d多，符合常理，为竞争对手调整、确定最终报价保留了一定的时间，起到了迷惑竞争对手的作用。若提前时间太多，会引起竞争对手的怀疑，而在开标前1 h突然递交一份补充降价文件，这时竞争对手已经没有时间和可能再更新报价了。

4.1 高速铁路工程投标的一般程序

4.1.1 学习任务

认识高速铁路工程投标的一般程序。

4.1.2 相关配套知识

1. 投标的前期工作

投标的前期工作包括获取招标信息和前期投标决策两项内容。

(1)获取招标信息

目前投标人获得招标信息的渠道最普遍的是通过大众媒体所发布的招标公告获取招标信息。投标人验证所获信息的真实可靠性，并证实其招标项目确实已立项批准和资金已经落实等。

(2)前期投标决策

投标人在证实招标信息真实可靠后，还要对招标人的信誉、实力等方面进行了解，正确做出投标决策，以减少工程实施过程中承包方的风险。

2. 参加资格预审

一般按招标人所编制的资格预审文件内容进行审查。投标人提供如下资料：①投标企业概况；②财务状况；③拟投入的主要管理人员情况；④目前剩余劳动力和施工机械设备情况；⑤近3年承建的工程情况；⑥目前正在承建的工程情况；⑦2年来涉及的诉讼案件情况；⑧其他资料(如各种奖励和处罚等)。只有经审查合格的投标人，才具备参加投标的资格。

3. 购买和分析招标文件

(1)购买招标文件

投标人在通过资格预审后，就可以在规定的时间内向招标人购买招标文件。

(2)分析招标文件

购买到招标文件之后,投标人应认真阅读招标文件中的所有条款。注意投标过程中的各项活动的时间安排,明确招标文件中对投标报价、工期、质量等的要求。同时对招标文件中的合同条款、无效标书的条件等主要内容应认真进行分析,理解招标文件隐含的涵义。对可能发生疑问或不清楚的地方,应向招标人书面提出。

4. 收集资料、准备投标

投标准备包括以下工作内容。

(1)组建投标班子

投标班子中的人员应包括施工管理、技术、经济、财务、法律法规等方面的人员。

(2)参加现场踏勘

投标人应按照招标文件规定的时间,对拟施工的现场进行考查。现场踏勘时应从以下五个方面详细了解工程的有关情况:

①工程的性质以及与其他工程之间的关系。

②投标人投标的那一部分工程与其他承包商之间的关系。

③工地地貌、地质、气候、交通、电力、水源、有无障碍物等情况。

④工地附近有无住宿条件、料场开采条件、其他加工条件、设备维修条件等。

⑤工地附近治安情况。

(3)参加投标预备会

投标预备会又称答疑会或标前会议,一般在现场踏勘之后的 1~2 d 内举行。目的是解答投标人对招标文件及现场踏勘中所提出的问题,并对图纸进行交底和解释。

(4)计算或复核工程量

现阶段我国进行工程施工投标时,工程量有两种情况:

一种是招标人给出具体的工程量清单,供投标人报价时使用。投标人在进行投标时,应根据图纸等资料对给定工程量的准确性进行复核,为投标报价提供依据。

另一种情况是,招标人不给出具体的工程量清单,只给相应工程的施工图纸。这时,投标报价应根据给定的施工图纸,结合工程量计算规则自行计算工程量。

(5)询价及市场调查

为了能够准确确定投标报价,投标时应认真调查了解工程所在地的人工工资标准、材料来源、价格、运输方式、机械设备租赁价格等和报价有关的市场信息。

(6)确定施工方案

编制施工方案的主要内容有:①选择和确定施工方法;②对大型复杂工程则要考虑几种方案,进行综合对比;③选择施工设备和施工设施;④编制施工进度计划等。

5. 编制和提交招标文件

投标人编制投标文件时,应按照招标文件的内容、格式和顺序要求进行。投标文件编写完成后,应按招标文件中规定的时间地点提交投标文件。

6. 出席开标会议,接受评标期间的澄清询问

开标会议由投标人的法定代表人或其授权代理人参加。

在评标过程中,评标组织根据情况可以要求投标人对投标文件中含义不明确的内容作必要澄清或者说明,但投标人的澄清说明,不得超出投标文件范围或者改变投标文件中的工期、报价、质量、优惠条件等实质性内容。

7. 接受中标通知书、签定合同、提供履约担保

我国规定招标人和中标人应当自中标通知书发出之日起 30 日内订立书面合同。招标文件要求中标人提交履约保证金的,中标人应按招标人的要求提供。

4.2 高速铁路工程投标决策

4.2.1 学习任务

能够认识铁路施工企业如何进行投标决策。

4.2.2 相关配套知识

1. 铁路工程投标决策的内容和分类

投标决策是投标活动中的重要环节,它关系到投标人能否中标及中标后的经济效益,所以应该引起高度重视。

高速铁路工程投标决策的内容一般来说主要包括两个方面:一方面是为是否参加投标进行决策;另一方面是为如何进行投标进行决策。

在获取招标信息之后,承包商决定是否投标,应综合考虑以下几方面的情况:①承包招标项目的可能性与可行性,即是否有能力承包该项目,能否抽调出管理力量、技术力量参加项目实施,竞争对手是否有明显优势等;②招标项目的可靠性,如项目审批是否已经完成、资金是否已经落实等;③招标项目的承包条件;④影响中标机会的内部、外部因素等。

2. 铁路工程投标决策的依据

在高速铁路工程投标过程中,有多种因素影响投标决策。一般来说,进行投标决策时,应考虑以下两个方面的因素:

(1)投标人自身方面的因素。自身方面的因素包括技术方面的实力、经济方面的实力、管理方面的实力以及信誉方面的实力等。

(2)外部因素。外部因素包括:业主和监理工程师的情况、竞争对手实力和竞争形势情况、法律法规情况、工程风险情况等。

4.3 高速铁路工程投标策略与技巧

4.3.1 学习任务

能够认识高速铁路工程投标策略与技巧。

4.3.2 相关配套知识

1. 高速铁路工程投标策略

高速铁路工程投标策略和技巧,是高速铁路工程投标活动中另一个重要方面,采用一定的策略和技巧可以增加投标的中标率,又可以获得较大的期望利润,它是投标活动的关键环节。

高速铁路工程投标策略,是指建设工程承包商为了达到中标目的而在投标过程中所采用的手段方法。

(1)知彼知己,把握情势

投标人要通过各种渠道，广泛、全面地收集招标项目情况、市场动态、建设材料行情、工程背景和条件、竞争对手情况等各与投标密切相关的信息，并对各种投标信息进行深入调查，综合分析，去伪存真，准确把握情，做到知彼知己，百战不殆。

(2)以长制短，以优胜劣

在投标竞争中，必须学会以长处胜过短处，以优势胜过劣势。

(3)随机应变，争取主动

承包商要对自己的实力、信誉、技术、管理、质量水平各个方面做出正确的估价。在竞争中，面对复杂的形势，要准备多种方案和措施，善于随机应变，掌握主动权，真正做投标活动的主人。

2. 高速铁路工程投标技巧

投标技巧在投标过程中，主要表现在通过各种操作技能和诀窍，确定一个好的报价，常见的投标报价技巧有以下几种：

(1)扩大标价法

它是指除按正常的已知条件编制标价外，对工程中变化较大或没有把握的工作项目，采用增加不可预见费的方法，扩大标价，减少风险。这种做法的优点是中标价即为结算价，减少了价格调整等麻烦，缺点是总价过高。

(2)不平衡报价法

它又叫前重后轻法，是指在总报价基本确定的前提下，调整内部各个子项的报价，以期既不影响总报价，又在中标后满足资金周转的需要，获得较理想的经济效益。不平衡报价法的通常做法有：

①对能早日结账收回工程款的土方、基础等前期工程项目，单价可适当报高些；对机电设备安装、装饰等后期工程项目，单价可适当报低些。

②对预计今后工程量可能会增加的项目，单价可适当报高些；而对工程量可能减少的项目单价可适当报低些。

③对设计图纸内容不明确或有错误，估计修改后工程量要增加的项目，单价可适当报高些；而对工程内容不明确的项目，单价可适当报低些。

④对没有工程量只填报单价的项目，或招标人要求采用包干报价的项目，单价宜报高些，对其余的项目，单价可适当报低些。

⑤对暂定项目(任意项目或选择项目)中实施的可能性大的项目，单价可报高些；预计不一定实施的项目，单价可适当报低些。

(3)多方案报价法

它即对同一个招标项目除了按招标文件的要求编制了一个投标报价以外，还编制了一个或几个建议方案。采用多方案报价法，通常主要有以下两种情况：

①如果发现招标文件中的工程范围很不具体、明确，或条款内容很不清楚、很不公正，或对技术规范的要求过于苛刻，可先按招标文件中的要求报一个价，然后再说明假如招标人对合同要求作某些修改，报价可降低多少。

②如发现设计图纸中存在某些不合理并可以改进的地方或可以利用某项新技术、新工艺新材料替代的地方，可以先按设计图纸的要求报一个价，然后再另附上一个修改设计的比较方案或说明在修改设计的情况下，报价可降低多少。

(4)突然降价法

通常的做法是,按一般情况报价或准备报高价等,等临近投标截止日期前,突然前往投标,并降低报价,以期战胜竞争对手。

(5)先亏后盈法

在实际工作中,有的承包商为了打入某一地区或某一领域,依靠自身实力,采取一种不惜代价、只求中标的低报价投标方案。一旦中标之后,可以承揽这一地区或这一领域更多的工程任务,达到总体盈利的目的。

其他方面的投标技巧主要有:

①聘请投标代理人。

②寻求联合投标。

③许诺优惠条件。

④开展公关活动。

4.4 高速铁路工程投标报价

4.4.1 学习任务

能够认识高速铁路施工企业如何进行投标报价。

4.4.2 相关配套知识

1. 高速铁路工程投标报价的组成和编制方法

高速铁路工程投标报价是建设工程投标内容中的重要部分,是整个建设工程投标活动的核心环节,报价的高低直接影响着能否中标和中标后是否能够获利。

1)投标报价的组成

高速铁路工程投标报价主要由工程成本(直接费、间接费)、利润、税金组成。

直接费是指工程施工中直接用于工程实体的人工、材料、设备和施工机械使用费等费用的总和;间接费是指组织和管理施工所需的各项费用。

直接费和间接费共同构成工程成本。

利润是指建设施工企业承担施工任务时应计取的合理报酬。

税金是指施工企业从事生产经营应向国家税务部门交纳的营业税、城市建设维护费及教育费附加。

2)投标报价的编制方法

高速铁路工程投标报价应该按照招标文件的要求及报价费用的构成,结合施工现场和企业自身情况自主报价。

编制投标报价的方法有两种:一种是工料单价法,另一种是综合单价法。工料单价法是以政府定额或企业定额为依据进行编制的;综合单价法是一种国际惯例计算报价模式,每一项单价中已综合了各种费用。

(1)工料单价法

所谓工料单价法是指根据工程量,按照现行预算定额的分部分项工程量的单价计算出定额直接费,再按照有关规定另行计算间接费、利润和税金的计价方法。

其编制步骤为:①首先根据招标文件的要求,选定预算定额、费用定额;②根据图纸及说明计算出工程量(如果招标文件中已给出工程量清单,校核即可);③查、套预算定额计算出定额直接费，查、套费用定额及有关规定计算出其他直接费、现场管理费、间接费、利润、税金等；④汇总合计计算完整标价。

具体计算程序及内容如表 4.1 所示。

表 4.1 工料单价法

<table>
<tr><th>序号</th><th colspan="2">费用名称</th><th>计算式</th></tr>
<tr><td>1</td><td colspan="2">基期人工费</td><td rowspan="3">按设计工程量和基期价格水平计划</td></tr>
<tr><td>2</td><td colspan="2">基期材料费</td></tr>
<tr><td>3</td><td colspan="2">基期施工机械使用费</td></tr>
<tr><td>4</td><td colspan="2">定额直接工程费</td><td>(1)+(2)+(3)</td></tr>
<tr><td>5</td><td colspan="2">运杂费</td><td>指需要单独计列的运杂费，按施工组织设计的材料供应方案及本办法的有关规定计算</td></tr>
<tr><td>6</td><td rowspan="4">价差</td><td>人工费价差</td><td rowspan="3">基期至编制期价差按有关规定计列</td></tr>
<tr><td>7</td><td>材料费价差</td></tr>
<tr><td>8</td><td>施工机械使用费价差</td></tr>
<tr><td>9</td><td>价差合计</td><td>(6)+(7)+(8)</td></tr>
<tr><td>10</td><td colspan="2">填料费</td><td>按设计数量和购买价计算</td></tr>
<tr><td>11</td><td colspan="2">直接工程费</td><td>(4)+(5)+(9)+(10)</td></tr>
<tr><td>12</td><td colspan="2">施工措施费</td><td>[(1)+(3)]×费率</td></tr>
<tr><td>13</td><td colspan="2">特殊施工增加费</td><td>(编制期人工费+编制期施工机械使用费)×费率或编制期人工费×费率</td></tr>
<tr><td>14</td><td colspan="2">直接费</td><td>(11)+(12)+(13)</td></tr>
<tr><td>15</td><td colspan="2">间接费(包括利润)</td><td>[(1)+(3)]×费率</td></tr>
<tr><td>16</td><td colspan="2">税金</td><td>[(14)+(15)]×费率</td></tr>
<tr><td>17</td><td colspan="2">总承包风险费</td><td>根据建设项目的具体情况填报</td></tr>
<tr><td>18</td><td colspan="2">投标报价</td><td>(14)+(15)+(16)+(17)</td></tr>
</table>

(2)综合单价法

综合单价法：是指分部分项工程量的单价为全费用单价，全费用单价包括完成分部分项工程所发生的直接费、间接费、利润、税金。

综合单价法编制投标报价的步骤为：

①首先根据企业定额或参照预算定额及市场材料价格确定各分部分项工程量清单的综合单价；

②以给定的各分部分项工程的工程量及综合单价确定工程费；

③结合投标企业自身的情况及工程的规模、质量、工期要求等确定其他和工程有关的费用。

2. 高速铁路工程投标报价审核

为了提高中标概率，在投标报价正式确定之前，应对其进行认真审查、核算。

审核的常用的方法有：

①以一定时期本地区内各类建设项目的单位工程造价，对投标报价进行审核；

②运用全员劳动生产率即全体人员每工日的生产价值，对投标报价进行审核；

③用各类单位工程用工用料正常指标，对投标报价进行审核；

④用各分项工程价值的正常比例对投标报价进行审核；

⑤用各类费用的正常比例对投标报价进行审核；

⑥用贮存的一个国家或地区的同类型工程报价项目和中标项目的预测工程成本资料，对投标报价进行审核；

⑦用个体分析整体综合控制法(如先对组成一条铁路工程的线、桥、隧道、站场、房屋、通讯信号等各个体工程逐个进行分析，然后再对整条铁路工程进行综合研究控制)，对投标报价进行审核；

⑧用综合定额估算法对投标报价进行审核。

4.5 高速铁路工程投标文件的编制和提交

4.5.1 学习任务

能够确定高速铁路工程投标文件的内容、编制投标文件及提交投标文件。

4.5.2 相关配套知识

1. 高速铁路工程投标文件的组成

高速铁路工程投标文件的作用：

①是招标人判断投标人是否愿意参加投标的依据；

②是评标委员会进行评有和比较的对象；

③中标的投标文件作为招标人和中标人订立合同的法定根据之一。

高速铁路工程投标人应按照招标文件的要求编制投标文件。投标文件必须符合以下的条件：

①必须明确向招标人表示愿以招标文件的内容订立合同的意思；

②必须对招标文件提出的实质性要求和条件作出响应(包括技术要求、投标报价要求、评标标准等)；

③必须按照规定的时间、地点提交给招标人。

投标文件是由一系列有关投标方面的书面资料组成的。一般来说，投标文件由以下几个部分组成：①投标书；②投标书附录；③投标保证金；④法定代表人资格证明书；⑤授权委托书；⑥具有标价的工程量清单与报价表；⑦辅助资料表；⑧资格审查表(资格预审的不采用)；⑨对招标文件中的合同协议条款内容的确认和响应；⑩施工组织设计；⑪按招标文件规定提交的其他资料。

投标人必须使用招标文件提供的投标文件表格格式。

2. 编制高速铁路工程投标文件的步骤

1)编制投标文件的步骤

编制投标文件的一般步骤是：

(1)编制投标文件的准备工作：

① 熟悉招标文件、图纸、资料，对图纸、资料有不清楚、不理解的地方，可以用书面形式向招标人询问、澄清；

② 参加招标人组织的施工现场勘查和答疑会；

③ 调查当地材料供应和价格情况；

④ 了解交通运输条件和有关事项。

(2)实质性响应条款的编制。包括对合同主要条款的响应,对提供资质证明的响应,对采用的技术规范的响应等。

(3)复核、计算工程量。

(4)编制施工组织设计,确定施工方案。

(5)计算投标报价。

(6)装订成册。

2)编制投标文件的注意事项

(1)投标人编制投标文件时必须使用招标文件提供的投标文件表格格式。填写表格时,凡要求填写的空格都必须填写,否则,即被视为放弃该项要求。重要的项目或数字(如工期、质量等级、价格等)未填写的,将被作为无效或作废的投标文件处理。

(2)编制的投标文件"正本"仅一份,"副本"则按招标文件中要求的份数提供,同时要明确标明"投标文件正本"和"投标文件副本"字样。投标文件正本和副本如有不一致之处,以正本为准。

(3)投标文件正本与副本均应使用不能擦去的墨水打印或书写。投标文件的书写要字迹清晰、整洁、美观。

(4)所有投标文件均由投标人的法定代表人签署、加盖印鉴,并加盖法人单位公章。

(5)填报的投标文件应反复校核,保证分项和汇总计算均无错误。全套投标文件均应无涂改和行间插字。修改处应由投标文件签字人签字证明并加盖印鉴。

(6)如招标文件规定投标保证金为合同总价的某百分比时,开具投标保函不要太早,以防泄漏报价。

(7)投标文件应严格按照招标文件的要求进行包封,避免由于包封不合格造成废标。

(8)认真对待招标文件中关于废标的条件,以免被判为无效标而前功尽弃。

3. 高速铁路工程投标文件的提交

投标人应在招标文件规定的投标截止日期内将投标文件提交给招标人。在投标截止期以后送达的投标文件,招标人将拒收。

投标人可以在提交投标文件以后,在规定的投标截止时间之前,采用书面形式向招标人递交补充、修改或撤回其投标文件的通知。根据招标文件的规定,在投标截止时间与招标文件中规定的投标有效期终止日之间的这段时间内投标人不能撤回其投标文件,否则投标保证金将不予退还。

4. 工程施工投标文件实例

×××铁路新建工程施工投标文件

工程施工投标文件封面(略)

工程施工投标文件目录(略)

一、投标书

(建设单位名称):

1. 根据已收到的×××铁路新建工程施工招标文件,经踏勘现场和研究贵方招标文件中的投标须知、合同条件、技术规范、图纸、工程量清单和其他有关文件后,我方愿以人民币×××××××元的总价,按上述合同条件、技术规范、图纸、工程量清单的条件承包本工程的施工、竣工和保修任务。

2. 一旦我方中标，我方保证在2007年12月1日开工，2009年2月23日竣工，即在450天(日历天)内竣工并移交整个工程。

3. 如果我方中标，我方将按照规定提交上述总价5%的银行保函作为履约保证金，承担责任。

4. 我方同意所递交的投标文件在投标须知规定的投标有效期内有效，在此期间内我方的投标若中标，我方将受此约束。

5. 除非另外达成协议并生效，你方的中标通知书和本投标文件将构成约束我们双方的合同。

6. 我方保证按照招标文件的要求提交金额为人民币100 000元的投标保证金。

投标人：(盖章)

地址：×××市××路××号

法定代表人：(签字、盖章)

邮政编码：(略)

电话：(略)。

传真：(略)

开户银行名称：(略)

银行账号：(略)

开户银行地址：×××市××路××号

2007年11月14日

二、法定代表人资格证明书

单位名称：××铁路工程公司

地址：×××市××路××号

姓名：×××性别：男　　年龄：43　　职务：经理

系××铁路工程公司的法定代表人。为施工、竣工和保修×××铁路新建的工程，签署上述工程的投标文件、进行合同谈判、签署合同和处理与之有关的一切事务。

特此证明。

投标单位：(盖章)　　　　主管部门：(盖章)

日期：2007年11月14日　　　　日期：2007年11月14日

三、授权委托书

本授权委托书声明：我×××系××铁路工程公司的法定代表人，现授权委托××建设工程公司的×××为我公司代理人，以本公司的名义参加(建设单位名称)的×××铁路新建 工程的投标活动。代理人在开标、评标、合同谈判过程中所签署的一切文件和处理与之有关的一切事务,我均予以承认。

代理人无权转委权。特此委托。

代理人:××× 性别:男 年龄:39

单位:××铁路工程公司 部门:投标处 职务:处长

投标单位:(盖章)

法定代表人:(签字、盖章)

日期:2007年11月14日

四、工程报价表

五、施工图预算价计算书(略)

六、承包价编制说明(含让利条件说明)(略)

七、合同实质性条款承诺书

根据×××铁路工程施工招标文件、招标答疑、施工图纸、结合现场情况及我公司自身承受能力,经认真研究,对本工程合同实质性条款作如下郑重承诺:如果我公司中标,同意按此承诺签订施工合同。

(一)定额选用及费用计取

1. 铁道部文件:铁建设〔2006〕113号文件关于发布《铁路基本建设工程设计概(预)算编制办法》的通知。

2. 采用铁道部发布的《铁路工程预算定额》。即铁建设〔2004〕47号、〔2005〕15号文发布的定额。

3. 工资标准按铁建设〔2006〕113号文发布的标准计划、综合工费标准II类工每工日24.00元。

4. 材料差价依据铁建设〔2006〕129号文公布的材料价格与实际调查价格进行调差、其他按2006年度材料价差系数(Ⅰ区)计算,列入《编制办法》规定的材料差价项下。

5. 施工机械使用费按铁道部铁建设〔2006〕129号文发布的《铁路工程施工机械台班费用定额(2005年度)》计划。其中水电燃油费按《编制办法》进行调整。

6. 综合运杂费按沈铁建发〔1996〕312号文件,按运杂费系数21.5元,对运费进行了调整。

(二)承包价的确定

我公司所投报的标书承包价(即中标后的合同价)是根据招标人提供的施工图纸、招标文件和工程现场情况及我单位实际能力所确定的招标范围内的所有费用,如果我方中标,我方同意该承包价一次包死。

(三)施工过程中的承包价的调整原则

1. 本次招标工程,中标后发生的政策变化,不再调整承包价。

2. 土建工程允许按实调差的材料和安装工程中的未计价材料价格按我单位承诺的材料价格执行,工程竣工结算时不再调整材料差价。

3. 施工过程中按设计单位出具的经建设单位认可的设计变更通知单增减工程量,按我单位承诺的定额及费用计取办法调整承包价。因设计变更发生的主材增减,按我单位承包价中计入的材料单价调整材差。

4. 基础开挖与规定的土质类别不符,须经建设单位签证后方可调整承包价。

5. 因上述不调内容带来的风险,我公司不计取风险系数。

(四)工程款的支付办法

工程不要求付预付款,开工后按月形象进度所完成的工程量支付工程进度款。我公司在每月 25 日前,向建设单位及监理单位报送当月工作量报表,经甲方代表和监理工程师就质量和工程量进行确认,报建设单位认可后支付月进度款的 85%。当工程完工后,工程款拨付到工程总造价的 90%。余款待工程竣工验收质量等级达到要求标准,交工资料按要求交付后 28 日内进行竣工结算。决算完毕,扣除工程总造价的 3%作为保修金后,余额半月内一次付清。工程保修期按建设部 2000 年 10 月 30 日颁发的《房屋建设工程质量保修办法》执行。

(五)材料供应办法

1. 本工程所需材料均由我单位自行采购保管,采购前需经建设单位、监理单位认可。

2. 所用材料必须符合设计要求,并且具备有关的出厂合格证、材质单及复试报告等。

(六)工程质量

1. 我公司承诺确保本工程达到优良工程标准。

2. 若我公司未能按承诺的质量标准完成本工程,我公司愿接受总额为工程总造价 3%的罚款。

(七)工期

1. 如果我公司中标,我公司保证按照招标单位的要求于 2007 年 12 月 1 日开工,2009 年 2 月 23 日竣工,在 450 个日历天内完成所承包的工程内容。

2. 若我公司未能按承诺工期完工,每推迟一天,罚我公司人民币 10 000 元。

八、施工组织设计

1. 主要施工方法(略)。

2. 劳动力计划(略)。

3. 主要施工机械计划(略)。

4. 工程质量保证措施(略)。

5. 确保安全施工的技术组织措施(略)

6. 确保工期的技术组织措施(略)。

7. 施工总进度表或工期网络图(略)。

8. 施工总平面布置图(略)。

9. 拟投入本工程施工的项目经理、技术负责人简历及主要技工名单(略)。

九、拟派出的项目经理与技术负责人简历、业绩(略)

十、企业概况

1. 投标企业概况表(略)。

2. 近 3 年来所承建工程情况一览表(略)。

3. 目前正在承建工程情况一览表(略)。

4. 企业在过去 3 年中的奖惩情况(略)。

本章小结

本章是高速铁路工程招投标中最重要的一个内容之一，详细讲述了高速铁路建设工程投标的程序；高速铁路建设工程投标文件的的内容构成和编制要求、编制方法；投标决策、策略与技巧、投标报价的有关内容及投标文件的提交等。

复习思考题

1. 投标的程序是什么?
2. 投标报价的编制办法有哪些:
3. 采用工料单价法进行投标报价，如何编制?
4. 综合单价法的编制步骤有哪些?
5. 投标文件的组成有哪些?
6. 高速铁路工程公开招标怎样进行资格预审?
7. 投标报价有哪些内容组成的?
8. 高速铁路工程投标文件有哪些内容构成?
9. 投标文件的编制步骤是什么?

下篇　高速铁路项目管理

5　工程项目管理简介

本章描述

工程项目管理是项目管理的一大类,是为使工程项目取得成功(实现所要求的质量、所规定的时限、所批准的费用预算)所进行的全过程、全方位的规划、组织、控制与协调。广义的工程项目管理的内容是指工程项目期内的所有活动的管理问题,狭义的工程项目管理的内容指工程项目实施阶段的管理,主要包括设计管理、施工管理。本书中所涉及的工程项目管理的内容主要是指施工项目管理。本章是工程项目管理的基础知识,主要介绍工程项目管理的内容、组织机构与模式、项目经理及项目经理部的责任、义务、构建,以及高速铁路的施工特点及工程项目管理的内容。

拟实现的教学目标

1. 能力目标

- 能够按照高速铁路工程项目的施工特点,确定工程项目管理的内容;
- 能够识别工程项目管理的组织机构及模式;
- 能够确定项目经理部的组成部分。

2. 知识目标

- 了解项目与项目管理的概念、内容与任务;
- 熟悉项目管理的组织机构与模式;
- 熟悉项目经理的责权、地位与任务,熟悉项目经理部的构建要素;
- 了解高速铁路的特点与施工技术要求;
- 掌握高速铁路工程项目管理的内容;
- 掌握高速铁路施工项目管理的主要内容。

3. 素质目标

- 培养学生分析问题、解决问题的能力;
- 培养对铁路工作的热爱精神。

相关案例——工程项目管理的背景和发展趋势

1. 工程项目管理的国内背景

(1)我国从20世纪80年代初期开始引进建设工程项目管理的概念,世界银行和一些国际金融机构要求接受贷款的业主方应用项目管理的思想、组织、方法和手段组织实施建设工程项目。

(2)我国于1983年由原国家计划委员会提出推行项目前期项目经理负责制。

(3)我国于1988年开始推行建设工程监理制度。

(4)1995年建设部颁发了《建筑施工企业项目经理资质管理办法》,推行项目经理负责制。

(5)为了加强建设工程项目总承包与施工管理,保证工程质量和施工安全,根据《中华人民共和国建筑法》和《建设工程质量管理条例》的有关规定,人事部、建设部决定对建设工程项目总承包及施工管理的专业技术人员实行建造师执业资格制度。2002年人事部和建设部颁布了人发〔2002〕111号《建造师执业资格制度暂行规定》的通知。

(6)2003年建设部发出《关于建筑业企业项目经理资质管理制度向建造师执业资格制度过渡有关问题的通知》(建市〔2003〕86号)。

(7)"鼓励具有工程勘察、设计、施工、监理资质的企业,通过建立与工程项目管理业务相适应的组织机构、项目管理体系,充实项目管理专业人员,按严有关资质管理规定在其资质等级许可的工程项目范围内开展相应的工程项目管理业务"(引自建设部《关于培育发展工程总承包和工程项目管理企业的指导意见》,建市〔2003〕30号)。

(8)"据对全国22个行业236家工程设计企业的不完全统计,自1993-2001年,完成工程项目管理853项,合同金额近500亿元"。

(9)为了适应投资建设项目管理的需要,经人事部、国家发展和改革委员会研究决定,对投资建设项目高层专业管理人员实行职业水平认证制度。2004年人事部与国家发展和改革委员会颁布了国人部发〔2004〕110号关于印发《投资建设项目管理师职业水平认证制度暂行规定》和《投资建设项目管理师职业水平考试实施办法》的通知。

(10)2006年6月发布了《建设工程项目管理规范》(GB/T50326—2006)。

2. 工程项目管理的国外背景

(1)在20世纪60年代末期和70年代初期,工业发达国家开始将项目管理的理论和方法应用于建竣工程领域,并于20世纪70年代中期前后在大学开设了与工程管理相关的专业。

(2)项目管理首先在业主方的工程管理中应用,而后逐步在承包商、设计方和供货方中得到推广。

(3)于20世纪70年代中期前后兴起了项目管理咨询服务,项目管理咨询公司的主要服务对象是业主,但它也服务于承包商、设计方和供货方。

(4)国际咨询工程师协会(FIDIC)于1980年颁布了《业主方与项目管理咨询公司的项目管理合同条件》(FIDICIGRA80PM)。该文本明确了代表业主方利益的项目管理方的地位、作用、任务和责任。

(5)在许多国家项目管理由专业人士——建造师担任。建造师可以在业主方、承包商、设计方和供货方从事项目管理工作,也可以在教育、科研和政府等部门从事与项目管理有关的工作。建造师的业务范围并不限于在项目实施阶段的工程项目管理工作,还包括项目决策的管理和项目使用阶段的物业管理(设施管理)工作。

3. 工程项目管理的发展趋势

(1)项目管理作为一门学科,30多年来在不断发展,传统的项目管理(Project Management)是该学科的第一代，其第二代是 Program Management（尚没有统一的中文术语，指的是多个相互有关联的项目的项目管理），第三代是 Portfolio Management（尚没有统一的中文术语，指的是多项目[不一定有关联]的组合管理），第四代是 Change Management（尚没有统一的中文术语，指的是变更管理）。

（2）将项目决策阶段的开发管理（DM——Development Management）、实施阶段的项目管理（PM——Project Management）和使用阶段的设施管理（FM——Facility Management）集成为项目全寿命管理（Lifecycle Management）。随着工程项目管理理论的发展，越来越多的人士注意到对工程项目全过程管理的重要性。

（3）在项目管理中应用信息技术，包括项目管理信息系统（PMIS——Project Management lnformation System）和项目信息门户（PIP——Project lnformation Portal），即业主和项目各参与方在互联网平台上进行工程管理等。

5.1　项目与工程项目管理

5.1.1　学习任务

通过项目与工程项目管理知识的学习，完成以下学习任务：

（1）对工程项目管理的概念及类型的认识。

（2）根据工程项目实施过程的划分，确定工程项目管理的主要内容。

5.1.2　相关配套知识

1. 项目与工程项目管理的概念

1）项目

项目是指按限定时间、限定费用和限定质量标准完成的一次性任务和管理对象。根据这一定义，可以归纳出项目所具有的三项主要特征：

一是项目的一次性。这是项目的最主要特征，也可称为单件性。一次性是指没有与此完全相同的另一项任务，其不同点表现在任务本身与最终成果上。

二是目标的明确性。项目有成果性目标和约束性目标。成果性目标是指项目的功能性要求，如修建的一条铁路或公路的运输能力及其技术经济指标。约束性目标是指限制条件，期限、费用、质量等都是限制条件。

三是项目的整体性。一个项目是一个整体的管理对象，在按其需要配置生产要素时，必须以总体效益的提高为标准，做到数量、质量、结构的总体优化。由于内外环境是变化的，所以管理和生产要素的配置是动态的。

每个项目都必须具备上述三个特征，缺一不可。

2）建设项目

建设项目是项目中最重要的一类。一个建设项目就是一项固定资产投资项目，既有基本建设项目（新建、扩建等扩大生产能力的项目），又有技术改造项目（以节约资源、增加产品品种、提高质量、治理“三废”、劳动安全为主要目的的项目）。建设项目是指需要一定量的投资，经过决策和实施（设计、施工等）的一系列程序，在一定的约束条件下以形成固定资产为明确目标的一次性活动。建设项目有以下基本特征：

(1)在一个总体设计或初步设计范围内，由一个或若干个互相有内在联系的单项工程(或单位工程)组成，建设中实行统一核算、统一管理。

(2)在一定的约束条件下，以形成固定资产为特定目标。约束条件主要有三项：一是时间约束，即一个建设项目有合理的建设工期目标；二是资源的约束，即一个建设项目有一定的投资总量目标；三是质量约束，即一个建设项目要有预期的使用功能、生产能力、技术水平以及效益目标。

(3)需要遵循必要的建设程序和经过特定的建设过程，即一个建设项目从提出建设设想、建议、方案、评估、决策、勘测设计、施工一直到竣工、投产或投入使用，要有一个严密有序的过程。

(4)按照特定的任务，具有一次性特点的组织方式，表现为投资的一次性，建设地点的固定性，设计、施工的单件性。

(5)具有投资限额标准。只有投资达到一定限额的项目才作为建设项目，不满限额标准的称为零星固定资产购置。随着改革开放，这一限额将逐步提高，如投资 50 万元以上的项目可称为建设项目。

3)施工项目

施工项目是建筑施工承包企业对一项或一群建筑产品的施工过程及最终成果，也就是建筑施工企业的生产对象。它是一个建设项目的施工，也可能是其中的一个单项工程或单位工程的施工。因此，施工项目具有三个特征：

(1)它是建设项目或其中的单项工程或单位工程的施工任务。

(2)它作为一个管理整体，是以施工企业为管理主体的。

(3)该任务的范围是由工程承包合同界定的。但从项目的特征来看，只有单位工程、单项工程和建设项目整体的施工任务，才称得上施工项目。分部、分项工程只是施工项目的组成部分，不是完整的产品，因此不能称做施工项目。

4)工程项目管理

(1)项目管理

项目管理是为使项目取得成功(实现所要求的质量、所规定的时限、所批准的费用预算)所进行的全过程、全方位的规划、组织、控制与协调。

(2)工程项目管理

工程项目管理是项目管理的一大类，其管理对象是工程项目。它可以定义为：在工程项目的生命周期内，用系统工程理论、观点和方法，进行有效的规划、决策、组织、协调、控制等系统性、科学性的管理活动，从而按工程项目既定的质量、工期、投资额、限定资源和环境条件圆满地实现工程项目建设目标。工程项目管理可以分为：建设项目管理、设计项目管理、施工项目管理、工程咨询项目管理，它们的管理者分别是业主单位、设计单位、施工单位和咨询(监理)单位。工程项目管理的特点是：

①具有特定的对象。任何项目都应有具体的对象，工程项目的对象通常是有着预定要求的工程技术系统。项目对象确定了项目的最基本特性，并把自己与其他项目区别开来；同时它又确定了项目的工作范围、规模及界限。整个项目的实施和管理都是围绕着这个对象进行的。

②具有时间限制。项目的时间限制通常由项目开始期、持续期、结束期构成。它不仅确定

了项目的生命期限，而且构成了工程项目管理的一个重要目标。

③具有资金限制和经济性要求。这一特点常常表现在：一是必须按投资者所具有的并能够提供的财力筹划相应的项目；二是必须按项目实施要求保证资金供应；三是以尽可能少的资金（投资、成本）消耗完成尽可能多的符合要求的工程，提高工程项目的整体经济效益。

④具有一次性的特点。因为任何工程项目都具有一次性的特点，因此对任何项目都有一个独立的管理过程，项目的计划、控制、组织都是一次性的。

⑤具有特殊的组织和法律条件。项目组织是一次性的，随项目的确立而产生，随项目结束而消亡；项目参加单位之间主要靠经济合同作为纽带，建立起组织，同时以经济合同作为分配工作、分配经济责权的依据；而项目参加单位之间在项目过程中的协调就通过合同和项目的业务工作条例实现。适用于工程项目建设和运行的相关法律条件有经济合同法、环境保护法、税法等。

⑥具有复杂性和系统性的特点。项目本身的特点决定了工程项目管理的复杂性和系统性。

2. 工程项目管理的类型与内容

1)工程项目管理的类型

工程项目管理可分为建设项目管理、设计项目管理、工程咨询项目管理和施工项目管理，它们的管理者分别是业主单位、设计单位、咨询（监理）单位和施工单位。

(1)建设项目管理

建设项目管理是指站在投资主体的立场对建设项目进行的综合性管理工作。业主也可委托咨询公司代为进行建设项目管理。

(2)设计项目管理

设计项目管理是指由设计单位自身对参与的建设项目设计阶段的工作进行自我管理。设计项目管理包括以下阶段：设计投标（或方案竞赛）、签订设计合同、设计条件准备、设计计划、设计实施阶段的目标控制、设计文件验收与归档、设计工作总结、建设实施中的设计控制与监督、竣工验收。可见，设计项目管理不仅仅局限于设计阶段，而是延伸到了施工阶段和竣工验收阶段。设计单位也可委托咨询公司代为进行部分设计项目管理。

(3)施工项目管理

施工项目管理是指施工企业运用系统地观点、理论和科学技术对施工项目进行的计划、组织、监督、控制、协调等全过程管理。作为项目管理的一个分支，施工项目管理有以下特征：施工项目管理主体是施工企业；施工项目管理的对象是施工项目，管理的周期也就是施工项目的生命期限，包括工程投标、签订工程项目承包合同、施工准备、施工、交工验收及用后服务等；施工项目管理要求强化组织协调工作，强化方法是选择项目经理，建立调度机构，配备称职的调度人员，努力使调度工作科学化、信息化，建立起动态的控制体系。

可见，施工项目管理与建设项目管理在管理主体、管理任务、管理内容和管理范围方面都是不同的。本书中所涉及的工程项目管理主要是指施工项目管理。

(4)咨询（监理）项目及其管理

咨询项目是由咨询单位进行中介服务的工程项目。咨询单位是中介组织，它具有相应的专业服务知识与能力，可以受业主或承包方的委托进行工程项目管理，也就是进行智力服务。

2)工程项目管理的基本内容

广义的工程项目管理的内容是指工程项目期内的所有活动的管理问题。工程项目建设的前期决策阶段的管理主要有:投资意向的确定、项目立项、预可行性研究及决策、可行性研究及决策。实施阶段的管理主要包括:设计管理、工程招投标管理、施工控制及管理、工程竣工管理、缺陷责任期的管理。使用期的管理有:营运中的维护管理、项目后评估等。对于铁路建设项目,按照项目实施过程划分,其项目管理主要包括如下内容:

(1)项目决策管理,包括项目建议书、预可行性研究、可行性研究(论证、评估)、方案决策等前期管理。

(2)项目计划管理,主要是实施过程中的计划管理。

(3)项目招标和合同管理,包括国际招标及 FIDIC 合同条款。

(4)资金、物资、财务管理,包括利用外资、合资项目。

(5)工程质量管理,包括质量评优活动及质量事故调查。

(6)工期管理,包括施工组织、开竣工及验收工作。

(7)造价管理,包括采用定额、取费、概预算、索赔。

(8)征地、拆迁及协作配套管理。

(9)工程档案及项目建设安全管理。

(10)工程验交、转为固定资产及保修管理。

狭义工程项目管理的内容指工程项目实施阶段的管理,主要包括设计管理、施工管理。参与以上过程管理的有业主、施工企业、工程咨询单位、原材料及设备供应商等各个方面。

5.2 工程项目管理的组织机构

5.2.1 学习任务

通过对工程项目管理组织机构知识的学习,能够识别工程项目管理组织机构的组织形式和模式,从而更好地进行项目管理工作。

5.2.2 相关配套知识

1. 工程项目管理的组织形式

建设项目管理组织是指业主(或项目管理单位)及其相应的管理组织体系。建设项目立项后,应根据项目的性质、投资来源、建设规模大小、工程复杂程度等条件,建立相应的项目管理组织,其作用是对项目的建设进度、质量、资金使用等实施控制与管理。

建设工程项目的组织形式,即为管理工程项目的组织建制。国内外常见的工程项目管理的组织形式有以下几种。

(1)业主自管方式

业主自管方式即业主自己设置基建机构(筹建处)负责支配建设资金、办理一切手续、委托设计、监理、采购设备、招标施工、验收工程等全部工作;有的还自行组织设计、施工队伍,直接进行设计和施工(自营方式)。

这是我国计划经济中多年惯用的方式,在计划经济体制下,基本建设任务由国家统一安排,资金统一下拨,物资统一分配。业主与设计、施工单位及物资设备供应单位关系如图 5.1 所示。

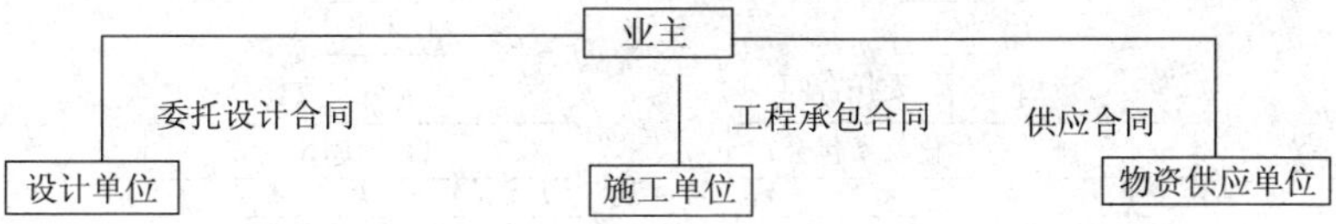

图 5.1　业主自管方式关系图

这种管理体制是业主和承包商的管理体制。这种业主的筹建机构并非是专业化、社会化的管理机构，其人员都是临时从四面八方调集来的，多数没有管理工程建设的经验，而当他们有了一些管理经验之后，又随着工程的竣工而停止工程管理工作，从事其他工作。因此，其后的其他工程项目建设又在很低的管理水平上重复，使得我国建设水平和投资效益永远难以提高。

(2)工程指挥部形式

新中国成立后的几十年里，一些大型工程项目和重点工程项目的管理多采用这种方式。这种建设指挥部是由专业部门和地方高级行政领导人兼任正副指挥长，用行政手段组织指挥工程建设，由所属的设计和施工队伍承担工程项目的设计与施工。指挥部的组成如图 5.2 所示。

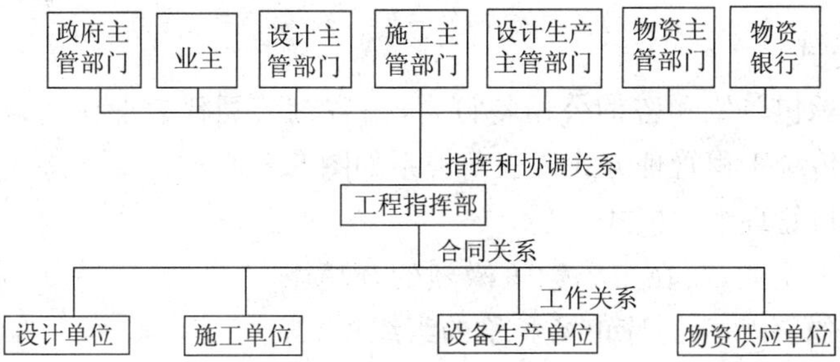

图 5.2　工程指挥部管理方式关系图

这种工程指挥部对工程项目建设不承担经济责任，业主在指挥部中处于次要地位也无明确的经济责任。设计和施工单位与建设指挥部的关系多是属于行政隶属关系，无严格的承包合同，不承担履行合同的责任。

(3)项目建设总承包责任制

它也称一揽子承包方式，即业主仅提出工程目的和使用要求，而将勘察设计、设备选购、工程施工、材料供应、试车验收等工作委托一家承包公司去做，竣工后接过钥匙即可启用。承担这种任务的承包企业有的是科研—设计—施工一体化公司，有的是设计—施工—物资供应和设备制造厂家以及咨询公司等组成的联合集团。我国把这种管理形式叫做“全过程承包”或工程项目总承包。这种总承包责任制的管理组织形式如图 5.3 所示。

(4)工程托管(代建方式)

业主将整个工程项目的全部工作，包括预可行性研究、可行性研究、场地准备、规划、勘察设计、材料供应、设备采购、施工监理及工程验收全部任务，都委托给工程项目管理专业公司(工程承发包公司或项目管理咨询公司)去做，工程承发包公司或咨询公司派出项目经理，再进行招标或组织有关专业公司共同完成整个建设项目。工程托管的管理组织形式如图 5.4 所示。

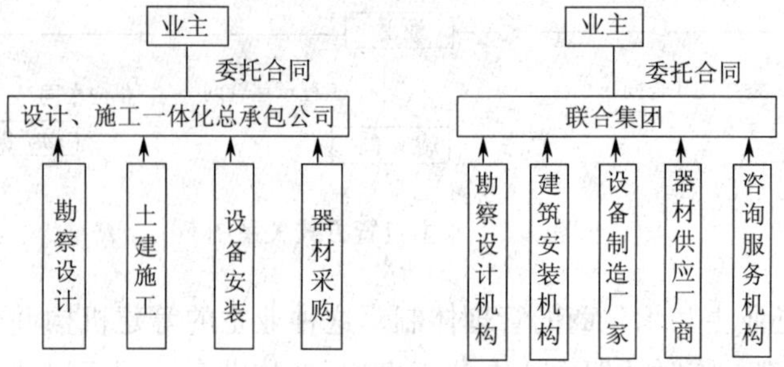

图 5.3　总承包责任制方式关系图

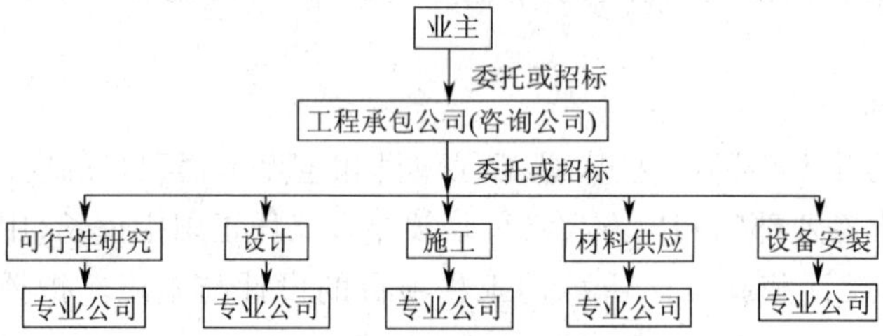

图 5.4　工程托管方式关系图

(5)三角管理方式

由业主分别与承包单位和咨询公司签订合,由咨询公司代表业主对承包单位进行管理。这是国际上通行的传统工程管理方式。三角关系如图 5.5 所示。

2.施工企业项目管理组织模式

一个优秀的施工企业,要在市场竞争激烈的环境下立于不败之地,必须要有一个适应市场竞争的组织模式,要积聚人才,严格制度。组织模式不是固定不变的,它是随着市场的变化而变化的,即顺其变而变,在市场变化中求生存,形成不同形式的项目管理组织模式。

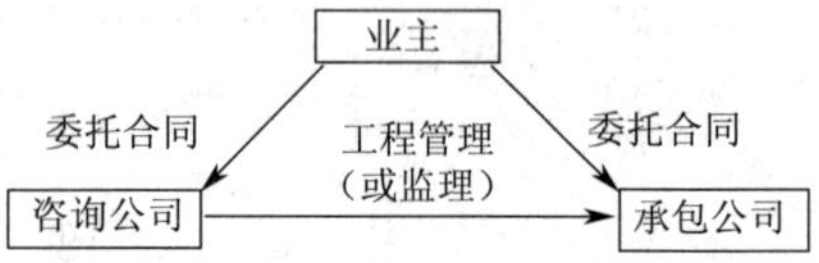

图 5.5　三角方式关系图

(1)组织机构设置的要求

组织机构的设置要遵循高效精干,管理跨度与管理分层统一,业务系统化管理和协作一致,因事设岗,按岗定人,以责授权的原则和项目组织弹性、流动的原则。

(2)施工企业项目管理组织类型

大型施工企业在承接工程项目后,要根据项目的大小、重要程度安排组织行之有效的项目管理组织机构。小型施工企业在承接工程项目时也要根据自己的企业类型、性质进行机构组建。

管理机构的主要模式有如下几种:

①直线模式(图 5.6)

a.特征:机构中各职位都按直线排列,项目经理直接进行单线垂直领导。

b.优点:人员相对稳定,接受任务快,信息传递快迅捷,人事关系容易协调。

c.缺点:专业分工差,横向联系困难。

②混合工程队模式(图 5.7)

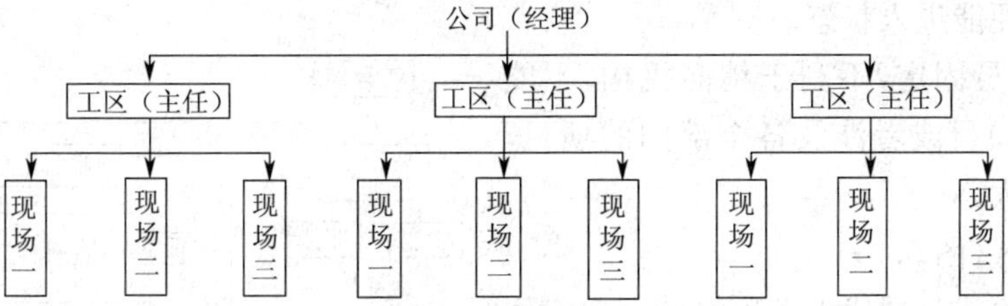

图 5.6　直线制模式

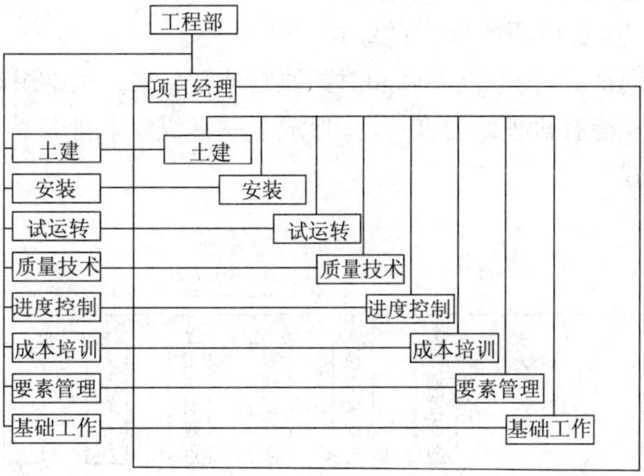

图 5.7　混合工程队模式

混合工程队模式是完全按照对象原则的项目管理机构，企业职能部门处于服务地位。

a. 特征：一是它一般由公司任命项目经理，由项目经理在企业内招聘或抽调智能人员组成项目经理指挥部，独立性大；二是管理班子成员与原部门脱离领导与被领导关系，原单位只负责业务指导和考察；三是管理机构与项目施工期同寿命，项目结束后，机构撤销，人员回到原部门岗位。

b. 优点：一是人员均为各职能专家，可充分发挥专家作用，各种人才都在现场，解决问题迅速，减少了扯皮和时间浪费；二是项目经理权力集中，横向干涉少，决策及时，有利于提高工作效率；三是减少了结合部，不打乱企业原建制，易于协调关系，避免行政干预，项目经理易于开展工作。

c. 缺点：由于临时结合，人员配合工作需要一段磨合期，而且各类人员集中在一起，同一时期工作量可能差别很大，很容易造成忙闲不均，导致人工浪费。由于同一专业人员分配在不同项目上，相互交流困难，专业职能部门的优势无法发挥作用，致使在一个项目上早已解决的问题，在另一个项目上重复探索、研究。基于上述原因当人才紧缺而同时有多个项目需要完成时，此项目组织类型不宜采用。

③部门控制模式（图 5.8）

它是按职能原则建立的项目组织形式，是在不打乱企业现行建制的条件下，把项目委托给企业内某一专业部门或施工队，由单一部门的领导负责组织项目实施的项目组织形式。

a. 特征：按职能原则建立的项目机构，不打乱企业现行建制。

b. 优点：一是机构启动快；二是职能明确，职能专一，关系简单，便于协调；三是项目经理无须专门训练便能进入状态。

c. 缺点：人员固定，不利于精简机构，不能适应大型复杂项目或者涉及各个部门的项目，因而局限性较大。

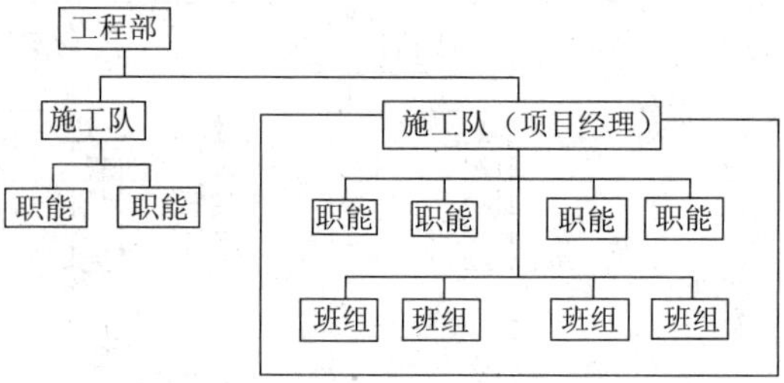

图 5.8　部门控制模式

④矩阵模式(图 5.9)

矩阵组织模式是现代大型项目管理中应用最广泛的新型组织形式，是目前推行项目法施工的一种较好形式。它吸收了部门控制模式和混合工程队模式的优点，发挥职能部门的纵向优势和项目组织的横向优势，把职能原则和对象原则结合起来。从组织职能上看，矩阵模式组织将企业职能和项目职能有机地结合在一起，形成了一种纵向职能机构和横向项目机构相交叉的"矩阵"型组织形式。

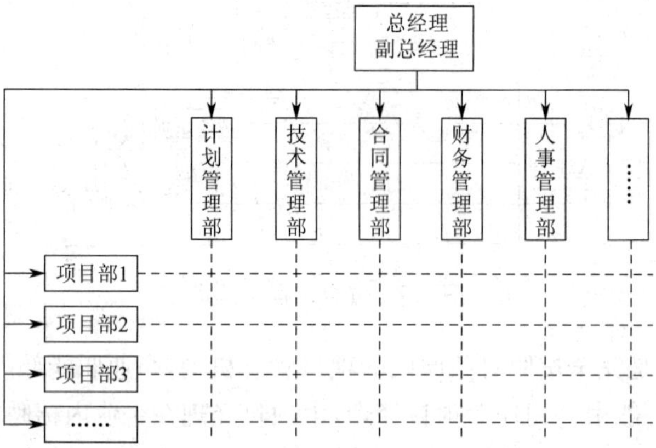

图 5.9　矩阵模式

在矩阵组织模式中，纵向工作部门可以是投资控制、进度控制、质量控制、合同管理、信息管理、人事管理、财务管理和物资管理等部门，而横向工作部门可以是各子项目的项目管理部。矩阵组织模式适宜用于大的组织系统，在上海地铁和广州地铁一号线建设时都采用了矩阵结构模式。

a. 特征：一是将项目机构与职能部门按矩阵式组成，矩阵模式的每个结合部受双重领导，部门控制力大于项目控制力；二是项目经理工作有各职能部门支持，有利于信息沟通，人事调配，协调作战。

b. 优点：一是兼有部门控制模式和混合工程队模式两者的优点，解决了企业组织和项目组织的矛盾；二是能以尽可能少的人力实现多个项目管理的高效率。

c. 缺点：一是双重领导易造成矛盾；二是身兼多职易造成管理上顾此失彼。

⑤事业部模式

a. 特征：一是事业部对企业而言是职能部门，对企业外而言亦有相对独立的经营权；二是事业部可按地区设置，也可按工程类型和经营内容设置。

b. 适用范围：这种模式适用于大型经营性企业的工程承包；适用于在一个地区有较长期市场时采用。

c.优点：一是有利于延伸企业和项目的经营职能，扩大业务范围和开拓业务领域；二是有利于适应环境变化以加强项目管理。

d.缺点：事业部模式引起企业对项目经理的约束力减弱，造成企业结构松散。

5.3 项目经理与项目经理部

5.3.1 学习任务

通过对项目经理及项目经理部知识的学习，能够确定项目经理部的组成及职责。

5.3.2 相关配套知识

1.项目经理的概念

项目经理是项目实施的最高领导者、组织者和责任者，在项目施工管理中，起着决定性的作用。项目经理包括业主的项目经理、受业主委托代业主进行项目管理的咨询机构的项目经理、设计单位的项目经理和施工单位即承包商的项目经理四种类型。

施工单位项目经理即施工单位对一个工程项目施工的总负责人，是项目经理部的最高负责者和组织者。项目经理部由工程项目施工负责人、施工现场负责人、施工成本控制人、施工进度控制者、施工技术与质量控制人、合同管理者等人员组成。

2.项目经理的责权和地位

建设工程项目是一种特殊而复杂的一次性活动，其管理涉及人力、技术、设备、资金、设计、施工、生产准备、竣工验收等多方面因素和多元化关系。为了更好地进行决策、规划、组织、指挥和协调，保证项目建设按照客观规律和科学程序进行；为了统一意志、提高效率，取得管理的成功；就必须设置项目经理，使之在管理体系中处于最高管理者的地位。确立施工项目经理的地位是搞好施工项目管理的关键。施工承包单位项目经理的责权和地位主要有：

(1)施工项目经理是施工企业法人代表在项目上的全权委托代理人。从企业内部看，施工项目经理是施工项目全过程所有工作的总负责人，是项目承包责任者，是项目动态管理的体现者，是项目生产要素合理投入和优化组合的组织者。从对外方面看，作为企业法人代表的企业经理，不直接对每个建设单位负责，而是由施工项目经理在授权范围内，对建设单位直接负责。由此可见，施工项目经理是项目目标的全面实现者，既要对建设单位的成果目标负责，又要对企业效率性目标负责。

(2)施工项目经理是协调各方面关系，使之互相紧密协作、配合的桥梁和纽带。对施工项目管理目标的实现承担着全部责任，即承担合同责任、履行合同义务、执行合同条款、处理合同纠纷、受法律的约束和保护。

(3)施工项目经理对项目实施进行控制，项目经理部是各种信息的集散中心。自下、自外而来的信息，通过各种渠道汇集到项目经理的手中；项目经理又通过指令、计划和“办法”，对下、对外发布信息，通过信息的集散达到控制的目的，使项目管理取得成功。

(4)施工项目经理是施工项目责、权、利的主体。这是因为施工项目经理是项目总体的组织管理者，他是项目中人、财、物、技术、信息和管理等所有生产要素的组织管理人。项目经理必须把组织管理职责放在首位。

①项目经理首先必须是项目的责任主体，是实现目标的最高责任者，而且目标的实现还不

超出限定的资源条件。责任是实现项目经理负责制的核心，它构成了项目经理工作的压力，是确定项目经理权力和利益的依据。对项目经理的上级管理部门而言，最重要的工作之一就是把项目经理的这种压力转化为动力。

②其次项目经理必须是项目的权力主体。权力是确保项目经理能够承担起责任的条件与手段，所以权力的范围必须视项目经理责任的要求而定。如果没有必要的权力，项目经理就无法对工作负责。

③项目经理还必须是项目的利益主体。利益是项目经理工作的动力，是由于项目经理负有相应的责任而得到的报酬，所以利益的形式及利益的多少也应该视项目经理的责任而定。如果没有一定的利益，项目经理就不愿负有相应的责任，也不会认真行使相应的权力，项目经理也难以处理好国家、企业和职工的利益关系。

3.项目经理的任务

项目经理在承担工程项目施工管理过程中，履行下列职责：

(1)贯彻执行国家和工程所在地政府的有关法律、法规和政策，执行企业的各项管理制度；

(2)严格财务制度，加强财经管理，正确处理国家、企业与个人的利益关系；

(3)执行项目承包合同中由项目经理负责履行的各项条款；

(4)对工程项目施工进行有效控制，执行有关技术规范和标准，积极推广应用新技术，确保工程质量和工期，实现安全、文明生产，努力提高经济效益。

项目经理在承担工程项目施工的管理过程中，应当按照铁路施工企业与建设单位签订的工程承包合同，与本企业法定代表人签订项目承包合同，并在企业法定代表人授权范围内，行使以下管理权力：

(1)组织项目管理班子；

(2)以企业法定代表人的代表身份处理与所承担的工程项目有关的外部关系，受托签署有关合同；

(3)指挥铁路工程项目建设的生产经营活动，调配并管理进入工程项目的人力、资金、物资、机械设备等生产要素；

(4)选择施工作业队伍；

(5)进行合理的经济分配；

(6)企业法定代表人授予的其他管理权力。

4.项目经理的素质

(1)政治素质。项目经理应是复合型管理人才，能正确处理国家、企业和职工三者的利益关系。

(2)领导素质。要求项目经理博学多才，通情达理；多谋善断，灵活机动；知人善任，善与人同；公道正直，以身作则；铁面无私，赏罚严明。

(3)专业素质。项目经理必须是一个专家，他要懂得铁路工程专业的技术知识，具有铁路工程专业的管理知识、经营知识、法律知识及相关经济知识，了解铁路工程市场的运行规律，懂得铁路行业的管理规律。

(4)身体素质。项目经理必须有健康的体魄。

5.施工企业项目经理部的构建

项目经理部是施工项目管理的工作班子，置于项目经理的领导之下。

1)项目经理部的作用

(1)项目经理部在项目经理的领导下,作为项目管理的组织机构(或称之为领导机构),负责施工项目从开工到竣工的全过程施工生产的管理,是企业在某一工程项目上的管理层,同时对作业层负有管理与服务的双重职能。

(2)项目经理部是项目经理的办事机构,为项目经理决策提供信息依据,当好参谋,同时又要执行项目经理的决策意图,向项目经理全面负责。

(3)项目经理部是一个组织体,其作用包括:完成企业所赋予的基本任务——项目管理和专业管理任务等等。要具有凝聚管理人员的力量并调动其积极性,促进管理人员合作;协调部门之间、管理人员之间的关系,发挥每个人的岗位作用;贯彻承包或目标责任制,搞好管理;沟通项目经理部与企业部门之间,项目经理部与作业队之间,项目部与建设单位、分包单位、生产要素市场等之间的关系。

(4)项目经理部是代表企业履行工程承包合同的主体,对最终建筑产品的业主全面负责。

此外,由于工程项目具有一次性特点,因而项目经理部是一次性组织。

2)项目经理部的部门设置

项目经理部的部门设置和人员配置根据项目的规模大小、技术复杂程度等不尽相同。一般情况设置如下:

(1)工程技术部门:负责生产调度、技术管理、施工组织设计、计划、统计、文明施工等工作。

(2)监督管理部门:负责质量管理、安全管理、消防保卫、环境保护、计量、测量、试验等工作。

(3)经营核算部门:负责预算、合同、索赔、成本、资金、劳动及分配等工作。

(4)物资设备部门:负责材料价格、采购、运输、计划、管理、工具、机械租赁及配套使用等工作。

5.4　高速铁路的特点及施工技术要求

5.4.1　学习任务

通过对高速铁路的特点及施工技术知识的学习,能够明确高速铁路的施工技术要求。

5.4.2　相关配套知识

1.高速铁路及客运专线概念

列车运行速度是运输产品的一项重要的技术指标,也是铁路现代化水平的重要体现。高速铁路是一个具有国际性和时代性的概念。

20 世纪 70 年代,日本把列车在主要区间能以 200 km/h 以上速度运行的干线铁道称为高速铁路。1985 年,联合国欧经会在日内瓦签署的国际铁路干线协议规定:新建客运专线 300 km/h,新建客货共线 250 km/h。欧洲铁路联盟于 1996 年 9 月发布的互通运营指导文件(96/0048/EC)对高速铁路有了更确切的规定:新建铁路运行速度达到或超过 250 km/h;既有线通过改造使基础设施适应速度 200 km/h(世界铁路既有线提速目标值)。线路能够适应高速,在某些地形困难、山区或城市环境下,速度可以根据实际情况进行调整。

我国尚没有明确的高速铁路界定标准,但业内普遍认同欧洲铁路联盟于 1996 年 9 月发布的互通运营指导文件对高速铁路的界定标准。新建铁路客运专线的速度目标值在 250 km/h 及以上。

需要说明的是，高速铁路不一定是客运专线，客运专线也不一定是高速铁路。只有速度大于 250 km/h，仅开行客车的高速铁路，才兼有二者的属性。国外对时速 200 km 轨道铺设精度的要求与对时速 300 km 的要求相当接近。可以认为，客运专线的设计速度应在 200 km/h 以上，其性质应属于高速铁路的范畴。

2. 高速铁路与普通铁路的主要区别

当前，根据所采用的不同技术，高速铁路分为轮轨接触技术类型和磁悬浮技术类型。轮轨技术有非摆式车体和摆式车体两种，磁悬浮技术又根据所采用的悬浮技术分为超导和常导两种。随着速度的提高，在轮轨接触的铁路技术中，将会出现一些新的问题，即对基础设施和移动的车辆都提出了新的要求，主要可以归结为两个方面，即：

(1)当速度超过 250 km/h 以后，空气动力特性的显著变化，对车辆结构和铁路基础设施提出新的要求；

(2)高速运行的列车要求具备持久稳定、高平顺性以及能供列车安全舒适运行的轨下基础。

概括地讲，除了保证“强度”这一基本要求(即使用期不致破坏)以外，更要严格控制其“变形”。因此，保持轨道持续稳定的高平顺性是对高速铁路工程提出的最基本的功能性要求。但是，轨道的高平顺性又是路基、桥梁、轨道变形的最终表现，要求轨道高平顺性，必须从控制上述工程变形着手。具体表现在：

(1)控制路基工程变形将是很重要的一个内容。除了线路平面有较大的曲线半径和适当长度的缓和曲线、夹直线长度以外，设计、施工都要将重点放在控制路基的工后沉降、不均匀沉降及路基顶面的初始不平顺性。《新建时速 300～350 km 客运专线铁路设计暂行规定》规定，允许最大工后沉降＜30 mm(无砟轨道的工后沉降＜15 mm)；过渡段差异沉降＜5 mm 或其折角＜1/1 000；一般地基固结系数达到 90%～95%。

(2)桥梁要有足够大的刚度。主要控制挠度、梁端转角、扭转变形、结构自振频率，还要限制预应力徐变和结构温差引起的变形。所有这些变形的控制必须以高速列车的动态作用力相耦合为前提。

(3)一次铺成跨区间无缝线路。轨道结构无论有砟或无砟均必须严格控制铺轨的初始平顺度，保证精度达到高平顺性的要求。根据高速铁路对轨道平顺性的要求，传统边铺边架的施工组织及方法已不适用。

(4)接触网方面。列车高速运行时对接触网作用，导线产生较高频率的波动。为了降低弓网离线率，要求接触网具有较大的张力体系、高度的平顺性，以保证良好的受流供电。

(5)列车及牵引动力。高速列车采用动车组的形式，牵引有动力分散、动力集中两种方式，采用大功率交流传动 GTO 及 IGBT(或 IPM)元件，大幅度提高牵引功率。为了提高速度、减小对轨道结构及基础设施的影响，高速铁路要求降低车体质量并限制轴重。这包括：合理的转向架结构、良好的空气动力学性能和气密性、制动装置的特殊要求，降噪措施，车载微机故障监控诊断系统，集便装置的特殊设计等。

(6)通信信号系统。以地面信号为主改为以机车信号为主，驾驶员制动转变为车载计算机判别、自动控制，并通过超速防护系统自动施行制动。为了提高运营指挥效率，保证正点率，高速铁路采用综合调度系统指挥控制。围绕运营指挥所采用的计算机网络及通信系统,需要很高的可靠性和安全保障。高速运动的列车使车地之间的信息传递面临更大的难度。高速铁路要求信息传输误码率低,且更加准确;高速列车装备有大量的计算机检测设备,形成一个车载计算机网络,使得列车控制、维修的效率得到很大的提高。

(7)其他主要区别。由于高速行车的特殊需求,高速铁路配置了风、雨、雪、地震等自然灾害告警系统,监测信息经过通信网与调度中心直接相连,以保证高速行车的安全。沿线设置的跨线桥需安装坠落物告警装置,全线必须封闭,不设平交道口。

为减小列车高速运行带来的噪声影响,途经人口密集的地区时,高速铁路沿线需采取降低噪声的措施,安装隔音墙。

3.我国高速铁路及客运专线的主要技术标准

目前我国客运专线铁路使用的主要技术标准如下:

(1)铁路等级:高速铁路;

(2)正线数目:双线;

(3)设计速度:列车最高运行速度 350 km/h,最低运行速度 200 km/h;

(4)运输模式:高、中速混跑;

(5)线间距:5 m;

(6)最小曲线半径:一般 7 000 m,困难 5 500 m;

(7)最大坡度:12‰~20‰;

(8)到发线有效长度:520~700 m;

(9)牵引种类及列车类型:电力、动车组;

(10)列车运行控制方式:自动控制;

(11)行车指挥方式:综合调度集中。

4.高速铁路施工的技术要求

(1)高速铁路的主要技术特征

采用轮轨技术的高速铁路具有以下 4 个方面的主要技术特征:

①轮轨方面:持久高平顺性的轨道,轻量化、高走行稳定性的列车;

②弓网方面:大张力的接触网,高性能的受电弓;

③空气动力方面:流线型、密封的列车,较大的线间距和隧道断面;

④牵引与制动方面:大功率的交—直—交列车和大容量的牵引供电设施,大能力的盘形、再生、涡流列车制动系统和车载信号为主的列控模式。

(2)高速铁路施工的技术要求

依据客运专线铁路最主要的 4 个基本技术体系,可以从建设、运营、维修全过程,从安全性、舒适性、可靠性、经济性和可施工性等角度对路、桥、隧、轨道工程的特点和难点做一些分析,总体技术要求如下:

①路基变形是影响列车运行速度的重要因素之一,控制沉降和纵向刚度的变化是高速铁路路基设计、施工的关键问题。

②桥梁结构设计强调结构的耐久性和良好的动力特性,严格控制桥梁结构的纵横向刚度、基频和铺轨后的残余(工后)沉降,满足高速列车安全运行和旅客乘坐舒适度的要求。

③隧道设计考虑空气动力学效应,隧道有效断面积拟采用 100 m^2,必要时洞口可设缓冲

结构。

④轨道结构的可靠性、稳定性和高平顺性是高速铁路安全可靠、平稳舒适、经济耐久运行的关键。主要设计特点是采用一次铺设跨区间无缝线路，推广采用少维修的无砟轨道，转线地段采用大号码高速道岔。

⑤信息系统集成了列车运行控制、车站计算机联锁和综合调度，实现通信、信号和计算机技术的一体化，充分发挥通信、信号系统的整体综合效能，使其成为一个集行车控制、调度指挥、信息管理和设备监测于一体的综合自动化系统。

⑥牵引供电系统的技术特点在于供变电系统的安全、可靠性高和高度自动化，接触网系统的高平顺性和良好的受流特性，高速铁路牵引供电系统拟采用AT供电方式、简单链型悬挂和基于网络化、分层化管理的电力调度系统。

⑦高速列车拟采用当今世界上最先进的300～350 km/h动力分散型动车组。列车具有运行速度高、安全可靠、车内布置宽敞舒适、车体轻量化、外观流线型、大功率、低能耗、加速快、爬坡能力强等技术特点，同时具备兼容既有线信号制式、多制动方式、自动诊断等功能。

⑧防火安全监控系统由风监测、雨量及洪水监测、地震监测、轨温监测、火灾监测、突发事故、异物侵限及非法侵入防护等系统组成。

⑨高速铁路按环保型绿色通道设计，采取设置声屏障等综合治理措施。

5.5　高速铁路工程项目管理的内容

5.5.1　学习任务

通过高速铁路工程项目管理内容知识的学习，主要能够承担以下学习任务：

(1)对高速铁路工程项目管理内容的认识；

(2)确定高速铁路施工项目管理的工作内容。

5.5.2　相关配套知识

1.高速铁路工程项目管理的内容

高速铁路工程项目管理是以高速铁路工程项目为研究对象，按项目组建管理机构对项目实施管理，项目完成后，其管理机构随之撤销的一种管理方法。

广义的高速铁路及客运专线铁路工程项目管理，包括从规划、立项到交付使用后评价全过程的管理，主要包括以下工作内容：

(1)确定项目建设意图；

(2)调查研究，如工程地质、水文地质勘察，地形测量，工程和工艺技术研究试验，地震、气象、环境保护资料收集及各类建筑材料供应调查等；

(3)路线走向及主要控制点的确定；

(4)项目可行性研究，包括预可行性研究和工程可行性研究两个阶段，在技术、经济和生产力布局上对客运专线铁路工程项目进行可行性论证，并经多方案比较，推荐最佳方案，为投资决策和进一步编制设计任务书提供依据；

(5)投资决策和资金筹措；

(6)编制项目建设规划；

(7)编制设计任务书;

(8)评选方案和委托设计;

(9)进行项目设计和审批,包括初步设计、施工图设计;

(10)项目施工;

(11)项目竣工验收、交付使用和后评价。

以上这些过程,有些是依次进行的,有些是平行交叉进行的。在投资决策以前的各项工作,属于建设项目投资决策阶段研究的范畴;投资决策以后的工作,属于建设项目实施阶段研究的范畴。

狭义的高速铁路及客运专线项目管理,是指高速铁路及客运专线项目实施阶段的管理。在该阶段,以实施管理的参与者来分,主要有建设单位的项目管理、监理单位的项目管理和施工单位的项目管理。本书重点研究施工单位的项目管理。对于同一高速铁路工程项目,上述各方的管理任务和管理目标是不同的,同时各方之间需要建立起互相制约、相互协作的关系,这种关系是通过经济合同的形式来体现的。

2.高速铁路施工项目管理的任务

高速铁路施工项目管理的有效方法是采用项目法施工,即高速铁路施工单位以工程项目为对象组建施工组织机构,实行项目经理负责制,以企业内部承包合同为纽带,对工程项目进行高效率地计划、组织、协调和控制。项目完成后其组织机构随之撤销。

1)高速铁路施工项目管理的特征

高速铁路施工项目管理具有以下特征:

(1)管理对象——高速铁路工程项目是一次性的,而不是工厂式的重复生产,施工企业应当以工程项目为对象组织生产。

(2)施工管理的组织机构是临时性的,随工程项目的确定而产生,随工程项目的完成而撤销。管理组织机构的设置,要求最大限度地使企业各生产要素在施工现场上得到最佳的动态组合。

(3)项目经理是项目管理的核心,企业要建立以项目经理部或承包班子为主要组织管理形式的生产经营管理系统,实行项目经理负责制。

(4)企业要建立以工程项目为对象的经济核算体系,以体现工程项目的责、权、效、利关系。

(5)为适应项目管理的需要,企业要建立多功能相对稳定的劳务管理后方基地,发展多种经营,以便转移、安置富余人员。

为适应施工管理的要求,企业应当建立内部市场机制,把社会市场的公平竞争、买卖关系、经济杠杆、优胜劣汰等机制引进企业内部管理中,为进一步推行施工项目管理创造条件。

综上所述,采用项目法施工要求做到:一是施工生产人员不拖家带口到现场;二是动态投入生产要素;三是按管理与劳务两个层次组织施工。

2)高速铁路施工项目管理目标和任务

高速铁路施工项目管理的目标是在确保承包合同规定的工期和质量要求的前提下,降低工程成本。然而,质量、工期、成本三者不是彼此孤立的,项目管理的基本任务就在于求得上述三大目标的和谐统一。因此,施工项目管理的基本任务在于:合理组织项目的施工过程,充分利用人力物力,有效使用时间和空间,保证综合协调施工,按期、保质并以较低的工程成本完成工程任务。

3.高速铁路施工项目管理的工作内容

高速铁路项目的施工过程，从大的方面可分为施工准备、正式施工和工程竣工验收3个阶段，下面分别介绍各阶段的工作内容。

1)施工准备阶段

施工准备阶段是项目施工生产的首要环节，其基本任务是为工程的正式展开和顺利施工创造必须的条件，其主要工作有：

(1)建立施工的技术条件。主要包括：编制施工组织设计；编制施工预算；编制作业计划；下达责任书、签订承包及分包合同。

(2)建立施工的物资条件。主要包括：组织材料订货、加工、运输和进场；施工机械设备的进场、安装和调试；设置施工临时设施。

(3)组织施工力量。主要包括：组建施工队伍，成立项目管理机构；组织特殊工种、新技术工种的技术培训以及铁道部规定的客专铁路施工人员上岗培训；落实协作配合条件，组织专业施工班组，签订专业分包合同；对临时工的教育和培训。

(4)做好项目管理的基础工作。

主要包括：

①建立以责任制为核心的规章制度。包括：岗位责任制(如：人人有基本职责；有明确的考核标准；有明确的办事细则)；经济管理规章制度，如内外合同制度、考勤制度、奖惩制度、领用料制度、仓库保管制度、内部计价及核算制度、财务制度等。

②标准化工作，包括技术标准、技术规程和管理标准的制订、执行和管理工作。

③制订各类技术经济定额。根据项目管理的实际情况，制订出反映项目水平的消耗定额、状态定额和效率定额。

④计量工作，包括计量核定、测试、化验分析等方面的计量技术和计量手段的管理工作。

⑤施工现场的场地准备。根据施工组织设计及施工平面图布局的要求，进行施工场地准备及工作条件的准备工作。

工程施工对象的性质、规模不同，施工准备工作的内容和组成也不尽相同。然而施工准备工作的基本内容主要有两个方面：一是抓规划，编制施工组织设计；二是在施工组织设计的指导下，抓施工条件的落实。

(5)做好施工调查工作。

(6)编制实施性施工组织设计。

(7)做好全场性施工准备工作。主要内容有：进行全现场的场地准备；修建施工便道，接通施工上下水管线，敷设动力、照明、通讯线路；修建为施工服务的生活、生产暂设工程及辅助、附属设施；组织施工力量，调整和健全施工组织机构；组织材料、半成品的加工、订货和分批进场；施工机具的维修、组装、试验、测试和鉴定；特殊工种的技术培训。

上述施工准备工作按计划完成后，应进行必要的检查验收，同时必须按开工报告制度申请开工。

2)施工阶段

施工阶段管理工作的主要内容包括：第一，按计划组织综合施工；第二，对施工过程进行全控制。

(1)按计划组织综合施工

所谓综合施工，就是按不同工种，配备不同机械设备，使用不同材料的工人班组，在不同的地点和工程部位按着预定的顺序和时间协调地从事施工作业。

施工的综合性,要求施工组织具有严密性。施工组织的严密性,要靠周密的计划来保证。为此,必须做到以下几点:

①提高计划的科学性,应保证:计划顺序符合施工工艺要求。计划采用的定额水平要合理。为此,应当制订反映企业整体水平的劳动定额、消耗定额。对计划要进行综合平衡。

②实行整个项目、单位工程和作业班组经济承包责任制。要求项目经理、单位工程负责人有较强的组织能力,从而可以弥补计划和管理上的不足。

③保证现场需要,做好后勤供应。企业的后勤部门要为工程项目施工服务,并按计划规定的时间和数量供应所需要的材料、设备、技术资料等。

(2)施工过程中的全面控制

施工过程中的全面控制包括以下内容:

①工程进度控制。其目的在于按合理工期组织施工,保证按合同规定的工期交工。工程进度控制,就是要经常掌握工程的进展情况,及早发现计划与实际脱节现象,并采取相应改进措施。为此,通常采用形象进度图、横道图和网络图等方法进行工程进度管理和控制。

②工程质量控制。施工过程的质量控制,从工作深度上讲,要把单纯事后检验的质量管理方式转变为既检验又预防的质量管理方式,进而转变为控制与提高的全面质量管理方式;从广义上讲,也就是对高速铁路工程质量形成的全过程进行质量控制。

③工程成本控制。工程成本控制包括事前控制、事中控制和计量工作 3 个方面。事前控制就是要做到"算了再干",主要工作有成本预测和成本计划的编制;事中控制主要是注意各施工阶段的节约,并采取一定的技术措施降低工程成本。

④安全控制。其主要工作内容是:建立安全教育制度;制订安全技术措施;制订安全操作规程;安全保护设施的设计与设置;施工过程中的安全检查和安全监督;安全事故的处理和分析;建立安全值班制等。

⑤施工总平面图管理(总图管理)。总图管理的工作内容主要有:按总图规划修建临时设施、施工便道和管线,以及进行材料、构配件的堆放;现场局部断水、断电、断路,事先要有计划,并有相应的应急措施;根据施工进程,不断地修正总平面图。总图的有效管理,可以使施工各环节在空间上充分协调,保证施工的正常进行和实现文明施工。

3)工程竣工验收阶段

根据铁建设〔2007〕183 文《铁路客运专线竣工验收暂行办法》的规定做好工程竣工验收工作。

知识拓展

项目管理机构模式的选择

如何选择项目管理机构模式,应根据企业的素质、任务、条件基础,并结合施工项目的规模、技术复杂程度、内容、要求的管理方式进行分析后做出正确的选择。项目组织类型选择组合见表 5.1。

表 5.1 项目组织类型机构选择组合表

项目组织形式	适用项目特点	适用施工企业类型及企业资质状况
直线式	● 中小型项目 ● 简单项目	● 小型施工企业，且任务单一 ● 企业人员素质一般，专业分工差 ● 管理水平尚可，管理人员稳定
部门控制式	● 小型项目 ● 简单项目 ● 只涉及个别少数部门的项目	● 任何施工企业均可适用 ● 企业人员构成较为单一，力量较为薄弱 ● 企业管理水平一般，但其中某个部门或某个下属单位较强，可以承担项目管理，少数人员素质较高，可以实施项目管理
混合工程队式	● 大型项目 ● 复杂项目 ● 工期至关重要的项目 ● 远离企业总部的单独项目	● 大型综合施工企业和有得力的项目经理的企业 ● 企业人员素质较强，专业人才多，且一专多能，可以组织若干高水平的项目班子和项目组织 ● 管理水平较高，基础工作较强，管理经验丰富，且欲较快培养项目管理后备人才
矩阵式	● 多工种、多部门、多技术配合的项目 ● 人工效率要求很高的项目 ● 企业总部附近的项目或虽远离总部但有多个互相来往较方便的项目	● 大型综合施工企业 ● 经营范围很宽，实力很强的施工企业 ● 文化及管理素质、技术素质很高，但人才紧缺的施工企业 ● 管理水平较高，管理渠道畅通，信息沟通灵敏，管理经验丰富的施工企业

本章小结

本章通过对项目及项目管理概念的叙述，引入工程项目管理的内容、组织机构与模式等，并对项目经理和项目经理部的构建进行了介绍，同时，详细地阐述了高速铁路的施工特点、技术要求、及高速铁路工程项目管理的主要内容。

复习思考题

1. 什么是建设项目和施工项目？各有什么特征？
2. 工程项目管理的定义是什么？是如何分类的？
3. 工程项目管理的组织机构有哪几种？其组织模式又有哪几种？
4. 项目经理的责任和权力都有哪些？项目经理部都有哪些部门？
5. 高速铁路施工技术要求有哪些？
6. 高速铁路项目管理的主要内容有哪些？
7. 高速铁路施工项目管理的主要内容有哪些？

6　施工项目成本管理

本章描述

成本管理是施工项目管理的三大目标之一，施工项目成本管理就是要在保证工期和质量满足要求的情况下，采取相应管理措施，包括组织措施、经济措施、技术措施、合同措施把成本控制在计划范围内，并进一步最大程度地成本节约。主要包括成本计划的内容及编制、成本核算的方法，成本控制的方法及措施，成本分析的方法，成本考核的有关内容等。

拟实现的教学目标

1. 能力目标

- 能够对施工项目成本进行划分，并明确成本管理的内容；
- 能够简单编制施工成本计划；
- 能够对施工项目成本进行核算；
- 能够进行成本控制的分析计算、进行偏差分析、采取适当的成本控制措施；
- 能够对项目成本进行分析并明确成本考核的内容。

2. 知识目标

- 了解项目成本的划分及成本管理；
- 熟悉成本计划的编制程序及方法；
- 熟悉成本核算的方法；
- 掌握成本控制的内容、方法、措施等；
- 掌握成本分析的依据及方法；
- 了解成本考核的内容。

3. 素质目标

- 培养学生分析问题、解决问题的能力；
- 培养学生进行项目成本分析、成本控制的能力。

相关案例

某铁路特大桥桥梁施工合同于 2007 年 12 月签订，约定的合同工期为 20 个月，2008 年 1 月开始正式施工，施工单位按合同要求编制了混凝土工程施工进度时标网络计划，并经专业监理工程师审核批准。

该项目的各项工作均按最早开始时间安排，且各工作每月所完成的工程量相等。各工作的计划工作量和实际工作量如表 6.1 所示。合同约定，混凝土工程综合单价为 1 000 元/m^3，按月结算。结算价按项目所在地混凝土工程价格指数进行调整，如表 6.2 所示。

表 6.1　计划工作量和实际工作量表

工作	A	B	C	D	E	F	G	H
计划工程量(m^3)	8 600	9 000	5 400	10 000	5 200	6 200	1 000	3 600
实际工程量(m^3)	8 600	9 000	5 400	9 200	5 000	5 800	1 000	5 000

表 6.2　工程价格指数表

时间	2007 12 月	2008 1 月	2008 2 月	2008 3 月	2008 4 月	2008 5 月	2008 6 月	2008 7 月	2008 8 月	2008 9 月
混凝土工程价格指数(%)	100	115	105	110	115	110	110	120	110	110

1. 按施工进度计划编制资金使用计划(表 6.3)

将各工作计划工程量与单价相乘后，除以该工作持续时间，得到各工作每月计划工作预算费用；再将各工作分别按月汇总得到每月计划工作预算费用；然后逐月累加得到各月累计计划工作预算费用。以此类推，得出各工作：

每月已完工作预算费用＝每月实际工程量×单价

每月已完工作实际费用＝已完工作实际费用×每月价格指数

表 6.3　资金使用计划

项　目	投资数据(万元)								
	1	2	3	4	5	6	7	8	9
每月计划工作预算费用	880	880	690	690	550	370	530	310	
累计计划工作预算费用	880	1 760	2 450	3 140	3 690	4 060	4 590	4 900	
每月已完工作预算费用	880	880	660	660	410	355	515	415	125
累计已完工作预算费用	880	1 760	2 420	3 080	3 490	3 845	4 360	4 775	4 900
每月已完工作实际费用	1 012	924	726	759	451	390.5	618	456.5	137.5
累计已完工作实际费用	1 012	1 936	2 662	3 421	3 872	4 262.5	4 880.5	5 337	5 474.5

2. 计算 8 月末的费用偏差和进度偏差

费用偏差 CV＝已完工作预算费用－已完工作实际费用＝4 775－5 337＝－562(万元)，超支 562 万元；

进度偏差 SV＝拟完工程计划投资－已完工程计划投资＝4 900－4 775＝125(万元)，拖后 125 万元。

3. 偏差原因分析

偏差分析的一个重要目的就是要找出引起偏差的原因，从而有可能采取有针对性的措施，减少或避免相同原因的再次发生。在进行偏差原因分析时，首先应当将已经导致和可能导致偏差的各种原因逐一列举出来。导致不同工程项目产生投资偏差的原因具有一定共性，因而可以通过对已建项目的投资偏差原因进行归纳、总结，为该项目采用预防措施提供依据。一般来说，产生投资偏差的原因主要有以下几种：

(1)物价上涨：包括人工涨价、材料涨价、设备涨价、利率、汇率变化等；

(2)设计原因：包括设计错误、设计漏项、设计标准变化、图纸提供不及时等；

(3)业主原因：包括增加内容、投资规划不当、组织不落实、建设手续不全、协调不佳、未及时提供场地等；

(4)施工原因：施工方案不当、材料代用、施工质量有问题、赶进度、工期拖延等；

(5)客观原因：包括自然因素、基础处理、社会原因、法规变化等。

4.纠偏措施

对偏差原因进行分析的目的是为了有针对性地采取纠偏措施，从主要的偏差原因着手，从而实现投资的动态控制。

当然要压缩已经超支的费用，而不损害其他目标是十分困难的，一般只有当给出的措施比原计划已选定的措施更为有利，或使工程范围减少，或生产效率提高，成本才能降低，例如：

(1)寻找新的、更好更省的、效率更高的设计方案；

(2)购买部分产品，而不是采用完全由自己生产的产品；

(3)重新选择供应商，但会产生供应风险，选择需要时间；

(4)改变实施过程；

(5)变更工程范围；

(6)索赔，例如向业主、分包商、供应商索赔以弥补费用超支。

6.1 项目成本划分及管理

6.1.1 学习任务

通过对项目成本划分及管理知识的学习，能够对施工项目成本进行划分，并明确成本管理的内容。

6.1.2 相关配套知识

1.施工项目成本概念及构成

施工项目成本是指在建设工程项目的施工过程中所发生的全部生产费用的总和，包括消耗的原材料、辅助材料、构配件等费用，周转材料的摊销费或租赁费，施工机械的使用费或租赁费，支付给生产工人的工资、奖金、工资性质的津贴等，以及进行施工组织与管理所发生的全部费用支出。

建设工程项目施工成本由直接成本和间接成本组成。

直接成本是指施工过程中耗费的构成工程实体或有助于工程实体形成的各项费用支出，是可以直接计入工程对象的费用，包括人工费、材料费、施工机械使用费和施工措施费等。

间接成本是指为施工准备、组织和管理施工生产的全部费用的支出，是非直接用于也无法直接计入工程对象，但为进行工程施工所必须发生的费用，包括管理人员工资、办公费、差旅交通费等。

施工成本管理就是要在保证工期和质量满足要求的情况下，采取相应管理措施，包括组织措施、经济措施、技术措施、合同措施把成本控制在计划范围内，并进一步寻求最大程度的成本节约。

2.施工项目成本的划分

根据管理的需要,可将成本划分为不同的成本形式。

1)按成本发生的时间划分

(1)预算成本

工程预算成本反映各地区建筑业的平均成本水平。它根据由施工图、全国统一的工程量计算规则计算出来的工程量,全国统一的建筑、安装基础定额和各地区的市场劳务价格、材料价格信息及价差系数,以及有关取费的指导性费率进行计算。

(2)合同价

合同价是业主在分析众多投标书的基础上,最终与一家承包商确定的工程价格,最终在双方签订的合同文件中确认,作为工程结算的依据。对承包商来说是通过报价竞争获得承包资格而确定的工程价格。合同价是项目经理部确定成本计划和目标成本的主要依据。

(3)计划成本

计划成本是在项目经理领导下组织施工、充分挖掘潜力、采取有效的技术措施和加强管理与经济核算的基础上,预先确定的工程项目的成本目标。它是根据合同价以及企业下达的成本降低指标,在成本发生前预先计算的。它对于企业和项目经理部的经济核算,建立和健全成本管理责任制,控制施工过程中生产费用,降低项目成本具有十分重要的作用。

(4)实际成本

实际成本是施工项目在报告期内实际发生的各项生产费用的总和。实际成本与计划成本比较,可反映成本的节约或超支;实际成本与合同价比较,可反映项目盈亏情况。计划成本和实际成本都反映施工企业成本管理水平,它受企业本身的生产技术、施工条件、项目经理部组织管理水平以及企业生产经营管理水平所制约。

2)按生产费用计入成本的方法划分

(1)直接成本

直接成本是指直接耗用于并能直接计入工程对象的费用。

(2)间接成本

间接成本是指非直接用于也无法直接计入工程对象,但为进行工程施工所必须发生的费用,通常是按照直接成本的比例进行计算。

3)按成本习性来划分

(1)固定成本

固定成本是指在一定期间和一定的工程范围内,其发生的成本额不受工程量增减变动的影响而相对固定的成本。如折旧费、管理人员工资等。固定成本是为了保持企业一定的生产经营条件而发生的。

(2)变动成本

变动成本是指发生额随着工程量的增加而成正比例变动的费用,如用于工程的材料费、工人工资等。

3.施工项目成本管理的内容

施工项目成本管理的工作内容包括:成本预测、成本计划、成本控制、成本核算、成本分析和成本考核等。施工项目经理部在项目施工过程中,对所发生的各种成本信息,通过有组织、有系统地进行预测、计划、控制、核算和分析等一系列工作,促使施工项目系统内各种要素,按照一定的目标运行，使施工项目的实际成本能够控制在预定的计划成本范围内。

(1)施工项目成本预测

施工项目成本预测是通过成本信息和施工项目的具体情况，采用一定的预测方法，对未来的成本水平及其可能发展趋势做出科学的估计。它可以使项目经理部在满足业主和企业要求的前提下，选择成本低、效益好的最佳方案，并能够在施工项目成本形成过程中，针对薄弱环节，加强成本控制，克服盲目性，提高预见性。

(2)施工项目成本计划

施工项目成本计划是以货币形式编制的施工项目在计划期内的生产费用、成本水平、成本降低率以及为降低成本所采取的主要措施和规划的书面方案，它是建立施工项目成本管理责任制、开展成本控制和核算的基础，是施工项目降低成本的指导文件，是建立目标成本的依据。可以说，成本计划是目标成本的一种形式。

(3)施工项目成本控制

施工项目成本控制是指项目在施工过程中，对影响施工项目成本的各种因素加强管理，并采取各种有效措施，将施工中实际发生的各种消耗和支出严格控制在成本计划范围内，严格审查各项费用是否符合标准、计算实际成本和计划成本之间的差异并进行分析，消除施工中的损失浪费现象。

(4)施工项目成本核算

施工项目成本核算是对项目施工过程中所发生的各种费用和形成施工项目成本进行的核算。施工项目成本核算所提供的各种成本信息，是成本预测、成本计划、成本控制、成本分析和成本考核等各个环节的依据。

(5)施工项目成本分析

施工项目成本分析是在成本形成过程中，根据成本核算资料和其他有关资料，对施工项目成本进行的对比评价和剖析总结，将实际成本与目标成本、预算成本以及类似施工项目的实际成本等进行比较，了解成本的变动情况，检查成本计划的合理性，并通过成本分析，深入揭示成本变动的规律，寻找降低施工项目成本的途径和潜力。

(6)施工项目成本考核

施工项目成本考核是在施工项目完成后，对施工项目成本形成中的各责任者，按施工项目成本目标责任制的有关规定，评定施工项目成本计划的完成情况和各责任者的业绩，并以此给以相应的奖励和处罚。

6.2　施工项目成本计划

6.2.1　学习任务

通过施工项目成本计划知识的学习，主要能够承担以下学习任务：

(1)对施工项目成本计划的概念及内容的认识；

(2)能够根据成本计划的编制步骤，简单编制施工成本计划。

6.2.2　相关配套知识

1. 施工项目成本计划概念及内容

1)施工项目成本计划概念

施工项目成本计划是以货币形式预先规定施工项目进行中的施工生产耗费的水平，确定对比项目总投资(或中标额)应实现的计划成本降低额与降低率，提出保证成本计划实施的主要措施方案。施工项目成本计划一经确定，就应按成本管理层次、有关成本项目以及项目进展逐阶段对成本计划加以分解，层层落实到部门、班组，并制定各级成本实施方案。

施工项目成本计划是施工项目成本管理的一个重要环节，许多施工单位仅单纯重视项目成本管理的事中控制及事后考核，却忽视甚至省略了至关重要的事前计划，使得成本管理从一开始就缺乏目标。成本计划是对生产耗费进行事前预计、事中检查控制和事后考核评价的重要依据。经常将实际生产耗费与成本计划指标进行对比分析，揭露执行过程中存在的问题，及时采取措施，可以改进和完善成本管理工作，保证施工项目成本计划各项指标得以实现。

(2)施工项目成本计划的内容

施工项目成本计划一般由施工项目降低直接成本计划和间接成本计划及技术组织措施组成。如果项目设有附属生产单位，如加工厂、预制厂等，则成本计划还包括产品成本计划和作业成本计划。

施工项目降低直接成本计划主要反映工程成本的预算价值、计划降低额和计划降低率。间接成本计划主要反映施工现场管理费用的计划数、预算收入数及降低额。技术组织措施主要是从技术、组织、管理方面采取措施，如推广新技术、新材料、新结构、新工艺，加强材料、机械管理，采用现代化管理技术等来降低成本，对所采取的技术组织措施预测它的经济效益，编制降低成本的技术组织措施表。

2.施工项目成本计划的编制

1)施工项目成本计划编制的原则

(1)从实际出发的原则

编制成本计划划必须从企业的实际情况出发，充分挖掘企业内部潜力，正确选择施工方案，合理组织施工；提高劳动生产率；改善材料供应，降低材料消耗，提高机械利用率；节约施工管理费用等。使降低成本指标既积极可靠，又切实可行。

(2)与其他计划结合的原则

一方面成本计划要根据施工项目的生产、技术组织措施、劳动工资、材料供应等计划来编制，另一方面编制其他各种计划都应考虑降低成本的要求，因此，编制成本计划，必须与施工项目的其他各项计划如施工方案、生产进度、财务计划、材料供应及耗费计划等密切结合，保持平衡。

(3)采用先进的技术经济定额的原则

编制成本计划，必须以各种先进的技术经济定额为依据，并针对工程的具体特点，采取切实可行的技术组织措施作保证。只有这样，才能编制出既有科学根据，又有实现的可能，具有促进和激励作用的成本计划。

(4)统一领导、分级管理的原则

编制成本计划，应实行统一领导、分级管理的原则，应在项目经理的领导下，以财务、计划部门为中心，发动全体职工共同进行，总结降低成本的经验，找出降低成本的正确途径，使成本计划的制定和执行具有广泛的群众基础。

(5)弹性原则

在项目施工过程中很可能发生一些在编制计划时所未预料的变化，尤其是材料供应、市场价格千变万化，因此，在编制计划时应充分考虑各种变化因素，留有余地，使计划保持一定的适应能力。

2)施工项目成本计划编制的程序

编制成本计划的程序,因项目的规模大小、管理要求不同而不同。大中型项目一般采用分级编制的方式,即先由各部门提出部门成本计划,再由项目经理部汇总编制全项目的成本计划;小型项目一般采用集中编制方式,即由项目经理部先编制各部门成本计划,再汇总编制全项目的成本计划。无论采用哪种方式,其编制的基本程序如下:

(1)收集和整理资料

广泛收集资料并进行归纳整理是编制成本计划的必要步骤。所需收集的资料也即是编制成本计划的依据。这些资料主要包括:

①项目经理部与企业签订的承包合同及企业下达的成本降低额、降低率和其他有关技术经济指标。

②有关成本预测、决策的资料。

③施工项目的施工图预算、施工预算。

④施工项目管理规划。

⑤施工项目使用的机械设备生产能力及其利用情况。

⑥施工项目的材料消耗、物资供应、劳动工资及劳动效率等资料。

⑦计划期内的物资消耗定额、劳动定额、费用定额等资料。

⑧以往同类项目成本计划的实际执行情况及有关技术经济指标完成情况的分析资料。

⑨同行业同类项目的成本、定额、技术经济指标资料及增产节约的经验和有效措施。

此外,还应深入分析当前情况和未来的发展趋势,了解影响成本升降的各种有利和不利因素,研究如何克服不利因素和降低成本的具体措施,为编制成本计划提供丰富、具体和可靠的资料。

(2)估算计划成本,确定目标成本

对所收集到的各种资料进行整理分析,根据有关的设计、施工等计划,按照工程项目应投入的物资、材料、劳动力、机械、能源及各种设施等,结合计划期内各种因素的变化和准备采取的各种增产节约措施,进行反复测算、修订、平衡后,估算生产费用支出的总水平,进而提出全项目的成本计划控制指标,最终确定目标成本。

所谓目标成本即是项目(或企业)对未来期产品成本规定的奋斗目标。目标成本有很多形式,在制定目标成本作为编制施工项目成本计划和预算的依据时,可能以计划成本或标准成本为目标成本,这将随成本计划编制方法的不同而变化。

一般而言,目标成本的计算公式如下:

项目目标成本=预计结算收入-税金-项目目标利润

目标成本降低额=项目的预算成本-项目的目标成本

目标成本降低率=目标成本降低额/项目的预算成本×100%

(3)编制成本计划草案

对大中型项目,各职能部门根据项目经理下达的成本计划指标,结合计划期的实际情况,挖掘潜力,提出降低成本的具体措施,编制各部门的成本计划和费用预算。

(4)综合平衡,编制正式的成本计划

在各职能部门上报了部门成本计划和费用预算后,项目经理部首先应结合各项技术组织措施,检查各计划和费用预算是否合理可行,并进行综合平衡,使各部门计划和费用预算之间相互协调、衔接;其次,要从全局出发,在保证企业下达的成本降低任务或本项目目标成本实现的情况下，分析研究成本计划与生产计划、劳动力计划、材料成本与物资供应计划、工资成本与工资基金计划、资金计划等的相互协调平衡。经反复讨论多次综合平衡，最后确定的成本计划指标，即可作为编制成本计划的依据，项目经理部正式编制的成本计划，上报企业有关部门后即可正式下达至各职能部门执行。

3)施工项目成本计划编制的方法

施工成本计划的编制以成本预测为基础，关键是确定目标成本。计划的编制，需结合施工组织设计的编制过程，通过不断地优化施工技术方案和合理配置生产要素，进行工、料、机消耗的分析，制定一系列节约成本和挖潜措施，确定施工成本计划。一般情况下，施工成本计划总额应控制在目标成本的范围内，并使成本计划建立在切实可行的基础上。

施工总成本目标确定之后，还需通过编制详细的实施性施工成本计划把目标成本层层分解，落实到施工过程的每个环节，有效地进行成本控制。施工成本计划的编制方式有三种，分别是：按施工成本组成编制施工成本计划、按项目组成编制施工成本计划、按工程进度编制施工成本计划。

(1)按施工成本组成编制施工成本计划

施工成本可以按成本组成分解为人工费、材料费、施工机械使用费、措施费和间接费，如图 6.1 所示，编制按施工成本组成分解的施工成本计划。

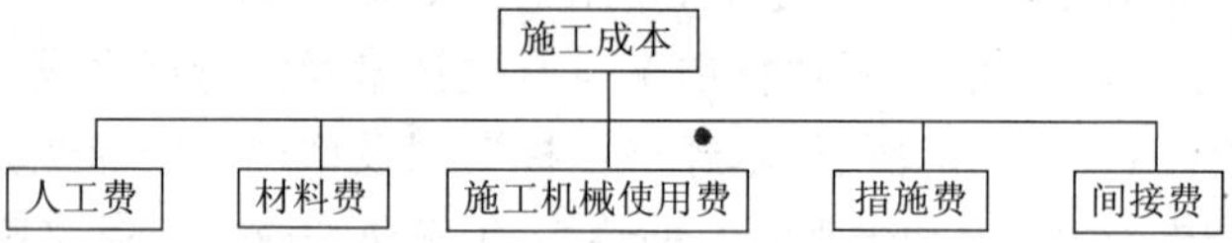

图 6.1 按施工成本组成分解

(2)按项目组成编制施工成本计划

大中型工程项目通常是由若干单项工程组成的，而每个单项工程包括了多个单位工程，每个单位工程又是由若干个分部分项工程所构成。因此，首先要把项目总施工成本分解到单项工程和单位工程中，再进一步分解到分部工程和分项工程中，如图 6.2 所示。

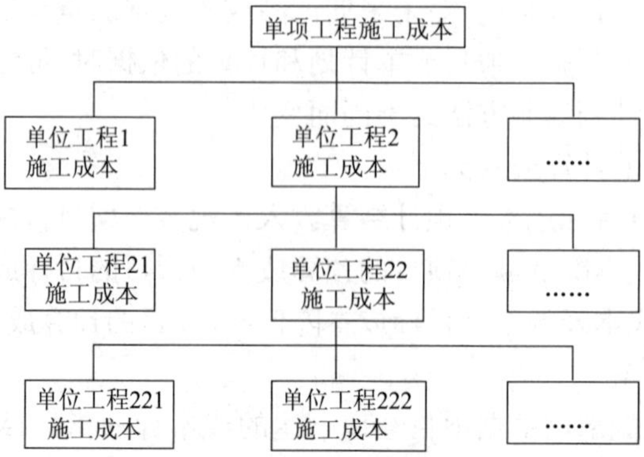

图 6.2 按项目组成分解

在完成施工项目目标分解之后，接下来就是具体地分配成本，编制分项工程的成本支出计划，从而得到详细的成本计划表，如表 6.4 所示。

表 6.4　分项工程成本计划表

分项工程编码	工程内容	计量单位	工程数量	计划成本	本分项总计
(1)	(2)	(3)	(4)	(5)	(6)

在编制成本支出计划时，要在项目总的方面考虑总的预备费，也要在主要的分项工程中安排适当的不可预见费，避免在具体编制成本计划时，发现个别单位工程或工程量表中某项内容的工程量计算有较大出入，使原来的成本预算失实，并在项目实施过程中对此情况尽可能地采取一些措施。

(3)按工程进度编制施工成本计划

编制按工程进度的施工成本计划，通常可利用控制项目进度的网络图进一步扩充而得。即在建立网络图时，一方面确定完成各项工作所需花费的时间；另一方面确定完成这一工作的合适的施工成本支出计划。在实践中，将工程项目分解为既能方便地表示时间，又能方便地表示施工成本支出计划的工作是不容易的，通常如果项目分解程度对时间控制合适的话，则对施工成本支出计划可能分解过细，以至于不可能对每项工作确定其施工成本支出计划。反之亦然。因此在编制网络计划时，应在充分考虑进度控制对项目划分要求的同时，还要考虑确定施工成本支出计划对项目划分的要求，做到二者兼顾。

通过对施工成本目标按时间进行分解，在网络计划基础上，可获得项目进度计划的横道图，并在此基础上编制成本计划。其表示方式有两种：一种是在时标网络图上按月编制的成本计划，见图 6.3，另一种是利用时间—成本累积曲线(S形曲线)表示，如图 6.4 所示。

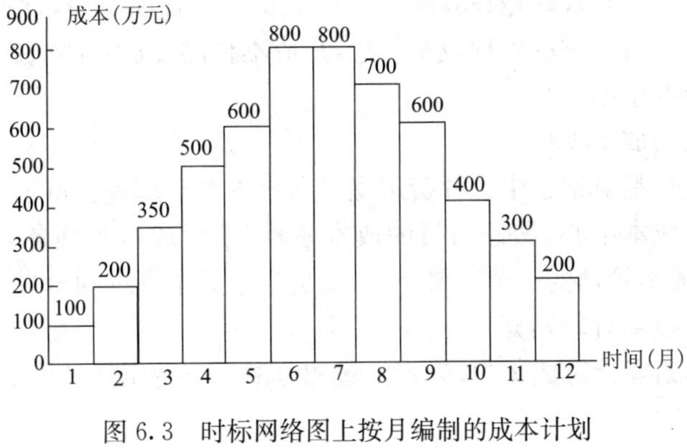

图 6.3　时标网络图上按月编制的成本计划

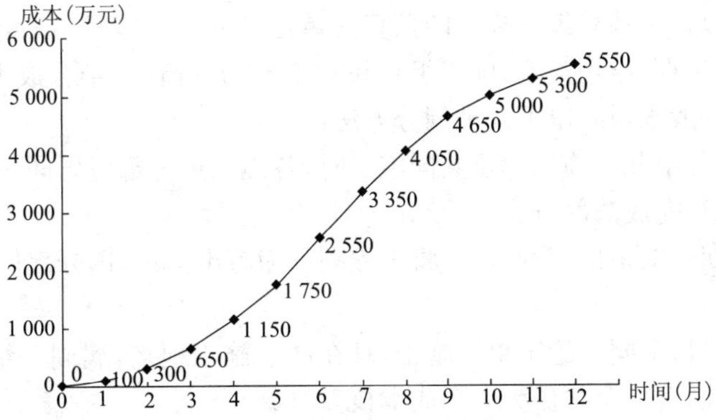

图 6.4　时间—成本累计曲线(S形曲线)

以上三种编制施工成本计划的方式并不是相互独立的。在实践中,往往是将这几种方式结合起来使用,从而可以取得扬长避短的效果。例如,将按项目分解总施工成本与按施工成本构成分解总施工成本两种方式相结合,横向按施工成本构成分解,纵向按项目分解,或相反。这种分解方式有助于检查各分部分项工程施工成本构成是否完整,有无重复计算或漏算;同时还有助于检查各项具体的施工成本支出的对象是否明确或落实,并且可以从数字上校核分解的结果有无错误。或者还可将按子项目分解总施工成本计划与按时间分解总施工成本计划结合起来,一般纵向按项目分解,横向按时间分解。

6.3 施工项目成本核算

6.3.1 学习任务

通过施工项目成本核算知识的学习,能够对施工项目成本进行初步核算。

6.3.2 相关配套知识

1. 成本核算的概念

成本核算是指将项目施工过程中所发生的各种费用和形成的施工项目成本与计划目标成本,在标准统一的前提下进行两相对比,找出差异。它包括两个基本环节:一是按照规定的成本开支范围对施工费用进行归集,计算出施工费用的实际发生额;二是根据成本核算对象,采用适当的方法,计算出该施工项目的总成本和单位成本。

施工成本管理需要正确及时地核算施工过程中发生的各项费用,计算施工项目的实际成本。施工项目成本核算所提供的各种成本信息,是成本预测、成本计划、成本控制、成本分析和成本考核等各个环节的依据。

2. 成本核算对象与成本项目

施工项目成本核算是对施工中各种费用支出和成本的形成进行审核、汇总、计算。项目经理部作为施工项目的成本中心,做好项目的成本核算,就为成本管理各环节提供了必要的资料,所以成本核算是成本管理的一个重要环节,应贯穿于成本管理的全过程。

1)施工项目成本核算对象划分

成本核算对象是指在计算成本中,确定归集和分配生产费用的具体对象,即生产费用承担的客体。

施工项目不等于成本核算对象。有时一个施工项目包括几个单位工程需要分别核算。施工项目成本一般应以每一独立编制施工图预算的单位工程为成本核算对象,但也可以按照承包工程项目的规模、工期、结构类型、施工组织和施工现场等情况,结合成本管理要求,灵活划分成本核算对象。一般来说有以下几种划分方法:

(1)一个单位工程由几个施工单位共同施工时,各施工单位都应以同一单位工程为成本核算对象,各自核算自行完成的部分。

(2)规模大、工期长的单位工程,可以将工程划分为若干部位,以分部位的工程作为成本核算对象。

(3)同一建设项目,由同一施工单位施工,且在同一施工地点,属同一结构类型,开竣工日相近的若干单位工程,可以合并作为一个成本核算对象。

(4)改建、扩建的零星工程,可以将开竣工时间相接近,属于同一建设项目的各个单位工程合并作为一个成本核算对象。

(5)土石方工程、打桩工程,可以根据实际情况和管理需要,以一个单项工程作为成本核算对象,或将同一施工地点的若干个工程量较少的单项工程合并作为个成本核算对象。

2)施工项目的成本项目

按照现行财务制度规定,施工企业工程成本分为直接成本和间接成本。建筑安装工程费由直接费、间接费、利润、税金等四个部分组成。直接费由直接工程费和措施费组成。工程直接费虽在计算工程造价时可按定额和单位估价表直接列入,而在项目多的单位工程施工情况下,实际发生时却有相当部分费用需通过分配方法计入。间接成本一般按一定标准分配计入成本核算对象——单位工程;进行项目成本核算的单位,发生间接成本可以直接计入项目,但需分配计入单位工程。

(1)直接成本

直接成本是指施工过程中耗费的构成工程实体或有助于工程形成的各项支出,包括人工费、材料费、机械使用费和措施费。措施费有:环境保护费、文明施工费、安全施工费、临时设施费、夜间施工费、二次搬运费等。

上述措施费,如本地区现行预算定额中分别列入人工费、材料费、机械使用费项目的,企业也应分别在相应的成本项目中核算。

(2)间接成本

间接成本是指项目经理部为施工准备、组织和管理施工生产所发生的全部施工间接费支出。包括规费和企业管理费。规费包括:工程排污费、定额测定费、社会保障费、住房公积金、危险作业意外伤害保险费。企业管理费包括:管理人员工资、办公费、差旅交通费、固定资产使用费、工具用具使用费、劳动保护费、工会经费、教育经费、、财务费、税金等。

3. 成本核算方法

1)建立以项目为成本中心的核算体系

企业内部通过机制转换,形成和建立了内部劳务(含服务)市场、机械设备租赁市场、材料市场、技术市场和资金市场。项目经理部与这些内部市场主体发生的是租赁买卖关系,一切都以经济合同结算关系为基础。它们以外部市场通行的市场规则和企业内部相应的调控手段相结合的原则运行。

2)实际成本数据的归集

项目经理部必须建立完整的成本核算账务体系,应用会计核算的办法,在配套的专业核算辅助下,对项目成本费用的收、支、结、转进行登记、计算和反映,归集实际成本数据。项目成本核算的账务体系,主要包括会计科目、会计月报表和必要的核算台账。

(1)会计科目主要包括工程施工、材料采购、主要材料、结构件、材料成本差异、预提费用、诗摊费用、专项工程支出、应付购货款、管理费、内部往来、其他往来、发包单位工程款往来等。

(2)会计报表主要包括工程成本表、竣工工程成本表等。

3)"三算"跟踪分析

"三算"跟踪分析是对分部分项工程的实际成本与施工预算成本及合同预算(或施工图顶算)成本进行逐项分别比较,反映成本目标的执行结果,即事后实际成本与事前计划成本的差异。

为了及时、准确、有效地进行"三算"跟踪分析,应按分部分项内容和成本要素划分"三算"跟踪分析项目,具体操作可采用表 6.5 和表 6.6 的形式,先按成本要素分别填制,然后再汇总分部分项综合成本。

表 6.5 直接人工(材料、机械)费动态跟踪表

序号	分部分项工程名称	工程量			施工结算			实际完成			节超			尚需成本			盈亏预测		最终合同预算成本节超	备注
		总量	上月止累计	本月完成	总额	上月止累计	本月预算额	上月累计	本月发生额	本月止累计	本月节超	上月止节超	本月止节超	尚余工程量	施工预算余额	尚需费用额	后期节超预测	最终节超预测		

表 6.6 其他直接费(措施费、间接费)动态跟踪表

序号	费用名称	施工预算			实际完成			节超			尚需成本			盈亏预测		最终合同预算成本节超	备注
		总额	上月止累计	本月预算额	上月累计	本月发生额	本月止累计	本月节超	上月止节超	本月止节超	尚余工程量	施工预算余额	尚需费用额	后期节超预测	最终节超预测		

项目成本偏差有实际偏差、计划偏差和目标偏差,分别按下式计算:

实际偏差=实际成本-合同预算成本

计划偏差=合同预算成本-施工预算成本

目标偏差=实际成本-施工预算成本

合同预算成本、施工预算成本、实际成本三者之间的关系可以用图 6.5 表示。

从图 6.5 可以看出,项目的实际成本总是以施工预算成本为均值轴线上下波动。通常,实际成本总是低于合同预算成本,偶尔也可能高于合同预算成本。

在图 6.5 的绘制中,合同预算成本和施工预算成本是静态的计划成本。实际成本则来源于实际的施工过程,它的信息载体是各种日报、材料消耗台账等。通过这些报表,就能够收集到实际工、料消耗等的准确数据,然后将这些数据与施工预算成本、合同预算成本逐项地进行比较。一般每月度比较一次,并严格遵循“三同步”原则。

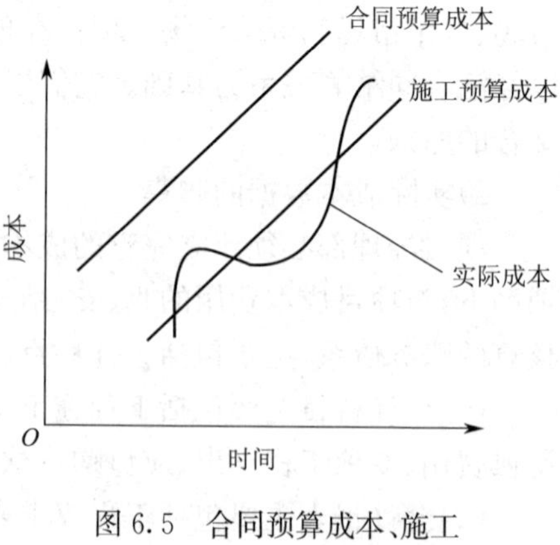

图 6.5 合同预算成本、施工预算成本、实际成本三者之间的关系

4. 成本核算的项目框架

1)人工费核算

(1)内包人工费:是指两层分开后按企业所属的劳务分公司(内部劳务市场自有劳务)与项目经理部签订的劳务合同结算的全部工程价款。适用于类似外包工式的合同定额结算支付办法,按月结算计入项目单位工程成本。

(2)外包人工费:按企业或项目经理部与劳务分包公司或直接与劳务分包公司签订的包清

工合同，以当月验收完成的工程实物量，计算出定额工日数乘以合同人工单价确定人工费。并按月凭项目经济员提供的“包清工工程款月度成本汇总表”（分外包单位和单位工程）预提计入项目单位工程成本。

上述内包、外包合同履行完毕，根据分部分项工程的工期、质量、安全、场容等验收考核情况，进行合同结算，以结账单按实据以调整项目实际成本。对估点工任务单必须当月签发，当月结算，严格管理，按实际计入成本；隔月不予结算，一律作废。

2)材料费核算

工程耗用的材料，根据限额领料单、退料单、报损报耗单，大堆材料耗用计算单等，由项目料具员按单位工程编制“材料耗用汇总表”，据以计入项目成本。

3)周转材料费核算

(1)周转材料实行内部租赁制，以租费的形式反映其消耗情况，按“谁租用谁负担”的原则，核算其项目成本。

(2)按周转材料租赁办法和租赁合同，由出租方与项目经理部按月结算租赁费。租赁费按租用的数量、时间和内部租赁单价计算，计入项目成本。

(3)周转材料在调入移出时，项目经理部必须加强计量验收制度，如有短缺、损坏，一律按原价赔偿，计入项目成本(缺损数:进场数－退场数)。

(4)租用周转材料的进退场运费，按其实际发生数，由调入项目负担。

(5)对U形卡、脚手扣件等零件除执行项目租赁制外，考虑到其比较容易散失的因素，按规定实行定额预提摊耗，摊耗数计入项目成本，相应减少次月租赁基数及租赁费。单位工程竣工，必须进行盘点，盘点后的实物数与前期逐月按控制定额摊耗后的数量差，据实调整清算，计入成本。

(6)实行租赁制的周转材料，一般不再分配负担周转材料差价。退场后发生的修复整理费用，应由出租单位做出租成本核算，不再向项目另行收费。

4)机械使用费核算

(1)机械设备实行内部租赁制，以租赁费形式反映其消耗情况，按“谁租用谁负担”的原则，核算其项目成本。

(2)按机械设备租赁办法和租赁合同，由机械设备租赁单位与项目经理部按月结算租赁费。租赁费根据机械使用台班、停置台班和内部租赁单价计算，计入项目成本。

(3)机械进出场费，按规定由承租项目负担。

(4)项目经理部租赁的各类大小中小型机械，其租赁费全额计入项目机械费成本。

(5)根据内部机械设备租赁市场运行规则要求，结算原始凭证由项目指定专人签证开班和停班数，据以结算费用。现场机、电、修等操作工奖金由项目考核支付，计入项目机械费成本并分配到有关单位

上述机械租赁费结算，尤其是大型机械费及进出场费应与产值对应，防止只有收入无成本的不正常现象，或反之，形成收入与支出不配比状况。

5)其他直接费核算

项目施工生产过程中实际发生的其他直接费，有时并不“直接”，凡能分清受益对象的，应直接计入受益成本核算对象的“工程施工—其他直接费”，如与若干个成本核算对象有关的，可先归集到项目经理部的“其他直接费”项目，再按规定的方法分配计入有关成本核算对象的“工程施工—其他直接费”成本项目内。

(1)施工过程中的材料二次搬运费,按项目经理部向劳务公司汽车队托运汽车包天或包月租费结算,或以运输公司的汽车运费计算。

(2)临时设施摊销费按项目经理部搭建的临时设施总价(包括活动房)除项目合同工期求出每月应摊销额,临时设施使用一个月摊销一个月,摊完为止。项目竣工,搭拆差额(盈亏),按实调整实际成本。

(3)生产工具用具的使用费。大型机动工具、用具等可以套用类似内部机械租赁办法以租费形式计入项目成本,也可按购置费用一次摊销法计入项目成本,并做好在用工具实物借用记录,以便反复利用。工用具的修理费按实际发生数计入成本。

(4)除上述以外的其他直接费内容,均应按实际发生的有效结算凭证计入项目成本。

6)间接费核算

为了明确项目经理部的经济责任,分清成本费用的可控区域,正确合理地反映项目管理的经济效益,对间接费实行项目与项目之间分灶吃饭,"谁受益,谁负担,多受益,多负担,少受益,少负担,不受益,不负担"。项目经理部自己不但应该掌握、控制直接成本,而且应该掌握控制间接成本,即对全部项目成本负责。企业的管理费用、财务费用作为期间费用,不再构成项目成本,企业与项目在费用上分开核算。项目发生的施工间接费必须是自己可控的,即:有办法知道将发生什么耗费;有办法计量它的耗费;有办法控制并调节它的耗费。总之,使施工项目成本(包括施工间接费)处于受控状态。

(1)要求以项目经理部为单位编制工资单和奖金单,列支工作人员薪金。项目经理部工资总额每月必须正确核算,以此计提职工福利费、工会经费、教育经费、劳保统筹费等。

(2)劳务分公司所提供的炊事人员代办食堂承包,服务、警卫人员提供区域岗点承包服务以及其他代办服务费用计入施工间接费。

(3)内部银行的存贷利息,计入"内部利息"(新增明细子目)。

(4)施工间接费,先在项目"施工间接费"总账归集,再按一定的分配标准计入受益成本核算对象(单位工程)"工程施工—间接成本"。

6.4 施工项目成本控制

6.4.1 学习任务

通过施工项目成本控制知识的学习,能够对施工项目进行成本控制的分析计算,进行偏差分析,采取适当的成本控制措施。

6.4.2 相关配套知识

1.施工项目成本控制的对象和内容

1)以施工项目成本形成的过程作为控制对象

根据对项目成本实行全面、全过程控制的要求,具体的控制内容包括:

(1)在工程投标阶段,应根据工程概况和招标文件,进行施工项目成本的预测,提出投标决策意见。

(2)施工准备阶段,应结合设计图纸的自审、会审和其他资料(如地质勘探资料等)编制实施性施工组织设计,通过多方案的技术经济比较,从中选择经济合理、先进可行的施工方案,编制详细而具体的成本计划,对项目成本进行事前控制。

(3)施工阶段,以施工图预算、施工预算、劳动定额、材料消耗定额和费用开支标准等,对实际发生的成本费用进行控制。

(4)竣工交付使用及保修期阶段,应对竣工验收过程发生的费用和保修费用进行控制。

2)以施工项目的职能部门、施工队和生产班组作为成本控制的对象

项目的职能部门、施工队和班组进行的项目成本控制是最直接、最有效的成本控制。成本控制的具体内容是日常发生的各种费用和损失,而这些费用和损失,都发生在各个部门、施工队和生产班组。因此,也应以职能部门、施工队和班组作为成本控制对象,接受项目经理和企业有关部门的指导、监督、检查和考评。

3)以分部分项工程作为项目成本的控制对象

为了把成本控制工作做得扎实、细致,落到实处,还应以分部分项工程作为项目成本的控制对象。在正常情况下,项目应该根据分部分项工程的实物量,依照施工预算定额,联系项目经理的技术素质、业务素质和技术组织措施的节约计划,编制包括工、料、机消耗数量、单价、金额在内的施工预算,作为对分部分项工程成本进行控制的依据。

4)以对外经济合同作为成本控制对象

施工项目的对外经济业务,都要以经济合同为纽带建立合约关系,以明确双方的权利和义务。在签订各项对外经济合同时,要将合同的数量、单价、金额控制在预算收入之内,如合同金额超过预算收入,就意味着成本亏损。

2.施工项目成本控制的依据

施工项目成本控制的依据包括以下内容。

(1)工程承包合同

施工项目成本控制要以工程承包合同为依据,围绕降低工程成本这个目标,从预算收入和实际成本两方面,努力挖掘增收节支潜力,以求获得最大的经济效益。

(2)施工项目成本计划

施项目工成本计划是根据施工项目的具体情况制定的施工成本控制方案,既包括预定的具体成本控制目标,又包括实现控制目标的措施和规划,是施工成本控制的指导文件。

(3)进度报告

进度报告提供了每一时刻工程实际完成量,工程施工成本实际支付情况等重要信息。施工成本控制工作正是通过实际情况与施工成本计划相比较,找出二者之间的差别,分时发现工程实施中存在的隐患,并在事态还未造成重大损失之前采取有效措施,尽量避免损失。

(4)工程变更

在项目的实施过程中,由于各方面的原因,工程变更是很难避免的。工程变更一般包括设计变更、进度计划变更、施工条件变更、技术规范与标准变更、施工次序变更、工程数量变更等。一旦出现变更,工程量、工期、成本都必将发生变化,从而使得施工成本控制工作变得更加复杂和困难。因此,施工成本管理人员就应当通过对变更要求当中各类数据的计算、分析,随时掌握变更情况,包括已发生工程量、将要发生工程量、工期是否拖延、支付情况等重要信息,判断变更以及变更可能带来的索赔额度等。

除了上述几种施工项目成本控制工作的主要依据以外,有关施工组织设计、分包合同等也都是施工成本控制的依据。

3.施工项目成本控制的原则

1)开源与节流相结合的原则

在成本控制中，坚持开源与节流相结合的原则，要求做到：每发生一笔金额较大的成本费用，都要查一查有无与其相对应的预算收入，且是否支大于收；在经常性的分部分项工程成本核算和月度成本核算中，也要进行实际成本与预算收入的对比分析，以便从中探索成本节超的原因，纠正项目成本的不利偏差，实现降低成本的目标。

2）全面控制原则

（1）项目成本的全员控制

项目成本是一项综合性很强的工作，它涉及项目组织中各个部门、单位和班组的工作业绩，仅靠项目经理和专业成本管理人员及少数人的努力是无法收到预期效果的，应形成全员参与项目成本控制的成本责任体系，明确项目内部各职能部门、班组和个人应承担的成本控制责任，其中包括各部门、各单位的责任网络和班组经济核算等。

（2）项目成本的全过程控制

施工项目成本的全过程控制是在工程项目确定以后，从施工准备到竣工交付使用的施工全过程中，对每项经济业务，都要纳入成本控制的轨道。使成本控制工作随着项目施工进展的各个阶段连续进行，既不能疏漏，又不能时紧时松，自始至终使施工项目成本置于有效的控制之下。

3）中间控制原则

又称动态控制原则。由于施工项目具有一次性的特点，应特别强调项目成本的中间控制。计划阶段的成本控制，只是确定成本目标、编制成本计划、制订成本控制方案，为今后的成本控制做好准备，只有通过施工过程的实际成本控制，才能达到降低成本的目标。而竣工阶段的成本控制，由于成本盈亏已经基本定局，即使发生了偏差，也来不及纠正了。因此，成本控制的重心应放在施工过程中，坚持中间控制的原则。

4）节约原则

节约人力、物力、财力的消耗，是提高经济效益的核心，也是成本控制的一项最主要的基本原则。节约要从三方面入手：一是严格依照成本开支范围、费用开支标准和有关财务制度执行，对各项成本费用的支出进行限制和监督；二是提高施工项目的科学管理水平，优化施工方案，提高生产效率，节约人、财、物的消耗；三是采取预防成本失控的技术组织措施，制止可能发生的浪费。做到了以上三点，成本目标就能实现。

5）例外管理原则

在工程项目施工过程中，对一些不经常出现的问题，我们称之为“例外”问题。这些“例外”问题，往往是关键性问题，对成本目标的顺利完成影响很大，必须予以高度重视。如在成本管理中常见的成本盈亏异常现象，即盈余或亏损超过了正常的比例；本来是可以控制的成本，突然发生的失控现象；某些暂时的节约，但有可能对今后的成本带来隐患（如由于平时机械维修费的节约，可能会造成未来的停工修理和更大的经济损失）等等，都应视为“例外”问题，进行重点检查，深入分析，并采取相应的措施。

6）责、权、利相结合的原则

要使成本控制真正发挥及时有效的作用，必须严格按照经济责任制的要求，贯彻责、权、利相结合的原则。在项目施工过程中，项目经理、工程技术人员、业务管理人员以及各单位和生产班组都负有一定的成本控制责任，从而形成整个项目的成本控制责任网络；另一方面，各部门、各单位、各班组在肩负成本控制责任的同时，还应享有成本控制的权力，即在规定的权力范围内可以决定某项费用能否开支、如何开支和开支多少，以行使对项目成本的实质性控制。最后，项目经理还要对各部门、各单位、各班组在成本控制中的业绩进行定期的检查和考评，并与工资分配紧密挂钩，实行有奖有罚。实践证明，只有责、权、利相结合的成本控制，才能收到预期的效果。

4.施工项目成本控制的步骤

在确定了施工成本计划之后，必须定期地进行施工成本计划值与实际值的比较，当实际值偏离计划值时，分析产生偏差的原因，采取适当的纠偏措施，以确保施工成本控制目标的实现。其步骤如下：

(1)比较

按照某种确定的方式将施工成本计划值与实际值逐项进行比较，以确定施工成本是否已超支。

(2)分析

在比较的基础上，对比较的结果进行分析，以确定偏差的严重性及偏差产生的原因。这一步是施工成本控制工作的核心，其主要目的在于找出产生偏差的原因，从而采取有针对性的措施，减少或避免相同情况的再次发生或减少由此造成的损失。

(3)预测

按照完成情况估计完成项目所需的总费用。

(4)纠偏

当工程项目的实际施工成本出现了偏差，应当根据工程的具体情况、偏差分析和预测的结果，采取适当的措施，以期达到使施工成本偏差尽可能小的目的。纠偏是施工成本控制中最具实质性的一步。只有通过纠偏，才能最终达到有效控制施工成本的目的。

(5)检查

是指对工程的进展进行跟踪和检查，便于及时了解工程进展状况以及纠偏措施的执行情况和效果，为今后的工作积累经验。

5.施工项目成本控制方法

1)施工成本的过程控制方法

施工阶段是控制建设工程项目成本发生的主要阶段，它通过确定成本目标并按计划成本进行施工、资源配置，对施工现场发生的各种成本费用进行有效控制，其具体的控制方法如下。

(1)人工费的控制

人工费的控制实行“量价分离”的方法，将作业用工及零星用工按定额工日的一定比例综合确定用工数量与单价，通过劳务合同进行控制。

(2)材料费的控制

材料费控制同样按照“量价分离”原则，控制材料用量和材料价格。

①材料用量的控制

在保证符合设计要求和质量标准的前提下，合理使用材料，通过定额管理、计量管理等手段有效控制材料物资的消耗，具体方法如下：

a. 定额控制。对于有消耗定额的材料，以消耗定额为依据，实行限额发料制度。在规定限额内分期分批领用，超过限额领用的材料，必须先查明原因，经过一定审批手续方可领料。

b. 指标控制。对于没有消耗定额的材料，则实行计划管理和按指标控制的办法。根据以往项目的实际耗用情况，结合具体施工项目的内容和要求，制定领用材料指标，据以控制发料。超过指标的材料，必须经过一定的审批手续才可领用。

c. 计量控制。准确做好材料物资的收发计量检查和投料计量检查。

d. 包干控制。在材料使用过程中,对部分小型及零星材料(如钢钉、钢丝等)根据工程量计算出所需材料量,将其折算成费用,由作业者包干控制。

②材料价格的控制

材料价格主要由材料采购部门控制。由于材料价格是由买价、运杂费、运输中的合理损耗等所组成,因此控制材料价格,主要是通过掌握市场信息,应用招标和询价等方式控制材料、设备的采购价格。

施工项目的材料物资,包括构成工程实体的主要材料和结构件,以及有助于工程实体形成的周转使用材料和低值易耗品。从价值角度看,材料物资的价值,约占建筑安装工程造价的60%~70%以上,其重要程度自然是不言而喻。由于材料物资的供应渠道和管理方式各不相同,所以控制的内容和所采取的控制方法也将有所不同。

(3)施工机械使用费的控制

合理选择施工机械设备,合理使用施工机械设备对成本控制具有十分重要的意义,应根据工程特点和施工条件确定采取何种施工机械的组合方式,在确定采用何种组合方式时,首先应满足施工需要,同时还要考虑到费用的高低和综合经济效益。

施工机械使用费主要由台班数量和台班单价两方面决定,为有效控制施工机械使用费支出,主要从以下几个方面进行控制:

①合理安排施工生产,加强设备租赁计划管理,减少因安排不当引起的设备闲置;

②加强机械设备的调度工作,尽量避免窝工,提高现场设备利用率;

③加强现场设备的维修保养,避免因不正确使用造成机械设备的停置;

④做好机上人员与辅助生产人员的协调与配合,提高施工机械台班产量。

(4)施工分包费用的控制

分包工程价格的高低,必然对项目经理部的施工项目成本产生一定的影响。因此,施工项目成本控制的重要工作之一是对分包价格的控制。项目经理部应在确定施工方案的初期就要确定需要分包的工程范围。决定分包范围的因素主要是施工项目的专业性和项目规模。对分包费用的控制,主要是要做好分包工程的询价、订立平等互利的分包合同、建立稳定的分包关系网络、加强施工验收和分包结算等工作。

(5)施工管理费控制

施工管理费包括现场管理费和企业管理费,是按一定费率提取的,在工程成本中占的比重较大。在成本预控中,管理费应依据费用项目及其分配率按部门进行拆分。项目实施后,将计划值与实际发生的费用进行对比,对差异较大者给予重点分析。

应采取以下措施控制施工管理费的支出:

①提高劳动生产率,采取各种技术组织措施以缩短工期,减少施工管理费的支出。

②编制施工管理费用支出预算,严格控制其支出。按计划控制资金支出的用量和投入的时间,使每一笔开支在金额上最合理,在时间上最恰当,并控制在计划之内。

③项目经理在组建项目经理班子时,要本着"精简、高效"的原则,防止人浮于事。

④对于计划外的一切开支必须严格审查,除应由成本控制工程师签署意见外,还应由相应的领导人员进行审批。

⑤对于虽有计划但超出计划数额的开支,也应由相应的领导人员审查和核定。

2)赢得值(挣值)法

赢得值法(EVM)作为一项先进的项目管理技术，最初是由美国国防部于1967年首次确立的。到目前为止国际上先进的工程公司已普遍采用赢得值法进行工程项目的费用、进度综合分析控制。用赢得值法进行费用、进度综合分析控制，基本参数有三项，即已完工作预算费用、计划工作预算费用和已完工作实际费用。

(1)赢得值法的三个基本参数

①已完工作预算费用

已完工作预算费用为BCWP，是指在某一时间已经完成的工作(或部分工作)，以批准认可的预算为标准所需要的资金总额，由于业主正是根据这个值为承包人完成的工作量支付相应的费用，也就是承包人获得(挣得)的金额，故称赢得值或挣值。

已完工作预算费用(BCWP)＝已完成工作量×预算(计划)单价　(6.1)

②计划工作预算费用

计划工作预算费用，简称BCWS，即根据进度计划，在某一时刻应当完成的工作(或部分工作)，以预算为标准所需要的资金总额，一般来说，除非合同有变更，BCWS在工程实施过程中应保持不变。

计划工作预算费用(BCWS)＝计划工作量×预算(计划)单价　(6.2)

③已完工作实际费用

已完工作实际费用，简称ACWP，即到某一时刻为止，已完成的工作(或部分工作)所实际花费的总金额。

已完工作实际费用(ACWP)＝已完成工作量×实际单价　(6.3)

(2)赢得值法的四个评价指标

在这三个基本参数的基础上，可以确定赢得值法的四个评价指标，它们也都是时间函数。

①费用偏差CV

费用偏差(CV)＝已完工作预算费用(BCWP)－已完工作实际费用(ACWP)　(6.4)

当费用偏差CV为负值时，即表示项目运行超出预算费用；当费用偏差CV为正值时，表示项目运行节支，实际费用没有超出预算费用。

②进度偏差SV

进度偏差(SV)＝已完工作预算费用(BCWP)－计划工作预算费用(BCWS)　(6.5)

当进度偏差SV为负值时，表示进度延误，即实际进度落后于计划进度；当进度偏差SV为正值时，表示进度提前，即实际进度快于计划进度。

③费用绩效指数(CPI)

费用绩效指数(CPI)＝已完工作预算费用(BCWP)/已完工作实际费用(ACWP)　(6.6)

当费用绩效指数(CPI)＜1时，表示超支，即实际费用高于预算费用；

当费用绩效指数(CPI)＞1时，表示节支，即实际费用低于预算费用。

④进度绩效指数(SPI)

进度绩效指数(SPI)＝已完工作预算费用(BCWP)/计划工作预算费用(BCWS)

当进度绩效指数(SPI)＜1时，表示进度延误，即实际进度比计划进度拖后；

当进度绩效指数(SPI)＞1时，表示进度提前，即实际进度比计划进度快。

费用(进度)偏差反映的是绝对偏差,结果很直观,有助于费用管理人员了解项目费用出现偏差的绝对数额,并依此采取一定措施,制定或调整费用支出计划和资金筹措计划。但是,绝对偏差有其不容忽视的局限性。如同样是 10 万元的费用偏差,对于总费用 1 000 万元的项目和总费用 1 亿元的项目而言,其严重性显然是不同的。因此,费用(进度)偏差仅适合于对同一项目作偏差分析。费用(进度)绩效指数反映的是相对偏差,它不受项目层次的限制,也不受项目实施时间的限制,因而在同一项目和不同项目比较中均可采用。

在项目的费用、进度综合控制中引入赢得值法,可以克服过去进度、费用分开控制的缺点,即当我们发现费用超支时,很难立即知道是由于费用超出预算,还是由于进度提前。相反,当我们发现费用低于预算时,也很难立即知道是由于费用节省,还是由于进度拖延。而引入赢得值法即可定量地判断进度、费用的执行效果。

3)偏差分析的表达方法

偏差分析可以采用不同的表达方法,常用的有横道图法、表格法和曲线法。

(1)横道图法

用横道图法进行费用偏差分析,是用不同的横道标识已完工作预算费用(BCWP)、计划工作预算费用(BCWS)和已完工作实际费用(ACWP),横道的长度与其金额成正比例。如图 6.6 所示。

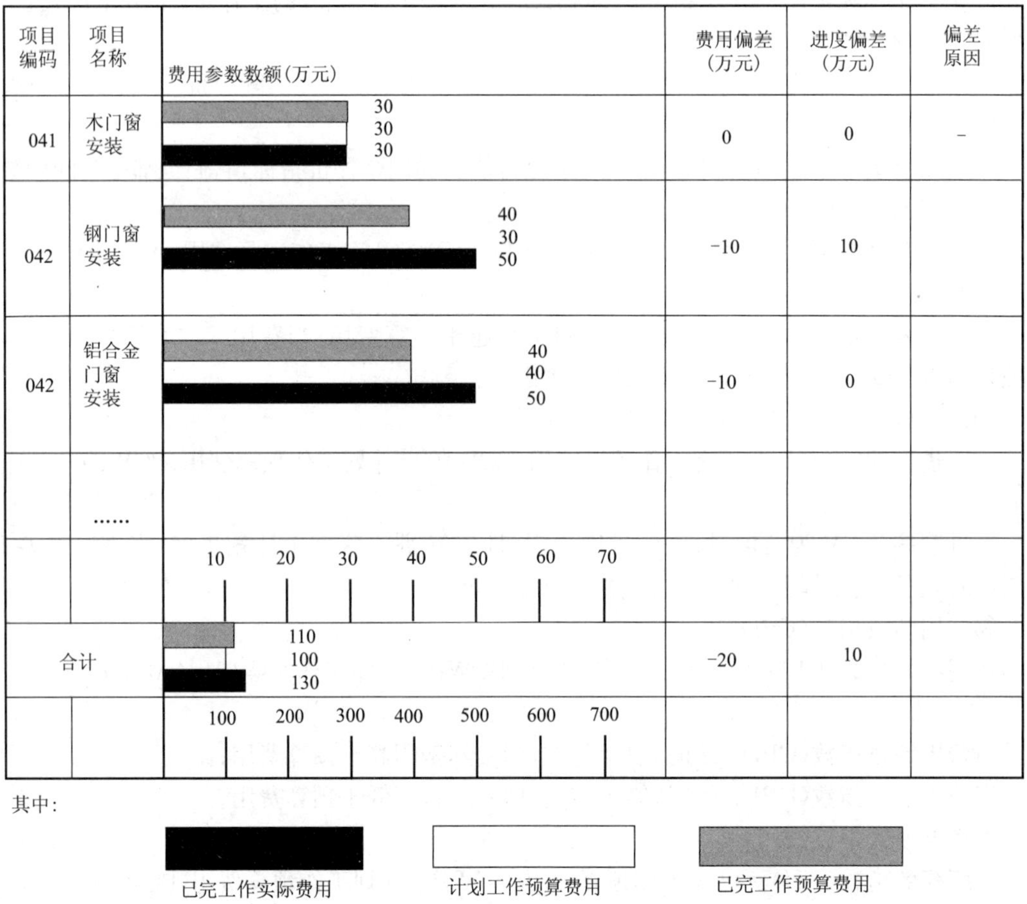

图 6.6　费用偏差分析的横道图

横道图法具有形象、直观、一目了然等优点，它能够准确表达出费用的绝对偏差，而且能一眼感受到偏差的严重性。但这种方法反映的信息量少，一般在项目的较高管理层应用。

(2)表格法

表格法是进行偏差分析最常用的一种方法。它将项目编号、名称、各费用参数以及费用偏差数综合归纳入一张表格中，并且直接在表格中进行比较。由于各偏差参数都在表中列出，使得费用管理者能够综合地了解并处理这些数据。如表 6.5 所示。

用表格法进行偏差分析具有如下优点：

①灵活、适用性强。可根据实际需要设计表格，进行增减项。

②信息量大。可以反映偏差分析所需的资料，从而有利于费用控制人员及时采取针对性措施，加强控制。

③表格处理可借助计算机，从而节约大量人力，并大大提高速度。

表 6.7 费用偏差分析表

项目编码	(1)	041	042	043
项目名称	(2)	木门窗安装	钢门窗安装	铝合金门窗安装
单位	(3)			
预算(计划)单价	(4)			
计划工作量	(5)			
计划工作预算费用(BCWS)	(6)=(5)×(4)	30	30	40
已完成工作量	(7)			
已完工作预算费用(BCWP)	(8)=(7)×(4)	30	40	40
实际单价	(9)			
其他款项	(10)			
已完工作实际费用(ACWP)	(11)=(7)×(9)+(10)	30	50	50
费用局部偏差	(12)=(8)-(11)	0	—10	—10
费用绩效指数 CPI	(13)=(8)÷(11)	1	0.8	0.8
费用累计偏差	(14)=∑(12)	-20		
进度局部偏差	(15)=(8)-(6)	0	10	0
进度绩效指数 SPI	(16)=(8)÷(6)	1	1.33	1
进度累计偏差	(17)=∑(15)	10		

(3)曲线法

在项目实施过程中，以上三个参数可以形成三条曲线，即计划工作预算费用(BCWS)、已完工作预算费用(BCWP)、已完工作实际费用(ACWP)曲线，如图 6.7 所示。

图中：CV=BCWP-ACWP，由于两项参数均以已完工作为计算基准，所以两项参数之差，反映项目进展的费用偏差。

SV=BCWP-BCWS，由于两项参数均以预算值(计划值)作为计算基准，所以两者之差，反映项目进展的进度偏差。

采用赢得值法进行费用、进度综合控制，还可以根据当前的进度、费用偏差情况，通过原因分析，对趋势进行预测，预测项目结束时的进度、费用情况。图中：

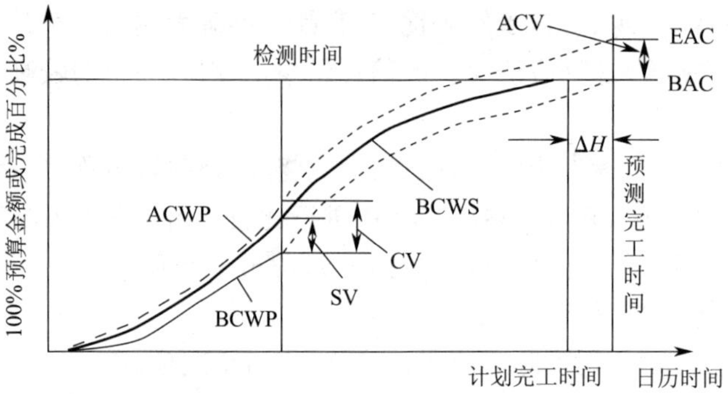

图 6.7 赢得值法评价曲线

BAC——项目完工预算，指编计划时预计的项目完工费用。

EAC——预测的项目完工估算，指计划执行过程中根据当前的进度、费用偏差情况预测的项目完工总费用。

ACV——预测项目完工时的费用偏差。

$$ACV=BAC-EAC \tag{2—7}$$

4)事后纠偏控制

(1)找出偏差

由于施工过程中存在各种可变因素，即使做好了事前计划预控、事中动态控制，也无法避免出现偏差。通常寻找偏差可用成本对比的方法进行，即将施工中不断记录的实际成本与计划成本进行对比，从而找出偏差。

(2)分析偏差产生的原因

对成本偏差，必须分析、寻找出其发生的原因，才能有的放矢地采取措施纠偏改正。当费用偏差出现以后，成本控制人员要从各个方面分析偏差是由什么原因造成的，是突发事件，还是技术原因、组织原因，或是来自于业主方面的原因。通常，成本偏差原因主要有：

①不可抗拒原因。如暴雨、大风、战争等。

②客观原因。如材料涨价、地基变形、停电、停水等。

③施工技术、组织原因。如施工方案不佳、施工顺序不当、技术能力不足等。

④设计变更、修改。如建筑设计变更、机电设计变更、结构设计变更等。

⑤业主原因。如业主提高建筑功能要求、质量要求、装饰标准等。

成本偏差的控制过程中，分析是关键，纠偏是核心。要针对分析得出的偏差发生原因，采取切实纠偏措施，加以纠正。这里需要强调的是，由于偏差已经发生，纠偏的重点应放在今后的施工过程中。成本纠偏的措施包括组织措施、技术措施、经济措施、合同措施等。

6.施工项目成本控制措施

1)组织措施

组织措施是从施工成本管理的组织方面采取的措施。施工成本控制是全员的活动，如实行项目经理责任制，落实施工成本管理的组织机构和人员，明确各级施工成本管理人员的任务和职能分工、权利和责任。施工成本管理不仅是专业成本管理人员的工作，各级项目管理人员都负有成本控制责任。

组织措施的另一方面是编制施工成本控制工作计划，确定合理详细的工作流程。要做好施工采购规划,通过生产要素的优化配置、合理使用、动态管理,有效控制实际成本;加强施工定额管理和施工任务单管理,控制活劳动和物化劳动的消耗;加强施工调度,避免因施工计划不周和盲目调度造成窝工损失、机械利用率降低、物料积压等而使施工成本增加。成本控制工作只有建立在科学管理的基础之上,具备合理的管理体制,完善的规章制度,稳定的作业秩序,完整准确的信息传递,才能取得成效。组织措施是其他各类措施的前提和保障,而且一般不需要增加什么费用,运用得当可以收到良好的效果。

2)技术措施

技术措施是降低成本的保证,在施工准备阶段应多作不同施工方案的技术经济比较,找出既保证质量,满足工期要求,又降低成本的最佳施工方案。另外,由于施工的干扰因素很多,因此在作方案比较时,应认真考虑不同方案对各种干扰因素影响的敏感性。

不但在施工准备阶段,还应在施工进展的全过程中注意在技术上采取措施,以降低成本。例如进行技术经济分析,确定最佳的施工方法;结合施工方法,进行材料使用的比选,在满足功能要求的前提下,通过代用、改变配合比、使用添加剂等方法降低材料消耗的费用;确定最合适的施工机械、设备使用方案;结合项目的施工组织设计及自然地理条件,降低材料的库存成本和运输成本;先进的施工技术的应用;新材料的应用等。企业还应划拨一定的资金,用于技术改造,虽然这在一定时间内往往表现为成本的支出,但从长远的角度看,则是降低成本、增加效益的举措。

3)经济措施

(1)认真做好成本的预测和各种成本计划,由于工程成本的不稳定性、不确定性以及施工过程中会受到各种不利因素的影响等特点,成本的计划应尽量准确。认真做好合同预算成本、施工预算成本,并在施工之前做好两算对比,为成本管理打下基础。在施工中进行成本动态控制,及时发现偏差,分析产生偏差的原因,采取纠偏措施。

(2)对各种支出,应认真做好资金的使用计划。并在施工中进行跟踪管理,严格控制各项开支。

(3)及时准确地记录、收集、整理、核算实际发生的成本,并对后期的成本做出分析与预测,做好成本的动态管理。

(4)对各种变更,及时做好增减账,及时找业主签证。

(5)及时结算工程款。

4)合同措施

(1)选用适当的合同结构。这对项目的合同管理至关重要,在施工项目组织的模式中,有多种合同结构模式,在使用时,必须对其分析、比较,要选用适合于工程规模、性质和特点的合同结构模式。

(2)合同条款严谨细致。在合同的条文中应细致地考虑一切影响成本、效益的因素。特别是潜在的风险因袭,通过对引起成本变动的风险因素的识别和分析,采取必要的风险对策,如通过合理的方式同其他参与方共同承担风险,增加承担风险的个体数量,降低损失发生的比例,并最终使这些策略反映在签订的合同的具体条款中。在一些和外商签订的合同中,还必须很好地考虑货币的支付方式。

(3)全过程的合同控制。采用合同措施控制项目成本,应贯彻在合同的整个生命期,包括从合同谈判到合同终结的整个过程。

合同谈判是合同生命期的关键时刻。在这个阶段,双方具体地商讨合同的各个条款和各个细节问题,修改合同文本,最终双方就合同内容达成一致,签署合同协议书。这个阶段,虽然项目经理部还没有组建,但管理活动已经开始,必须予以重视。施工企业在报价时,一方面必须综合考虑自己的经营总战略、建筑市场竞争激烈程度和合同的风险程度等因素,以调整不可预见风险费和利润水平;另一方面还应选择最有合同管理和合同谈判方面知识、经验和能力的人作为主谈人,进行合同谈判。承包商的各职能部门特别是合同管理部门要有力地配合,积极提供资料,为报价、合同谈判和合同签订提供决策的信息、建议、意见。

在合同执行期间,项目经理部要做好工程施工记录,保存各种文件图纸,特别是注有施工变更的图纸,注意积累素材,为正确处理可能发生的索赔提供依据,并密切注视对方合同执行的情况,以寻求向对方索赔的机会。为防止对方索赔,我方应积极履行合同。在合同履行期间,当合同履行条件发生变化时,项目经理部应正积极参与合同的修改、补充工作,并着重考虑对成本控制的影响。

6.5　施工项目成本分析

6.5.1　学习任务

通过对施工项目成本分析知识的学习,能够对施工项目进行成本分析。

6.5.2　相关配套知识

1.施工项目成本分析的依据

施工项目成本分析,就是根据会计核算、业务核算和统计核算提供的资料,对施工成本的形成过程和影响成本升降的因素进行分析,以寻求进一步降低成本的途径;另一方面,通过成本分析,可从账簿、报表反映的成本现象看清成本的实质,从而增强项目成本的透明度和可控性,为加强成本控制,实现项目成本目标创造条件。

(1)会计核算

会计核算主要是价值核算。会计是对一定单位的经济业务进行计量、记录、分析和检查,做出预测,参与决策,实行监督,旨在实现最优经济效益的一种管理活动。它通过设置账户、复式记账、填制和审核凭证、登记账簿、成本计算、财产清查和编制会计报表等一系列有组织有系统的方法,来记录企业的一切生产经营活动,然后据以提出一些用货币来反映的有关各种综合性经济指标的数据。资产、负债、所有者权益、收入、费用和利润等会计六要素指标,主要是通过会计来核算。由于会计记录具有连续性、系统性、综合性等特点,所以是施工成本分析的重要依据。

(2)业务核算

业务核算是各业务部门根据业务工作的需要而建立的核算制度,它包括原始记录和计算登记表,如单位工程及分部分项工程进度登记,质量登记,工效、定额计算登记,物资消耗定额记录,测试记录等等。业务核算的范围比会计、统计核算要广,会计和统计核算一般是对已经发生的经济活动进行核算,而业务核算,不但可以对已经发生的,而且还可以对尚未发生或正在发生的经济活动进行核算,看是否可以做,是否有经济效果。它的特点是,对个别的经济业务进行单项核算。例如各种技术措施、新工艺等项目,可以核算已经完成的项目是否达到原定的目的,取得预期的效果,也可以对准备采取措施的项目进行核算和审查,看是否有效果,值不值得采纳,随时都可以进行。业务核算的目的,在于迅速取得资料,在经济活动中及时采取措施进行调整。

(3)统计核算

统计核算是利用会计核算资料和业务核算资料，把企业生产经营活动客观现状的大量数据，按统计方法加以系统整理，表明其规律性。它的计量尺度比会计宽，可以用货币计算，也可以用实物或劳动量计量。它通过全面调查和抽样调查等特有的方法，不仅能提供绝对数指标，还能提供相对数和平均数指标，可以计算当前的实际水平，确定变动速度，也可以预测发展的趋势。

2.施工项目成本分析的基本方法

施工项目成本分析的基本方法包括比较法、因素分析法、差额计算法、比率法等。

1)比较法

比较法，又称"指标对比分析法"，就是通过技术经济指标的对比，检查目标的完成情况，分析产生差异的原因，进而挖掘内部潜力的方法。这种方法，具有通俗易懂、简单易行、便于掌握的特点，因而得到了广泛的应用，但在应用时必须注意各技术经济指标的可比性。比较法的应用，通常有下列形式。

(1)将实际指标与目标指标对比

以此检查目标完成情况，分析影响目标完成的积极因素和消极因素，以便及时采取措施，保证成本目标的实现。在进行实际指标与目标指标对比时，还应注意目标本身有无问题。如果目标本身出现问题，则应调整目标，重新正确评价实际工作的成绩。

(2)本期实际指标与上期实际指标对比

通过本期实际指标与上期实际指标对比，可以看出各项技术经济指标的变动情况，反映施工管理水平的提高程度。

(3)与本行业平均水平、先进水平对比

通过这种对比，可以反映本项目的技术管理和经济管理与行业的平均水平和先进水平的差距，进而采取措施赶超先进水平。

2)因素分析法

因素分析法又称连环置换法。这种方法可用来分析各种因素对成本的影响程度。在进行分析时，首先要假定众多因素中的一个因素发生了变化，而其他因素则不变，然后逐个替换，分别比较其计算结果，以确定各个因素的变化对成本的影响程度。因素分析法的计算步骤如下：

(1)确定分析对象，并计算出实际与目标数的差异。

(2)确定该指标是由哪几个因素组成的，并按其相互关系进行排序(排序规则是:先实物量，后价值量;先绝对值，后相对值)。

(3)以目标数为基础，将各因素的目标数相乘，作为分析替代的基数。

(4)将各个因素的实际数按照上面的排列顺序进行替换计算，并将替换后的实际数保留下来。

(5)将每次替换计算所得的结果，与前一次的计算结果相比较，两者的差异即为该因素对成本的影响程度。

(6)各个因素的影响程度之和，应与分析对象的总差异相等。

3)差额计算法

差额计算法是因素分析法的一种简化形式，它利用各个因素的目标值与实际值的差额来计算其对成本的影响程度。

4)比率法

比率法是指用两个以上的指标的比例进行分析的方法。它的基本特点是:先把对比分析的数值变成相对数,再观察其相互之间的关系。常用的比率法有以下几种。

(1)相关比率法

由于项目经济活动的各个方面是相互联系,相互依存,又相互影响的,因而可以将两个性质不同而又相关的指标加以对比,求出比率,并以此来考察经营成果的好坏。例如:产值和工资是两个不同的概念,但他们的关系又是投入与产出的关系。在一般情况下,都希望以最少的工资支出完成最大的产值。因此,用产值工资率指标来考核人工费的支出水平,就很能说明问题。

(2)构成比率法

又称比重分析法或结构对比分析法。通过构成比率,可以考察成本总量的构成情况及各成本项目占成本总量的比重,同时也可看出量、本、利的比例关系(即预算成本、实际成本和降低成本的比例关系),从而为寻求降低成本的途径指明方向。

(3)动态比率法

动态比率法,就是将同类指标不同时期的数值进行对比,求出比率,以分析该项指标的发展方向和发展速度。动态比率的计算,通常采用基期指数和环比指数两种方法。

6.6 施工项目成本考核

6.6.1 学习任务

通过对施工项目成本考核内容的学习,能够对施工项目成本考核进行组织和实行。

6.6.2 相关配套知识

1.成本考核的意义

为推动岗位职责的创新质量,增强员工的事业心和责任感,提高工作效率,应把员工的工作表现与报酬相关联,使员工获得努力向上改善工作的动力。每月(季)坚持客观公正、公开、公平和实事求是评价的原则,对员工岗位职责履行情况进行一次考核。对岗位绩效进行考核,并以此作为确定工资和效益工资的依据。

施工成本考核可以衡量成本降低的实际成果,也是对成本指标完成情况的总结和评价。成本考核制度包括考核的目的、时间、范围、对象、方式、依据、指标、组织领导、评价与奖惩原则等内容。

以施工成本降低额和施工成本降低率作为成本考核的主要指标,要加强组织管理层对项目管理部的指导,并充分依靠技术人员、管理人员和作业人员的经验和智慧,防止项目管理在企业内部异化为靠少数人承担风险的以包代管模式。成本考核也可分别考核组织管理层和项目经理部。

项目管理组织对项目经理部进行考核与奖惩时,既要防止虚赢实亏,也要避免实际成本归集差错等的影响,使施工成本考核真正做到公平、公正、公开,在此基础上兑现施工成本管理责任制的奖惩或激励措施。

2.成本考核的原则

成本考核应坚持以下原则:

(1)阶段性考核与项目竣工考核相结合的原则;

(2)企业考核与项目考核相结合的原则;

(3)资金考核与成本考核相结合的原则。

3.成本考核的组织及内容

项目成本核算一般由项目经理、书记、总工程师和财务监理、总经济师等组成的绩效考核领导小组进行。企业对项目的成本核算一般由公司派人组成考核小组进行。

考核内容主要是本人岗位职责及其标准。

4.考核的程序

成本考核一般采取对照岗位考核标准,先个人自评、然后部门考核、最后项目考核小组考核的程序进行。

5.考核结论

为保证项目成本的顺利进行,提高项目的经济效益,考核结果应分等级(如四级:90分及以上为优秀;80分至89分为称职;60分至79分为基本称职;60分以下为不称职,限期整改),按分值定性,与工资分配挂钩,也可作为奖惩和效益工资分配的依据。

本章小结

本章介绍了项目成本的构成、划分,以及项目成本管理的内容,包括成本预测、成本计划、成本控制、成本核算、成本分析和成本考核等。重点介绍成本控制、成本核算。施工项目经理部在项目施工过程中,对所发生的各种成本信息,通过有组织、有系统地进行预测、计划、控制、核算和分析等一系列工作,促使施工项目系统内各种要素,按照一定的目标运行,使施工项目的实际成本能够控制在预定的计划成本范围内。

复习思考题

1. 施工项目成本的组成是怎样的?什么是直接成本和间接成本?
2. 施工项目成本是如何划分的?成本管理的内容主要有哪些?
3. 成本计划的编制方法都有什么?
4. 成本核算的对象是如何划分的?
5. 施工项目成本偏差有哪几种?如何计算?
6. 人工费、材料费、机械使用费核算都包括什么?
7. 成本控制的依据是什么?原则是什么?
8. 成本控制的过程如何?方法都有哪些?
9. 人工费、材料费、施工机械使用费如何控制?
10. 成本控制措施都有哪些?
11. 成本分析的依据、方法都有哪些?
12. 成本考核的意义及内容有哪些?

7 施工项目进度管理

本章描述

施工项目进度管理是项目施工中的重点控制之一，是保证施工项目按期完成，合理安排资源供应，节约工程成本的重要措施。进度管理的目的是施工前制定施工进度计划，通过施工中的不断控制以实现工程的进度目标。通过本章的学习，掌握进度管理的内容、进度计划的编制、网路计划技术、进度控制等。通过对施工项目进度的有效控制，以达到预期的目的。

拟实现的教学目标

1. 能力目标

- 能够根据进度管理的目标，确定进度管理的组成内容；
- 能够采用横道图法或网络图法简单编制施工项目进度计划；
- 能够制定进度控制的方法并进行检查。

2. 知识目标

- 了解进度管理的内容；
- 掌握网络图的基本内容及表示方法、网络图的绘制；
- 掌握进度计划的编制方法；
- 掌握进度控制的方法及措施、进度计划的实施和检查等。

3. 素质目标

- 培养学生分析问题、解决问题的能力。培养学生进行项目进度管理的能力。

相关案例——客运专线铁路主要工程施工进度管理参考指标

高速铁路各阶段进度工期的分配应考虑各工程专业特点，统筹安排，综合平衡。

如：时速 350 km/h 的武广客运专线，全长约 1 068.6 km，于 2005 年 6 月 23 日在长沙动工，2009 年 12 月 26 日正式运营，总工期约为 54 个月，其中施工准备 3～6 个月，路基、桥梁基础与墩台、隧道工程 8～20 个月，梁体运架 14 个月，无砟轨道 13～14 个月，铺轨 6～9 个月，站后工程 4～6 个月，联调及动检 6 个月。

再如：时速 250 km/h 的长吉城际铁路，正线全长 110.7 km，2007 年开工，2010 年 12 月 30 日通车，总工期约为 48 个月，其中施工准备 3～6 个月，路基、桥梁基础与墩台、隧道工程 8～18 个月，梁体运架 12 个月，无砟轨道 4～5 个月，铺轨 12～16 个月，站后工程 3～6 个月，联调及动检 6 个月。

根据《客运专线指导性施工组织设计编制指南》，工期的安排要以路基工程、重点桥梁工程、箱梁预制架设、无砟轨道施工和长轨铺设为主线控制工期，并结合现场经验和统计数据综合考虑。客运专线铁路主要工程施工进度参考指标如下：

1. 路基工程

(1)基床以下及基床底层填筑

一般按 7 d 一层考虑，设备配置以满足此指标为宜。一个机械化作业机组的参考设备配置及工作能力为：挖掘机 1 台、推土机 1 台、平地机 1 台、中型压路机 2 台、重型压路机 2 台、自卸汽车 6～10 辆，每天可完成 2 000～2 500 m^3，每月可完成 30 000～42 500 m^3。

(2)摊铺机法填筑级配碎石、改良土

一般按 7 d 一层考虑，设备配置以满足此指标为宜。一个机械化作业机组的参考设备配置及工作能力为：500 t/h 拌合设备 1 套、装载机 2 台、摊铺机 2 台、震动压路机 2 台、重型压路机 1 台、每天可完成 2 000 m^3，每月可完成 34 000 m^3。

(3)软基处理

一台设备每台班：CFG 桩基础 300～400 延长米，挤密桩 300～400 延长米，管桩基础 200 m^2/d，强夯基础 600 m^2/d，冲击压实 400 m^2/d。

2. 桥梁工程

(1)钻孔桩、承台及墩身墩帽施工工序时间

钻孔桩、承台及墩身墩帽施工工序时间参考表如表 7.1、7.2、7.3 所示。

表 7.1 钻孔桩(桩深 45 m 内)施工工序时间参照表

工序	钻机就位	钻孔、清孔	下钢筋笼、下导管、清孔	浇筑混凝土	合计
回旋钻	1 d	6 d	0.5 d	0.5 d	8 d
冲击钻	6 d	6 d	1 d	0.3 d	9.3 d
旋挖钻	1 h	2 h	4 h	3 h	10 h

表 7.2 承台施工工序时间参照表

工序	基坑开挖	凿桩头、清基坑	垫层	桩基检测	模板钢筋	浇筑混凝土	养生脱模	合计
用时	1 d	1 d	1 d	1 d	2 d	1 d	3 d	10 d

表 7.3 墩身(一次循环 20m 内)、墩帽施工工序时间参照表

工序	钢筋绑扎	模板安装	浇筑混凝土	养生脱模	合计
用时	2 d	2 d	2 d	7～14 d	12～19 d

(2)900 t 箱梁预制

预制箱梁循环时间如表 7.4 所示。

表 7.4 900 t 简支箱梁预制作业循环时间一览表

序号	名称	时间		内容与说明
		单项(h)	累计(h)	
1	底模、侧模整理	12	12	含底模整理、侧模整理及封闭安装
2	底腹板钢筋吊装	8	20	含吊装及各预埋管的安装、调整
3	端模、内模吊装	14	34	含端模、内模吊装，及连接加固
4	顶板钢筋吊装及报检	15	50	含吊装、绑扎及各种预埋件的安装、自检及报检

续上表

序号	名称	时间		内容与说明
		单项(h)	累计(h)	
5	混凝土灌装	10	60	含灌注前的准备浇筑
6	蒸汽养护	48	108	含静停、升温、恒温、降温
7	脱模	12	120	含蒸养棚的移出于内外模的脱模
8	预拉、初张与移梁	12	132	含穿线与初张,箱梁搬运机吊移梁
9	工序交接与设备强检	12	144	含工序交接及设备强检分摊时间
合计		144(h)=6(d)		终张与管道压浆时间不占循环时间

(3)900 t 箱梁架设

架梁作业工序循环时间如表 7.5 所示。

表 7.5　900 t 运、架梁工序循环时间一览表

运梁时间(h)				架梁时间(h)			
序号	项目	时间		序号	项目	时间	
1	装梁	1		1	喂梁	1	
2	运梁	3	10 km 运距	2	纵移到位	1	
3	架梁	1		3	落梁对位	1	
4	返回	1		4	支座注浆	0.5	
				5	浆液固结	2	强度达到标准:20 MPa
				6	过孔	1	
合计		6		合计		6.5	

综合架梁指标:箱梁架设(1 台运梁车、1 台架桥机),运距 0～8 km 时 2 孔/d;运距 8～12 km时 1.5 孔/d;运距 12 km 以上时 1 孔/d。

综合月架梁指标:运距≤20 km 时,45～50 孔。

(4)满堂支架法现场灌注箱梁

跨度 32 m 及以下箱梁 20～30 d/孔,跨度 32 m 以上下箱梁 25～40 d/孔。

(5)移动模架现场现浇简支箱梁

跨度 32 m 及以下箱梁 12～15 d/孔,跨度 32 m 以上下箱梁 15～18 d/孔。

(6)T 梁架设

T 梁架设(边铺边架):32 m 梁 2～3 孔/d,24 m 梁 3～4 孔/d,20 m 梁 4～5 孔/d。

3. 隧道工程

每个作业面的综合月进度参考指标如表 7.6 所示。

表 7.6　隧道工程综合月进度指标参考表　　单位:m

项目	围岩级别	斜井、平洞及横洞施工	正洞施工
开挖	Ⅰ、Ⅱ	120～180	120～150
	Ⅲ、Ⅳ	90～130	60～100
	Ⅴ、Ⅵ	50～80	30～60
衬砌		90～120	70～100

4. 无砟轨道

(1)CRTSⅠ型板式无砟轨道

一个作业面:混凝土底座施工,150～200 m/d,3.5～5 km/月;轨道板施工 150～200 m/d,3.5～5 km/月。

(2)CRTSⅡ型板式无砟轨道

Ⅱ型轨道板无砟轨道的生产周期为 1 d,即每天生产一块板。每块板打磨时间为10～15 min,道床板安装精调,每个工作日 35～40 块。

(3)CRTSⅢ型板式无砟轨道

180～200 m/d。

(4)CRTSⅠ型双块式无砟轨道

水硬性支承层采用摊铺机或小型机组摊铺,按 300 m/d 配备设备。绑扎底板钢筋,灌注混凝土底板,布设双块式混凝土轨枕并现场灌注混凝土承载板上层,每个作业面全套机械化双班制作业,按 200 m/d 计算。

(5)CRTSⅡ型双块式无砟轨道

路基上和隧道内的支承层摊铺,300 m/d;桥上混凝土底座 200 m/d;灌注混凝土道床板 200 m/d;综合指标 200 m/d。

5. 铺轨

铺设 500 m 长钢轨,每工作面每班 1 个单元轨节的长度,一般为 1.5～2.0 km/班,无砟道岔铺设,每套设备 1 组/月。

7.1　项目进度管理的组成

7.1.1　学习任务

通过对项目进度管理的组成内容的学习,能够根据进度管理的目标,确定进度管理的组成内容。

7.1.2　相关配套知识

1. 进度管理的作用

施工项目进度管理是项目施工中的重点控制之一,是保证施工项目按期完成,合理安排资源供应,节约工程成本的重要措施。它的主要作用体现在如下几个方面:

(1)通过项目施工进度控制,可以有效地缩短项目建设周期;

(2)通过项目施工进度协调,可以减少不同单位和部门之间的相互干扰;

(3)通过项目施工进度控制,可以落实承建单位各项施工计划,保证施工项目成本、进度和质量目标顺利实现;

(4)通过项目施工进度控制,可以为防止或提出项目施工索赔提供依据。

2. 进度管理的组成

施工项目进度管理包括为确保项目按期完成所必须的所有工作过程。包括:工作定义、工作顺序安排、工作时间估计、进度计划制定和进度控制。其中,工作顺序安排、工作时间估计以及进度计划的制定由于彼此之间联系紧密,常常被看成为一个过程。

1)工作定义

所谓工作定义，就是对工作分解结构(WBS)中规定的可交付成果或半成品的产生所必须进行的具体工作(活动，作业或工序)进行定义，并形成相应的文件，包括：工作清单和工作分解结构的更新。

在建设项目中，工作的范围可大可小，需根据具体情况和需要来定。例如：挖土、垫层、砖基础、回填土各是一项工作，也可以把上述四项工作综合为一项基础工程。

工作定义的方法有两种：一是分解，即将项目组成部分细分为更小、更易于管理的单元以便更好地进行管理和控制。分解的最后结果是工作(或工作步骤)。二是借用历史资料，参照过去的样板。前一项目的工作清单或部分清单经常可作为一个新项目的工作清单样板。利用这些类似的清单作为样板，可以大大加快工作分解的进程。

2)工作顺序安排

工作顺序安排也被称为排序，就是找出各工作之间的顺序关系，并形成文件(图、表、文字资料等)。为了进一步编制切实可行的进度计划，首先必须对工作进行准确的顺序安排。工作顺序安排可以利用计算机进行(如项目管理软件)，也可以手工来做。

各工作之间的先后顺序关系叫逻辑关系。逻辑关系包括工艺关系和组织关系。逻辑关系的表达分为平行、顺序、和搭接三种形式。相邻两项工作同时开始即为平行关系。相邻两项工作先后进行即为顺序关系。两项工作只有一段时间是平行进行的则为搭接关系。工作顺序安排的结果就是项目网络计划图。

3)工作时间估计

工作时间估计就是对完成各项工作所需要的时间进行估算。

工作时间估计的依据是工作清单、约束条件、资源配备、资源效率、历史信息和已识别的风险。工作时间估计的方法有：

(1)类比估计法：就是利用类似的工作常常有类似的工作时间来进行估计工作时间。

(2)利用历史数据法：在时间估计中，可利用的历史资料有定额、项目档案、商业化的时间估计数据库、项目管理班子成员的知识等。

(3)专家判断估计法：因为影响工作时间的因素很多，一般很难对其长短进行估计。只要有可能，应当由专家根据历史资料和他们的经验进行估计。当各项工作可变因素多又不具备一定的时间消耗历史资料时，就不能估计出一个肯定的单一的时间值，而只能根据概率理论，计算期望值。

4)进度计划制定

就是在分析工作顺序、工作时间和资源要求的基础上，制定出项目进度的计划安排，确定项目各项工作的起始和结束时间。

制定进度计划的方法很多，最常用的方法有：计划评审技术、图示评审技术、关键路线法(CPM)等。

(1)计划评审技术

计划评审技术是计划中工作与工作之间的逻辑关系肯定，但每项工作的持续时间不肯定，一般采用加权平均时间估计，并对按期完成项目的可能性做出评价的网络计划方法。

(2)图示评审技术

图示评审技术是工作和工作之间的逻辑关系和工作的持续时间都具有不肯定性(即某些工作可能根本不进行，而另一些工作则可能进行多次)而按概率处理的网络计划技术。

(3)关键线路法

关键线路法是计划中工作与工作之间的逻辑关系肯定，且每项工作只估计一个肯定的持续时间的网络计划技术。

5)进度控制

进度控制是指对工程项目建设各阶段的工作内容、工作程序、持续时间和衔接关系根据进度总目标及资源优化配置的原则编制计划并付诸实施，然后在进度计划的实施过程中经常检查实际进度是否按计划要求进行，对出现的偏差情况进行分析，采取补救措施或调整、修改原计划后再付诸实施，如此循环，直到建设工程竣工验收交付使用。进度控制的最终目标是确保工程项目按预定的时间或提前交付使用，进度控制的总目标是建设工期。

7.2 施工项目进度计划

7.2.1 学习任务

通过施工项目进度计划知识的学习，能够采用横道图法或网络图法简单编制施工项目进度计划。

7.2.2 相关配套知识

1. 施工项目进度计划及其类型

施工项目进度计划是规定各项工程的施工顺序和开竣工时间以及相互衔接关系的计划，是在确定工程施工项目目标工期基础上，根据相应完成的工程量，对各项施工过程的施工顺序、起止时间和相互衔接关系所作的统筹安排。施工阶段是工程实体的形成阶段，做好施工项目进度计划并按计划组织实施，是保证项目在预定时间内建成并交付使用的必要工作，也是施工项目管理的主要内容。如果施工项目进度计划编制得不合理就必然导致资源配置的不均衡，影响经济效益。

根据不同的划分标准，施工进度计划有不同的种类。

(1)按计划时间来划分

有总进度计划和阶段性计划。总进度计划是控制项目施工全过程的，阶段性计划包括项目年、季、月(旬)施工进度计划等。月(旬)计划是根据年、季度施工计划，结合现场施工条件编制的具体执行计划。

(2)按计划表达形式来划分

有文字说明计划与图表形式计划。文字说明计划是用文字来说明各阶段的施工任务，以及要达到的进度要求；图表形式计划是用图表形式表达施工的进度安排，有用横道图表示的进度计划、用网络图表示的进度计划等。

(3)按计划对象来划分

有施工总进度计划、单位工程施工进度计划和分项进度计划。施工总进度计划是以整个建设项目为对象编制的，它确定各单项工程施工顺序和开竣工时间以及相互衔接关系，是带全局性的施工战略部署；单位工程施工进度计划是对单位工程中的各分部、分项工程的计划安排；分项进度计划是针对项目中某一部分(子项目)或某一专业工种的计划安排。

2. 施工项目进度计划的编制

1)施工目标工期的确定

为了提高进度计划的预见性和进度控制的主动性，在确定施工进度控制目标(施工进度目标工期)时,必须全面细致的分析影响项目进度的各种因素,采用多种决策分析方法,制定出一个科学、合理的施工目标工期。确定施工目标工期主要根据:工程建设总进度目标对施工工期的要求;施工承包合同或指令性计划工期限制;工期定额或类似工程项目的施工时间(可类比的进度控制数据);工程的难易程度和工程条件的落实情况;企业的组织管理水平和经济效益的要求等。施工目标工期的确定通常可以采用以下方法:

(1)以正常工期为施工目标工期

正常工期是指与正常施工速度相对应的工期。正常施工速度是根据现有施工条件下制定的施工方案和企业经营的利润目标确定的,用以保证施工活动必要的劳动生产率,从而实现工程的施工计划。

(2)以最优工期为施工目标工期

最优工期是指总成本最低的工期,它可采用以正常工期为基础,应用工期成本优化的方法求解。工期与成本的关系如图 7.1 所示。

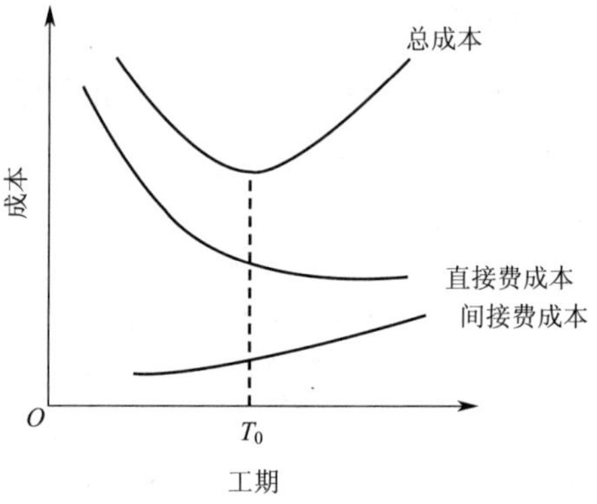

图 7.1　工期与成本关系图

直接费随工期的缩短而增加;间接费随工期的缩短而减少。把不同工期下的直接费用和间接费用叠加求出总成本曲线,总成本最低点对应的工期 T_0 即为最优工期,以此作为施工目标工期。

(3)以合同工期或指令工期为施工目标工期

通常情况下,建设工程施工承包合同中有明确的施工工期,或者国家实施的工程任务规定了指令性工期。此时,施工目标工期可参照合同工期或指令工期,结合企业施工生产能力和资源条件确定,并充分估计各种可能的影响因素及风险,适当留有余地,保持一定提前量。这样,即使施工中发生不可预见的意外事件,也不会使施工工期产生太大的偏差。

2)施工项目进度计划编制依据

(1)项目的工程承包合同中有关工期的规定。

(2)设计图纸和定额资料(包括工期定额、概算定额、预算定额和施工定额)。

(3)项目的施工规划和施工组织设计。

(4)材料、设备及资金的供应条件。

(5)施工单位可能投入的施工力量,包括劳动力和施工设备等。

(6)项目的外部条件及现场条件。

(7)已建成的同类或类似项目的实际施工进度等。

在编制单位工程进度计划时,应以总进度计划为依据,不得越过原定竣工期限。

3)施工项目进度计划的编制方法

(1)横道图法

横道图是一种直观的进度计划方法,是用图、表相结合的形式表示各项工程活动的开始时间、结束时间和持续时间,图右边是进度表,图上边的横栏表示时间,用水平线段在时间坐标下标出项目的进度线,水平线段的位置和长短反映该项目从开始到完工的时间,其基本形式如图 7.2 所示。由于横道图能够清楚地表达活动的开始时间、结束时间和持续时间,一目了然,易于理解,且制作简单,在工程中广泛应用,是一种传统的计划表示方法。但横道图不能表达工程活动之间的逻辑关系和某一活动的提前或推迟、持续时间延长等对其他活动的影响，也不能表示工程活动的重要性。

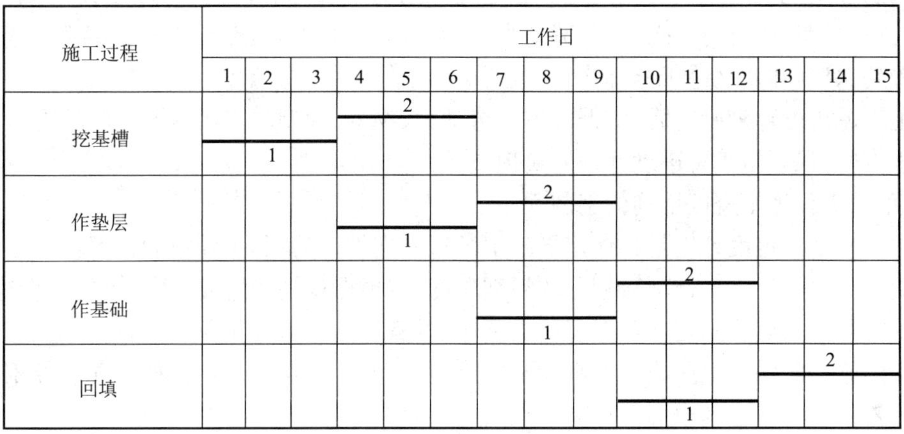

图 7.2 用横道图表示的进度计划

(2)网络图法

为了适应大规模工程项目建设的需要，20 世纪 50 年代后期发展起来一种科学的计划管理新方法——网络计划技术，它是利用网络图的形式，在网络图上加注各项工作的时间参数，来进行工程计划和控制的现代管理方法。网络图是由箭线和节点组成，用来表示工作流向的有向、有序的网状图形。网络图能充分、清晰地表达各工作之间相互制约、相互依赖的复杂逻辑关系；通过网络时间参数的计算，能够分别确定各项工作的最早可能和最迟必须开始时间以及相应的结束时间、总时差和自由时差；可以明确由关键工作组成的关键线路，可以看出哪些工作必须按期完成，哪些工作允许有机动时间；能够进行计划方案的优化和比较等。网络计划符合施工的要求，特别适用于施工的组织和管理，已成为施工进度计划普遍采用的形式。图 7.3 为某双代号网络图的表示形式。

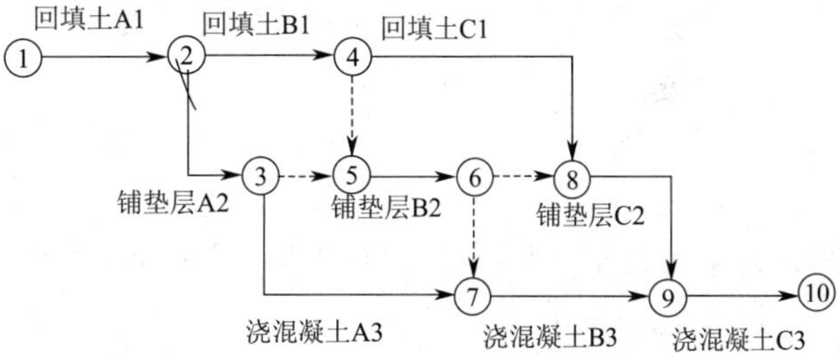

图 7.3 用网络图表示的进度计划

4)施工项目进度计划的编制程序

(1)施工总进度计划的编制程序

①计算工程量。工程量可按初步设计(或扩大初步设计)图纸和有关定额等资料进行计算。

②确定各单位工程的施工期限。各单位工程的施工期限应根据合同工期确定，同时考虑建筑类型、结构特征、施工方法、施工管理水平、施工现场条件等因素。如果在编制施工总进度计划时没有合同工期，则应保证计划工期不超过工期定额。

③确定各单位工程的开竣工时间和相互搭接关系。确定整个建设项目中各单项工程的施工顺序，合理地搭接各项工程，组织全场性流水作业，尽量做到均衡施工。

④编制初步施工总进度计划。施工总进度计划应安排全工地性的流水作业。全工地性的

流水安排应以工程量大、工期长的单项工程或单位工程为主导，组织若干条流水线，并以此带动其他工程。

⑤编制正式施工总进度计划。施工总进度计划初步确定后，还要经过检查、调整和修正，主要是看总工期是否符合要求，观察劳动力和物资需要量的进度变动曲线是否均衡且其供应是否能得到保证，并使之趋于合理。

⑥施工总进度计划确定后，应据以编制劳动力、物资、大型施工机械等资源的需用量计划，以便组织供应，保证施工总进度计划的实现。

(2)单位工程施工进度计划的编制程序

单位工程施工进度计划是具体指导施工的重要文件，其编制步骤一般如下：

①划分工作项目。工作项目划分的粗细程度，应根据计划的需要决定，单位工程施工进度计划中的工作项目应明确到分项工程或更具体，以满足指导施工作业、控制施工进度的要求。

②确定施工顺序。根据施工方案确定的原则排列各分部分项工程施工顺序，并使之符合施工工艺要求和经济合理原则。

③划分流水段。为了把各项工程合理地搭接起来，组织全场性的流水作业，以保持均衡施工，一般从工程量较大的工种工程或大型机械施工的工种工程着手，组成全场性的流水。

④确定工作项目的持续时间。根据工作项目所需的劳动量或机械台班数，以及该工作项目每天安排的人工数或配备的机械台数，计算出各工作项目的持续时间。其计算公式如下：

$$D=\frac{P}{R\times B} \tag{7.1}$$

式中，D 为完成工作项目所需的时间，即持续时间(天)；P 为工作项目所需要的劳动量(工日)或机械台班数(台班)；R 为每班安排的人工数或施工机械台数；B 为每天工作班数。

⑤绘制施工进度计划。

⑥施工进度计划的检查与调整。主要检查各工作项目的施工顺序、平行搭接和技术间歇是否合理，总工期是否满足合同规定，如果不符合，必须进行调整。同时还要对人工、材料、主要机具等进行检查与调整，以达到均衡施工，取得良好的经济效益。

3. 进度计划的优化

按上述方法编制的进度计划只是个初步方案，应在这个初步方案的基础上进一步检查初步方案是否符合工期要求，还应按照既定目标对初始方案进行调整和优化。进度计划的优化方法有：工期优化，费用优化和资源优化三种。

1)工期优化

工期优化是压缩计算工期，以满足工期要求，或在一定条件下使工期最短的过程。工期优化一般通过压缩关键工作的持续时间来进行，其计算步骤如下：

(1)计算网络计划中的时间参数，并找出关键线路和关键工作。

(2)按要求工期计算应缩短的时间。

(3)确定各关键工作能缩短的持续时间。

(4)选择应缩短持续时间的关键工作，调整其持续时间，并重新计算网络计划的计算工期。选择应缩短持续时间的关键工作应考虑：

①缩短持续时间对质量和安全影响不大的工作；

②有充足备用资源的工作；

③缩短持续时间增加费用最少的工作。

(5)若计算工期仍超过要求工期，则重复以上步骤直到满足工期要求或工期已不能再缩短为止。

(6)当所有关键工作的持续时间都已达到其能缩短的极限而工期仍不满足要求时，应对计划的原技术、组织方案进行调整或对要求工期重新审定。

2)费用优化

费用优化又叫工期成本优化，是寻求最低成本的最短工期安排，或按要求工期寻求最低成本的计划安排过程。

在进行费用优化时，把工程费用分为两部分，一为直接费，如人工费、材料费、施工机械使用费等。若要缩短工期，可能需夜班工作或在拥挤的工作面上工作，引起工效降低和直接费的增加。二为间接费，例如现场管理费和场地租赁费等。如果缩短工期显然间接费将减少，由于两者具有相反的性质，所以，它们的合计如图 7.4 所示。在总费用曲线中，必定有一个总费用最少的工期，这就是费用优化所寻求的目标，对应的工期称为最优工期。

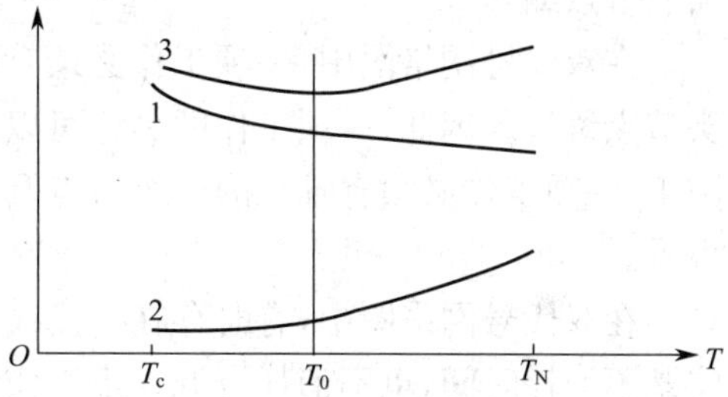

图 7.4 工期—费用曲线

1—直接费；2—间接费；3—总费用，

T_c—最短工期；T_N—正常工期；T_0—最优工期

寻求最低费用和最优工期的过程一般由计算机进行。简单的网络计划也可由手工完成，其基本思路是从网络计划的各工作持续时间和费用的关系中，依次找出能使计划工期缩短而又能使直接费用增加最少的工作，不断地缩短其持续时间，同时考虑其间接费用叠加，即可求出工程总费用最低时的最优工期和工期指定时相应的最低费用。

3)资源优化

工程项目中的资源包括人力、材料、动力、设备、机具、资金等。资源的供应情况是影响工程进度的主要因素。因此在编制进度计划时一定要以现有的资源条件为基础，通过改变工作的开始时间，使资源按时间的分布符合优化目标。在通常情况下，网络计划的资源优化分为两种，即“资源有限—工期最短”的优化及“工期固定—资源均衡”的优化。前者是通过调整计划安排，在满足资源限制条件下，使工期延长最少的过程；而后者是通过调整计划安排，在工期保持不变的条件下，使资源需用量尽可能均衡的过程。

7.3 网络计划技术

7.3.1 学习任务

通过对网络计划技术知识的学习，主要能够进行网络图的绘制。

7.3.2 相关配套知识

1. 基本概念

1)网络图和工作

网络图由箭线和节点组成，用来表示工作流程的有向、有序网状图形。一个网络图表示一项计划任务。网络图中的工作是计划任务按需要粗细程度划分而成的、同时消耗时间或消耗资源的一个子项目或子任务。工作可以是单位工程，也可以是分部工程、分项工程，一个施工过程也可以作为一项工作。在一般情况下，完成一项工作既需要消耗时间，也需要消耗劳动力、原材料、施工机具等资源。但也有一些工作只消耗时间而不消耗资源，如混凝土浇筑后的养护过程和墙面抹灰后的干燥过程等。

网络图有双代号网络图和单代号网络图两种。双代号网络图又称箭线式网络图，它是以箭线及其两端节点的编号表示工作；同时，节点表示工作的开始或结束以及工作之间的连接状态。单代号网络图又称节点式网络图，它是以节点及其编号表示工作，箭线表示工作之间的逻辑关系。网络图中工作的表示方法如图 7.5 和图 7.6 所示。

网络图中的节点都必须有编号，其编号严禁重复，并应使每一条箭线上箭尾节点编号小于箭头节点编号。

在双代号网络图中，一项工作必须有唯一的一条箭线和相应的一对不重复出现的箭尾、箭头节点编号。因此，一项工作的名称可以用其箭尾和箭头节点编号来表示。而在单代号网络图中，一项工作必须有唯一的一个节点及相应的一个代号，该工作的名称可以用其节点编号来表示。

在双代号网络图中，有时存在虚箭线，虚箭线不代表实际工作，我们称之为虚工作。虚工作既不消耗时间，也不消耗资源。虚工作主要用来表示相邻两项工作之间的逻辑关系。但有时为了避免两项同时开始、同时进行的工作具有相同的开始节点和完成节点，也需要用虚工作加以区分。

在单代号网络图中，虚拟工作只能出现在网络图的起点节点或终点节点处。

2)工艺关系和组织关系

工艺关系和组织关系是工作之间先后顺序关系——逻辑关系的组成部分。

(1)工艺关系

生产性工作之间由工艺过程决定的、非生产性工作之间由工作程序决定的先后顺序关系称为工艺关系。如图 7.7 所示，支模 1→扎筋 1→混凝土 1 为工艺关系。

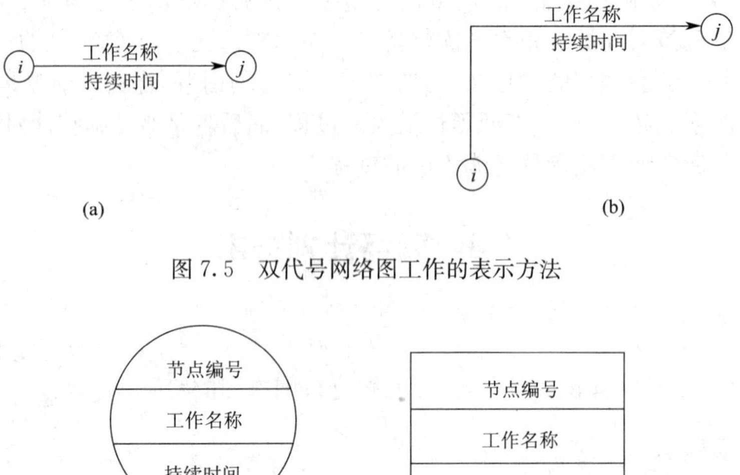

图 7.5　双代号网络图工作的表示方法

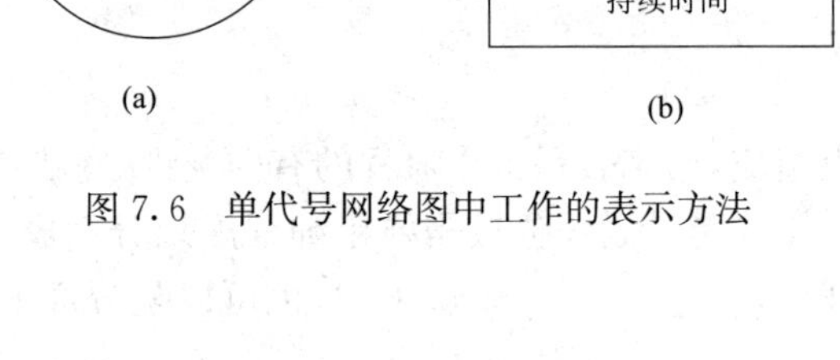

图 7.6　单代号网络图中工作的表示方法

(2)组织关系

工作之间由于组织安排需要或资源(劳动力、原材料、施工机具等)调配需要而规定的先后顺序关系称为组织关系。如图7.7所示,支模1→支模2;扎筋1→扎筋2等为组织关系。

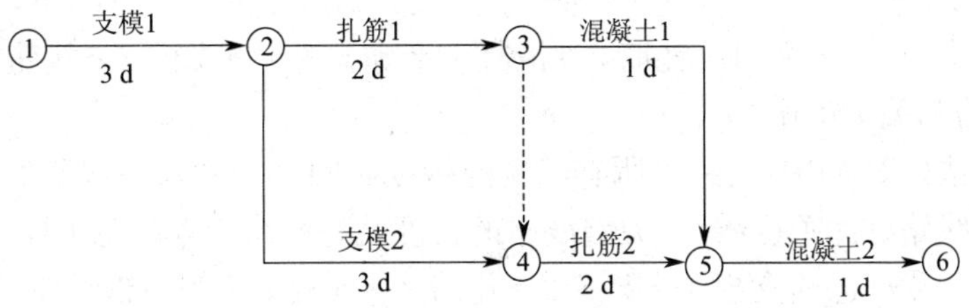

图7.7 某混凝土工程双代号网络计划

3)紧前工作、紧后工作和平行工作

(1)紧前工作

在网络图中,相对于某工作而言,紧排在该工作之前的工作称为该工作的紧前工作。在双代号网络图中,工作与其紧前工作之间可能有虚工作存在。如图7.7所示,支模1是支模2在组织关系上的紧前工作;扎筋1和扎筋2之间虽然存在虚工作,但扎筋1仍然是扎筋2在组织关系上的紧前工作。支模1则是扎筋1在工艺关系上的紧前工作。

(2)紧后工作

在网络图中,相对于某工作而言,紧排在该工作之后的工作称为该工作的紧后工作。在双代号网络图中,工作与其紧后工作之间也可能有虚工作存在。如图7.7所示,扎筋2是扎筋1在组织关系上的紧后工作;混凝土1是扎筋1在工艺关系上的紧后工作。

(3)平行工作

在网络图中,相对于某工作而言,可以与该工作同时进行的工作即为该工作的平行工作。如图7.7所示,扎筋1和支模2互为平行工作。

紧前工作、紧后工作及平行工作是工作之间逻辑关系的具体表现,只要能根据工作之间的工艺关系和组织关系明确其紧前或紧后关系,即可据此绘出网络图。它是正确绘制网络图的前提条件。

4)先行工作和后续工作

(1)先行工作

相对于某工作而言,从网络图的第一个节点(起点节点)开始,顺箭头方向经过一系列箭线与节点到达该工作为止的各条通路上的所有工作,都称为该工作的先行工作。如图7.7所示,支模1、扎筋1、混凝土1、支模2、扎筋2均为混凝土2的先行工作。

(2)后续工作

相对于某工作而言,从该工作之后开始,顺箭头方向经过一系列箭线与节点到网络图最后一个节点(终点节点)的各条通路上的所有工作,都称为该工作的后续工作。如图7.7所示,扎筋1的后续工作有混凝土1、扎筋2和混凝土2。

在建设工程进度控制中,后续工作是一个非常重要的概念。因为在工程网络计划的实施过程中,如果发现某项工作进度出现拖延,则受到影响的工作必然是该工作的后续工作。

5)线路、关键线路和关键工作

(1)线路

网络图中从起点节点开始，沿箭头方向顺序通过一系列箭线与节点，最后到达终点节点的通路称为线路。线路既可依次用该线路上的节点编号来表示，也可依次用该线路上的工作名称来表示。如图 7.7 所示，该网络图中有三条线路，这三条线路既可表示为：①—②—③—⑤—⑥、①—②—③—④—⑤—⑥和①—②—④—⑤—⑥，也可表示为：支模 1→扎筋 1→混凝土 1→混凝土 2，支模 1→扎筋 1→扎筋 2→混凝土 2 和支模 1→支模 2→扎筋 2→混凝土 2。

(2)关键线路和关键工作

在关键线路法(CPM)中，线路上所有工作的持续时间总和称为该线路的总持续时间。总持续时间最长的线路称为关键线路，关键线路的长度就是网络计划的总工期。如图 7.7 所示，线路①—②—④—⑤—⑥或支模 1→支模 2→扎筋 2→混凝土 2 为关键线路。

在网络计划中，关键线路可能不止一条。而且在网络计划执行过程中，关键线路还会发生转移。

关键线路上的工作称为关键工作。在网络计划的实施过程中，关键工作的实际进度提前或拖后，均会对总工期产生影响。因此，关键工作的实际进度是建设工程进度控制工作中的重点。

2. 网络图的绘制

1)双代号网络图的绘制

(1)绘图规则

在绘制双代号网络图时，一般应遵循以下基本规则：

①网络图必须按照已定的逻辑关系绘制。由于网络图是有向、有序网状图形，所以其必须严格按照工作之间的逻辑关系绘制，这同时也是为保证工程质量和资源优化配置及合理使用所必需的。例如，已知工作之间的逻辑关系如表 7.7 所示，若绘出网络图 7.8(a)则是错误的，因为工作 A 不是工作 D 的紧前工作。此时，可用虚箭线将工作 A 和工作 D 的连接断开，如图 7.8(b)所示。

②网络图中严禁出现从一个节点出发，顺箭头方向又回到原出发点的循环回路。如果出现循环回路，会造成逻辑关系混乱，使工作无法按顺序进行。如图 7.9 所示，网络图中存在不允许出现的循环回路 $BCGF$。当然，此时节点编号也发生错误。

表 7.7　逻辑关系表

工　作	A	B	C	D
紧前工作	—	—	A、B	B

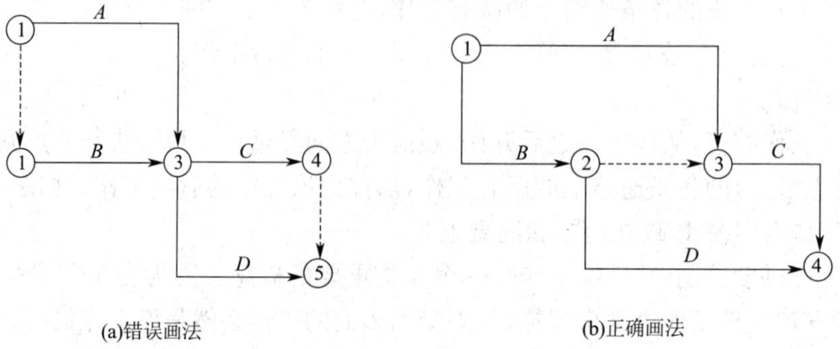

图 7.8　按表 7.7 绘制的网络图

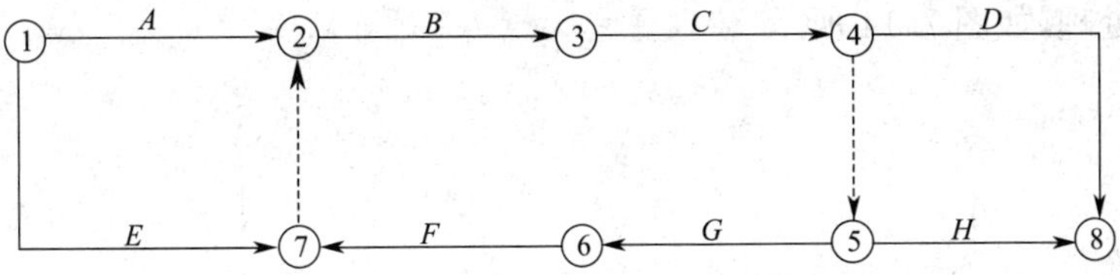

图 7.9　存在循环回路的错误网路图

③网络图中的箭线(包括虚箭线,以下同)应保持自左向右的方向,不应出现箭头指向左方的水平箭线和箭头偏向左方的斜向箭线。若遵循该规则绘制网络图,就不会出现循环回路。

④网络图中严禁出现双向箭头和无箭头的连线。图 7.10 所示即为错误的工作箭线画法,因为工作进行的方向不明确,因而不能达到网络图有向的要求。

(a) 双向箭头　　　　　　　　(b) 无箭头

图 7.10　错误的工作箭线画法

⑤网络图中严禁出现没有箭尾节点的箭线和没有箭头节点的箭线。图 7.11 即为错误的画法。

(a) 存在没有箭尾节点的箭线　　　　　　(b) 存在没有箭头节点的箭线

图 7.11　错误的画法

⑥严禁在箭线上引入或引出箭线,图 7.12 即为错误的画法。

(a)在箭线上引入箭线　　　　　　(b)在箭线上引出箭线

图 7.12　错误的画法

但当网络图的起点节点有多条箭线引出(外向箭线)或终点节点有多条箭线引入(内向箭线)时,为使图形简洁,可用母线法绘图。即将多条箭线经一条共用的垂直线段从起点节点引出,或将多条箭线经一条共用的垂直线段引入终点节点,如图 7.13 所示。对于特殊线形的箭线如粗箭线、双箭线、虚箭线、彩色箭线等,可在从母线上引出的支线上绘出。

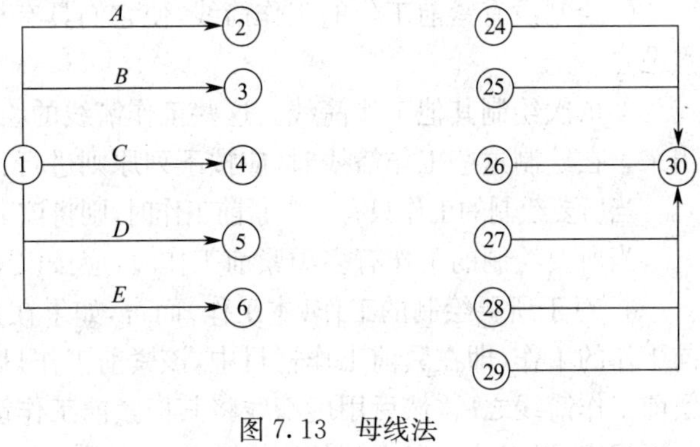

图 7.13　母线法

⑦应尽量避免网络图中工作箭线的交叉。当交叉不可避免时,可以采用过

桥法或指向法处理，如图 7.14 所示。

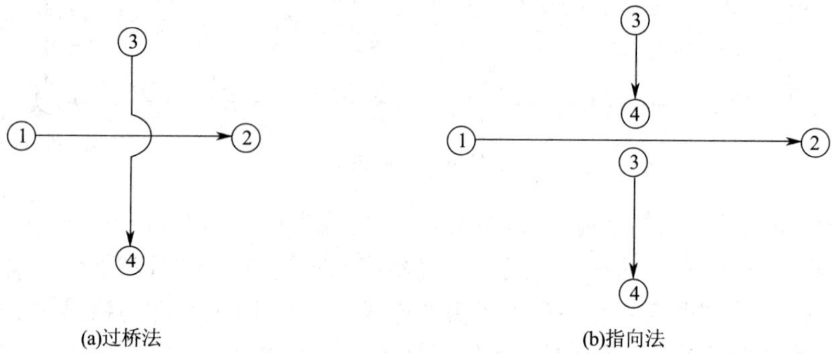

图 7.14　箭线交叉的表示方

⑧网络图中应只有一个起点节点和一个终点节点(任务中部分工作需要分期完成的网络计划除外)。除网络图的起点节点和终点节点外，不也许出现没有外向箭线的节点和没有内向箭线的节点。图 7.15 所示网络图中有两个起点节点①和②，两个终点节点⑦和⑧。该网络图的正确画法如图 7.16 所示，即将节点①和②合并为一个起点节点，将节点⑦和⑧合并为一个终点节点。

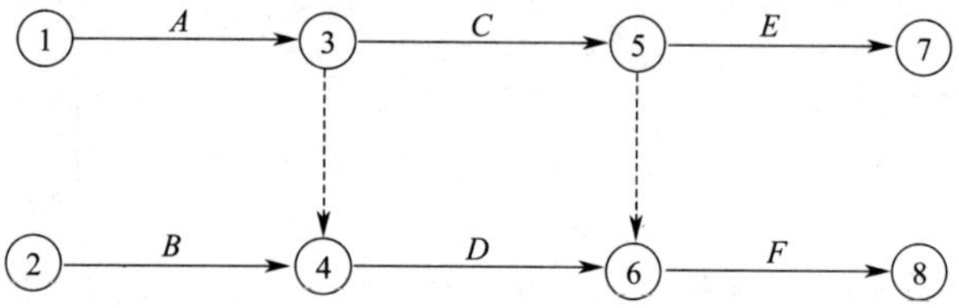

7.15　存在多个起点节点和多个终点节点的错误网络图

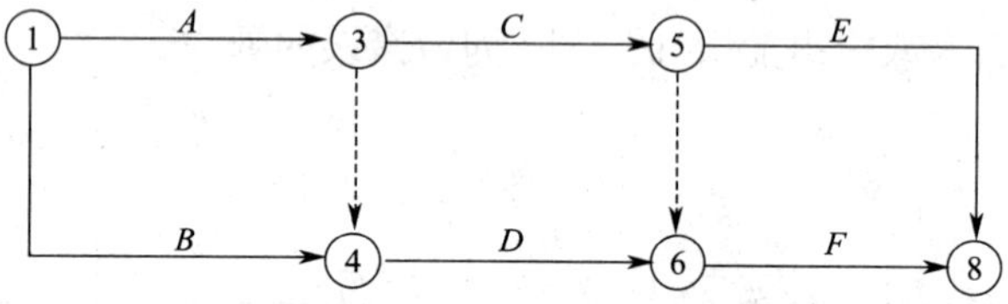

图 7.16　正确的网络图

(2)绘图方法

当已知每一项工作的紧前工作时，可按下述步骤绘制双代号网络图：

①绘制没有紧前工作的工作箭线，使它们具有相同的开始节点，以保证网络图只有一个起点节点。

②依次绘制其他工作箭线。这些工作箭线的绘制条件是其所有紧前工作箭线都已经绘制出来。在绘制这些工作箭线时，应按下列原则进行：

当所要绘制的工作只有一项紧前工作时，则将该工作箭线直接画在其紧前工作箭线之后即可。

当所要绘制的工作有多项紧前工作时，应按以下四种情况分别予以考虑：

a. 对于所要绘制的工作(本工作)而言，如果在其紧前工作之中存在一项只作为本工作紧前工作的工作(即在紧前工作栏目中，该紧前工作只出现二次)，则应将本工作箭线直接画在该紧前工作箭线之后，然后用虚箭线将其他紧前工作箭线的箭头节点与本工作箭线的箭尾节点分别相连，以表达它们之间的逻辑关系。

b. 对于所要绘制的工作(本工作)而言,如果在其紧前工作之中存在多项只作为本工作紧前工作的工作,应先将这些紧前工作箭线的箭头节点合并,再从合并后的节点开始,画出本工作箭线,最后用虚箭线将其他紧前工作箭线的箭头节点与本工作箭线的箭尾节点分别相连,以表达它们之间的逻辑关系。

c. 对于所要绘制的工作(本工作)而言,如果不存在情况①和情况②时,应判断本工作的所有紧前工作是否都同时作为其他工作的紧前工作(即在紧前工作栏目中,这几项紧前工作是否均同时出现若干次)。如果上述条件成立,应先将这些紧前工作箭线的箭头节点合并后,再从合并后的节点开始画出本工作箭线。

d. 对于所要绘制的工作(本工作)而言,如果既不存在情况①和情况②,也不存在情况③时,则应将本工作箭线单独画在其紧前工作箭线之后的中部,然后用虚箭线将其各紧前工作箭线的箭头节点与本工作箭线的箭尾节点分别相连,以表达它们之间的逻辑关系。

③当各项工作箭线都绘制出来之后,应合并那些没有紧后工作之工作箭线的箭头节点,以保证网络图只有一个终点节点(多目标网络计划除外)。

④当确认所绘制的网络图正确后,即可进行节点编号。网络图的节点编号在满足前述要求的前提下,既可采用连续的编号方法,也可采用不连续的编号方法,如 1、3、5、…或 5、10、15、…以避免以后增加工作时而改动整个网络图的节点编号。

以上所述是已知每一项工作的紧前工作时的绘图方法,当已知每一项工作的紧后工作时,也可按类似的方法进行网络图的绘制,只是其绘图顺序由前述的从左向右改为从右向左。

2)单代号网络图的绘制规则

(1)单代号网络图必须正确表达已确定的逻辑关系。

(2)单代号网络图中,不允许出现循环回路。

(3)单代号网络图中,不能出现双向箭头或无箭头的连线。

(4)单代号网络图中,不能出现没有箭尾节点的箭线和没有箭头节点的箭线。

(5)绘制网络图时,箭线不宜交叉,当交叉不可避免时,可采用过桥法或指向法绘制。

(6)网络图中有多项开始工作或多项结束工作时,应在网络图的两端分别设置一项虚拟的工作,作为该网络图的起点节点和终点节点。

单代号网络图的绘制规则大部分与双代号网络图的绘制规则相同,故不再进行解释。如图 7.17 单代号网络图。

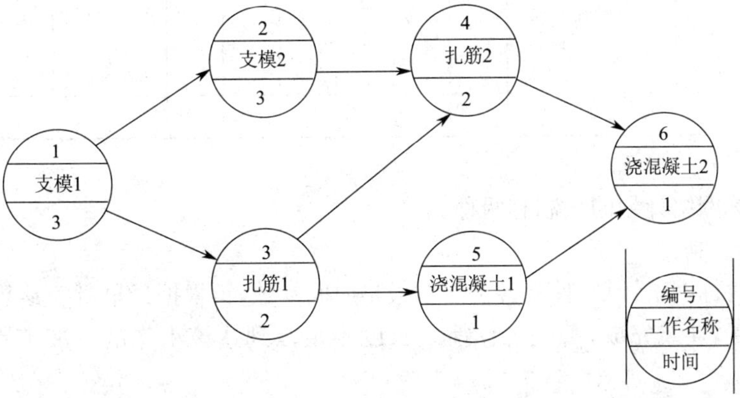

图 7.17　单代号网络图

3. 双代号时标网络计划

双代号时标络计划是以时间坐标为尺度编制的网络计划，如图 7.18 所示。时标网络计划中应以实箭线表示工作，以虚箭线表示虚工作，以波形线表示工作与其紧后工作之间的时间间隔（自由时差）。实箭线在水平轴上的投影长度，就是工作的持续时间；虚箭线表示需工作，且必须以垂直虚箭线表示，当有自由时差时加波形线表示。

1）双代号时标网络计划的特点

双代号时标网络计划是以水平时间坐标为尺度编制的双代号网络计划，其主要特点如下：

（1）时标网络计划兼有网络计划与横道计划的优点，它能够清楚地表明计划的时间进程，使用方便。

（2）时标网络计划能在图上直接显示出各项工作的开始与完成时间、工作的自由时差及关键线路。

（3）在时标网络计划中可以统计每一个单位时间对资源的需要量，以便进行资源优化和调整。

（4）由于箭线受到时间坐标的限制，当情况发生变化时，对网络计划的修改比较麻烦，往往要重新绘图。但在使用计算机以后，这一问题已较容易解决。

2）双代号时标网络计划的一般规定

（1）双代号时标网络计划必须以水平时间坐标为尺度表示工作时间。时标的时间单位应根据需要在编制网络计划之前确定，可为时、天、周、月或季。

（2）时标网络计划中所有符号在时间坐标上的水平投影位置，都必须与其时间参数相对应。节点中心必须对准相应的时标位置。

（3）时标网络计划中虚工作必须以垂直方向的虚箭线表示，有自由时差时加波形线表示。

3）时标网络计划的编制

时标网络计划宜按各个工作的最早开始时间编制。在编制时标网络计划之前，应先按已确定的时间单位绘制出时标计划表，如表 7.8 所示。

表 7.8　时标计划表

日　历																	
（时间单位）	1	2	3	4	5	6	7	8	9	10	11	12	13	14	15	16	17
网络计划																	
（时间单位）	1	2	3	4	5	6	7	8	9	10	11	12	13	14	15	16	17

双代号时标网络计划的编制有两种。

（1）间接法绘制

先绘制出时标网络计划，计算各工作的最早时间参数，再根据最早时间参数在时标计划表上确定节点位置，连线完成，某些工作箭线长度不足以到达该工作的完成节点时，用波形线补足。

（2）直接法绘制

根据网络计划中工作之间的逻辑关系及各工作的持续时间，直接在时标计划表上绘制时标网络计划。绘制步骤如下：

①将起点节点定位在时标表的起始刻度线上。

②按工作持续时间在时标计划表上绘制起点节点的外向箭线。

③其他工作的开始节点必须在其所有紧前工作都绘出以后，定位在这些紧前工作最早完成时间最大值的时间刻度上，某些工作的箭线长度不足以到达该节点时，用波形线补足，箭头画在波形线与节点连接处。

④用上述方法从左至右依次确定其他节点位置，直至网络计划终点节点定位，绘图完成。

【例 7.1】 已知网络计划的资料如表 7.9 所示，试用直接法绘制双代号时标网络计划。

表 7.9　某网络计划工作逻辑关系及持续时间表

工作	紧前工作	紧后工作	持续时间	工作	紧前工作	紧后工作	持续时间
A_1	—	A_2、B_1	2	C_3	B_3、C_2	E、F	2
A_2	A_1	A_3、B_2	2	D	B_3	G	2
A_3	A_2	B_3	2	E	C_3	G	1
B_1	A_1	B_2、C_1	3	F	C_3	I	2
B_2	A_2、B_1	B_3、C_2	3	G	D、E	H、I	4
B_3	A_3、B_2	D、C_3	3	H	G	—	3
C_1	B_1	C_2	2	I	F、G	—	3
C_2	B_2、C_1	C_3	4				

【解】 a. 将起点节点①定位在时标表的起始刻度线上，如图 7.18 所示。

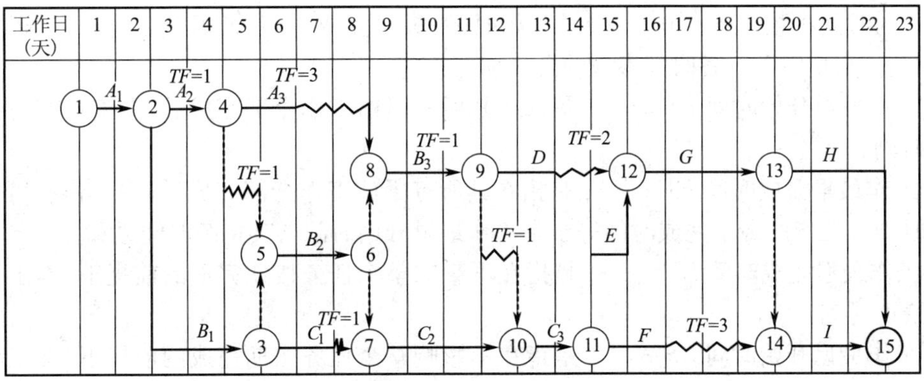

图 7.18　时标网络计划示例

b. 按工作的持续时间绘制①节点的外向箭线①—②，即按 A_1 工作的持续时间，画出无紧前工作的 A_1 工作，确定节点②的位置。

c. 自左至右依次确定其余各节点的位置。如②、③、④、⑥、⑨、⑩节点之前只有一条内向箭线，则在其内向箭线绘制完成后即可在其末端将上述节点绘出。⑤、⑦、⑧、⑩、⑫、⑬、⑭、⑮节点则必须待其前面的两条内向箭线都绘制完成后才能定位在这些内向箭线中最晚完成的时刻处。其中，⑤、⑦、⑧、⑩、⑫、⑭各节点均有长度不足以达到该节点的内向实箭线，故用波形线补足。

d. 用上述方法自左至右依次确定其他节点位置，直至画出全部工作，确定终点节点⑮点的位置，该时标网络计划即绘制完成。

4. 网络计划时间参数的计算

1)双代号网络计划时间参数的计算

双代号网络计划时间参数计算的目的在于通过计算各项工作的时间参数，确定网络计划的关键工作、关键线路和计算工期，为网络计划的优化、调整和执行提供明确的时间参数。双代号网络计划时间参数的计算方法很多，一般常用的有按工作计算法和按节点计算法进行计算。以下只讨论按工作计算法在图上进行计算的方法。

(1)时间参数的概念及其符号

①工作持续时间(D_{i-j})

工作持续时间是一项工作从开始到完成的时间。

②工期(T)

工期泛指完成任务所需要的时间，一般有以下三种：

计算工期，根据网络计划时间参数计算出来的工期，用 T_c 表示。

要求工期，任务委托人所要求的工期，用 T_r 表示。

计划工期，根据要求工期和计算工期所确定的作为实施目标的工期，用 T_p 表示。

网络计划的计划工期 T_p 应按下列情况分别确定：

当已规定了要求工期时，

$$T_p \leqslant T_r \tag{7.2}$$

当未规定要求工期时，可令计划工期等于计算工期，

$$T_p = T_c \tag{7.3}$$

③网络计划中工作的 6 个时间参数

工作的时间参数主要有 6 个：最早开始时间；最早完成时间；最迟开始时间；最迟完成时间；总时差和自由时差。各时间参数的含义如下：

a. 工作最早开始时间 ES_{i-j}——是指在其所有紧前工作全部完成后，本工作有可能开始的最早时刻。

b. 工作最早完成时间 EF_{i-j}——是指在其所有紧前工作全部完成后，本工作有可能完成的最早时刻。工作的最早完成时间等于本工作最早开始时间与其持续时间之和。

c. 工作最迟完成时间 LF_{i-j}——是指在不影响整个任务按期完成的前提下，本工作必须完成的最迟时刻。

d. 工作最迟开始时间 LS_{i-j}——是指在不影响整个任务按期完成的前提下，本工作必须开始的最迟时刻。工作的最迟开始时间等于本工作最迟完成时间与其持续时间之差。

e. 总时差 TF_{i-j}——是指在不影响总工期的前提下，本工作可以利用的机动时间。

f. 自由时差 FF_{i-j}——是指在不影响其紧后工作最早开始时间的前提下，本工作可以利用的机动时间。

按工作计算法计算网络计划中各时间参数，其计算结果应标在箭线之上，如图 7.19 所示。

(2)双代号网络计划时间参数计算

按工作计算法在网络图上计算 6 个时间参数，必须在清楚计算顺序和步骤的基础上，列出必要的公式，以加深对时间参数计算的理解。时间参数的计算步骤如下。

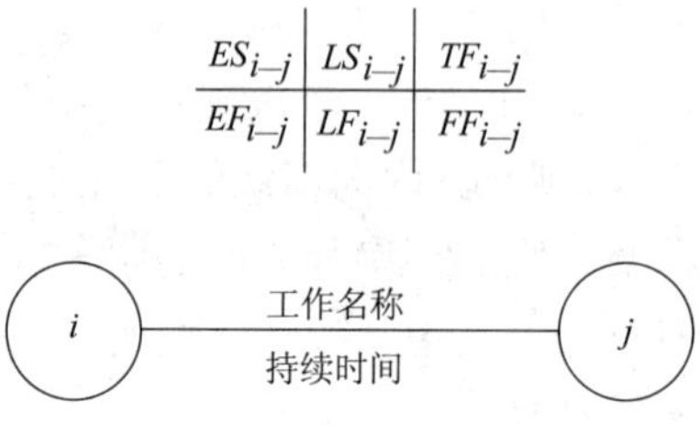

图 7.19　标注内容

①最早开始时间和最早完成时间的计算

工作最早时间参数受到紧前工作的约束，故其计算顺序应从起点节点开始，顺着箭线方向依次逐项计算。

以网络计划的起点节点为开始节点的工作最早开始时间为零。如网络计划起点节点的编号为1，则：

$$ES_{i-j}=0(i=1) \tag{7.4}$$

最早完成时间等于最早开始时间加上其持续时间。

$$EF_{i-j}=ES_{i-j}+D_{i-j} \tag{7.5}$$

最早开始时间等于各紧前工作的最早完成时间 EF_{ij} 的最大值。

$$ES_{i-j}=\max\{EF_{h-i}\} \tag{7.6}$$

或

$$ES_{i-j}=\max\{ES_{h-i}+D_{h-i}\} \tag{7.7}$$

②确定计算工期 T_c

计算工期等于以网络计划的终点节点为箭头节点的各个工作的最早完成时间的最大值。当网络计划终点节点的编号为 n 时，计算工期：

$$T_c=\max\{EF_{i-n}\} \tag{7.8}$$

当无要求工期的限制时，取计划工期等于计算工期，即取 $T_p=T_c$。

③最迟开始时间和最迟完成时间的计算

工作最迟时间参数受到紧后工作的约束，故其计算顺序应从终点节点起，逆着箭线方向依次逐项计算。

以网络计划的终点节点($j=n$)为箭头节点的工作的最迟完成时间等于计划工期，即：

$$LF_{i-n}=T_p \tag{7.9}$$

最迟开始时间等于最迟完成时间减去其持续时间：

$$LS_{i-j}=LF_{i-j}-D_{i-j} \tag{7.10}$$

最迟完成时间等于各紧后工作的最迟开始时间 LS_{jk} 的最小值：

$$LF_{i-j}=\min\{LS_{j-k}\} \tag{7.11}$$

或

$$LF_{i-j}=\min\{LF_{j-k}-D_{j-k}\} \tag{7.12}$$

④计算工作总时差

总时差等于其最迟开始时间减去最早开始时间，或等于最迟完成时间减去最早完成时间，即：

$$TF_{i-j}=LS_{i-j}-ES_{i-j} \tag{7.13}$$

或

$$TF_{i-j}=LF_{i-j}-EF_{i-j} \tag{7.14}$$

⑤计算工作自由时差

当工作 $i-j$ 有紧后工作 $j-k$ 时，其自由时差应为：

$$FF_{i-j}=ES_{j-k}-EF_{i-j} \tag{7.15}$$

或

$$FF_{i-j}=ES_{j-k}-ES_{i-j}-D_{i-j} \tag{7.16}$$

以网络计划的终点节点($j=n$)为箭头节点的工作，其自由时差 FF_{i-n} 应按网络计划的计划工期 T_p 确定，即：

$$FF_{i-n}=T_p-EF_{i-n} \tag{7.17}$$

3)关键工作和关键线路的确定

①关键工作

网络计划中总时差最小的工作是关键工作。

②关键线路

自始至终全部由关键工作组成的线路为关键线路，或线路上总的工作持续时间最长的线路为关键线路。网络图上的关键线路可用双线或粗线标注。

【例 7.2】 已知网络计划的资料如表 7.3 所示，试绘制双代号网络计划。若计划工期等于计算工期，试计算各项工作的 6 个时间参数及确定关键线路，并标注在网络图上。

【解】 a. 根据表 7.3 中网络计划的有关资料，按照网络图的绘图规则，绘制双代号网络图如图 7.20 所示。

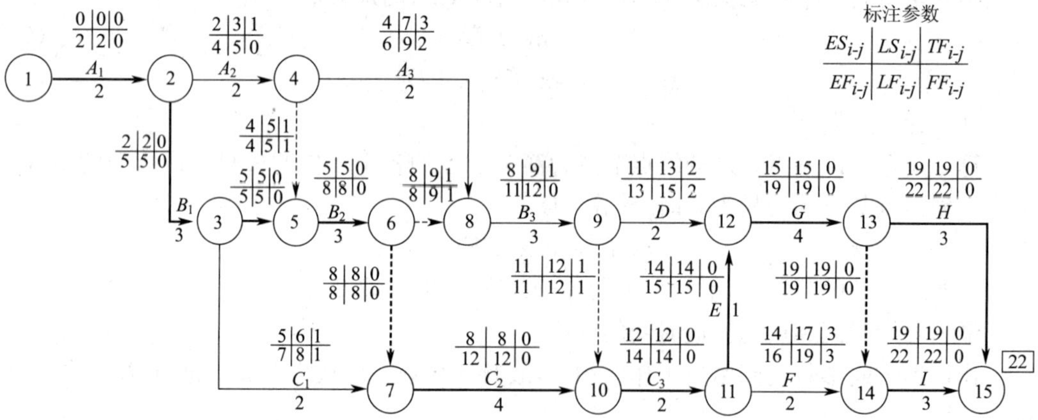

图 7.20　双代号网络图计算实例

b. 计算各项工作的时间参数，并将计算结果标注在箭线上方相应的位置。

a)计算各项工作的最早开始时间和最早完成时间

从起点节点(①节点)开始顺着箭线方向依次逐项计算到终点节点(15 节点)。

(a)以网络计划起点节点为开始节点的各工作的最早开始时间为零。

工作 1—2 的最早开始时间 ES_{1-2} 从网络计划的起点节点开始，顺着箭线方向依次逐项计算，因未规定其最早开始时间 ES_{1-2}，故按公式(7.3)确定：

$$ES_{1-2}=0$$

(b)计算各项工作的最早开始和最早完成时间

工作的最早开始时间正 ES_{i-j} 按公式(7.6)和公式(7.7)计算，如：

$$ES_{2-3}=ES_{1-2}+D_{1-2}=0+2=2$$

$$ES_{2-4}=ES_{1-2}+D_{1-2}=0+2=2$$

$$ES_{3-5}=ES_{2-3}+D_{2-3}=2+3=5$$

$$ES_{4-5}=ES_{2-4}+D_{2-4}=2+2=4$$

$$ES_{5-6}=\max\{ES_{3-5}+D_{3-5},ES_{4-5}+D_{4-5}\}=\{5+0,4+0\}=\{5,4\}=5$$

工作的最早完成时间就是本工作的最早开始时间 ES_{i-j} 与本工作的持续时 D_{i-j} 之和，按公式(7.5)计算，如：

$$EF_{1-2}=ES_{1-2}+D_{1-2}=0+2=2$$

$$EF_{2-4}=ES_{2-4}+D_{2-4}=2+2=4$$

$$EF_{5-6}=ES_{5-6}+D_{5-6}=5+3=8$$

b)确定计算工期 T_c 及计划工期 T_p

已知计划工期等于计算工期，即网络计划的计算工期 T_c 取以终节点为箭头节点的工作 3-15 和工作 4-15 的最早完成时间的最大值，按公式(7.8)计算：

$$T_c=\max\{EF_{13-15},EF_{14-15}\}=\max\{22,22\}=22$$

c)计算各项工作的最迟开始时间和最迟完成时间

从终点节点开始逆着箭线方向依次逐项计算到起点节点(①节点)。

(a)以网络计划终点节点为箭头节点的工作的最迟完成时间等于计划工期。

网络计划结束工作 $i-j$ 的最迟完成时间按公式(7.9)计算，如：

$$LF_{13-15}=T_p=22$$
$$LF_{14-15}=T_p=22$$

(b)计算各项工作的最迟开始和最迟完成时间

依次类推，算出其他工作的最迟完成时间，如：

$$LF_{13-14}=\min\{LF_{14-15}-D_{14-15}\}=22-3=19$$
$$LF_{12-13}=\min\{LF_{13-15}-D_{13-15},LF_{13-14}-D_{13-14}\}=\min\{22-3,19-0\}=19$$
$$LF_{11-12}=\min\{LF_{12-13}-D_{12-13}\}=19-4=15$$

网络计划所有工作 $i-j$ 的最迟开始时间均按公式(7.10)计算，如：

$$LS_{14-15}=LF_{14-15}-D_{13-15}=22-3=19$$
$$LS_{13-15}=LF_{13-15}-D_{13-15}=22-3=19$$
$$LS_{12-13}=LF_{12-13}-D_{12-13}=19-4=5$$

d)计算各项工作的总时差

可以用工作的最迟开始时间减去最早开始时间或用工作的最迟完成时间减去最早完成时间。

$$TF_{1-2}=LS_{1-2}-ES_{1-2}=0-0=0$$
$$TF_{2-3}=LS_{2-3}-ES_{2-3}=2-2=0$$
$$TF_{5-6}=LS_{5-6}-ES_{5-6}=5-5=0$$

e)计算各项工作的自由时差

网络中工作 $i-j$ 的自由时差等于紧后工作的最早开始时间减去本工作的最早完成时间，可按公式(7.15)计算，如：

$$FF_{1-2}=ES_{2-3}-EF_{1-2}=2-2=0$$
$$FF_{2-3}=ES_{3-5}-EF_{2-3}=5-5=0$$
$$FF_{5-6}=ES_{6-8}-EF_{6-8}=8-8=0$$

网络计划中的结束工作 $i-j$ 的自由时差按公式(7.17)计算。

$$EF_{13-15}=T_P-EF_{13-15}=22-22=0$$
$$EF_{14-15}=T_P-EF_{14-15}=22-22=0$$

将以上计算结果标注在图 7.20 中的相应位置。

c. 确定关键工作及关键线路。

在图 7.20 中，最小的总时差是 0，所以，凡是总时差为 0 的工作均为关键工作。

该例中的关键工作是：A_1、B_1、B_2、C_2、C_3、E、G、H、I。

在图 7.20 中，自始至终全由关键工作组成的关键线路用粗箭线进行标注。

2)单代号网络图中时间参数的计算

如节点不太多,网络图绘制完以后,经检查正确无误,即可在网络图上直接计算其时间参数,计算方法与双代号网络相同,计算最早时间是从左向右逐个节点进行计算,即从第1个节点算到最后一个节点。计算最迟时间则从最后一个节点算起,一直算到第1个节点。有了最早与最迟时间参数后,即可计算工作的总时差和自由时差,将时差为零的节点用粗黑线连接起来即为关键线路。

如节点数很多,时间参数的计算一般利用计算机来完成。

7.4 施工项目进度控制

7.4.1 学习任务

通过对施工项目进度控制内容的学习,主要能够承担以下学习任务:

(1)能够根据进度计划的目标,实施进度计划;

(2)能够制定进度控制的方法并进行检查。

7.4.2 相关配套知识

在工程项目的实施过程中,由于受到种种因素的干扰,经常造成实际进度与计划进度的偏差。这种偏差得不到及时纠正,必将影响进度目标的实现。为此,在项目进度计划的执行过程中,必须采取系统的控制措施,经常地进行实际进度与计划进度的比较,发现偏差,及时采取纠偏措施。进度计划控制的具体内容包括:①对造成进度变化的因素施加影响,以保证这种变化朝着有利的方向发展;②确定进度是否已发生变化;③在变化实际发生或正在发生时,对这种变化实施管理。

1. 施工项目进度控制的依据

(1)项目进度计划

批准的项目进度计划,称为进度基准计划。进度基准计划在技术和资源方面都必可行的。

(2)进度报告

进度报告提供了有关进度绩效的信息,如哪些计划的日期已经达到,哪些还没有。报告还可提醒项目管理班子注意将来有可能引起问题的事项。

(3)变更申请

变更申请可以是直接的或间接的,可以从外部或内部提出。变更申请可能是请求延缓进度或加快进度。

2. 施工项目进度控制原理

(1)动态控制原理

施工项目进度控制是一个不断进行的动态控制,也是一个循环进行的过程。在进度计划执行中,由于各种干扰因素的影响,实际进度与计划进度可能会产生偏差,分析偏差的原因,采取相应的措施,调整原来计划,使实际工作与计划在新的起点上重合,继续按其进行施工活动。但是在新的干扰因素作用下,又会产生新的偏差,施工进度计划控制就是采用的这种循环的动态控制方法。

(2)系统原理

为了对施工项目实行进度计划控制,首先必须编制施工项目的各种进度计划,形成施工项目计划系统。按计划编制的对象由大到小、计划的内容由粗到细,包括施工项目总进度计划、单位工程进度计划、分部分项工程进度计划,季度、月(旬)作业计划。这些计划编制时从总体到局部,逐层进行控制目标分解,以保证计划控制目标的落实。计划执行时,从月(旬)作业计划开始实施，逐级按目标控制，从而达到对施工项目整体进度目标控制。

施工组织各级负责人，从项目经理、施工队长、班组长以及所属全体成员组成了施工项目实施的完整组织系统，都按照施工进度规定的要求进行严格管理、落实和完成各自的任务。为了保证施工项目按进度实施，自公司经理、项目经理，一直到作业班组都设有专门职能部门或人员负责检查汇报，统计整理实际施工进度的资料，并与计划进度比较分析和进行调整，形成一个纵横连接的施工项目控制组织系统。

(3)信息反馈原理

应用信息反馈原理，不断进行信息反馈，及时地将施工的实际信息反馈施工项目控制人员，通过整理各方面的信息，经比较分析做出决策，调整进度计划，使其符合预定工期目标。施工项目进度控制过程就是信息反馈的过程。

(4)弹性原理

施工项目进度计划影响因素多，在编制进度计划时，根据经验对各种影响因素的影响程度、出现的可能性进行分析，编制施工项目进度计划时要留有余地，使计划具有弹性。在计划实施中，利用这些弹性，缩短有关工作的时间，或改变工作之间的搭接关系，使已拖延了的工期，仍然达到预期的计划目标。

(5)封闭循环原理

项目的进度计划控制的全过程是计划、实施、检查、比较分析、确定调整措施、再计划的不断循环过程。形成如图 7.21 所示的封闭循环回路。

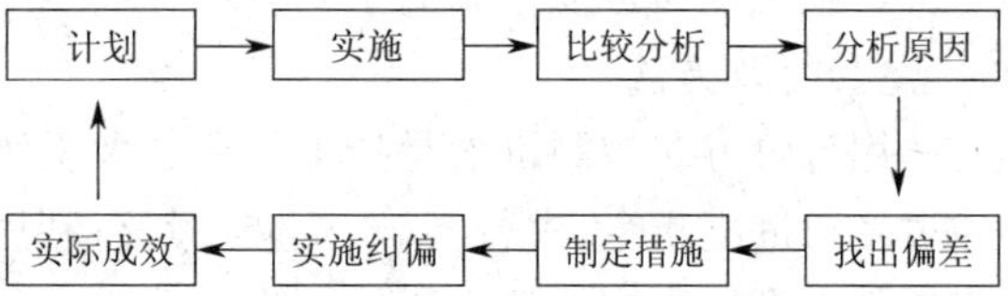

图 7.21 进度控制封闭

3. 施工项目进度的影响因素

由于高速铁路项目具有规模庞大、工程结构与工艺技术相对复杂、建设周期长及参战单位多等特点，决定了工程项目进度将受到许多因素的影响，要想有效地控制工程项目进度，就必须对影响进度的有利因素和不利因素进行全面、细致的分析和预测。这样，一方面可以促进对有利因素的充分利用和对不利因素的妥善预防；另一方面也便于事先制定预防措施，事中采取有效对策，事后进行妥善补救，以缩小实际进度与计划进度的偏差，实现对工程项目进度的主动控制和动态控制。

(1)业主因素

例如：业主使用要求改变而进行设计变更；应提供的施工场地条件不能及时提供或所提供的场地不能满足工程正常需要；改变原施工进度计划，致使施工速度放慢或停工等因素；不能及时向施工承包单位或材料供应商付款等。

(2)勘察设计因素

例如：勘察资料不准确，特别是地质资料错误或遗漏；设计内容不完善，规范应用不恰当，设计有缺陷或错误；设计对施工的可能性未考虑或考虑不周；施工图纸供应不及时、不配套或出现重大差错等。

(3)施工技术因素

例如：低估项目施工技术上的难度，采用施工工艺错误；不合理的施工方案；施工安全措施不当；没有考虑某些设计或施工问题的解决方法；没有进行相应的科研和实验；对项目设计意图和技术要求没有完全领会；应用新技术、新材料或新结构方面缺乏经验，导致盲目施工，以致出现工程质量缺陷等技术事故。

(4)自然环境因素

在项目施工中,可能遇到地下水、地下断层、溶洞或地面沉陷等不利地质条件;不明的水文气象条件;地下埋藏文物的保护、处理;洪水、地震、台风等不可抗力。

(5)社会环境因素

外单位临近工程施工干扰;节假日交通、市容整顿的限制,临时停水、停电、断路;国外常见的法律及制度变化,经济制裁,战争、骚乱、罢工、企业倒闭等。

(6)组织管理因素

例如:向有关部门提出各种申请审批手续的延误;合同签订时遗漏条款、表达失当;计划安排不周密,组织协调不力,导致停工待料、相关作业脱节;领导不力,指挥失当,使参与工程建设的各个单位、各个专业、各个施工过程之间交接、配合上发生矛盾等。

(7)材料、设备因素

包括:材料、构配件、机具、设备供应环节的差错,品种、规格、质量、数量、时间不能满足工程的需要;特殊材料及新材料的不合理使用;施工设备不配套,选型失当,安装失误,有故障等。

(8)资金因素

相关方拖欠资金,资金短缺;汇率浮动和通货膨胀等;建设单位不能按项目承包合同规定按期拨付工程预付款或工程进度款。

4. 施工项目进度控制方法和措施

1)施工项目进度控制的主要方法

(1)行政方法

用行政方法控制进度是指上级单位及上级领导、本单位的领导,利用其行政地位及权力,通过发布进度指令,进行指导、协调、考核;利用激励手段(奖、罚、表扬、批评),监督、督促等方式进行进度控制。行政方法控制进度的重点是进度控制目标的决策和指导,在实施中应由实施者自己进行控制,尽量减少行政干预。使用行政方法控制进度具有直接、迅速、有效等优点,但要提倡科学性,防止主观、武断、片面的瞎指挥。

(2)经济方法

用经济方法控制进度是指有关部门和单位用经济手段对进度控制进行影响和制约,主要有:建设银行通过控制投资的投放速度来控制工程项目的实施进度;在承发包合同中,写进有关工期和进度的条款;建设单位通过招标的进度优惠条件鼓励施工单位加快进度;建设单位通过工期提前奖励和延期罚款实施进度控制。

(3)管理技术方法

进度控制的管理技术方法是指规划、控制和协调。通过规划确定项目的进度总目标和分目标;控制就是在项目实施的全过程中,进行计划进度与实际进度的比较,发现偏差,及时采取措施进行纠正;通过协调项目建设各方之间的进度关系达到控制进度的目的。

2)施工项目进度控制的措施

进度控制的措施包括组织措施、技术措施、合同措施、经济措施和信息管理措施等。

(1)组织措施

组织措施包括落实项目经理部的进度控制部门和人员,制定进度控制工作制度,明确各层次进度控制人员的任务和管理职责,对影响进度目标实现的干扰因素和风险因素进行分析,进行施工项目分解,实行目标管理。

(2)技术措施

技术措施涉及对实现进度目标有利的设计技术和施工技术的选用。不同的设计理念、设计技术路线、设计方案会对工程进度产生不同的影响，在设计工作的前期，特别是在设计方案评审和选用时，应对设计技术与工程进度的关系作分析比较。在工程进度受阻时，应分析是否存在设计技术的影响因素，为实现进度目标有无设计变更的可能性。

施工方案对工程进度有直接的影响，在决策其选用时，不仅应分析技术的先进性和经济合理性，还应考虑其对进度的影响。在工程进度受阻时，应分析是否存在施工技术的影响因素，为实现进度目标有无改变施工技术、施工方法和施工机械的可能性。

(3)合同措施

合同措施是以合同形式保证工期进度的实现，如签订分包合同、合同工期与计划的协调、合同工期分析、工期延长索赔等。

(4)经济措施

经济措施涉及资金需求计划、资金供应的条件和经济激励措施等。为确保进度目标的实现，应编制与进度计划相适应的资源需求计划(资源进度计划)，包括资金需求计划和其他资源(人力和物力资源)需求计划，以反映工程实施的各时段所需要的资源。通过资源需求的分析，可发现所编制的进度计划实现的可能性，若资源条件不具备，则应调整进度计划。

资金供应条件包括可能的资金总供应量、资金来源(自有资金和外来资金)以及资金供应的时间。在工程预算中应考虑加快工程进度所需要的资金，其中包括为实现进度目标将要采取的经济激励措施所需要的费用。

(5)信息管理措施

建立监测、分析、调整、反馈系统，通过计划进度与实际进度的动态比较，提供进度比较信息，实现连续、动态的全过程进度目标控制。

5. 施工项目进度控制过程

项目经理部为实现有效的进度控制，首先要建立实施进度控制的科学组织体系和严密的工作制度，对施工全过程进行系统控制。进度控制系统应发挥监测、分析职能并循环运行，随着施工活动的进行不断将实际进度信息反馈给控制者，经过统计、整理、比较、分析后，确认进度执行无偏差，则系统继续运行；一旦发现实际进度与计划进度有偏差，系统将发挥调控职能，分析偏差产生的原因及对后续工作和总工期的影响。必要时，对原进度计划做出相应调整，提出纠偏措施方案和实施中的技术、组织、经济、合同等方面的保证措施，以及取得相关单位支持与配合的协调措施，使施工活动继续在控制下进行。

6. 施工项目进度计划的实施与检查

1)施工项目进度计划的实施

施工项目进度计划的实施就是用施工进度计划指导施工活动，落实和完成计划，保证各进度目标的实现。为落实和完成计划，应形成严密的计划保证系统，将计划目标层层分解，层层签订承包合同或下达施工任务书，明确施工任务、技术措施、质量要求等，充分发动群众，使管理层和作业层协调一致，组成一个计划实施的保证体系。为组织好施工项目进度计划的实施，应做好以下工作：

(1)编制月(旬)作业计划。将规定的任务结合现场施工条件，在施工开始前和进行中不断编制月(旬)作业计划，使施工项目进度计划更具体、切合实际和可行。

(2)签发施工任务书。将每项具体任务通过签发施工任务书向班组下达。

(3)做好施工纪录，填好施工进度统计表。在施工任务执行过程中，各级管理者都要跟踪做好施工纪录，记载计划中的每项工作开始日期、工作进度和完成日期，为施工项目进度检查分析提供信息。

(4)做好施工中的调度工作。调度工作的任务是掌握计划实施情况,协调各方面关系,采取措施,排除各种矛盾,加强薄弱环节,实现动态平衡,保证完成作业计划和实现进度目标。调度工作是使施工进度计划顺利实施的重要手段。

2)施工项目进度计划执行中的检查

对进度计划的执行情况进行跟踪检查是计划执行信息的主要来源,是进度分析和调整的依据,也是进度控制的关键步骤。跟踪检查的主要工作是定期收集反映工程实际进度的有关数据,收集的数据应当全面、真实、可靠,不完整或不正确的进度数据将导致判断不准确或决策失误。进度计划的检查过程可分为调查、整理、对比分析等步骤。

调查:采用逐日进度报表、作业状况报表、现场实地检查等方法对施工全过程进行跟踪监测,收集信息。

整理:将调查资料整理加工成与施工进度计划具有可比性的反映实际施工进度的资料。例如,对检查时段实际完成工作量的进度数据进行整理、统计和分析,确定本期累计完成的工作量、本期已完成的工作量占计划总工作量的百分比等。

对比分析:将实际进度与计划进度对比,计算出计划的完成程度与存在的差距,并经常结合与计划表达方法一致的图形一起进行对比分析,从而得出实际进度比计划进度超前、滞后还是一致的结论。

进度计划的检查对比方法主要有横道图法、S形曲线法、香蕉形曲线法、前锋线法等。

(1)横道图检查比较法

横道图检查比较法是指将在项目实施中检查实际进度收集的信息,经整理后直接用横道线并列标于原计划的横道线处,进行直观比较的方法。因应用条件不同,可分以下几种。

①在匀速施工条件下,按时间进度标注、检查。在匀速施工条件下,时间进度与完成工程量进度一致,因此,用到检查日为止的实际进度线与计划进度线长度相比较,二者之差即为时间进度差。例如某基础工程的施工实际进度与计划进度比较,如图 7.22 所示。其中粗实线表示计划进度,涂黑部分则表示工程施工的实际进度。从比较中可以看出,在第七周末进行施工进度检查时,第 1、3 项工作已经完成,第 2 项工作按计划进度应当完成 83%,而实际施工进度只完成了 67%,已经拖后了 16%。

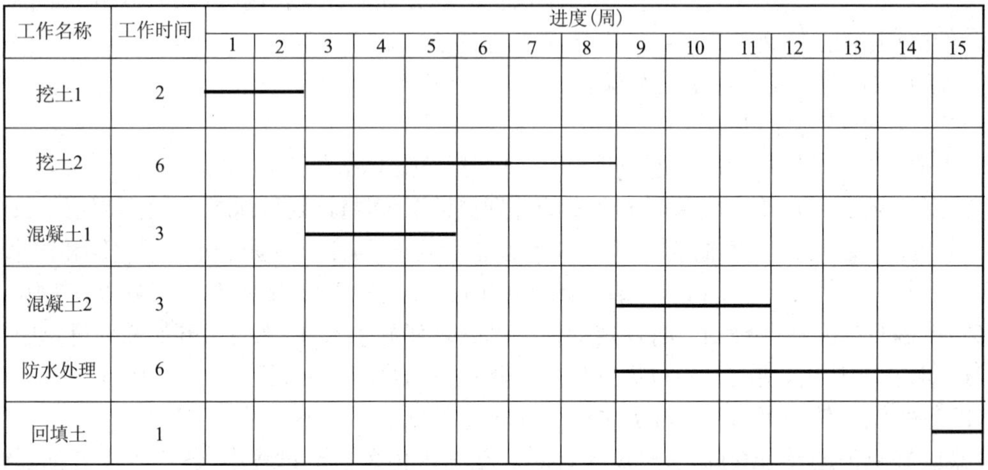

图 7.22　匀速施工横道图检查法

通过上述记录与比较，为进度控制者提供了实际进度与计划进度之间的偏差，为采取调整措施提供了明确的任务。

②在变速施工条件下，按时间进度和数量进度比例标注、检查。数量进度是指用实物工程量、工作量、劳动时间等表示的施工进度。检查变速施工进度或检查多项施工过程综合进度时，由于施工中的时间进度与数量进度不一致，只有对二者同时标注检查，才能准确反映施工进度完成情况。具体方法是将表示工作实际进度的涂黑粗线，按检查的期间和完成的百分比交替的绘制在计划横道图上下两侧，其长度表示该时间内完成的任务量。工作的计划完成累计百分比标于横道线的上方，工作的实际完成累计百分比标于横道线下方的检查日期处，通过两个上下相对的百分比相比较，判断该工作的实际进度与计划进度之间关系。其比较方法如图 7.23 所示。

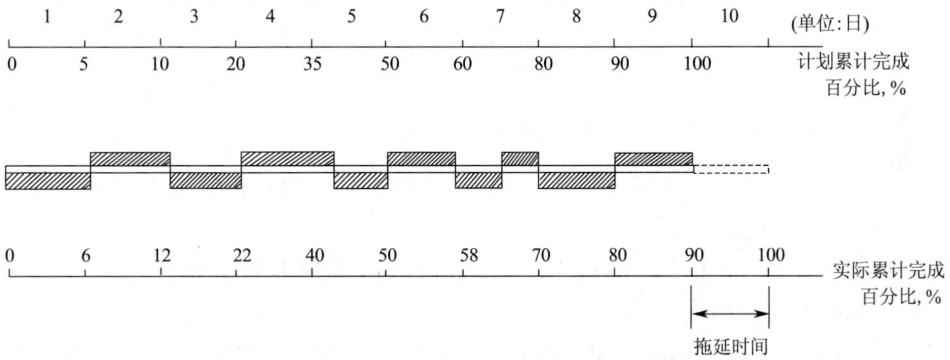

图 7.23　变速施工横道图比较法

a. 编制横道图进度计划；

b. 在横道线上方标出每天(或每周)计划累计完成任务的百分比；

c. 在计划横道线的下方标出工作按日(或周)检查的实际完成任务百分比，第 1 天到第 10 天末分别为 6%，12%，22%，40%，…；

d. 用涂黑粗线分别在横道线上、下方交替画出每次检查实际完成的上述百分比；

e. 比较实际进度与计划进度。其实际进度在第 9 d 末只完成了 90%，没按计划完成任务，第 10 天末实际累计完成百分比为 100%，拖了 1 d 工期。

横道图比较法简单、形象直观、容易掌握，但它是以横道图计划为基础，各工作之间的逻辑关系不明显，关键工作和关键线路无法确定，一旦某些工作进度产生偏差时，难以预测对后续工作和整个工期的影响以及确定调整方案。

(2)S 形曲线比较法

S 形曲线比较法是以横坐标表示进度时间，纵坐标表示累计完成任务量，而绘制出一条按计划时间累计完成任务量的 S 形曲线图，进行实际进度与计划进度相比较的一种方法。一般情况，进度控制人员在计划实施前绘制出计划 S 形曲线，在项目实施过程中，按规定时间将检查的实际完成任务情况，绘制在与计划 S 形曲线同一张图上，可得出实际进度 S 形曲线如图 7.24 所示。

比较两条 S 形曲线可得到如下信息：

①工程项目实际进度与计划进度比较情况。当实际进展点落在计划 S 形曲线左侧，则表示此时实际进度比计划进度超前；若落在其右侧，则表示拖后；若刚好落在其上，则表示二者一致。

②工程项目实际进度比计划进度超前或拖后的时间。ΔT_a 表示 T_a 时刻实际进度超前的时间；ΔT_b 表示 T_b 时刻实际进度拖后的时间。

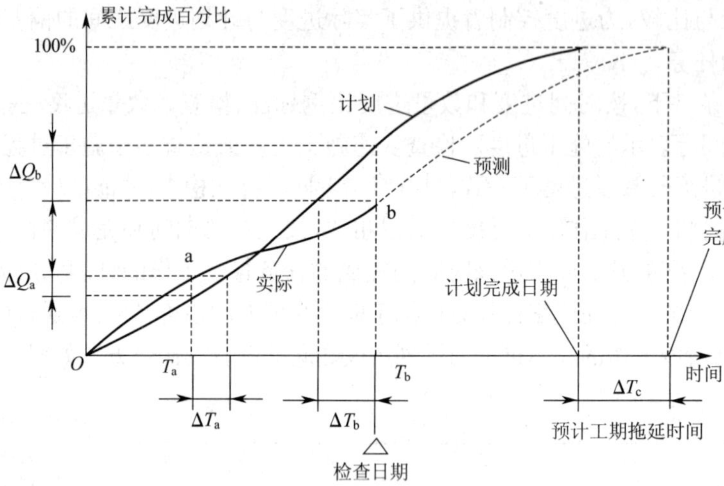

图 7.24　S形曲线检查法

③ 工程项目实际进度比计划进度超额或拖欠的任务量。ΔQ_a 表示 T_a 时刻超额完成的任务量；ΔQ_b 表示 T_b 时刻拖欠的任务量。

④ 预测工程进度。后期工程按原计划速度进行，则工期拖延预测值为 ΔT_c。

(3)香蕉形曲线比较法

香蕉形曲线是由两条S形曲线组合成的闭合曲线。一条S形曲线是按各项工作的计划最早开始时间绘制的计划进度曲线(ES)；另一条S形曲线是按各项工作的计划最迟开始时间绘制的计划进度曲线(LS)。两条S形曲线都是从计划的开始时刻开始和完成时刻结束，因此，两条曲线是闭合的，故呈香蕉形。

同一时刻两条曲线所对应的计划完成量形成了一个允许实际进度变动的弹性区间，在项目的实施中进度控制的理想状态是任一时刻按实际进度描出的点，应落在该香蕉形曲线的区域内。香蕉形曲线比较法如图 7.25 所示。利用香蕉形曲线比较法可以对工程实际进度与计划进度作比较，对工程进度进行合理安排，确定在检查状态下，后期工程的 ES 曲线和 LS 曲线的发展趋势。

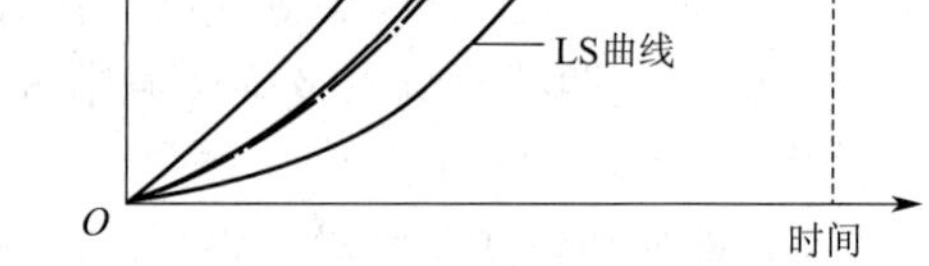

图 7.25　香蕉形曲线检查法

(4)前锋线比较法

前锋线比较法也是一种简单的进行工程实际进度与计划进度的比较方法。它主要适用于时标网络计划。在时标网络图表上，将检查日的各项工作的实际进度标注出来，依次连接得到实际进度前锋线，一般为折线。按前锋线与网络图箭线交点的位置判定工程实际进度与计划进度的偏差，线的左侧为已完部分，右侧为尚需的工作时间。对匀速进展的工作，前锋线明显的反映出检查日有关工作实际进度与计划进度的关系：工作实际进度点位置与检查日时间坐标相同，则该工作实际进度与计划进度一致；工作实际进度点位置在检查日时间坐标右侧，则该工作实际进度超前，超前天数为二者之差；工作实际进度点位置在检查日时间坐标左侧，则该工作实际进度拖后，拖后天数为二者之差。如图 7.26 所示，在第 5 天检查时，发现工作 A 已完成，工作 B 已进行 1 d,工作 C 已进行 2 d,工作 D 尚未开始,从该图前锋线可以看出,工作 B 拖延 1 d,工作 C 与计划一致,工作 D 拖延 2 d。

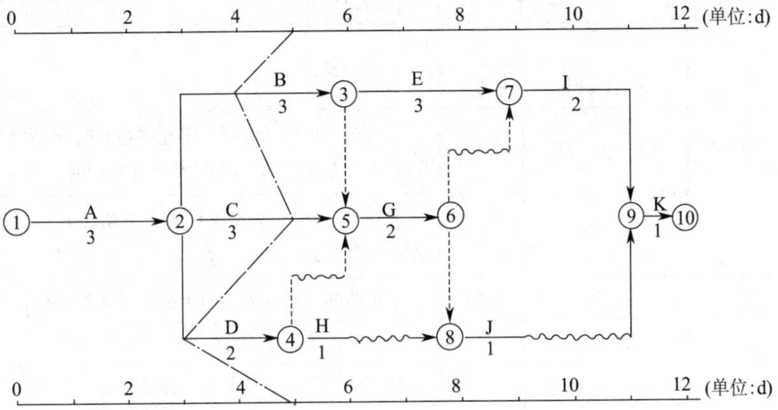

图 7.26 前锋线检查法

知识拓展

施工项目进度计划的调整

施工进度计划在执行过程中呈现出波动性、多变性和不均衡性的特点,所以在施工项目进度计划执行中,要经常检查进度计划的执行情况,及时发现问题,当实际进度与计划进度存在差异,必须对进度计划进行调整,以实现进度目标。

1. 分析偏差对后续工作及总工期的影响

通过检查发现施工进度出现偏差后,利用网络计划分析偏差所处位置及其与总时差 TF,自由时差 FF 的对比关系,判断偏差对总工期及后续工作的影响。若出现偏差的工作为关键工作,则无论偏差大小,都对后续工作及总工期产生影响,必须采取相应的调整措施。若出现偏差的工作不是关键工作,需要根据偏差值与总时差和自由时差的大小关系,确定对后续工作和总工期的影响程度:当偏差小于该工作的自由时差时,对工作计划无影响;当偏差大于自由时差而小于总时差时,对后续工作的最早开工时间有影响,对总工期无影响;当偏差大于总时差时,对后续工作和总工期都有影响。

2. 施工进度检查结果的处理意见

在上述分析的基础上,依据施工工期的要求提出处理意见,在必要时做出调整。对施工进度检查结果的处理意见如表 7.10 所示。

3. 施工进度计划的调整

为了实现进度目标,施工项目控制人员发现问题后,必须对实施的进度进行调整。调整原施工进度计划的方法一般有以下两种。

(1)改变某些工作间的逻辑关系

若检查的实际进度产生的偏差影响了总工期,在工作之间的逻辑关系允许改变的条件下,通过改变关键线路上各工作的先后顺序及逻辑关系来实现缩短工期的目的。如图 7.27 所示。

表 7.10　施工进度检查结果的处理意见

工期要求	进度偏差(Δ)分析		序号	处理意见
按期完工 总工期 T	Δ=0		1	执行原计划
	TF>0	Δ<0	2	不需调整
		0<Δ≤FF	3	
		FF<Δ≤TF	4	按后续工作机动时间确定允许拖延时间，局部调整后续工作；移动工作起止时间，压缩后续工作持续时间
		Δ>TF	5	非关键线路上，后续工作压缩工期，同 4；关键线路上，后续工作压缩工期 Δ－TF
	TF=0	Δ<0	6	将提前的 Δ 分配给耗资大的后续关键工作，以降低成本
		Δ>0	7	后续关键工作压缩 Δt
允许工期 延长 Δt	TF=0	$\Delta>\Delta t>0$	8	新工期 $T+\Delta$，后续关键工作压缩 $\Delta-\Delta t$
		$\Delta t>\Delta>0$	9	新工期 $T+\Delta$，后续关键工作不必压缩工期，不必改变工作关系，只需按实际进度数据修改原网络计划的时间参数
工期提前 Δt	TF=0	Δ=0	10	后续关键工作压缩工期 $\lvert\Delta t\rvert$
		Δ>0	11	后续关键工作压缩工期 $\lvert\Delta t\rvert+\Delta$
		$0>\Delta>\Delta t$	12	后续关键工作压缩工期 $\lvert\Delta t\rvert-\lvert\Delta\rvert$
		$0>\Delta=\Delta t$	13	同 9

注：表中 Δ 为工期偏差，工期提前 Δ<0，工期拖后 Δ>0，Δ=实际进度工期－计划进度工期。

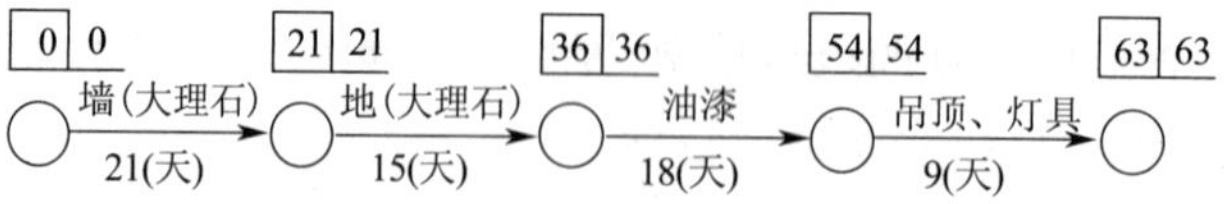

(a)原进度计划

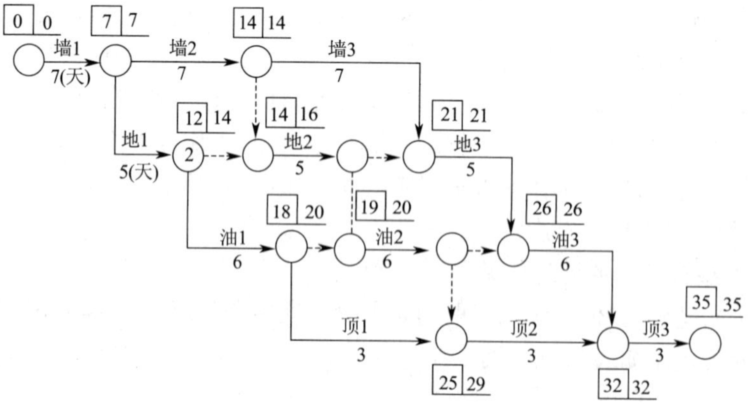

(b)调整后进度计划

图 7.27　改变逻辑关系的计划调整方法

对于大型群体工程项目，单位工程间的相互制约相对较小，可调幅度较大；对于单位工程内部各分部、分项工程之间，由于施工顺序和逻辑关系约束较大，可调幅度较小。采用此种方式进行调整时，由于增加了各工作间的相互搭接时间，因而进度控制工作显得更加重要，实施中必须做好协调工作。

(2)缩短后续某些工作的持续时间

这种方法不改变工作之间的逻辑关系,而是缩短后续某些工作的持续时间,加快进度,以保证计划工期的实现。在项目进度拖延的情况下,为了加快进度,通常是压缩引起总工期拖延的关键线路和某些非关键线路的工作持续时间。一般是根据"工期—费用优化"的原理进行调整。具体做法是:

①研究后续各项工作持续时间压缩的可能性及其极限工作持续时间。

②确定因计划调整、采取必要措施而引起的各项工作的费用变化率。

③选择直接引起拖期的工作及紧后工作优先压缩,以免拖期影响扩散。

④选择费用变化率最小的工作优先压缩,以求花费最小代价,满足既定工期要求。

⑤综合考虑第 3 条、第 4 条,确定新的调整计划。

在实际工作中应根据具体情况选用上述方法进行进度计划的调整,某一种方式的调整幅度不能满足工期目标要求时,可以同时采用上述两种方法进行进度计划调整。

在缩短关键工作的持续时间时,通常需要采取一定的措施来达到目的。具体措施包括:

(1)组织措施。增加工作面,组织更多的施工队伍;增加每天的施工时间(如采用三班制等);增加劳动力和施工机械的数量等。

(2)技术措施。改进施工工艺和施工技术,缩短工艺技术间歇时间;采用更先进的施工方法,以减少施工过程的数量(如将现浇框架方案该为预制装配方案);采用更先进的施工机械等。

(3)经济措施。实行包干奖励,提高奖金数额,对所采取的技术措施给与相应的经济补偿等。

(4)其他配套措施。改善外部配合条件,改善劳动条件,实行强有力的调度等。

本章小结

本章介绍了施工项目进度计划的编制,网络计划的表示方法、绘制,时间参数的计算等,重点介绍进度控制的实施方法及检查方法。在项目进度计划的执行过程中,必须采取系统的控制措施,经常地进行实际进度与计划进度的比较,发现偏差,及时采取纠偏措施。

复习思考题

1. 施工项目进度管理的组成有哪些?
2. 施工项目进度计划的类型有哪些?
3. 网络图有哪几种? 虚箭线有何意义?
4. 工艺关系和组织关系是指什么?
5. 什么是紧前工作、紧后工作、平行工作?
6. 什么是关键线路、关键工作?
7. 双代号网络图的绘制原则是什么?
8. 网络计划的 6 个时间参数都指什么? 如何计算?
9. 进度控制的影响因素有哪些? 控制方法都是什么? 控制措施有哪些?
10. 进度计划的检查对比方法常用的有哪几种? 各有何特点?
11. 何为 S 曲线比较法?

8 施工项目质量管理

本章描述

质量管理是施工项目管理的三大目标之一,也是施工项目管理的中心任务,通过本项目的学习,掌握质量管理的内容,质量计划的编制、质量控制、质量管理统计分析方法,以及铁路工程施工质量验收等内容。通过对施工项目进度的有效控制,达到预期目的。

拟实现的教学目标

1. 能力目标

- 能够确定质量管理的目标,编制施工项目质量计划;
- 能够明确质量管理的 PDCA 循环方法;
- 能够确定质量控制的内容,确定质量管理的统计分析方法;
- 能够确定铁路工程质量验收内容及程序。

2. 知识目标

- 了解质量计划的编制、质量管理的内容;
- 熟悉质量管理的统计分析方法;
- 掌握质量控制的有关内容、铁路工程质量验收内容及程序。

3. 素质目标

- 培养学生分析问题、解决问题的能力。培养学生进行项目质量管理的能力。

相关案例——盘营客运专线铁路特大桥施工项目质量管理方案

1. 工程概况

新建盘营铁路客专工程 TJ-1 标段盘锦北上行联络线跨沟海线特大桥起讫里程为右 DK2+179.09~右 DK4+446.16,全长 2 267.07 m。该桥跨越沟海线以连续梁形式过渡,全桥钻孔桩 425 根、承台 70 个、墩台 70 个。该桥结构形式为:1-16 m 简支梁+3-20 m 简支梁+4-24 m简支梁+58-32 m 简支梁+1-(48+80+48)m 连续梁。

2. 主要工程数量

本桥共计 66 片单线简支 T 梁,其中 16 m 梁 1 片、20 m 梁 3 片、24 m 梁 4 片、32 m 梁 58 片。(48+80+48)m 连续梁 1 联。

全桥钻孔桩总长 19 873.16 m;桩身钢筋 980.85 t;承台钢筋 376.12 t;承台及加固混凝土 8 769.25 m^3;墩身混凝 6 700.46 m^3;墩身钢筋 234.57 t。钻孔桩混凝土 17 763.55 m^3。

3. 质量管理目标

质量管理执行《建设工程质量管理条例》(国务院 279 号令)；符合国家和铁道部现行的工程质量验收标准和工程设计文件要求；主体结构质量"零缺陷"，确保主要承重结构使用 100 年、无砟轨道 60 年的使用期要求，竣工工程验收一次合格率 100%，一次开通运营速度 300 km/h。基础设施达到设计速度目标值，一次开通成功。消灭工程质量大事故及以上事故的发生，减少和避免一般事故的发生。

4. 质量保证体系

建立工程质量保证体系，凭借以项目经理为首的全面质量管理领导小组，工程部门根据工程规模，制定详细的质量保证措施，定期或不定期举行活动，分析质量、工期、安全、管理成本存在的问题，制定对策，采取措施不断提高工程质量。

全面推行 ISO 19001 标准质量管理模式，编制执行项目质量计划，广泛开展群众性的 QC 小组技术攻关活动，严格按照质量保证体系和质量保证措施进行施工过程控制。

组织专业施工队伍进场施工，科学组织、合理配置资源，强化质量标准化工地建设，实行现场标准化管理，做到文明施工。

主要工序编制施工作业指导书，从工艺、工序的每个环节控制工程质量，把各项措施落到实处。

质量保证体系框图详如图 8.1 所示。

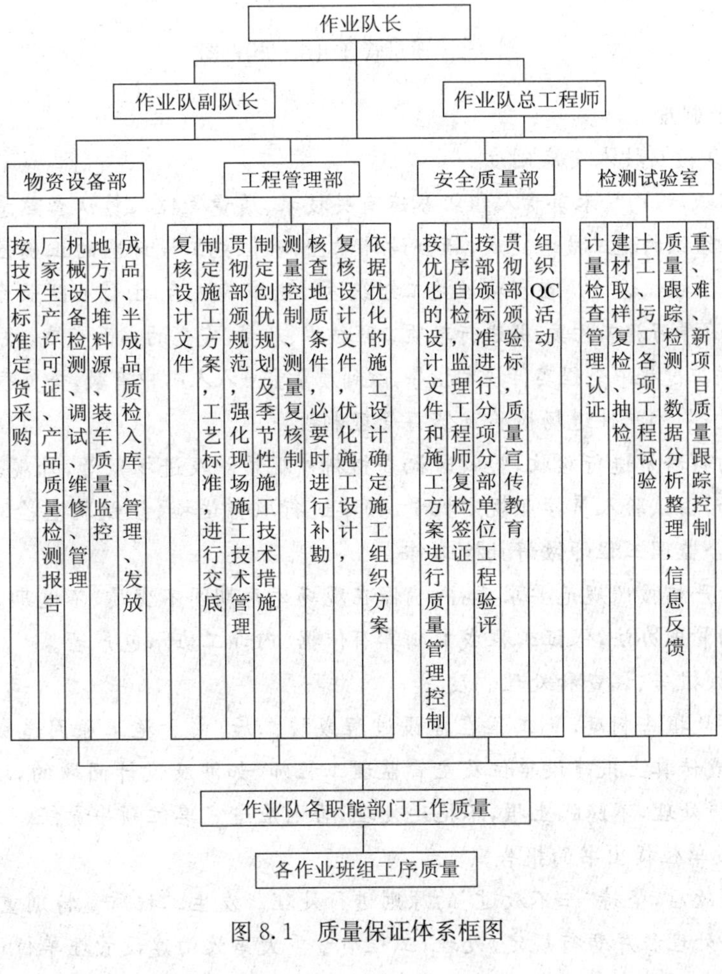

图 8.1　质量保证体系框图

5. 质量管理机构

本工程作业队成立质量管理领导小组，组织机构见质量管理组织机构图；由作业队队长任组长，作业队副队长和作业队总工程师任副组长，工程管理部、安全质量部、物资设备部、计划财务部、环保监察部、综合办公室、检测试验室和各作业队的负责人为成员，负责全面质量管理工作。质量管理组织机构框图如图 8.2 所示。

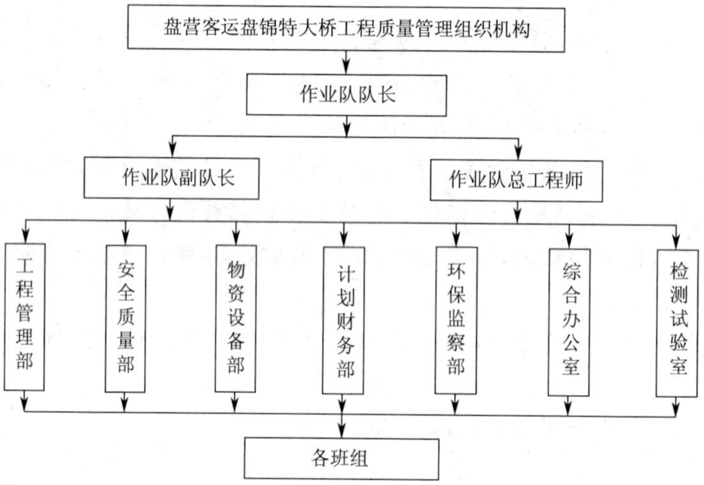

图 8.2　质量管理组织机构框图

6. 质量管理制度

(1)施工图复核及技术交底制度

接到设计图纸后，由技术负责人组织参建有关技术、质量管理人员认真熟悉审核图纸，并积极参加建设单位组织的施工技术交底，领会设计意图，确保施工设计图的正确性和有效性，编制周密的实施性施工组织设计。在实施性施工组织设计送审确认后，由作业队长牵头、技术负责人组织全体人员认真学习施工方案，并进行单项工程技术、质量、安全的书面交底，找出质量重点监控部位和监控点，施工过程中全程实行技术指导，做到质量重点人人心中有数，全员参与质量管理。

(2)材料、设备、构配件进场检验及储存管理制度

材料进场由材料员进行验收，验收时检查材料外观质量及进场数量，外观质量合格后通知试验人员到现场，由试验人员按照规定批量、频率进行取样送检，经试验室检验合格后方可投入使用，同时配合监理工程师做好抽检工作。

材料进场后严格按照规范要求库存，确保在现场库存期间不变质、不过期。所有材料统一采用定额发料的管理办法，保证工程成本测算有依据、内部工班承包严密。

(3)质量事故报告、调查和处理制度

建立质量事故报告制度，凡工程在建设过程或竣工后，由于施工原因造成工程质量事故的，立即用电话或传真上报建设单位及主管监理工程师，如涉及设计问题的，还应通知设计代表，共同参加分析处理，不隐瞒上报，不拖延处理，否则应追究单位领导责任。工程质量重大事故，3 天内向建设单位提出书面报告。

发生质量事故后，坚持“三不放过”的原则进行处理。发生工程质量特别重大事故按照《特别重大事故调查处理程序暂行规定》处理；工程质量重大事故由建设管理单位调查并提出处理

意见，由铁道部批复；工程质量大事故由建设管理单位组织调查处理，并报铁道部备案；工程质量一般事故由建设管理单位调查处理。

(4)施工测量复核制度

加强施工技术管理，坚持技术和测量复核制。项目经理部设测量组，负责全线的控制测量布网与施工阶段复测工作。项目队设现场测量组，配备专职测量工程师和测量工，以精密导线网控制全标段路基、桥涵及房建工程，确保建筑物定位准确无误。

(5)关键岗位培训、持证上岗制度

要做到上岗人员经技术培训率达100%。施工准备阶段组织参加本工程施工的全体工作人员重新学习相关的施工规范、规则、规定和验标，尤其是关键部位要在专业技术人员指导下进行培训后方可施工，要求所有参建员工理解工程特点，熟悉施工的程序和质量要求，了解并掌握易产生质量隐患的重要工序及重要环节，定期安排技术培训，并进行技术考核。特殊工种的人员进行上岗前培训，执行持证上岗率100%的制度。

(6)检验批、分项、分部、单位工程质量检查、申报和签认制度

建设工程质量的控制中验收是重要环节，故设置检验批、分项、分部、单位工程质量检查、申报和签认制度。质量验收严格执行国家、铁道部各专业工程施工质量验收标准。

检验按照从检验批→分项工程→分部工程→单位工程的顺序进行。检验批由施工单位自检合格后报监理单位，由监理工程师组织施工单位质量检查员等进行验收；分项工程由监理工程师组织施工单位分项工程技术负责人进行验收；分部工程由监理工程师组织施工单位项目负责人和技术、质量负责人等进行验收；单位工程完工后，施工单位自行组织有关人员进行检验评定，并向建设单位提交工程验收报告，再由建设单位项目负责人组织施工、设计、监理单位负责人进行单位工程验收。每次验收合格后，由相应负责人签认。

(7)“三检”制度

施工中坚持“自检、互检、交接检”制度，上道工序不合格，坚决不转入下道工序，坚持上道工序为下道工序提供质量保证。

(8)隐蔽工程及关键部位验收制度

隐蔽工程按规定经监理工程师检查合格并签证后再进行覆盖。隐蔽工程未经监理工程师签认而自行覆盖的，揭盖补验。

隐蔽工程先由技术负责人组织自检合格后，约请监理工程师检查签认，地质不良的基础或暴露时间不宜过长的工程签证后尽快封闭，以免破坏。

(9)质量信息管理制度

凭借本工程的项目信息管理系统，及时解决施工期间的质量问题，利用各项目作业队的终端设备及时将质量信息反馈给项目部指挥部门，以采取对策。

7. 竣工验收质量控制

工程竣工验收将实施备案制，由质量监督部门会同甲方、设计、勘察、施工单位进行工程竣工验收。属于环境保护治理设施的，向环境保护主管部门申报竣工验收。

严格按国家或铁道部关于客运专线的新标准、新规范和强制性要求等组织相关人员进行验收。

8. 防治质量通病的措施

制定桥梁工程质量通病原因分析及预防措施表，混凝土工程质量通病预防措施表，钢筋工程质量通病预防措施表，并在施工过程中注意采取预防措施，保证质量。

8.1 施工项目质量计划

8.1.1 学习任务

通过对施工项目质量计划知识的学习，能够确定质量管理的目标，编制施工项目质量计划。

8.1.2 相关配套知识

1. 质量及质量管理的概念

1) 质量

2000 版 ISO 9000 族标准中质量的定义是：一组固有特性满足要求的程度。

“固有”就是指存在于某事或某物中的，尤其是那种永久的特性；“要求”就是指明示的、通常隐含的或必须履行的需求或期望。

质量管理中“质量”的概念应该是可以度量的，在合同或是法规规定情况下，如在安全领域中，需要是明确规定的，而在其他情况下，隐含的需要则应加以识别并确定。在许多情况下，需要会随着时间变化而变化，这就意味着要对质量要求进行定期的评审。对产品满足要求，应既包括结果，也包括质量形成和实现的过程。如一幢建筑物、一座立交桥的质量，不仅要满足人们使用上的需要，还要满足社会发展的某些需要。

从质量这个定义中可以看出，质量就其本质来说是一种客观事物具有某种能力的属性，由于客观事物具备能力，才可以满足各种各样的需要。

2)施工项目质量

所谓施工项目质量是指施工项目满足相关标准规定或合同规定的要求的程度，包括其在安全、使用功能、耐久性能、环境保护等方面所有明显和隐含能力的特性总和。也就是通过工程施工所形成的工程项目，其应满足用户从事生产、生活所需要的功能和使用要求，应符合国家有关法规、技术标准和合同规定。

3)施工过程质量

建设工程是由各个不同的施工过程复合而成的，建设工程质量直接决定于施工过程质量，而施工过程按生产特点又是由工序、工作工程复合而成的，其中工序是施工中最简单的作业过程。

(1)工序质量

产品在整个生产过程中，人员、机器、材料、方法和环境五大要素(简称人、机、料、法、环)对施工过程质量综合发挥作用，从而形成施工过程质量。五大要素综合发生作用的过程，就是工序工程或称之为施工过程。这个工序(施工)工程就叫工序(施工)质量或施工质量。工序质量是工程质量的保证。因此，要保证施工过程质量，首先要抓好工序质量。

(2)工作质量

工作质量是指为保证和提高施工过程质量所做的管理、技术、生产、服务等工作。工作质量虽然不像工序质量那样直观、具体的表现在人们的面前，也不像工序质量那样直观地作用于施工过程，但却客观地存在于一切管理、技术、生产活动之中。而人、机、料、法、环这五个方面的工作都需要人去做，因此，工作质量是工序质量的保证。

从上述可知，施工过程质量、工序质量和工作质量是三个不同的概念，但它们之间又有密切的联系。概括地讲，工作质量决定工序质量，工序质量决定施工过程质量，施工过程质量又决定工程质量。

总之，施工过程质量直接或间接地决定工程质量，工程质量是施工过程质量的最终体现。

4)质量管理

2000 版 ISO 9000 族标准中质量管理的定义是：指导和控制组织关于质量的相互协调的活动。所谓施工项目质量管理是指指导和控制施工项目组织关于质量相互协调的活动。

这里所指的质量的指导和控制活动通常包括制订质量方针、质量目标、质量策划、质量控制、质量保证和质量改进。其中，质量方针是组织最高管理者的质量宗旨、经营理念和价值观的反映。在质量方针的指导下，通过组织的质量手册、程序性管理文件、质量记录的制定，并通过组织制度的落实、管理人员与资源的配置、质量活动的责任分工与权限界定等，形成组织管理体系的运行机制。

质量管理是企业及施工项目各级管理者的职责，必须由最高管理者主持推进。质量管理是施工企业管理和施工项目管理的重要组成部分，它的全部管理活动都是围绕“制订和实施质量方针”而展开的。质量管理活动要普及到企业及施工项目的各个环节，只有最高管理者充分重视、全体员工参与并承担义务和责任，质量管理活动才能有效开展起来。

2. 施工项目质量计划的编制范围、依据及其内容

施工项目质量计划是指确定施工项目的质量目标并规定必要的作业过程、专门的质量措施以实现施工项目的质量目标。

1)质量计划的编制范围

施工质量计划编制的范围，据工程项目质量控制的要求，应与建筑安装工程施工任务的实施范围相一致，以此保证整个项目建筑安装工程的施工质量总体受控；对具体施工任务承包单位而言，施工质量计划的编制范围，应能满足其履行工程承包合同质量责任的要求。建设工程项目的施工质量计划，应在施工程序、控制组织、控制措施、控制方式等方面，形成一个有机的质量计划系统，确保项目质量总目标和各分解目标的控制能力。

2)质量计划编制的依据

(1)施工企业的《质量手册》及相应的程序文件。

(2)《铁路工程施工质量验收统一标准》、施工操作规程及作业指导书。

(3)建筑法、建设工程质量管理条例、环境保护条例及法规。

(4)安全施工管理条例等。

3)施工项目质量计划的方式

目前，我国除了已经建立质量管理体系的部分施工企业直接采用施工质量计划的方式外，通常还普遍使用工程项目施工组织设计或在施工项目管理实施规划中包含质量计划的内容。因此，现行的施工质量计划有三种方式：

(1)工程项目施工质量计划；

(2)工程项目施工组织设计(含施工质量计划)；

(3)施工项目管理实施规划(含施工质量计划)。

施工组织设计或施工项目管理实施规划之所以能发挥施工质量计划的作用，这是因为根据建筑生产的技术经济特点，每个工程项目都需要进行施工生产过程的组织与计划，包括施工质量、进

度、成本、安全等目标的设定，控制计划和控制措施的安排等。因此，施工质量计划所要求的内容，理所当然地被包含于施工组织设计或项目管理实施规划中，而且能够充分体现施工项目管理目标(质量、工期、成本、安全)的关联性、制约性和整体性，这也和全面质量管理的思想方法相一致。

4)施工项目质量计划的主要内容

在已经建立质量管理体系的情况下，质量计划的内容必须全面体现和落实企业质量管理体系文件的要求(也可引用质量体系文件中的相关条文)，编制程序、内容和编制依据要符合有关规定，同时结合本工程的特点，在质量计划中编写专项管理要求。施工质量计划的基本内容一般应包括：

(1)工程特点及施工条件分析(合同条件、法规条件和现场条件)；

(2)质量总目标及其分解目标；

(3)质量管理组织机构和职责、人员及资源配置计划；

(4)确定施工工艺与操作方法的技术方案和施工任务的流程组织方案；

(5)施工材料、设备物资等的质量管理及控制措施；

(6)施工质量检验、检测、试验工作的计划安排及其实施方法与接收准则；

(7)施工质量控制点及其跟踪控制的方式与要求；

(8)记录的要求等。

3. 施工项目质量计划的编制要求

施工项目的质量计划应由项目经理主持编制。质量计划作为对外质量保证和对内质量控制的依据文件，应体现施工项目从分项工程、分部工程到单位工程的系统控制过程，同时也要体现从资源投入到完成工程质量最终检验和试验的全过程控制。施工项目质量计划编制的要求主要包括以下几个方面：

(1)质量目标

质量目标一般由企业技术负责人、项目经理部管理层经认真分析项目特点、项目经理部情况及企业生产经营总目标后决定。其基本要求是施工项目竣工交付业主(用户)使用时，质量要达到合同范围内的全部工程的所有使用功能符合设计(或更改)图纸要求；检验批、分项、分部、单位工程质量达到施工质量验收统一标准，合格率100％。

(2)管理职责

施工项目质量计划应规定项目经理部管理人员及操作人员的岗位职责。

项目经理是施工项目实施的最高负责人，对工程符合设计(或更改)、质量验收标准、各阶段按期交工负责，以保证整个工程项目质量符合合同要求。项目经理可委托项目质量副经理(或技术负责人)负责施工项目质量计划和质量文件的实施及日常质量管理工作。项目生产副经理要对施工项目施工进度负责，调配人力、物力保证按图纸和规范施工，协调同业主(用户)、分包商的关系，负责审核结果、整改措施和质量纠正措施的实施。

施工队长、工长、测量员、试验员、计量员在项目质量副经理的直接指导下，负责所管部位和分项施工全过程的质量，使其符合图纸和规范要求，有更改的符合更改要求，有特殊规定的要符合特殊要求。

材料员、机械员对进场的材料、构件、机械设备进行质量验收和退货、索赔，对业主或分包商提供的物资和机械设备要按合同规定进行验收。

(3)资源提供

施工项目质量计划要规定项目经理部管理人员及操作人员的岗位任职标准及考核认定方

法;规定施工项目人员流动的管理程序;规定施工项目人员进场培训的内容、考核和记录;规定新技术、新结构、新材料、新设备的操作方法和操作人员的培训内容;规定施工项目所需的临时设施、支持性服务手段、施工设备及通讯设施;规定为保证施工环境所需要的其他资源提供等。

(4)施工项目实现过程的策划

施工项目质量计划中要规定施工组织设计或专项项目质量计划的编制要点及接口关系;规定重要施工过程技术交底的质量策划要求;规定新技术、新材料、新结构、新设备的策划要求;规定重要过程验收的准则或技艺评定方法。

(5)材料、机械设备、劳务及试验等采购过程的控制

施工项目质量计划对施工项目所需的材料、设备等要规定供方产品标准及质量管理体系的要求、采购的法规要求,有可追溯性要求时,要明确其记录、标志的主要方法等。

(6)产品标识和可追溯性控制

隐蔽工程、分部分项工程的验收、特殊要求的工程等必须做可追溯性记录,施工项目的质量计划要对其可追溯性的范围、程序、标识、所需记录及如何控制和分发这些记录等内容做出规定。重要材料(如钢材、构件等)及重要施工设备的运作必须具有可追溯性。

坐标控制点、标高控制点、编号、沉降观察点、安全标志、标牌等是施工项目的重要标识记录,质量计划要对这些标识的准确性控制措施、记录等内容做出详细规定。

(7)施工工艺过程控制

施工项目的质量计划要对工程从合同签订到交付全过程的控制方法做出相应的规定。具体包括:施工项目的各种进度计划的过程识别和管理规定;施工项目实施全过程各阶段的控制方案、措施及特殊要求;施工项目实施过程需用的程序文件、作业指导书;隐蔽工程、特殊工程进行控制、检查、鉴定验收、中间交付的方法及人员上岗条件和要求等;施工项目实施过程需使用的主要施工机械设备、工具的技术和工作条件、运行方案等。

(8)搬运、存储、包装、成品保护和交付过程的控制

施工项目的质量计划要对搬运、存储、包装、成品保护和交付过程的控制方法做出相应的规定。具体包括:施工项目实施过程所形成的分项、分部、单位工程的半成品、成品保护方案、措施、交接方式等内容的规定;工程中间交付、竣工交付工程的收尾、维护、验收、后续工作处理的方案、措施、方法的规定;材料、构件、机械设备的运输、装卸、存收的控制方案及措施的规定等。

(9)检验、试验和测量过程及设备的控制

施工项目的质量计划要对施工项目上所进行和使用的所有检验、试验、测量和计量过程及设备的控制、管理制度等做出相应的规定。

(10)不合格品的控制

施工项目的质量计划要编制作业、分项、分部工程不合格品出现的补救方案和预防措施,规定合格品与不合格品之间的标识,并制订隔离措施。

8.2 施工项目质量管理

8.2.1 学习任务

通过对施工项目质量管理知识的学习,能够确定全面质量管理的思想,确定质量管理的PDCA循环方法。

8.2.2 相关配套知识

1. 全面质量管理(TQC)的思想

TQC即全面质量管理(Total Quality Control),是20世纪中期在欧美和日本广泛应用的质量管理理念和方法,我国从20世纪80年代开始引进和推广全面质量管理方法。其基本原理就是强调在企业或组织的最高管理者质量方针的指引下,实行全面、全过程和全员参与的质量管理。

TQC的主要特点是以顾客满意为宗旨;领导参与质量方针和目标的制定;提倡预防为主、科学管理、用数据说话等。在当今国际标准化组织颁布的ISO 9000—2000版质量管理体系标准中,都体现了这些重要特点和思想。建设工程项目的质量管理,同样应贯彻如下三全管理的思想和方法。

(1)全方位质量管理

建设工程项目的全面质量管理,是指建设工程项目各方干系人所进行的工程项目质量管理的总称,其中包括工程(产品)质量和工作质量的全面管理。工作质量是产品质量的保证,工作质量直接影响产品质量的形成。业主、监理单位、勘察单位、设计单位、施工总包单位、施工分包单位、材料设备供应商等,任何一方任何环节的怠慢疏忽或质量责任不到位都会造成对建设工程质量的影响。

(2)全过程质量管理

是指根据工程质量的形成规律,从源头抓起,全过程推进。GB/T 19000强调质量管理的"过程方法"管理原则。因此,必须掌握识别过程和应用"过程方法"进行全程质量控制。主要的过程有:项目策划与决策过程;勘察设计过程;施工采购过程;施工组织与准备过程;检测设备控制与计量过程;施工生产的检验试验过程;工程质量的评定过程;工程竣工验收与交付过程;工程回访维修服务过程等。

(3)全员参与质量管理

按照全面质量管理的思想,组织内部的每个部门和工作岗位都承担有相应的质量职能,组织的最高管理者确定了质量方针和目标,就应组织和动员全体员工参与到实施质量方针的系统活动中去,发挥自己的角色作用。开展全员参与质量管理的重要手段就是运用目标管理方法,将组织的质量总目标逐级进行分解,使之形成自上而下的质量目标分解体系和自下而上的质量目标保证体系。发挥组织系统内部每个工作岗位、部门或团队在实现质量总目标过程中的作用。

2. 质量管理的PDCA循环

在长期的生产实践过程和理论研究中形成的PDCA循环,是确立质量管理和建立质量体系的基本原理。PDCA循环见图8.3,从实践论的角度看,管理就是确定任务目标,并按照PDCA循环原理来实现预期目标。每一循环都围绕着实现预期的目标,进行计划实施、检查和处置活动,随着对存在问题的克服、解决和改进,不断增

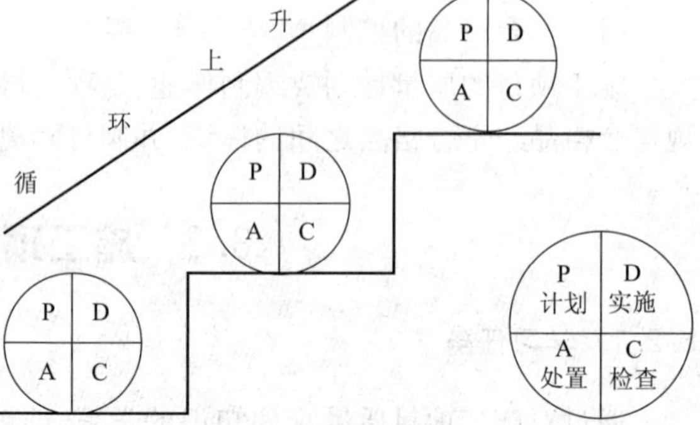

图8.3　PDCA循环示意图

强质量能力,提高质量水平。一个循环的四大职能活动相互联系,共同构成了质量管理的系统过程。

(1)计划 P(Plan)

质量管理的计划职能,包括确定或明确质量目标和制定实现质量目标的行动方案两方面。实践表明质量计划的严谨周密、经济合理和切实可行,是保证工作质量、产品质量和服务质量的前提条件。

建设工程项目的质量计划,是由项目干系人根据其在项目实施中所承担的任务、责任范围和质量目标,分别进行质量计划而形成的质量计划体系,其中,建设单位的工程项目质量计划,包括确定和论证项目总体的质量目标,提出项目质量管理的组织、制度、工作程序、方法和要求。项目其他各方干系人,则根据工程合同规定的质量标准和责任,在明确各自质量目标的基础上,制定实施相应范围质量管理的行动方案,包括技术方法、业务流程、资源配置、检验试验要求、质量记录方式、不合格处理、管理措施等具体内容和做法的质量管理文件,同时亦须对其实现预期目标的可行性、有效性、经济合理性进行分析论证,并按照规定的程序与权限,经过审批后执行。

(2)实施 D(Do)

实施职能在于将质量的目标值,通过生产要素的投入、作业技术活动和产出过程,转换为质量的实际值。为保证工程质量的产出或形成过程能够达到预期的结果,在各项质量活动实施前,要根据质量管理计划进行行动方案的部署和交底;交底的目的在于使具体的作业者和管理者明确计划的意图和要求,掌握质量标准及其实现的程序与方法。在质量活动的实施过程中,则要求严格执行计划的行动方案,规范行为,把质量管理计划的各项规定和安排落实到具体的资源配置和作业技术活动中去。

(3)检查 C(Check)

指对计划实施过程进行各种检查,包括作业者的自检、互检和专职管理者专检。各类检查也都包含两大方面:一是检查是否严格执行了计划的行动方案,实际条件是否发生了变化,不执行计划的原因;二是检查计划执行的结果,即产出的质量是否达到标准的要求,对此进行确认和评价。

(4)处置 A(Action)

对于质量检查所发现的质量问题或质量不合格,及时进行原因分析,采取必要的措施,予以纠正,保持工程质量形成过程的受控状态。处置分纠偏和预防改进两个方面。前者是采取应急措施,解决当前的质量偏差、问题或事故;后者是提出目前质量状况信息,并反馈管理部门,反思问题症结或计划时的不周,确定改进目标和措施,为今后类似问题的质量预防提供借鉴。

8.3 施工项目质量控制

8.3.1 学习任务

通过施工项目质量控制知识的学习,能够明确质量控制的五大因素,确定质量控制的内容。

8.3.2 相关配套知识

1. 质量控制的概念

根据《GB/T 19000—ISO 9000(2000)质量管理体系标准》中质量术语的定义:"质量控制是质量管理的一部分,致力于满足质量要求的一系列相关活动"。由于建设工程项目的质量要求是由业主(或投资者、项目法人)提出的,即建设工程项目的质量总目标,是业主的建设意图通过项目策划,包括项目的定义及建设规模、系统构成、使用功能和价值、规格档次标准等的定位策划和目标决策来确定的。因此,建设工程项目质量控制,在工程勘察设计、招标采购、施工安装、竣工验收等各个阶段,项目干系人均应围绕着致力于满足业主要求的质量总目标而展开工作。

质量控制所致力的一系列相关活动,包括作业技术活动和管理活动。产品或服务质量的产生,归根结底是由作业技术过程直接形成的。因此,作业技术方法的正确选择和作业技术能力的充分发挥,这就是质量控制的致力点,包含了技术和管理两个方面。必须认识到,组织或人员具备相关的作业技术能力,只是产出合格的产品或服务质量的前提,在社会化大生产的条件下,只有通过科学的管理,对作业技术活动过程进行组织和协调,才能使作业技术能力得到充分发挥,实现预期的质量目标。

2. 施工生产要素质量控制

影响施工项目的质量主要有五大因素,通常称为 4M1E,即人(Man)、材料(Material)、机械(Machine)、方法(Method)、环境(Environment)。

1)人的控制

控制的对象包括施工项目的管理者和操作者。人是生产过程的活动主体,其总体素质和个体能力决定着一切质量活动的成果。因此,既要把人作为质量控制对象,又要作为其他质量活动的控制动力。

人的控制内容包括组织机构的整体素质和每一个个体的技术水平、知识、能力、生理条件、心理行为、质量意识、组织纪律、职业道德等。其目的就是要做到合理用人,发挥团队精神,充分调动人的积极性、主动性和创造性。

人的控制的主要措施和途径是:

(1)以项目经理的管理目标和管理职责为中心,合理组建项目管理机构,配备称职的管理人员。

(2)严格实行分包单位的资质审查,确保分包单位的整体素质,包括领导班子素质、职工队伍素质、技术素质和管理素质。

(3)施工作业人员要做到持证上岗,特别是重要技术工种、特殊工种和危险作业等。

(4)强化施工项目全体人员的质量意识,加强操作人员的职业教育和技术培训。

(5)严格施工项目的施工管理各项制度,规范操作人员的作业技术活动和管理人员的管理活动行为。

(6)完善奖励和处罚机制,充分发挥项目全体人员的最大工作潜能。

2)材料的控制

材料控制包括对施工所需要的原材料、成品、半成品、构配件等的质量控制。材料质量是施工项目质量形成的物质基础,所以,加强材料的质量控制是提高施工项目质量的重要保证。

材料质量控制包括以下几个环节。

(1)材料的采购

施工所需要采购的材料应根据工程特点、合同、材料性能、施工具体要求等因素综合考虑。保证适时、适地、按质、按量、全套齐备地供应施工生产所需要的各种材料;优选供应厂家、中间商和专业供方;对供应厂家、专业供方及协作厂家的产品质量保证能力进行调查、认可,建立收货检验的质量认定和质量跟踪档案制度;健全材料采购质量责任制,落实到每个人,并做到岗位责任之间的传递接口不出现漏洞;建立必要的采购质量审核制度;进行采购人员的技术培训等。

(2)材料的试验和检验

材料的试验和检验就是通过一系列的检测手段,将所取得的检测数据与材料标准及工艺规范相比较,借以判断其质量的可靠性及能否使用于施工过程之中。

材料的检验方法有书面检验、外观检验、理化检验和无损检验。根据材料质量信息和保证资料的具体情况,材料的检验按程度分为免检、抽检和全检验。

(3)材料的存储和使用

加强材料进场后的存储和使用管理,避免材料变质和使用规格、性能不符合要求的材料而造成质量事故,如水泥的受潮结块、钢筋的锈蚀等。为此,承包商既要对材料合理调度．避免现场材料大量积压,又要对材料合理堆放,正确使用各种材料,同时还要在使用材料时及时的检查和监督。

3)机械设备的控制

机械设备的控制包括施工机械设备质量控制和工程项目设备的质量控制。

(1)施工机械设备的控制

施工机械设备质量控制就是使施工机械设备的类型、性能参数等与施工现场的实际生产条件、施工工艺、技术要求等因素相匹配,符合施工生产的实际要求。

要做好施工机械设备的质量控制,一是要按照技术上先进、生产上适用、经济上合理等原则选配施工生产机械设备,合理地组织施工。二是要正确使用、管理、保养和检修好施工机械设备,严格实行定人、定机、定岗位责任的使用管理制度,在使用中遵守机械设备的技术规定,做好机械设备的例行保养工作,包括清洁、润滑、调整、紧固和防腐工作,使机械设备经常保持良好的技术状态,以确保施工生产质量。

(2)工程项目设备的控制

工程项目设备的质量控制主要包括设备的检查验收、设备的安装质量、设备的调试和试车运转。

要求要按设备选型购置设备,优选设备供应厂家和专业供方,设备进场后,要对设备的名称、型号、规格、数量的清单逐一检查验收,确保工程项目设备的质量符合设计要求;设备安装要符合有关设备的技术要求和质量标准,安装过程中控制好土建和设备安装的交叉流水作业;设备调试要按照设计要求和程序进行,分析调试结果;试车运转正常,并能配套投产,满足项目的设计生产要求。

4)施工方法的控制

施工方法的控制主要包括施工技术方案、施工工艺、施工组织设计、施工技术措施等方面的控制。对施工方法的控制,应着重抓好以下几个方面内容。

(1)施工方案应随工程进展而不断细化和深化。

(2)选择施工方案时,对主要项目要拟定几个可行方案,找出主要矛盾,明确各个方案的主要优缺点,通过反复论证和比较,选出最佳方案。

(3)对主要项目、关键部位和难度较大的项目,如新结构、新材料、新工艺、大跨度、大悬、高大结构部位等,制订方案时要充分估计到可能发生的施工质量问题和处理方法。

5)环境的控制

施工环境的控制主要包括对自然环境、管理环境和劳动环境的控制。

(1)自然环境的控制

主要是掌握施工现场水文、地质和气象资料信息,以便在编制施工方案、施工计划和措施时,能够从自然环境的特点和规律出发,制订地基与基础施工对策,防止地下水、地面水对施工的影响,保证周围建筑物及地下管线的安全;从实际条件出发做好冬雨季施工项目的安排和防范措施;加强环境保护和建设公害的治理。

(2)管理环境的控制

主要是要按照承发包合同的要求,明确承包商和分包商的工作关系,建立现场施工组织系统运行机制及施工项目质量管理体系;正确处理好施工过程安排和施工质量形成的关系,使两者能够相互协调、相互促进、相互制约;做好与施工项目外部环境的协调,包括与邻近单位、居民及有关各方面的沟通、协调,以保证施工顺利进行,提高施工质量,创造良好的外部环境和氛围。

(3)劳动环境的控制

主要是做好施工平面图的合理规划和布置,规范施工现场机械设备、材料、构件的各项管理工作,做好各种管线和大型临时设施的布置;落实施工现场各种安全防护措施,做好明显标识,保证施工道路的畅通,安排好特殊环境下施工作。

3. 施工项目事前、事中和事后的质量控制

前面是从影响施工项目质量的五个因素介绍如何实施质量控制。由于施工阶段的质量控制是一个经由对投入资源和条件的质量控制(即施工项目的事前质量控制),进而对施工生产过程以及各环节质量进行控制(即施工项目的事中质量控制),直到对所完成的产出品的质量检验与控制(即施工项目的事后质量控制)为止的全过程的系统控制过程,所以,施工阶段的质量控制可以根据施工项目实体质量形成的不同阶段划分为事前控制、事中控制和事后控制。

(1)事前质量预控

事前质量预控就是要求预先进行周密的质量计划,包括质量策划、管理体系、岗位设置。把各项质量职能活动,包括作业技术和管理活动建立在有充分能力、条件保证和运行机制的基础上。对于建设工程项目,尤其施工阶段的质量预控,就是通过施工质量计划或施工组织设计或施工项目管理实施规划的制定过程,运用目标管理的手段,实施工程质量事前预控,或称为质量的计划预控。

事前质量预控必须充分发挥组织的技术和管理方面的整体优势,把长期形成的先进技术、管理方法和经验智慧,创造性地应用于工程项目。

事前质量预控要求针对质量控制对象的控制目标、活动条件、影响因素进行周密分析,找出薄弱环节,制定有效的控制措施和对策。

(2)事中质量控制

事中质量控制也称作业活动过程质量控制，是指质量活动主体的自我控制和他人监控的控制方式。自我控制是第一位的，即作业者在作业过程中对自己质量活动行为的约束和技术能力的发挥，以完成预定质量目标的作业任务；他人监控是指作业者的质量活动过程和结果，接受来自企业内部管理者和来自企业外部有关方面的检查检验，如工程监理机构、政府质量监督部门等的监控。事中质量控制的目标是确保工序质量合格，杜绝质量事故发生。

事中质量控制的措施包括：施工过程交接有检查、质量预控有对策、施工项目有方案、图纸会审有记录、技术措施有交底、配制材料有试验、隐蔽工程有验收、设计变更有手续、质量处理有复查、成品保护有措施、质量文件有档案等。

施工项目事中质量控制的实质就是在质量形成过程中如何建立和发挥作业人员和管理人员的自我约束以及相互制约的监督机制，使施工项目质量形成从分项、分部到单位工程自始至终都处于受控状态。总之，在事前控制的前提下，事中控制是保证施工项目质量一次交验合格的重要环节，没有良好的作业自控和监控能力，施工项目质量就难以得到保证。

(3)事后质量控制

事后质量控制也称为事后质量把关，以使不合格的工序或产品不流入后道工序、不流入市场。事后质量控制的任务就对质量活动结果进行评价、认定；对工序质量偏差进行纠正；对不合格产品进行整改和处理。

从理论上分析，对于建设工程项目如果计划预控过程所制定的行动方案考虑得越周密，事中自控能力越强、监控越严格，实现质量预期目标的可能性就越大。理想的状况就是希望做到各项作业活动“一次成活”、“一次交验合格率达 100%”。但要达到这样的管理水平和质量形成能力是相当不容易的，即使坚持不懈的努力，也还可能有个别工序或分部分项施工质量会出现偏差，这是因为在作业过程中不可避免地会存在一些计划时难以预料的因素，包括系统因素和偶然因素的影响。

建设工程项目质量的事后控制，具体体现在施工质量验收各个环节的控制方面。

以上系统控制的三大环节，不是孤立和截然分开的，它们之间构成有机的系统过程，实质上也就是质量管理 PDCA 循环的具体化，并在每一次滚动循环中不断提高，达到质量管理和质量控制的持续改进。

4. 施工现场质量管理的基本环节

施工质量控制过程，不论是从施工要素着手，还是从施工质量的形成过程出发，都必须通过现场质量管理中一系列可操作的基本环节来实现。

现场质量管理的基本环节包括图纸会审、技术复核、技术交底、设计变更、三令管理、隐蔽工程验收、三检制、级配管理、材料检验、施工日记、质保材料、质量检验、成品保护等。其中一部分内容已在其他相关章节中进行了阐述，在此，仅对其余内容作一介绍。

(1)三检制

三检制是指操作人员的“自检”、“互检”和专职质量管理人员的“专检”相结合的检验制度。它是确保现场施工质量的一种有效的方法。

自检是指由操作人员对自己的施工作业或已完成的分项工程进行自我检验，实施自我控制、自我把关，及时消除异常因素，以防止不合格品进入下道作业。互检是指操作人员之间对所完成的作业或分项工程进行的相互检查，是对自检的一种复核和确认，起到相互监督的作用。互检的形式可以是同组操作人员之间的相互检验，也可以是班组的质量检查员对本班组操作人员的抽检，同时也可以是下道作业对上道作业的交接检验。专检是指质量检验员对分部、分项工程进行的检验，用以弥补自检、互检的不足。专检还可细分为专检、巡检和终检。

实行三检制，要合理确定好自检、互检和专检的范围。一般情况下，原材料、半成品、成品的检验以专职检验人员为主，生产过程的各项作业的检验则以施工现场操作人员的自检、互检为主，专职检验人员巡回抽检为辅。成品的质量必须进行终检认证。

(2)技术复核

技术复核是指工程在未施工前所进行的预先检查。技术复核的目的是保证技术基准的正确性，避免因技术工作的疏忽差错而造成工程质量事故。因此，凡是涉及定位轴线、标高、尺寸，配合比，皮数杆，横板尺寸，预留洞口，预埋件的材质、型号、规格，吊装预制构件强度等，都必须根据设计文件和技术标准的规定进行复核检查，并做好记录和标识。

(3)技术核定

在实际施工过程中，施工项目管理者或操作者对施工图的某些技术问题有异议或者提出改善性的建议，如材料、构配件的代换、混凝土使用外加剂、工艺参数调整等，必须由施工项目技术负责人向设计单位提出"技术核定单"，经设计单位和监理单位同意后才能实施。

(4)设计变更

施工过程中，由于业主的需要或设计单位出于某种改善性考虑，以及施工现场实际条件发生变化，导致设计与施工的可行性发生矛盾，这些都将涉及施工图的设计变更。设计变更不仅关系到施工依据的变化，而且还涉及工程量的增减及工程项目质量要求的变化，因此，必须严格按照规定程序处理设计变更的有关问题。

一般的设计变更需设计单位签证确认，监理工程师下达设计变更令，施工单位备案后执行。

(5)三令管理

在施工生产过程中，凡沉桩、挖土、混凝土浇灌等作业必须纳入按命令施工的管理范围，即三令管理。三令管理的目的在于核查施工条件和准备工作情况，确保后续施工作业的连续性、安全性。

(6)级配管理

施工过程中所涉及的砂浆或混凝土，凡在图纸上标明强度或强度等级的，均需纳入级配管理制度范围。级配管理包括事前、事中和事后管理三个阶段。事前管理主要是级配的试验、调整和确认；事中管理主要是砂浆或混凝土拌制过程中的监控；事后管理则为试块试验结果的分析，实际上是对砂浆或混凝土的质量评定。

(7)分部、分项工程和隐蔽工程的质量检验

施工过程中，每一分部、分项工程和隐蔽工程施工完毕后，质检人员均应根据合同规定、施工质量验收统一标准和专业施工质量验收规范的要求对已完工的分部、分项工程和隐蔽工程进行检验。质量检验应在自检、专业检验的基础上，由专职质量检查员或企业的技术质量部门进行核定。只有通过其验收检查，对质量确认后，方可进行后续工程施工或隐蔽工程的覆盖。

其中隐蔽工程是指那些施工完毕后将被隐蔽而无法或很难对其再进行检查的分部、分项工程，就土建工程而言，隐蔽工程的验收项目主要有：地基、基础、基础与主体结构各部位钢筋、

现场结构焊接、高强螺栓连接、防水工程等。

通过对分部、分项工程和隐蔽工程的检验，可确保工程质量符合规定要求，对发现的问题应及时处理，不留质量隐患及避免施工质量事故的发生。

(8)成品的保护

在施工过程中，有些分部、分项:工程已经完成，而其他一些分部、分项工程尚在施工;或者是在其分部，分项施工过程中，某些部位已完成，而其他部位正在施工。在这种情况下，施工单位必须负责对以完成部分采取妥善措施予以保护，以免成品缺乏保护或保护不善而造成损伤或污染，影响工程的整体质量。

成品保护工作主要是要合理的安排施工顺序、按正确的施工流程组织施工及制订和实施严格的成品保护措施。

8.4 质量管理统计分析方法

8.4.1 学习任务

通过对质量统计分析方法知识的学习，能够进行质量管理的统计分析计算。

8.4.2 相关配套知识

统计质量管理是20世纪30年代发展起来的科学管理理论与方法，它把数理统计方法应用于产品生产过程的抽样检验，利用样本质量特性数据的分布规律，分析和推断生产过程总体质量的状况，改变了传统的事后把关的质量控制方式，为工业生产的事前质量控制和过程质量控制，提供了有效的科学手段。

质量管理中常用的统计方法有七种:排列图法、因果分析图法、频数分布直方图法、控制图法、相关图法，分层法和统计调查表法。这七种方法通常又称为质量管理的七种工具。

1. 排列图法

(1)图形结构

排列图法是利用排列图寻找影响质量主次因素的一种有效方法。排列图又叫帕累托图或主次因素分析图，它是由两个纵坐标、一个横坐标、几个连起来的直方形和一条曲线所组成，如图8.4所示。左侧的纵坐标表示频数，右侧纵坐标表示累计频率，横坐标表示影响质量的各个因素或项目，按影响程度大小从左至右排列，直方形的高度表示某个因素的影响大小。实际应用中，通常按累计频率划分为(0～80％)、(80％～90％)、(90％～100％)三部分，与其对应的影响因素分别为A，B，C三类。A类为主要因素，B类为次要因素，C类为一般因素。

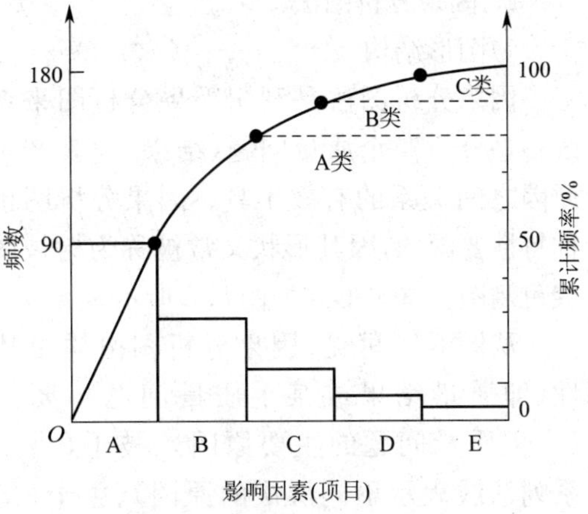

图8.4 排列图法

(2)排列图的作法

下面结合实例加以说明。

【例 8.1】 某工地现浇混凝土,其结构尺寸质量检查结果是:在全部检查的 8 个项目中不合格点(超偏差限值)有 150 个,如表 8.1 所示。然后按照质量特性不合格点数(频数)从大到小的顺序,重新整理为表 8.2 所示,并分别计算出累计频数和累计频率。

表 8.1　混凝土检查结果

序号	检查项目	不合格点数	序号	检查项目	不合格点数
1	轴线位置	1	5	平面水平度	15
2	垂直度	8	6	表面平整度	75
3	标高	4	7	预埋设施中心位置	1
4	截面尺寸	45	8	预留孔洞中心位置	1

表 8.2　按频率整理结果

序号	项目	不合格点数	频率(%)	累计频率(%)
1	表面平整度	75	50.0	50.0
2	截面尺寸	45	30.0	80.0
3	平面水平度	15	10.0	90.0
4	垂直度	8	5.3	95.3
5	标高	4	2.7	98.0
6	其他	3	2.0	100
合计		150	100	

根据表 8.2 的统计数据画排列图,如图 8.5 所示,并将其中累计频率 0%～80%定为 A 类问题,即主要问题,进行重点管理;将累计频率在 80%～90%区间的问题定为 B 类问题,即次要问题,作为次重点管理;将其余累计频率在 90%～100%区间的问题定为 C 类问题,即一般问题,按照常规适当加强管理。以上方法称为 ABC 分类管理法。

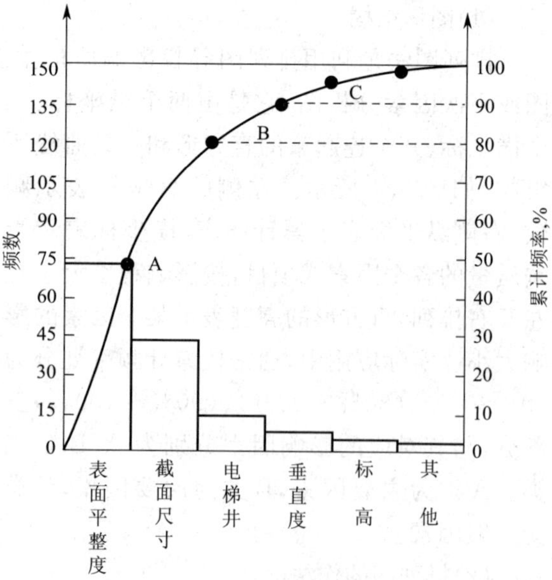

图 8.5　混凝土结构尺寸不合格点排列图

2. 因果分析图法

1)图形结构

因果分析图法是利用因果分析图来系统整理分析某个质量问题(结果)与其产生原因之间关系的有效工具。因果分析图也称特性要因图,因其形状又常被称为树枝图或鱼刺图。基本形式如图 8.6 所示。

从图 8.6 可见,因果分析图由质量特性(即质量结果或某个质量问题)、要因(产生质量问题的主要原因)、枝干(指一系列箭线表示不同层次的原因)、主干(指较粗的直接指向质量结果的水平箭线)等所组成。

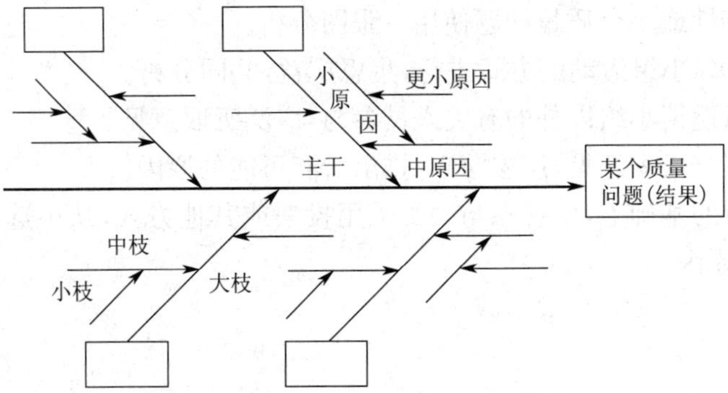

图 8.6 因果分析图的基本形式

2)因果分析图的绘制

下面结合实例加以说明。

【例 8.2】 绘制混凝土强度不足的因果分析图。

因果分析图的绘制步骤与图中箭头方向恰恰相反,是从“结果”开始将原因逐层分解的,具体如下:

(1)明确质量问题的结果。该例分析的质量问题是“混凝土强度不足”,作图时首先由左至右画出一条水平主干线,箭头指向一个矩形框,框内注明研究的问题,即结果。

(2)分析确定影响质量特性大的方面原因。一般来说,影响质量因素有五大方面,即人、机械、材料、方法、环境等。另外还可以按产品的生产过程进行分析。

(3)将每种大原因进一步分解为中原因、小原因,直至分解的原因可以采取具体措施加以解决为止。

(4)检查图中的所列原因是否齐全,可以对初步分析结果广泛征求意见,并做必要的补充及修改。

(5)选择出影响大的关键因素,做出标记“△”。以便重点采取措施。

图 8.7 是混凝土强度不足的因果分析图。

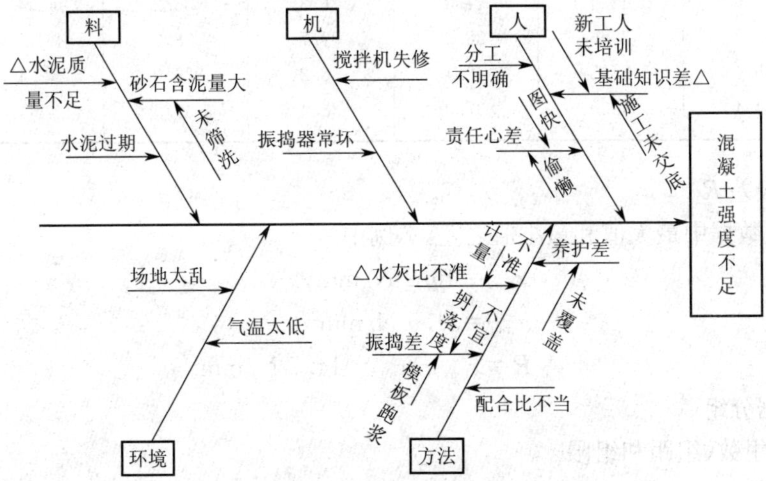

图 8.7 混凝土强度不足的因果分析图

3)绘制和使用因果分析图时应注意的问题

(1)一个质量特性或一个质量问题使用一张图分析。

(2)通常采用 QC 小组活动的方式进行,集思广益,共同分析。

(3)必要时可以邀请小组以外的有关人员参与,广泛听取意见。

(4)分析时要充分发表意见,层层深入,排出所有可能的原因。

(5)在充分分析的基础上,由各参与人员采用投票或其他方式,从中选择 1 至 5 项多数人达成共识的最主要原因。

3. 直方图法

1)直方图的用途

直方图法即频数分布直方图法,它是将收集到的质量数据进行分组整理,绘制成频数分布直方图,用以描述质量分布状态的一种分析方法,所以又称质量分布图法。

通过对直方图的观察与分析,可了解产品质量的波动情况,掌握质量特性的分布规律,以便对质量状况进行分析判断。

2)直方图的绘制方法

(1)收集整理数据

用随机抽样的方法抽取数据,一般要求数据在 50 个以上。

【例 8.3】 某建筑施工工地浇筑 C30 混凝土,为对其抗压强度进行质量分析,共收集了 50 份抗压强度试验报告单,经整理如表 8.3 所示。

表 8.3 抗压强度试验报告单

序号	抗压强度数据					最大值	最小值
1	39.8	37.7	33.8	31.5	36.1	39.8	31.5*
2	37.2	38.0	33.1	39.0	36.0	39.0	33.1
3	35.8	35.2	31.8	37.1	34.0	37.1	31.8
4	39.9	34.3	33.2	40.4	41.2	41.2	33.2
5	39.2	35.4	34.4	38.1	40.3	40.3	34.4
6	42.3	37.5	35.5	39.3	37.3	42.3	35.5
7	35.9	42.4	41.8	36.3	36.2	42.4	35.9
8	46.2	37.6	38.3	39.7	38.0	46.2*	37.6
9	36.4	38.3	43.4	38.2	38.0	42.4	36.4
10	44.4	42.0	37.9	38.4	39.5	44.4	37.9

(2)计算极差 R

极差 R 是数据中最大值和最小值之差,本例中

$$x_{max}=46.2\ \text{N/mm}^2$$

$$x_{min}=31.5\ \text{N/mm}^2$$

$$R=x_{max}-x_{min}=14.7\ \text{N/mm}^2$$

(3)对数据分组

包括确定组数、组距和组限

①确定组数 k。确定组数的原则是,分组的结果能正确地反映数据的分布规律。组数应根据数据多少来确定。组数过少,会掩盖数据的分布规律;组数过多,会使数据过于零乱分散,也不能显示出质量分布状况。一般可参考表 8.4 的经验数值来确定。

表 8.4 数据分组参考值

数据总数 n	分组数 k
50～100	6～10
100～250	7～12
250 以上	10～20

本例中取 $k=8$

②确定组距 h:组距是组与组之间的间隔,也即一个组的范围。各组距应相等,于是有

$$极差\approx组距\times组数$$

即

$$R\approx h\times k$$

因而组数、组距的确定应结合极差综合考虑,适当调整,还要注意数值尽量取整,使分组结果能包括全部变量值,同时也便于以后的计算分析。

本例中: $h=R/k=14.7\ N/mm^2/8\approx 2.0\ N/mm^2$

③确定组限。每组的最大值为上限,最小值为下限,上、下限统称组限。确定组限时应注意使各组之间连续,即较低组上限应为相邻较高组下限,这样才不致使有的数据被遗漏。对恰恰处于组限值上的数据,期解决的办法有二:一是规定每组上(或下)组限不计在该组内,而应计入相邻较高(或较低)组内;二是将组限值较原始数据精度提高半个最小测量单位。

本例采取第一种办法划分组限,即每组上限不计入该组内。

首先确定第一组下限:

$$x_{min}-\frac{h}{2}=31.5\ N/mm^2-\frac{2.0\ N/mm^2}{2}=30.5\ N/mm^2$$

第一组上限:$30.5\ N/mm^2+h=30.5\ N/mm^2+2\ N/mm^2=32.5\ N/mm^2$

第二组下限=第一组上限=$32.5\ N/mm^2$

第二组上限:$32.5\ N/mm^2+h=32.5\ N/mm^2+2\ N/mm^2=34.5\ N/mm^2$

以下以此类推,最高组限为 $44.5\ N/mm^2\sim 46.5\ N/mm^2$,分组结果覆盖了全部数据。

(4)编制数据频数统计表

统计各组频数,可采用唱票形式进行,频数总和应等于全部数据个数。本例频数统计结果如表 8.5 所示。

表 8.5 频数统计表

组号	组限/(N/mm^2)	频数统计	组号	组限/(N/mm^2)	频数统计
1	30.5 ～ 32.5	2	5	38.5 ～ 40.5	9
2	32.5 ～ 34.5	6	6	40.5 ～ 42.5	5
3	34.5 ～ 36.5	10	7	42.5 ～ 44.5	2
4	36.5 ～ 38.5	15	8	44.5 ～ 46.5	1
合 计					50

从表 8.5 中可以看出,浇筑 C30 混凝土,50 个试块的抗压强度是各不相同的,这说明质量特性值是有波动的。但这些数据分布是有一定规律的,就是数据在一个有限范围内变化,且这种变化有一个集中趋势,即强度值在 36.5 ～ 38.5 N/mm^2 范围内的试块最多,可把这个范围即第四组视为该样本质量数据的分市中心,随着强度值的逐渐增大和逐渐减小而数据逐渐减

少。为了更直观、更形象地表现质量特征值的这种分布规律，应进一步绘制出直方图。

(5)绘制频数分布直方图

在频数分布直方图中，横坐标表示质量特性值，本例中为混凝土强度，并标出各组的组限值。根据表 8.5 画出以组距为底，以频数为高的 k 个直方形，使得到混凝土强度的频数分布直方图，如图 8.8 所示。

3)直方图的观察与分析

(1)观察直方图的形状、判断质量分布状态。

作完直方图后，首先要认真观察直方图的整体形状，看其是否是属于正常型直方图。正常型直方图就是中间高，两侧底，左右接近对称的图形，如图 8.9(a)所示。

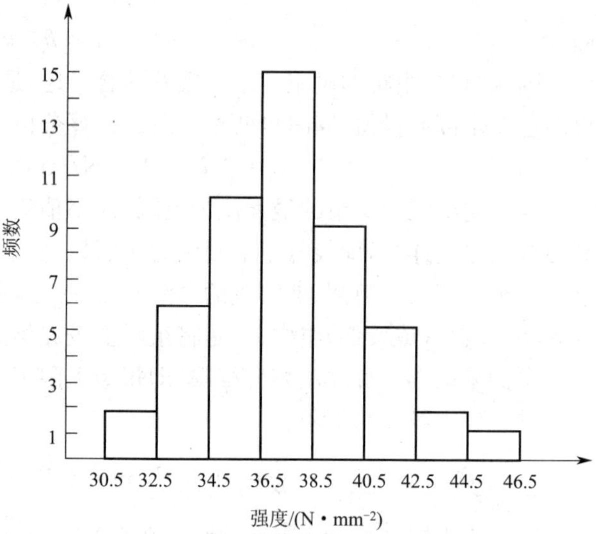

图 8.8　混凝土强度分布直方图

出现非正常型直方图时，表明生产过程或收集数据作图有问题。这就要求进一步分析判断，找出原因，从而采取措施加以纠正。凡属非正常型直方图，其图形分布有各种不同缺陷，归纳起来一般有五种类型，如图 8.9 所示。

①折齿型[图(b)]，是由于分组不当或者组距确定不当出现的直方图。

②左(或右)缓坡型[图(c)]，主要是由于操作中对上限(或下限)控制太严造成的。

③孤岛型[图(d)]，是原材料发生变化，或者临时他人顶班作业造成的。

④双峰型[图(e)]，是由于用两种不同方法或两台设备或两组工人进行生产，然后把两方面数据混在一起整理产生的。使直方图移到中间来。

⑤绝壁形[图(f)]，是由于数据收集不正常，可能有意识地去掉下限以下的数据，或是在检测过程中存在某种人为因素所造成的。

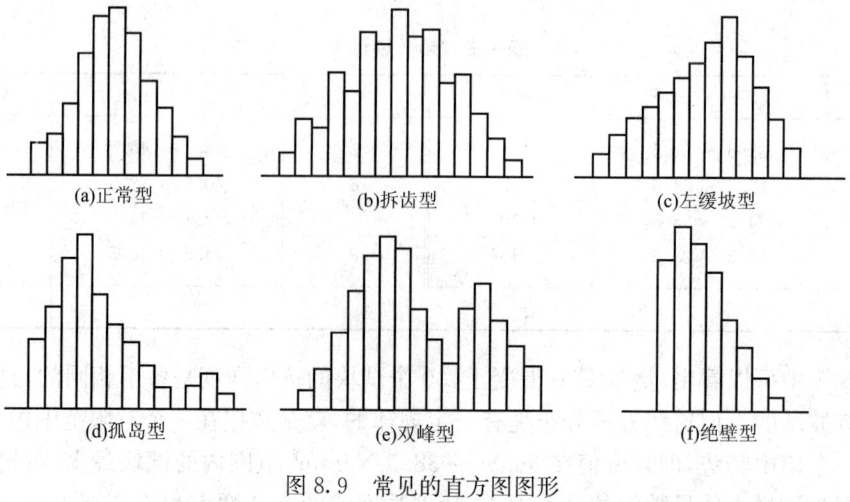

图 8.9　常见的直方图图形

(2)将直方图与质量标准比较,判断实际生产过程状态

做出直方图后,除了观察直方图形状,分析质量分布状态外,再将正常型直方图与质量标准比较,从而判断实际生产过程状态。正常型直方图与质量标准比较,一般有如图 8.10 所示六种情况。图中,T 表示质量标准要求界限,B 表示实际质量特性分布范围。

①图(a),B 在 T 中间,实际数据分布与质量标准相比较两边还有余地。这样的生产过程质量是很理想的,说明生产过程处于正常的稳定状态。在这种情况下生产出来的产品可认为全部是合格品。

②图(b),B 虽然落在 T 内,但偏向一边,这样如果生产状态一旦发生变化,就可能超出质量标准下限而出现不合格品。出现这种情况时应迅速采取措施,使直方图移到中间来。

③图(c),B 在 T 中间,且 B 的范围接近 T 的范围,没有余地,生产过程一旦发生微小的变化,产品的质量特性值就可能超出质量标准。出现这种情况时,必须立即采取措施,以缩小质量分布范围。

④图(d),B 在 T 中间,但两边余地太大,说明加工过于精细,不经济。在这种情况下,可以对原材料、设备、工艺、操作等控制要求适当放宽些,有目的地使 B 扩大,从而有利于降低成本。

⑤图(e),质量分布范围 B 已超出标准下限之外,说明已出现不合格品。此时必须采取措施进行调整,使质量分布位于标准之内。

⑥图(f),质量分布范围完全超出了质量标准上、下界限,散差太大,产生许多废品,说明过程能力不足,应提高过程能力,使质量分布范围 B 缩小。

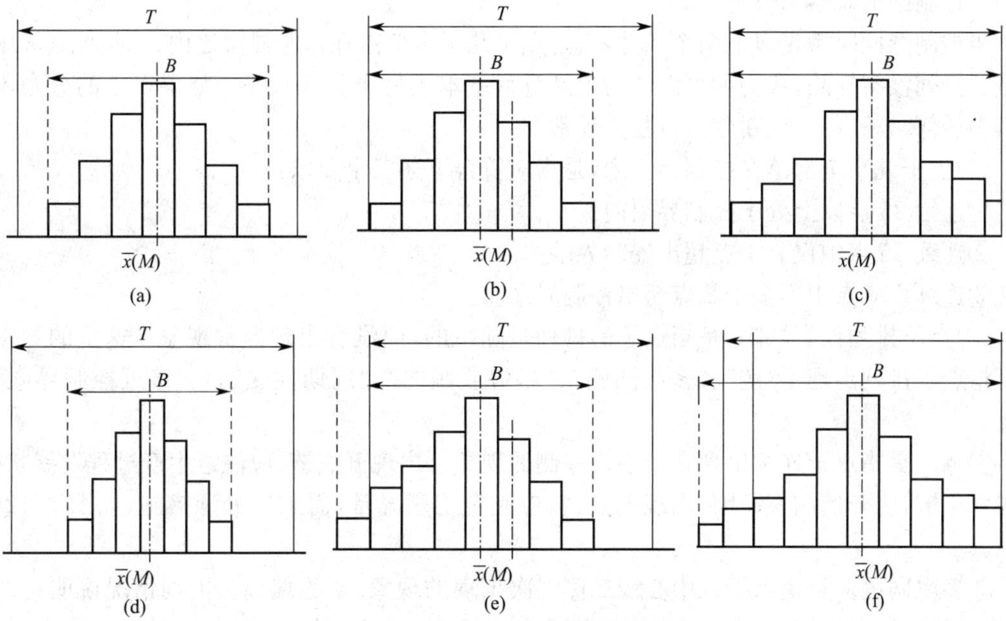

图 8.10　实际质量分布与标准比较

4. 控制图法

1)图形结构

控制图又称管理图,它反映生产工序随时间变化而发生的质量变动的状态,是描述生产过

程中各个阶段质量波动的图形。基本形式如图8.11所示。横坐标为样本序号或抽样时间，纵坐标为控制对象，即被控制的质量特性值。控制图上一般有三条线，中心线标志着质量特性分布的中心位置，上下控制界限标志着质量特性允许波动范围。

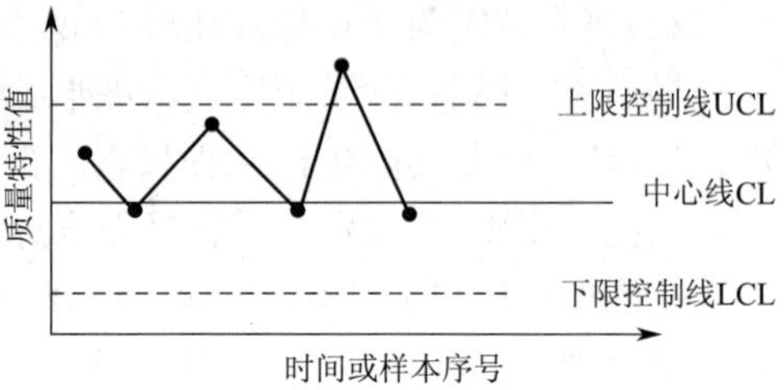

图8.11　控制图基本形式

2)控制图的作用

控制图是用样本数据分析判断生产过程是否处于稳定状态的有效工具，它主要用于过程分析和过程控制，即分析生产过程是否稳定和控制生产过程质量状态。

生产过程中质量波动一般有两种情况：一种是偶然性因素引起的波动，称为正常波动；一种是系统性因素引起的波动，称为异常波动。质量控制的目标就是要查找异常波动的因素，并加以排除，使质量只受正常波动的影响，符合正态分布的规律。质量管理图就是利用上下界控制界限，将产品质量特性控制在正常波动范围之内。一旦有异常原因引起质量波动，通过管理图就可以了解，能及时采取措施预防不合格产品的产生。

前述排列图、直方图法是质量控制的静态分析法，反映的是质量在某一段时间内的静止状态，而项目是在动态的生产过程中形成的，只有动态分析，才能了解生产过程中质量的变化情况，及时采取措施，使生产处于稳定状态，起到预防出现废品的作用。控制图即为典型的动态分析法。

3)控制图的观察与分析

当控制图同时满足以下两个条件：一是点子几乎全部落在控制界限之内；二是控制界限内的点子排列没有缺陷，我们就可以认为生产过程基本上处于稳定状态。如果点子的分布不满足其中任何一条，都应判断生产过程为异常。

(1)点子几乎全部落在控制界线内，是指应符合下述三个要求：

①连续25点以上处于控制界限内；

②连续35点中仅有1点超出控制界限；

③连续100点中不多于2点超出控制界限。

(2)点子排列没有缺陷，是指点子的排列是随机的，而没有出现异常现象。这里的异常现象是指点子排列出现了“链”、“多次同侧”、“趋势或倾向”、“周期性变动”、“接近控制界限”等情况。

①链。是指点子连续出现在中心线一侧的现象。出现五点链，应注意生产过程发展状况；出现六点链，应开始调查原因；出现七点链，应判定工序异常，需采取处理措施，如图8.12(a)所示。

②多次同侧。是指点子在中心线二侧多次出现的现象，或称偏离。下列情况说明生产过程已出现异常：在连续11点中有10点在同侧，如图8.12(b)所示；在连续14点中有12点在同侧；在连续17点中有14点在同侧；在连续20点中有16点在同侧。

③趋势或倾向。是指点子连续上升或连续下降的现象。连续7点或7点以上上升或下降排列，就应判定生产过程有异常因素影响，要立即采取措施，如图8.12(c)所示。

④周期性变动。即点子的排列显示周期性变化的现象。这样即使所有点子都在控制界限内，也应认为生产过程为异常，如图8.12(d)所示。

⑤点子排列接近控制界限。指点子落在了工土 2 口以外和刀 i3 口以内。下列情况为异常:连续 3 点至少有 2 点接近控制界限,连续 7 点至少有 3 点接近控制界限,连续 10 点至少有 4 点接近控制界限,如图 8.12(e)所示。

以上是用控制图判断分析生产过程是否正常的准则。随着生产过程的进展,可通过抽样取得的质量数据,把点子描在图上,随时观察点子的变化,以对生产过程正常与否做出判断,控制生产质量。

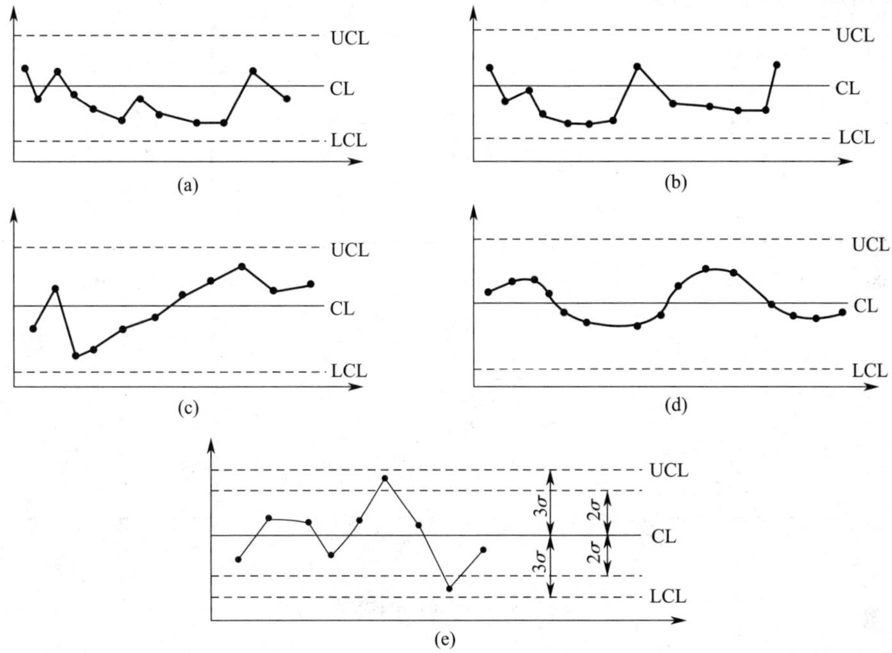

图 8.12　有异常现象的点子排列示意图

5. 相关图法

相关图又称散布图。在质量管理中它是用来显示两种质量数据之间关系的一种图形。质量数据之间的关系多属相关关系。一般有三种类型:一是质量特性和影响因素之间的关系,二是质量特性和质量特性之间的关系,三是影响因素和影响因素之间的关系。

我们可以用 y 和 x 表示质量特性值和影响因素,通过绘制散布图,计算相关系数等;分析研究两个变量之间是否存在相关关系,以及这种关系密切程度如何,进而研究相关程度密切的两个变量,通过对其中一个变量的观察控制,去估计控制另一个变量的数值,以达到保证产品质量的目的。这种统计分析方法,称为相关图法。

相关图中的数据点的集合,反映了两种数据之间的散布状况,根据散布状况我们可以分析两个变量之间的关系。归纳起来,有以下六种类型,如图 8.13 所示。

(1)正相关[图(a)]。散布点基本形成由左至右向上变化的一条直线带,即随 x 增加,y 值也相应增加,说明 x 与 y 有较强的制约关系。可通过对 x 控制而有效控制 y 的变化。

(2)弱正相关[图(b)]。散布点形成向上较分散的直线带。随 x 值的增加,y 值也有增加趋势,但 x、y 的关系不像正相关那么明显。说明 y 除受 x 影响外,还受其他更重要的因素影响,需进一步利用因果分析图法分析其他的影响因素。

(3)不相关[图(c)]。散布点形成一团或平行于 x 轴的直线带。说明 x 变化不会引起 y

的变化或其变化无规律，分析质量原因时可排除 x 因素。

(4)负相关[图(d)]。散布点形成由左向右向下的一条直线带。说明 x 对 y 的影响与正相关恰恰相反。

(5)弱负相关[图(e)]。散布点形成由左至右向下分布的较分散的直线带。说明 x 与 y 的相关关系较弱，且变化趋势相反，应考虑寻找影响 y 的其他更重要的因素。

(6)非线性相关[图(f)]。散布点呈一曲线带，即在一定范围内 x 增加，y 也增加；超过这个范围，x 增加，y 则有下降趋势。

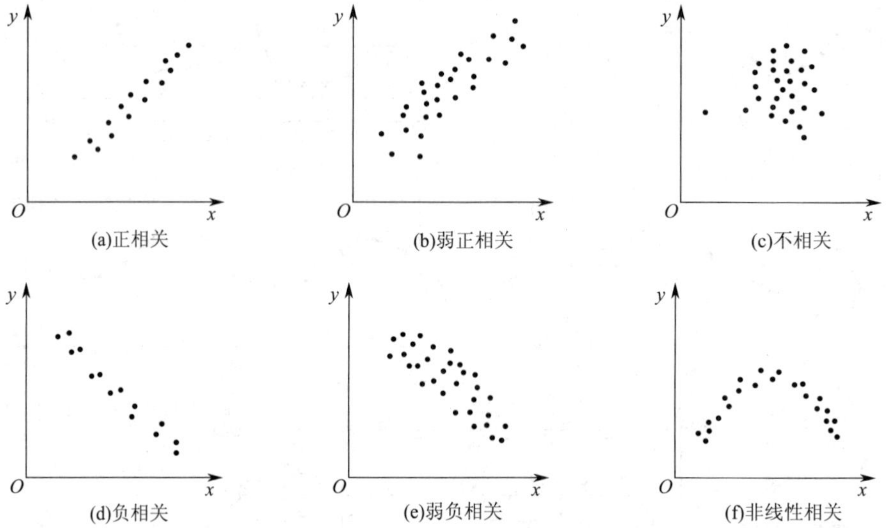

图 8.13　散布图的类型

6. 分层法

分层法又叫分类法，是将调查搜集的原始数据，根据不同的目的和要求，按某一性质进行分组、整理的分析方法。分层的结果使数据各层间的差异突出地显示出来，层内的数据差异减少。在此基础上再进行层间、层内的比较分析，可以更深刻地发现和认识质量问题的本质和规律。由于产品质量是多方面因素共同作用的结果，因而对同一批数据，可以按不同性质分层，使我们能从不同角度来考虑、分析产品存在的质量问题和影响因素。

常用的分层标志有：按操作班组或操作者分层；按机械设备型号、功能分层；按工艺、操作方法分层；按原材料产地或等级分层；按时间顺序分层。

7. 统计调查表法

统计调查表法是利用专门设计的统计调查表，进行数据收集、整理和分析质量状态的一种方法，在质量管理活动中，利用统计调查表收集数据，简便灵活，便于整理。它没有固定的格式，一般可根据调查的项目，设计不同的格式。

8.5　高速铁路施工质量验收

8.5.1　学习任务

确定高速铁路质量验收内容及程序。

8.5.2 相关配套知识

工程质量验收是工程建设质量控制的一个重要环节,它包括工程施工质量的中间验收和工程的竣工验收两个方面。通过对工程建设中间产出品和最终产品的质量验收,从过程控制和终端把关两个方面进行工程项目的质量控制。工程项目的竣工验收,是项目建设程序的重要程序,是全面考核项目建设成果,检查设计与施工质量,确认项目能否投入使用的重要步骤。竣工验收的顺利完成,标志着项目建设阶段的结束和生产使用阶段的开始。

1. 施工质量验收有关术语

(1)验收

工程施工质量在施工单位自行检查评定合格的基础上,参与建设活动的有关单位共同对检验批、分项、分部、单位工程的质量按有关规定进行检验,根据相关标准以书面形式对工程质量达到合格与否做出确认。

(2)进场验收

对进入施工现场的材料、构配件、设备等按相关标准规定要求进行检验,对其达到合格与否做出确认。

(3)检验批

按同一生产条件或按规定的方式汇总起来供检验用的由一定数量样本组成的检验体。

(4)检验

对检验项目中的性能进行量测、检查、试验等,并将结果与标准规定要求进行比较,以确定每项性能是否合格所进行的活动。

(5)交接检验

由施工的承接方与完成方共同检查并对可否继续施工做出确认的活动。

(6)主控项目

对安全、卫生、环境保护和公众利益起决定性作用的检验项目。

(7)一般项目

除主控项目以外的检验项目。

(8)观感质量

通过观察和必要的量测所反映的工程外在质量。

(9)返工

对不合格的工程部位采取的重新制作、重新施工等措施。

(10)返修

对工程不符合标准规定的部位采取整修等措施。

(11)一般缺陷

对结构构件受力性能无决定性影响的缺陷。

(12)严重缺陷

对结构构件受力性能或使用性能有决定性影响的缺陷。

2. 高速铁路施工质量验收的划分

高速铁路建设从施工准备到完工验收,要经过若干个工序、工种的配合施工,包括若干个施工安装阶段,这就需要对各工序、工种及各施工安装阶段的质量进行控制和检验。根据建设任务、施工管理和质量验收的需要,高速铁路项目按规定划分为单位工程、分部分项工程和检验批。

(1)单位工程。在建设项目中,根据业主下达的任务及签订的合同,具有独立施工条件并能形成独立使用功能的结构物。例如桥涵工程中,应按一个完整工程或一个相当规模的施工范围划分,并按下列原则确定:

①每座特大桥、大桥、中桥为一个单位工程;

②小桥不超过5座为一个单位工程;

③涵洞不超过10座为一个单位工程。

(2)分部工程。在单位工程中,按结构部位、路段长度或施工任务的一个完整部位或主要结构及施工阶段划分。如中桥可划分为基础、墩台、台后填土锥体及其他、梁、桥面和附属设施等几个分部工程。

(3)分项工程应按工种、工序、材料、施工工艺等划分。例如墩台可划分为模板及支架、钢筋、混凝土、砌体和防水层等分项工程。

(4)检验批是分项工程的组成部分。可根据施工及质量控制和验收需要,按施工段或部位等,把一个分项工程划分成若干个检验批。检验批是施工质量验收的基本单元。例如墩台检验批可分为每个安装段、每个浇筑段、每个砌筑段和每个桥台。

3. 高速铁路施工质量验收

1)基本规定

高速铁路施工现场质量管理应有相应的施工技术标准、健全的质量管理体系和施工质量检验制度。施工现场质量管理检查记录应由施工单位在施工前按规定填写,总监理工程师进行检查,并做出检查结论。工程施工质量应按下列要求进行验收:

(1)工程施工质量应符合《铁路××工程施工质量验收标准》和铁道部现行的其他有关规定。

(2)工程施工质量应符合工程勘察、设计文件的要求。

(3)参加工程施工质量验收的各方人员应具备规定的资格;各种检查记录签证人员应报建设单位确认、备案。

(4)工程施工质量的验收均应在施工单位自行检查评定合格的基础上进行。

(5)隐蔽工程在隐蔽前应由施工单位通知监理单位组织验收,并应形成验收文件。地基处理等重要分部工程验收时,勘察设计单位应派人参加。

(6)涉及结构安全的试块、试件和现场检验项目,监理单位应按规定进行平行检验、见证取样检测或见证检测。

(7)检验批的质量应按主控项目和一般项目进行验收。

(8)对涉及结构安全和使用功能的分部工程应进行抽样检测;其中,桥梁墩台、梁部应采用同条件养护试件检测结构实体混凝土强度,且每墩台、每孔(片)梁按不同混凝土强度等级至少检测一次。

(9)承担见证取样检测及有关结构安全检测的单位应具有相应的资质。

(10)单位工程的观感质量应由验收人员通过现场检查共同确确。

2)工程施工质量验收

(1)检验批的质量验收应包括如下内容:

①实物检查。按下列方式进行:对原材料、构配件和设备等的检验,应按进场的批次和高速铁路施工质量验收标准的规定的抽样检验方案执行;对混凝土强度等,应按国家现行有关标准和验收标准的规定的抽样检验方案执行;对验收标准中采用计数检验的项目,应按抽查总点数的合格点率进行检查。

②资料检查。包括原材料、构配件和设备等的质量证明文件(质量合格证、规格、型号及性能检测报告等)和检验报告、施工过程中重要工序的自检和交接检验记录、平行检验报告、见证取样检测报告和隐蔽工程验收记录等。

(2)检验批合格质量应符合下列规定：

①主控项目的质量经抽样检验全部合格(此种项目的检查具有否决权)；

②一般项目的质量经抽样检验全部合格；当采用计数检验时，对有允许偏差的抽查点，除有专门要求外，合格点率应达到80%及以上，且不合格点的最大偏差不得大于规定允许偏差的1.5倍；

③具有完整的施工操作依据、质量检查记录。

(3)分项工程质量验收

分项工程质量验收合格应符合下列规定：

①分项工程所含的检验批均应符合合格质量的规定；

②分项工程所含的检验批的质量验收记录应完整。

(4)分部工程质量验收

分部工程质量验收合格应符合下列规定：

①分部工程所含分项工程的质量均应验收合格；

②质量控制资料应完整；

③地基与基础、墩台、梁部等分部工程中有关安全及功能的检验和抽样检测结果应符合有关规定。

(5)单位工程质量验收

单位工程质量验收合格应符合下列规定：

①单位工程所含分部工程的质量均应验收合格；

②质量控制资料应完整；

③单位工程所含分部工程有关安全和功能的检测资料应完整；

④主要功能的抽查结果应符合有关标准规范的规定；

⑤观感质量验收应符合要求。

⑥工程施工质量不符合要求时的处理

当检验批质量不符合要求时，应按以下规定进行处理：经返工重做的或更换构配件、设备的检验批，应重新进行验收；当检验批的试块、试件强度不能满足要求时，经有资质的法定检测单位检测鉴定，能够达到设计要求的检验批，应予以验收；通过返修或加固处理仍不能满足安全和使用功能要求的分部工程、单位工程，严禁验收。

4. 工程施工质量验收的程序和组织

(1)验收的程序和组织

验收的程序是先进行检验批验收，其后是分项工程验收，再后是分部工程验收，最后是单位工程验收。验收工作按其所处阶段分别由监理单位或建设单位组织进行。

检验批应由施工单位自检合格后报监理单位，由监理工程师组织施工单位专职质量检查员等进行验收。监理单位应对全部主控项目进行检查，对一般项目的检查内容和数量可根据具体情况确定，分项工程应由监理工程师组织施工单位分项工程技术负责人等进行验收，检验批和分项工程质量验收记录应按规定表格填写。

(2)施工单位的自检工作

施工单位的自检是各阶段质量验收的基础。施工单位要加强过程控制，落实内部质量责任制，做好自检、互检和交接检。施工单位应在自检合格的基础上，把各种验收记录表填好后，向监理单位或建设单位提出验收申请。

(3)监理单位的验收工作

监理单位由专业监理工程师组织对检验批、分项工分部工程的质量进行验收，总监理工程师参与单位工程的质量验收。

(4)勘察设计单位的验收工作

勘察设计单位要对与勘察设计质量有关的检验项目进行确认，如对主体结构的地质条件进行确认、对需要检验的复合地基承载力进行确认等；参与重要的、特殊的分部工程的质量验收；参与每个单位工程的质量验收。

(5)建设单位的验收工作

建设单位组织施工单位、监理单位、勘察设计单位对单位工程的质量进行验收。单位工程有分包单位施工时，分包单位应对所承担的工程项目按高速铁路施工质量验收标准规定的程序进行检查评定，总包单位应派人参加。分包工程完成后，应将有关工程资料移交总包单位。单位工程的质量验收是施工质量过程控制的最后一道程序，是建设投资转化为工程实体的标志，也是检验设计质量和施工质量的重要环节。

当参加验收各方对工程施工质量验收意见不一致时，可请铁路建设行政主管部门或其委托的质量监督部门协调处理。

知识拓展

质量控制点的设置及管理

所谓质量控制点就是根据施工项目的特点，为保证工程质量而确定的重点控制对象、关键部位或薄弱环节。

1. 质量控制点的设置

设置质量控制点并对其进行分析是事前质量控制的一项重要内容。因此，在项目施工前应根据施工项目的具体特点和技术要求，结合施工中各环节和部位的重要性、复杂性，准确、合理地选择质量控制点。概括说来，就是选择那些保证质量难度大、对质量影响大的或是发生质量问题时危害大的对象作为质量控制点。质量控制点设置的对象主要有以下几个方面：

(1)关键的分部、分项及隐蔽工程，如框架结构中的钢筋工程，大体积混凝土工程，基础工程中的混凝土浇筑工程等。

(2)关键的工程部位，如民用建筑的卫生间，关键工程设备的设备基础等。

(3)施工中的薄弱环节，即经常发生或容易发生质量问题的施工环节，或在施工质量控制过程中无把握的环节，如一些常见的质量通病(渗、漏水问题)。

(4)关键的作业。如混凝土浇筑中的振捣作业、钻孔灌注桩中的钻孔作业。

(5)关键作业中的关键质量特性，如混凝土的强度、回填土的含水量、灰缝的饱满度等。

(6)采用新技术、新工艺、新材料的部位或环节。

进行质量预控，质量控制点的选择是关键。在每个施工阶段前，应设置并列出相应的质量控制点，如大体积混凝土施工的质量控制点应为：原材料及配合比控制、混凝土坍落度控制及试块(抗压、抗渗)取样、混凝土浇捣控制、浇筑标高控制、养护控制等。

凡是影响质量控制点的因素都可以作为质量控制点的对象，因此，人、材料、机械设备、施工环境、施工方法等均可以作为质量控制点的对象，但对特定的质量控制点，它们的影响作用是不同的，应区别加以对待，重要因素，重点控制。

2. 质量控制点控制措施的设计

在设置质量控制点后，要针对每个控制点进行控制措施的设计，主要步骤和内容如下：

(1)列出质量控制点明细表。

(2)设计质量控制点施工流程图。

(3)进行作业分析，找出影响质量的主要因素。

(4)对主要影响因素制定出明确的控制范围和控制要求。

(5)编制保证质量的作业指导书。

3. 质量控制点的实施

(1)把质量控制点的设置及控制措施向有关人员进行交底，使其真正了解控制意图和控制关键要点，树立以预防为主的思想。

(2)质量检查及监控人员要在施工现场进行重点检查、指导和验收，对关键的质量控制点要进行旁站监督。

(3)严格要求操作人员按作业指导书进行认真操作，保证各环节的施工质量。

(4)按规定做好质量检查和验收，认真记录检查结果，取得准确、完整的第一手资料。

(5)运用数理统计方法对检查结果进分析，不断地进行质量改进，直至质量控制点验收合格。

本章小结

本章介绍了施工项目质量计划的概念及编制内容，质量管理的概念及 PDCA 循环方法、质量控制的五大要素及质量控制的内容、质量管理的统计分析方法、及高速铁路施工质量验收的程序及组织等有关内容。

复习思考题

1. 质量管理的定义是什么？
2. 质量计划编制范围、依据和内容都有什么？
3. 什么是全过程质量管理？质量管理 PDCA 循环是指什么？
4. 质量控制的五大要素是什么？各包括哪几个方面？
5. 事前、事中、事后质量控制都指哪些？
6. 施工现场质量管理的基本环节都有哪些？
7. 质量管理中常用的统计分析方法有哪些？
8. 施工质量验收如何划分？
9. 何为单位工程、分部工程、分项工程？
10. 单位工程质量验收内容都有哪些？
11. 分部工程质量验收内容都有哪些？
12. 检验批质量验收内容都有哪些？
13. 铁路工程施工质量验收如何组织？

9 施工项目合同管理

本章描述

施工项目合同管理是指参与施工项目的合同当事人为保证合同目标的实现，依照合同设立、变更、终止民事权利义务关系所从事的计划、组织、控制和激励的活动。或者说是对施工合同的订立、履行、变更、终止、解决争议等进行的管理。通过对本章的学习，了解施工项目合同管理的有关内容、FIDIC 合同条件、施工项目货物采购合同、索赔管理的有关内容。

拟实现的教学目标

1. 能力目标

- 能够认识合同管理体系；
- 能够明确 FIDIC 合同条件；
- 能够确定施工合同管理的有关内容；
- 能够确定货物采购合同的内容；
- 能够确定索赔事件、处理索赔事件。

2. 知识目标

- 了解工程项目合同管理的基本原则、法律依据、合同体系；
- 了解 FIDIC 合同条件；
- 熟悉货物采购合同的管理；
- 掌握工程项目合同管理的有关内容；
- 掌握索赔管理的有关内容。

3. 素质目标

- 培养学生分析问题、解决问题的能力，培养学生进行合同管理的能力。

相关案例——施工项目合同管理

某施工单位根据领取的某 200 m^3 两层厂房地基基础工程项目招标文件和全套施工图纸，采用低报价策略编制了投标文件，并获得中标。该施工单位（乙方）于某年某月某日与建设单位（甲方）签订了该工程项目的固定价格施工合同。合同工期为 8 个月。甲方在乙方进入施工现场后，因资金紧缺，无法如期支付工程款，口头要求乙方暂停施工一个月。乙方亦口头答应。工程按合同规定期限验收时，甲方发现工程质量有问题，要求返工。两个月后，返工完毕。结算时甲方认为乙方迟延交付工程，应按合同约定偿付逾期违约金。乙方认为临时停工是甲方要求的。乙方为抢工期，加快施工进度才出现了质量问题，因此迟延交付的责任不在乙方。甲方则认为临时停工和不顺延工期是当时乙方答应的。乙方应履行承诺,承担违约责任。

问题:

1. 该工程采用固定价格合同是否合适?

2. 该施工合同的变更形式是否妥当?此合同争议依据合同法律规范应如何处理?

案例分析要点:

问题1:因为固定价格合同适用于工程量不大且能够较准确计算、工期较短、技术不太复杂、风险不大的项目。该工程基本符合这些条件,故采用固定价格合同是合适的。

问题2:根据《中华人民共和国合同法》(以下简称《合同法》)和《建设工程施工合同(示范文本)》的有关规定,建设工程合同应当采取书面形式,合同变更亦应当采取书面形式。若在应急情况下,可采取口头形式,但事后应予以书面形式确认。否则,在合同双方对合同变更内容有争议时,往往因口头形式协议很难举证,而不得不以书面协议约定的内容为准。本案例中甲方要求临时停工,乙方亦答应,是甲、乙双方的口头协议,且事后并未以书面的形式确认,所以该合同变更形式不妥。在竣工结算时双方发生了争议,对此只能以原书面合同规定为准。

在施工期间,甲方因资金紧缺要求乙方停工一个月,此时乙方应享有索赔权。乙方虽然未按规定程序及时提出索赔,丧失了索赔权,但是根据《中华人民共和国民法通则》(以下简称《民法通则》)之规定,在民事权利的诉讼时效期内,仍享有通过诉讼要求甲方承担违约责任的权利。甲方未能及时支付工程款,应对停工承担责任,故应当赔偿乙方停工一个月的实际经济损失,工期顺延一个月。工程因质量问题返工,造成逾期交付,责任在乙方,故乙方应当支付逾期交工一个月的违约金,因质量问题引起的返工费用由乙方承担。

9.1 工程项目合同管理体系

9.1.1 学习任务

通过对工程项目合同管理体系知识的学习,能够认识合同管理体系。

9.1.2 相关配套知识

1. 工程项目合同管理的基本原则

(1)符合法律法规的原则。订立合同的主体、内容、形式、程序等都要符合法律法规规定。合同当事人订立、履行合同,唯有遵守法律和行政法规,合同才受国家法律的保护,当事人预期的目的才有保障。

(2)平等自愿的原则。自愿是指合同当事人在法律、法规允许范围内,根据自己的意愿签定合同,即有权选择订立合同的对象,合同的条款内容,合同订立时间和依法变更和解除合同,任何单位和个人不得非法干预。贯彻平等自愿的原则,必须体现签约各方在法律地位上的完全平等。合同要在双方友好协商的基础上订立,签约双方都是平等的,任何一方都不得把自己的意志(例如单方提出的不平等条款)强加于另一方,更不得强迫对方同自己签订合同。

(3)公平原则。公平原则是民法的基本原则之一。合同当事人应当遵循公平原则确定各方的权利和义务。根据公平原则,民事主体必须按照公平的观念设立、变更或者取消民事法律关系。在订立工程项目合同中贯彻公平原则,反映了商品交换等价有偿的客观规律和要求。贯彻该原则的最基本要求即是签约各方的合同权利、义务要对等而不能失去公平,要合理分担责任。

(4)诚实信用原则。合同当事人行使权利、履行义务应当遵循诚实信用原则。减实信用原则实质上是社会良好道德、伦理观念上升为国家意志的体现。在订立合同中贯彻诚实信用原则,要求当事人应当诚实,实事求是向对方介绍自己订立合同的条件、要求和履约能力,充分表达自己的真实意愿,不得有隐瞒、欺诈的成分,在拟定合同条款时,要充分考虑对方的合法权益和实际困难,以善意的方式设定合同权利和义务。

(5)等价有偿的原则。等价有偿原则是《民法通则》的一项原则,也是订立合同的一项基本原则。

(6)不得损害社会公共利益和扰乱社会经济秩序原则。合同当事人订立、履行合同,应当尊重社会公德,不得扰乱社会经济秩序,损害社会公共利益。

2. 工程项目合同管理的法律依据

规范工程项目合同管理,不但需要规范合同本身的法律法规的完善,也需要相关法律体系的完善。目前,我国这方面的立法体系已基本完善。与工程项目合同有直接关系的是《民法通则》、《中华人民共和国合同法》、《中华人民共和国招标投标法》(以下简称《招标投标法》)和《中华人民共和国建筑法》(以下简称《建筑法》)。

(1)《民法通则》

《民法通则》是调整平等主体的公民之间、法人之间、公民与法人之间的财产关系和人身关系的基本法律。合同关系也是一种财产(债)关系,因此,《民法通则》对规范合同关系作出了原则性的规定。

(2)《合同法》

《合同法》是规范我国市场经济财产流转关系的基本法,工程项目合同的订立和履行也要遵守其基本规定,工程项目实施过程中,会涉及大量的合同,均需遵守《合同法》的规定。

(3)《招标投标法》

《招标投标法》是规范工程建设市场竞争的主要法律,也是规范合同管理行为的法律,能够有效地实现公开、公平、公正的竞争。国家对工程项目招标的范围和规模有明确的规定,必须通过招标投标确定承包人,发包人和承包人的合同行为也必须遵守《招标投标法》的规定。

(4)《建筑法》

《建筑法》是规范建筑活动的基本法律,工程项目合同的订立和履行就是一种建筑活动,合同的内容也必须遵守《建筑法》的规定。

(5)其他法律

另外,工程项目合同的订立和履行还涉及其他一些法律关系,需要遵守相应的法律规定。在工程项目合同的订立和履行中需要提供担保的,则应当遵守《中华人民共和国担保法》的规定。在工程项目合同的订立和履行中需要投保的,则应当遵守《中华人民共和国保险法》的规定。在工程项目合同的订立和履行中需要建立劳动关系的,则应当遵守《中华人民共和国劳动法》的规定。在合同的订立和履行过程中如果要涉及合同的公证、鉴证等活动,则应当遵守国家对公证、鉴证等的规定。如果合同在履行过程中发生了争议,双方订有仲裁协议(或者争议发生后双方达成仲裁协议的),则应按照《中华人民共和国仲裁法》的规定进行仲裁;如果双方没有仲裁协议(争议发生后双方也没有达成仲裁协议的),则应以《中华人民共和国民事诉讼法》作为争议的最终解决方式。

3. 工程项目合同的特点

(1)工程项目合同是一个合同群体。因为工程项目投资多,工期长,参与单位多,一般由多项合同组成一个合同群，这些合同之间分工明确，层次清楚，自然形成一个合同体系。

(2)合同的标的物仅限于工程项目涉及的内容。与一般的产品合同不同，工程项目合同涉及面主要是建筑物、构筑物的建设，线路、管网的建设，土木工程的建设以及设备、材料购置安装等的管理，而且都是一次性过程。

(3)合同内容庞杂。与产品合同比较，工程项目合同庞大复杂。大型项目要涉及几十种专业、上百个工种、几万人作业，合同内容自然庞大复杂。

(4)工程项目合同主体只能是法人。《合同法》、《建筑法》、《招标投标法》、《建设工程质量安全条例》等法律和行政法规，都规定了工程项目合同的当事人只能是法人，公民个人不能成为工程项目合同的当事人。

(5)工程项目具有较强的国家管理性。工程项目标的物属于不动产，工程项目对国家、社会和人民生活影响较大，在工程项目的合同订立上必须符合政府的规定，在履行中必须接受政府的监督和检查。正因如此，工程项目合同的形式，一般都采用书面形式。

4. 工程项目合同体系

合同管理贯穿于建设工程的全过程，在项目建设的各阶段都必须用合同的形式来约束各方的责任、权利和义务。经过多年的努力，我国的工程项目合同已经形成了一个完整的体系。按照建设程序中不同阶段的划分，工程项目合同包括前期咨询合同、勘察设计合同、监理合同、招标代理合同、工程造价咨询合同、工程施工合同、材料备采购、租赁合同、贷款合同等。仅建设工程施工合同，按照承包序列划分，就包括施工总承包合同、专业分包合同以及劳务分包合同。

为提示当事人在订立合同时更好地明确各自的权利义务，防止合同纠纷，根据《合同法》等有关法律法规，由建设部和国家工商行政管理总局联合批准颁发的工程项目合同示范文本在我国陆续出台，初步形成了工程项目合同示范文本体系，满足了工程建设领域对合同示范文本的需求。主要包括：1999 年颁发的《建设工程施工合同(示范文本)》，2000 年颁发的《建设工程勘察合同(示范文本)》、《建设工程设计合同(示范文本)》、《建设工程委托监理合同(示范文本)》，2002 年颁发的《建设工程造价合同(示范文本)》，2003 年颁发的《建设工程施工专业分包合同(示范文本)》和《建设工程施工劳务分包合同(示范文本)》，2005 年颁发的《工程建设项目招标代理合同(示范文本)》。

(1)工程项目前期咨询合同

工程项目前期咨询合同，是在投资建设的决策阶段，进行可行性研究与项目评价等咨询活动所签定的合同。工程项目前期咨询合同涉及投资决策的正确与否，涉及工程项目的成败，因此，加强工程项目前期咨询阶段的合同管理，就显得非常需要。

对咨询单位来说，按合同规定开展工程项目的各项调查研究工作，咨询成果要达到约定的标准和深度要求，经过内外评审之后，按规定的数量按时向业主提供咨询成果，业主接受咨询成果，按约定支付咨询费用。

(2)勘察、设计合同

建设工程勘察设计合同是发包人与承包人为完成一定的勘察、设计任务，明确双方权利义务关系的协议。承包人应当完成发包人委托的勘察、设计任务，发包人则应接受符合约定要求的勘察、设计成果并支付报酬。一般情况下，建设工程勘察合同与设计合同是两个合同。但是，这两个合同的特点和管理内容相似，因此，我们往往将这两个合同统称为建设工程勘察设计合同。

勘察设计合同的发包人应当是法人或者自然人，承包人必须具有法人资格。发包人是建设单位或项目管理部门，承包人是持有建设行政主管部门颁发的工程勘察设计资质证书、工程勘察设计收费资格证书和工商行政管理部门核发的企业法人营业执照的工程勘察设计单位。

勘察设计合同是工程项目合同的重要组成部分，因此，《中华人民共和国合同法》的有关规定是勘察设计合同的重要依据；《中华人民共和国民法通则》对合同的有关规定也是规范勘察设计合同的原则规定。2000 年国务院发布了《建设工程勘察设计管理条例》、建设部发布了《建设工程勘察设计合同管理办法》，对勘察设计合同的管理都作出了具体规定。

(3)工程监理合同

工程监理合同是指委托人与监理人就委托的工程项目管理内容签订的明确双方权利、义务的协议。监理合同是委托合同的一种。在工程建设过程中，工程项目发包人(委托人)和监理人(受托人)应按相关法律、行政法规的规定，签订建设工程委托监理合同。

工程委托监理的法律关系，是指建设单位、监理单位以及第三人之间，依据国家法律、行政法规的规定和约定，相互之间形成的权利、义务和责任的法律关系。

工程项目委托监理法律关系，是工程建设活动中的一种特殊的法律关系。依据法律规定在监理人与委托人、承包人之间分别形成不同的法律关系。监理合同的标的是服务，是以对工程项目实施控制和管理为主要内容，委托的工作内容，必须符合工程项目建设程序，委托人与监理人，应当依据法律规定和合同约定，全面、实际地履行委托监理合同的义务，从而确保委托人的权利得以实现，以使委托监理的工程项目按期、按质、按量地交工，进而实现当事人订立合同的目标。

(4)工程施工合同

施工合同即建筑安装工程承包合同，是发包人和承包人为完成商定的建筑安装工程，明确相互权利、义务关系的合同。依照施工合同，承包人应完成一定的建设、安装工程任务，发包人应提供必要的施工条件并支付工程价款。施工合同是工程项目合同的一种，它与其他工程项目合同一样，在订立时也应遵守自愿、公平、诚实信用等原则。

施工合同是工程建设质量控制、进度控制、投资控制的主要依据。在市场经济条件下，建设市场主体之间相互的权利义务关系主要是通过合同确立的，因此，在建设领域加强对施工合同的管理具有十分重要的意义。

(5)货物采购合同

货物采购合同也即工程建设中涉及的重要设备材料的采购合同，是指平等主体的自然人、法人、其他组织之间，为实现工程项目货物买卖，设立、变更、终止相互权利义务关系的协议。

货物采购包括材料采购和设备采购两部分，采购合同涉及的条款繁简程度差异较大。材料采购合同的条款一般限于材料交货阶段，主要涉及交接程序、检验方式和质量要求、合同价款的支付等。大型设备的采购，除了交货阶段的工作外，往往还需包括设备生产阶段、设备安装调试阶段、设备试运行阶段、设备性能达标检验和保修等方面的条款约定。

9.2 FIDIC 合同条件

9.2.1 学习任务

通过对 FIDIC 合同条件知识的学习，能够明确 FIDIC 合同条件的有关内容。

9.2.2 相关配套知识

国际咨询工程师联合会简称 FIDIC,在国际上具有很高的权威性,其成员为各国(或地区)咨询工程师协会。FIDIC 内部设有合同管理委员会,根据国际通用的项目管理模式编制了许多规范性的合同文本,其中应用较广的有 1987 年发布的《土木工程施工合同条件》、《电气和机械工程合同条件》,1994 年发布的《土木工程施工分包合同条件》,1995 年发布的《设计——建造与交钥匙工程合同条件》以及 1998 年发布的《业务/咨询工程师标准服务协议书》等。随着国际上工程建设规模不断扩大,项目管理模式多样化发展,FIDIC 于 1999 年又制定了《施工合同条件》、《工程设备和设计——施工合同条件》、《设计、采购、施工(EPC)/交钥匙工程合同条件》、《简明合同格式》以及《成套装备与设计——施工合同条件》。这些文本站在客观、公正的立场上,协调平衡了合同双方的利益与要求,内容详尽、严谨。考虑到工程项目合同涉及面广,技术性强,文本除明确业主和承包商的责、权、利以外,还明确了咨询工程师在项目管理中的职责和作用。这些文本保护了双方的合法权益,得到了国际上广泛的肯定,不仅为 FIDIC 成员国采用,而且世界银行、亚洲开发银行、非洲开发银行的贷款项目中也常常采用,成为国际通行的合同示范文本。

由于篇幅所限,这里仅讲述《施工合同条件》通用条件的主要内容。

1. 合同文件的组成

通用条件的条款规定,构成对业主和承包商有约束力的合同文件包括以下几方面的内容:

(1)合同协议书。业主发出中标函的 28 d 内,接到承包商提交的有效履约保证后,双方签署的法律性标准化格式文件。为了避免履行合同过程中产生争议,专用条件指南中说明最好注明接受的合同价格、基准日期和开工日期。

(2)中标函。业主签署的对投标书的正式接受函,可能包含作为备忘录记载的合同签订前谈判时可能达成一致并共同签署的补遗文件。

(3)投标函。承包商填写并签字的法律性投标函和投标函附录,包括报价和对招标文件及合同条款的确认文件。

(4)合同专用条件。

(5)合同通用条件。

(6)规范。

2. 合同担保

(1)承包商提供的担保

合同条款中规定,承包人签订合同时应提供履约担保,接受预付款前应提供预付款担保。在范本中给出了担保书的格式,分为企业法人提供的保证书和金融机构提供的保函两类格式。保函均为不需承包商确认违约的无条件担保形式。

(2)业主提供的担保

大型工程建设资金的融资可能包括从某些国际援助机构、开发银行等筹集的款项,这些机构往往要求业主应保证履行给承包商付款的义务,因此在专用条件范例中,增加了业主应向承包商提交"支付保函"的可选择使用的条款,并附有保函格式。业主提供的支付保函担保金额可以按总价或分项合同价的某一百分比计算,担保期限至缺陷通知期满后 6 个月,并且为无条件担保,使合同双方的担保义务对等。

通用条件的条款中未明确规定业主必须向承包商提供支付保函,具体工程的合同内是否包括此条款取决于业主主动选用或融资机构的强制性规定。

3. 合同价格

通用条件中分别定义了“接受的合同款额”和“合同价格”的概念。“接受的合同款额”指业主在中标函中对实施、完成和修复工程缺陷所接受的金额，来源于承包商的投标报价并对其确认。合同价格则指按照合同各条款的约定，承包商完成建造和保修任务后，对所有合格工程有权获得的全部工程款。

最终结算的合同价可能与中标函中注明的接受的合同款额不一定相等。主要是因为大型复杂工程的施工期较长，通用条件中包括合同工期内因物价变化对施工成本产生影响后计算调价费用的条款，每次支付工程进度款时均要考虑约定可调价范围内项目当地市场价格的涨落变化，而这笔调价款没有包含在中标价格内，仅在合同条款中约定了调价原则和调价费用的计算方法。

4. 指定分包商

指定分包商是由业主(或工程师)指定、选定，完成某项特定工作内容并与承包商签订分包合同的特殊分包商。合同条款规定，业主有权将部分工程项目的施工任务或涉及提供材料、设备、服务等工作内容发包给指定分包商实施。

5. 解决合同争议的方式

任何合同争议均交由仲裁或诉讼解决，一方面往往会导致合同关系的破裂，另一方面解决起来费时、费钱且对双方的信誉有不利影响。为了解决工程师的决定可能处理得不公正的情况，通用条件中增加了“争端裁决委员会”处理合同争议的程序。

1)解决合同争议的程序

(1)提交工程师决定

FIDIC 编制的施工合同条件的基本出发点之一，是合同履行过程中建立以工程师为核心的项目管理模式，因此不论是承包商的索赔还是业主的索赔均应首先提交给工程师。任何一方要求工程师作出决定时，他应与双方协商尽力达成一致。如果未能达成一致，则应按照合同规定并适当考虑有关情况后作出公正的决定。

(2)提交争端裁决委员会决定

双方起因于合同的任何争端，包括对工程师签发的证书、作出的决定、指示、意见或估价不同意接受时，可将争议提交合同争端裁决委员会，并将副本送交对方和工程师。裁决委员会在收到提交的争议文件后 84 d 内作出合理的裁决。作出裁决后的 28 d 内任何一方未提出不满意裁决的通知，则此裁决即为最终的决定。

(3)双方协商

任何一方对裁决委员会的裁决不满意，或裁决委员会在 84 d 内没能作出裁决，在此期限后的 28 d 内应将争议提交仲裁。仲裁机构在收到申请后的 56 d 才开始审理，这一时间要求双方尽量以友好的方式解决合同争议。

(4)仲裁

如果双方仍未能通过协商解决争议，则只能在合同约定的仲裁机构最终解决。

2)争端裁决委员会

签订合同时，业主与承包商通过协商组成裁决委员会。裁决委员会可约定为 1 名或 3 名成员，一般由 3 名成员组成，合同每一方应提名一位成员，由对方批准。双方应与这两名成员共同商定第三位成员，第三人作为主席。争端裁决委员会属于非强制性但具有法律效力的行为，相当于我国法律中解决合同争议的调解，但其性质则属于个人委托。成员应对承包合同的履行和合同的解释方面有经验，能流利地使用合同中规定的交流语言。

6. 施工阶段的合同管理

1）施工进度管理

（1）承包商编制施工进度计划

承包商应在合同约定的日期或接到中标函后的 42 d 内（合同未作约定）开工，工程师则应至少提前 7 d 通知承包商开工日期。承包商收到开工通知后的 28 d 内，按工程师要求的格式和详细程度提交施工进度计划，说明为完成施工任务而打算采用的施工方法、施工组织方案、进度计划安排，以及按季度列出根据合同预计应支付给承包人费用的资金估算表。

合同履行过程中，一个准确的施工计划对合同涉及的有关各方都有重要的作用。不仅要求承包人按计划施工，而且工程师也应按计划作好保证施工顺利进行的协调管理工作，同时也是判定业主是否延误移交施工现场、迟发图纸以及他应提供的材料、设备，成为影响施工应承担责任的依据。

（2）工程师对施工进度的监督

为了便于工程师对合同的履行进行有效的监督和管理以及协调各合同之间的配合，承包商每个月都应向工程师提交进度报告，说明前一阶段的进度情况和施工中存在的问题，以及下一阶段的实施计划和准备采取的相应措施。

当工程师发现实际进度与计划进度严重偏离时，不论实际进度是超前还是滞后，为了使进度计划有实际指导意义，有权随时指示承包人编制改进的施工进度计划，并再次提交工程师认可后执行，新进度计划将代替原来的计划。

（3）顺延合同工期

通用条件的条款中规定可以给承包商合理延长合同工期的条件通常可能包括延误发放图纸、延误移交施工现场、承包商依据工程师提供的错误数据导致放线错误、不可预见的外界条件、施工中遇到文物和古迹对施工进度的干扰以及发生不可抗力事件等。

2）施工质量管理

（1）建立承包商的质量体系

通用条件规定，承包商应按照合同的要求建立一套质量管理体系，以保证施工符合合同要求。在每一工作阶段开始实施前，承包商应将所有工作程序的细节和执行文件提交工程师，供其参考。

（2）现场资料管理

承包商的投标书被认为他在投标阶段对招标文件中提供的图纸、资料和数据进行过认真审查和核对，并通过现场考察和质疑已取得了对工程可能产生影响的有关风险、意外事故及其他情况的全部必要资料。业主同样有义务向承包商提供基准日（指投标截止日期前第 28 天）后得到的所有相关资料和数据。不论是招标阶段提供的资料还是后续提供的资料，业主应对资料和数据的真实性和正确性负责，但对承包商依据资料的理解、解释或推论导致的错误不承担责任。

（3）质量的检查和检验

为了保证工程的质量，工程师除了按合同规定进行正常的检验外，还可以在认为必要时依据变更程序指示承包商变更规定检验的位置或细节、进行附加检验或试验等。由于额外检查和试验是基准日前承包商无法合理预见的情况，影响到的费用和工期视检验结果是否合格划分责任归属。

(4)对承包商设备的控制

工程质量的好坏和施工进度的快慢，很大程度上取决于投入施工的机械设备、临时工程在数量和型号上的满足程度。对承包商设备的控制包括对承包人自有的施工设备和租赁的施工设备的控制。若工程师发现承包人使用的施工设备影响了工程进度或施工质量时，有权要求承包人增加或更换施工设备，由此增加的费用和工期延误责任由承包人承担。

(5)环境保护

承包商的施工应遵守环境保护的有关法律和法规的规定，采取一切合理措施保护现场内外的环境，限制因施工作业引起的污染、噪音或其他对公众和财产造成损害和妨碍。施工产生的散发物、地面排水和排污不能超过环保规定的数值。

3)工程变更管理

工程变更，是指施工过程中出现了与签订合同时的预计条件不一致的情况，而需要改变原定施工承包范围内的某些工作内容。工程师可以根据施工进展的实际情况，在认为必要时就对合同中任何工作工程量的改变等方面发布变更指令，变更估价由双方协商确定。

4)工程进度款的支付管理

(1)预付款

预付款又称动员预付款，是业主为了帮助承包商解决施工前期开展工作时的资金短缺，从未来的工程款中提前支付的一笔款项。合同工程是否有预付款，以及预付款的金额多少、支付(分期支付的次数及时间)和扣还方式等均要在专用条款内约定。通用条件内针对预付款金额不少于合同价 22%的情况，规定了管理程序。

①动员预付款的支付。预付款的数额由承包商在投标书内确认。承包商需首先将银行出具的履约保函和预付款保函交给业主并通知工程师，工程师在 21 d 内签发“预付款支付证书”，业主按合同约定的数额和外币比例支付预付款。预付款保函金额始终保持与预付款等额，即随着承包商对预付款的偿还逐渐递减保函金额。

②动员预付款的扣还。预付款在分期支付工程进度款的支付中按百分比扣减的方式偿还。

(2)用于永久工程的设备和材料预付款

由于合同条件是针对包工包料承包的单价合同编制的，因此规定由承包商自筹资金采购工程材料和设备，只有当材料和设备用于永久工程后，才能将这部分费用计入到工程进度款内结算支付。通用条件规定，为了帮助承包商解决订购大宗主要材料和设备所占用资金的周转，订购物资经工程师确认合格后，按发票价值 80%作为材料预付的款额，含在当月应支付的工程进度款内。双方也可以在专用条款内修正这个百分比，目前施工合同的约定通常在 60%～90%范围内。

(3)业主的资金安排

为了保障承包商按时获得工程款的支付，通用条件内规定，如果合同内没有约定支付表，当承包商提出要求时，业主应提供资金安排计划。

(4)保留金

保留金是按合同约定从承包商应得的工程进度款中相应扣减的一笔金额保留在业主手中，作为约束承包商严格履行合同义务的措施之一。当承包商有一般违约行为使业主受到损失时，可从该项金额内直接扣除损害赔偿费。

合同内以履约保函和保留金两种手段作为约束承包商忠实履行合同义务的措施，当承包商严重违约而使合同不能继续顺利履行时，业主可以凭履约保函向银行获取损害赔偿；而因承包商的一般违约行为令业主声蒙受损失时，通常利用保留金补偿损失。履约保函和保留金的约束期均是承包商负有施工义务的责任期限(包括施工期和保修期)。

(5)工程进度款的支付程序

①工程量计量。工程量清单中所列的工程量仅是对工程的估算量，不能作为承包商完成合同规定施工义务的结算依据。每次支付工程月进度款前，均需通过测量来核实实际完成的工程量，以计量值作为支付依据。

采用单价合同的施工工作内容应以计量的数量作为支付进度款的依据，而总价合同或单价包干混合式合同中，按总价承包的部分可以按图纸工程量作为支付依据，仅对变更部分予以计量。

②承包商提供报表。每个月的月末，承包商应按工程师规定的格式提交一式 6 份本月支付报表，提出本月已完成合格工程的应付款要求和对应扣款的确认。

③工程师签证。工程师接到报表后，对承包商完成的工程形象、项目、质量数量以及各项价款的计算进行核查。若有疑问时，可要求承包商共同复核工程量。在收到承包商的支付报表的 28 d 内，按核查结果以及总价承包分解表中核实的实际完成情况签发支付证书。

④业主支付。承包商的报表经过工程师认可并签发工程进度款的支付证书后，业主应在接到证书后及时给承包商付款。业主的付款时间不应超过工程师收到承包商的月进度付款申请单后的 56 d。如果逾期支付将承担延期付款的违约责任，延期付款的利息按银行贷款利率加 3%计算。

7. 竣工验收阶段的合同管理

1)竣工检验和移交工程

(1)竣工检验

承包商完成工程并准备好竣工报告所需报送的资料后，应提前 21 d 将某一确定的日期通知工程师，说明此日后已准备好进行竣工检验。工程师应指示在该日期后 14 d 内的某日进行。此项规定同样适用于按合同规定分部移交的工程。

(2)颁发工程接收证书

工程通过竣工检验达到了合同规定的“基本竣工”要求后，承包商在他认为可以完成移交工作前 14 d 以书面形式向工程师申请颁发接收证书。基本竣工是指工程已通过竣工检验，能够按照预定目的交给业主占用或使用，而非完成了合同规定的包括扫尾、清理施工现场及不影响工程使用的某些次要部位缺陷修复工作后的最终竣工，剩余工作允许承包商在缺陷责任期内继续完成。

工程师接到承包商申请后的 28 d 内，如果认为已满足竣工条件，即可颁发工程接收证书；若不满意，则应书面通知承包商，指出还需完成哪些工作后才达到基本竣工条件。工程接收证书中包括确认工程达到竣工的具体日期。工程接收证书颁发后，不仅表明承包商对该部分工程的施工义务已经完成，而且对工程照管的责任也转移给业主。

2)未能通过竣工检验

(1)重新检验

如果工程或某区段未能通过竣工检验，承包商对缺陷进行修复和改正，在相同条件下重复进行此类未通过的试验和对任何相关工作的竣工检验。

(2)重复检验仍未能通过

当整个工程或某区段未能通过按重新检验条款规定所进行的重复竣工检验时，工程师应有权选择以下任何一种处理方法：

①指示再进行一次重复的竣工检验；

②如果由于该工程缺陷致使业主基本上无法享用该工程或区段所带来的全部利益，拒收整个工程或区段(视情况而定)，在此情况下，业主有权获得承包商的赔偿。

3)竣工结算

颁发工程接收证书后的 84 d 内，承包商应按工程师规定的格式报送竣工报表。工程师接到竣工报表后，应对照竣工图进行工程量详细核算，对其他支付要求进行审查，然后再依据检查结果签署竣工结算的支付证书。此项签证工作，工程师也应在收到竣工报表后 28 d 内完成。业主依据工程师的签证予以支付。

8. 缺陷责任期阶段的合同管理

缺陷责任期即国内施工文本所指的工程保修期，自工程接收证书中写明的竣工日开始，至工程师颁发履约证书为止的日历天数。尽管工程移交前进行了竣工检验，但只是证明承包商的施工工艺达到了合同规定的标准，设置缺陷责任期的目的是为了考验工程在动态运行条件下是否达到了合同中技术规范的要求。若承包商未能负责，业主有权雇用其他人实施并予以付款。如果属于承包商应承担的责任原因导致，业主有权按照业主索赔的程序由承包商赔偿。

9.3 我国工程项目施工合同管理

9.3.1 学习任务

通过对我国工程项目施工合同管理知识的学习，能够确定施工合同管理的有关内容，并进行合同管理工作。

9.3.2 相关配套知识

工程项目施工合同是发包人与承包人就完成具体工程项目的建筑施工、设备安装、设备调试、工程保修等工作内容，确定双方权利和义务的协议。施工合同是工程建设的主要合同，是工程建设质量控制、进度控制、投资控制的主要依据。在市场经济条件下，建设市场主体之间相互的权利义务关系主要是通过合同确立的，因此，在工程建设领域加强对施工合同的管理具有十分重要的意义。

1. 建设工程施工合同示范文本

施工合同的内容复杂、涉及面宽，如果当事人缺乏经验，所订合同常易发生难以处理的纠纷。为了避免当事人遗漏项目或产生纠纷，建设部和国家工商行政管理总局从 1991 年开始批准发布了全国第一个《建设工程施工合同(示范文本)》，旨在提示合同当事人在订立合同时更好地明确各自的权利义务，防止合同纠纷；于 1999 年又对其进行了修订，印发了《建设工程施工合同(示范文本)》。示范文本对合同当事人的权利义务进行罗列，条款内容不仅涉及各种情况下双方的合同责任和规范化的履行管理程序，而且涵盖了非正常情况的处理原则，如变更、索赔、不可抗力、合同的被迫终止、争议的解决等方面。

1)示范文本的组成

示范文本由《协议书》、《通用条款》、《专用条款》三部分组成，并附有三个附件。

(1)《协议书》

《协议书》是施工合同的总纲性法律文件，经过双方当事人签字盖章后合同即成立。标准化的协议书格式文字量不大，需要结合承包工程特点填写的约定主要内容包括：工程概况、工程承包范围、合同工期、质量标准、合同价款、合同生效时间，并明确对双方有约束力的合同文件组成。

(2)《通用条款》

《通用条款》是在广泛总结国内工程实施成功经验和失败教训的基础上，参考 FIDIC《土木工程施工合同条件》相关内容的规定，编制的规范承发包双方履行合同义务的标准化条款。通用条件包括：词语定义及合同文件；双方一般权利和义务；施工组织设计和工期；质量与检验；安全施工；合同价款与支付；材料设备供应；工程变更；竣工验收与结算；违约、索赔和争议；其他共 11 部分，47 个条款。《通用条款》适用于各类建设工程施工的条款，在使用时不作任何改动。

(3)《专用条款》

由于具体实施工程项目的工作内容各不相同，施工现场和外部环境条件各异，因此还必须有反映招标工程具体特点和要求的专用条款的约定。示范文本中的《专用条款》部分是结合具体工程双方约定的条款，为当事人提供了编制具体合同时应包括内容的指南，具体内容由当事人根据发包工程的实际要求细化。《专用条款》是对《通用条款》的补充、修改或具体化。

具体工程项目编制专用条款的原则是，结合项目特点，针对通用条款的内容进行补充或修正，达到相同序号的通用条款和专用条款共同组成对某一方面问题内容完备的约定。因此专用条款的序号不必依此排列，通用条件已构成完善的部分不需重复抄录，只按对通用条款部分需要补充、细化甚至弃用的条款作相应说明，按照通用条款对该问题的编号顺序排列即可。

(4)附件

示范文本为使用者提供了《承包方承揽工程项目一览表》、《发包方供应材料设备一览表》以及《房屋建筑工程质量保修书》三个附件，如果具体项目的实施为包工包料承包，则可以不使用发包人供应材料设备表。

2)施工合同文件的组成及解释顺序

(1)施工合同文件的组成

组成建设工程施工合同的文件包括：

①施工合同协议书；

②中标通知书；

③投标书及其附件；

④施工合同专用条款；

⑤施工合同通用条款；

⑥标准、规范及有关技术文件；

⑦图纸；

⑧工程量清单；

⑨工程报价单或预算书。

双方有关工程的洽商、变更等书面协议或文件视为协议书的组成部分。

(2)施工合同文件的解释顺序

上述合同文件应能够互相解释、互相说明。当合同文件中出现不一致时，上面的顺序就是合同的优先解释顺序。当合同文件出现含糊不清或者当事人有不同理解时，按照合同争议的解决方式处理。

2. 施工合同的相关内容

1)合同涉及的有关各方

(1)合同当事人

①发包人。发包人指在协议书中约定，具有工程发包主体资格和支付工程价款能力的当事人以及取得该当事人资格的合法继承人。

②承包人。承包人指在协议书中约定，被发包人接受的具有工程施工承包主体资格的当事人以及取得该当事人资格的合法继承人。

(2)工程师

工程师指工程监理单位委派的总监理工程师或发包人指定的履行施工合同的代表。发包人可以委托监理单位，全部或者部分负责合同的履行管理。

2)施工合同的标的

工程施工合同的标的是工程，包括土木建筑工程和建筑范围内的线路、管道、设备安装工程的新建、扩建、改建及相应的装饰装修活动，主要包括各类房屋、公路、铁路、机场、港口、桥梁、矿井、水库、电站、电力、通信线路、石油、石化、化工、燃气、给水、排水、供热等管道系统以及各类机械设备、装置的安装等。

(1)工程概况

工程概况包括的内容很多，在签订合同中应认真填写，如对于需经有关部门审批立项才能建设的工程，应填写立项批准文号。批准立项的部门是指按照工程立项的有关规定和审批权限有权审批工程立项的部门。工程项目的资金来源是多样的，包括政府财政拨款、银行贷款、单位自筹以及外商投资、国际金融机构贷款、赠款等。对于不同资金来源的项目，应在协议书的工程概况中列明不同方式所占的比例。

(2)工程承包范围

工程承包范围是指承包人承包的工作范围和内容。工程范围是施工合同的必备条款。

3)合同工期、质量、价款

合同工期、质量、价款是协议书中最为重要的内容，也是合同的实质性条款。按照《招标投标法》规定，实行招标投标的工程，招标人和中标人必须按照招标文件和中标人的投标文件订立书面合同，招标人和中标人不得再行订立背离合同实质性内容的其他协议。

(1)合同工期

合同工期是指施工承包人完成施工任务的期限。每个工程根据性质的不同，所需要的建设工期也各不相同。建设工期能否合理确定往往会影响到工程质量的好坏。实践中，有的发包人由于种种原因，常常要求缩短工期，施工承包人为了赶进度，只好偷工减料，仓促施工，结果导致严重的工程质量问题。因此为了保证工程质量，双方当事人应当在施工合同中确定合理的建设工期。

(2)质量标准

质量标准是协议书中的核心内容。工程质量往往通过设计图纸和施工说明书、施工技术标准加以确定。工程质量条款是明确对承包人的施工要求，确定承包人责任的依据，是施工合同的必备条款。工程质量必须符合国家有关建设工程安全标准化的要求，发包人不得以任何理由，要求施工承包人在施工中违反法律、行政法规以及建设工程质量、安全标准，降低工程质量。

(3)合同价款

合同价款是被发包人接受的承包人的投标报价。对于招标工程,可通过招投标的方式确定合同价款;对于非招标工程,应以施工图预算为基础,由发包人承包人双方商定加工程变更增减价的方式确定。合同价款不是全部工程价格,除合同价款外,工程价格还包括追加合同价款和由发包人支付的其他费用。

4)合同生效

《合同法》第四十四条规定:依法成立的合同,自成立时生效。并且还规定,法律、行政法规规定应当办理批准、登记等手续生效的,依照其规定。对于施工合同,目前,《建筑法》及其他法律、行政法规并未规定需要办理批准、登记手续才能生效。同时,按照《合同法》第三十二条规定,当事人采用合同书形式订立合同的,自双方当事人签字或者盖章时合同成立。《建筑法》和《合同法》都要求采用书面形式订立施工合同,因此,施工合同自双方当事人签字或者盖章时生效。另外,《合同法》第四十五条还规定,当事人对合同的效力可以约定附条件。附生效条件的合同,自条件成就时生效。因此,发包人和承包人可以在协议书中约定合同生效的条件。如合同经公证或鉴证后生效。

合同订立时间指合同双方签字盖章的时间。双方如不约定合同生效条件,则合同订立时间就是合同生效时间。合同订立地点指合同双方签字盖章的地点。

5)通用条款的主要内容

建设工程施工:合同签订双方的权利义务,体现在通用条款内容中。通用条款内容除明确规定履行内容、方式、期限,违约责任以及解决争议的方法外,还应明确建设工期、中间交工工程的开工和竣工时间、工程质量、工程造价、技术资料交付时间、材料设备供应责任、拨款和结算、交工验收、质量保证期、双方互相协作等内容。由于篇幅所限,不能一一诠释,现将合同双方的主要义务列出。

(1)发包人的义务

①办理土地征用、拆迁补偿、平整施工场地等工作,使施工场地具备施工条件,并在开工后继续解决以上事项的遗留问题。双方需要约定施工场地具备施工条件的要求及完成的时间,以便承包人能够及时接收适用的施工现场,按计划开始施工。

②将施工所需水、电、通信线路从施工场地外部接至双方约定地点,并保证施工期间需要。双方需要约定三通的时间、地点和供应要求。

③开通施工场地与城乡公共道路的通道,以及双方约定的施工场地内的主要交通干道,满足施工运输的需要,保证施工期间的畅通。双方需要约定移交给承包人交通通道或设施的开通时间和应满足的要求。

④向承包人提供施工场地及毗邻区域的工程地质和供水、排水、供电、供气、供热、通信、广播电视等地下管线资料,气象和水文观测资料,相邻建筑物和构筑物、地下工程的有关资料,并对资料的真实、准确和完整性负责。双方需要约定向承包人提供工程地质和其他资料的时间。

⑤办理工程质量监督手续。

⑥办理施工许可证和临时用地、停水、停电、中断道路交通、爆破作业以及可能损坏道路、管线、电力、通信等公共设施法律、法规规定的申请批准手续及其他施工所需的证件(证明承包人自身资质的证件除外)。双方需要约定发包人提供施工所需证件、批件的名称和时间,以便承包人合理进行施工组织。

⑦确定水准点与坐标控制点,以书面形式交给承包人,并进行现场交验。双方需要分项明

确约定放线依据资料的交验要求，以便合同履行过程中合理地区分放线错误的责任归属。

⑧组织承包人和设计单位进行图纸会审和设计交底。双方需要约定具体的时间。

⑨协调处理施工现场周围地下管线和邻近建筑物、构筑物(包括文物保护建筑)、古树名木的保护工作，并承担有关费用。双方需要约定具体的范围和内容。

⑩组织设计、施工、监理等有关单位进行竣工验收并办理竣工验收备案手续。

⑪建立、健全并及时向建设行政主管部门或者其他有关部门移交建设项目档案。

⑫发包人应做的其他工作，双方需要约定。

(2)承包人义务

①根据发包人的委托，在其设计资质允许的范围内，完成施工图设计或与工程配套设计，经工程师确认后使用，发生的费用由发包人承担。如果属于设计施工总承包合同或承包工作范围内包括部分施工图设计任务，则双方需要约定承担设计任务单位的设计资质等级及设计文件的提交时间和文件要求(可能属于施工承包人的设计分包人)。

②向工程师提供年、季、月工程进度计划及相应进度统计报表。双方需要约定应提供计划、报表的具体名称和时间。

③按工程需要提供和维修非夜间施工使用的照明、围栏设施，并负责安全保卫。双方需要约定具体的工作位置和要求。

④按双方约定的数量和要求，向发包人提供在施工现场办么和生活的房屋及设施，发生费用由发包人承担。双方需要约定设施名称、要求和完成时间。

⑤遵守有关行政部门对施:正场地交通、施工噪声以及环境保护和安全生产等的管理规定，按管理规定办理有关手续，并以书面形式通知发包人。发包人承担由此发生的费用，因承包人责任造成的罚款除外。双方需要约定需承包人办理的有关内容。

⑥已竣工工程未交付发包人之前，承包人按专用条款约定负责已完工程的成品保护工作，保护期间发生损坏，承包人自费予以修复。双方需要约定要求承包人采取特殊措施保护的单位工程的部位和相应追加合同价款。

⑦按双方的约定做好施工现场地下管线和邻近建筑物、构筑物(包括文物保护建筑)、古树名木的保护工作。双方需要约定需要保护的范围和费用。

⑧保证施工场地清洁符合环境卫生管理的有关规定。交工前清理现场达到双方约定的要求，承担因自身原因违反有关规定造成的损失和罚款。双方需要根据施工管理规定和当地的环保要求，约定对施工现场的具体要求。

⑨承包人应做的其他工作，双方需要约定。

3. 施工进度管理

(1)进度计划

承包人应当按照约定的日期，将施工组织设计和工程进度计划提交工程师。群体工程中采取分阶段进行施工的单项工程，承包人则应按照发包人提供图纸及有关资料的时间，按单项工程编制进度计划，分别向工程师提交。工程师接到承包人提交的进度计划后，应当予以确认或者提出修改意见。如果工程师逾期不确认也不提出书面修改意见，则视为已经同意。但是，工程师对进度计划予以确认或者提出修改意见，并不免除承包人对施工组织设计和工程进度计划本身的缺陷所应承担的责任。

(2)开工及延期开工

承包人应当按约定的开工日期开始施工。承包人不能按时开工，应在不迟于约定的开工日期前7 d,以书面形式向工程师提出延期开工的理由和要求。工程师在接到延期开工申请后的48 h内以书面形式答复承包人。工程师在接到延期开工申请后的48 h内不答复,视为同意承包人的要求,工期相应顺延。因发包人的原因不能按照协议书约定的开工日期开工,工程师以书面形式通知承包人后,可推迟开工日期。承包人对延期开工的通知没有否决权,但发包人应当赔偿承包人因此造成的损失,相应顺延工期。

(3)工期延误

承包人应当按照合同约定完成工程施工,如果由于其自身的原因造成工期延误,应当承担违约责任。但是,在有些情况下工期延误后,竣工日期可以相应顺延。因以下原因造成工期延误,经工程师确认,工期相应顺延:

①发包人不能按约定提供开工条件;

②发包人不能按约定日期支付工程预付款、进度款,致使工程不能正常进行;

③设计变更和工程量增加;

④一周内非承包人原因停水、停电、停气造成停工累计超过8 h;

⑤不可抗力;

⑥双方约定或工程师同意工期顺延的其他情况。

承包人在工期可以顺延的情况发生后14 d内,就将延误的工期向工程师提出书面报告。工程师在收到报告后14 d内予以确认答复,逾期不予答复,视为报告要求已经被确认。

4. 工程质量管理

工程施工中的质量控制是合同履行中的重要环节。施工合同的质量控制涉及许多方面的因素,任何一个方面的缺陷和疏漏,都会使工程质量无法达到预期的标准。

(1)工程质量标准

工程质量应当达到协议书约定的质量标准,质量标准的评定以国家或者专业的质量检验评定标准为准。达不到约定标准的工程部位,工程师一经发现,可要求承包人返工,承包人应当按照工程师的要求返工,直到符合约定标准。因承包人的原因达不到约定标准,由承包人承担返工费用,工期不予顺延。因发包人的原因达不到约定标准,由发包人承担返工的追加合同价款,工期相应顺延。因双方原因达不到约定标准,责任由双方分别承担。按照《建设工程质量管理办法》的规定,对达不到国家标准规定的合格要求的或者合同中规定的相应等级要求的工程,要扣除一定幅度的承包价。

(2)施工过程中的检查和返工

在工程施工过程中,工程师及其委派人员对工程的检查、检验,是他们的一项日常性工作和重要职能。承包人应认真按照标准、规范和设计要求以及工程师依据合同发出的指令施工,随时接受工程师及其委派人员的检查检验,为检查、检验提供便利条件,并按工程师及其委派人员的要求返工、修改,承担由于自身原因导致返工、修改的费用。检查检验合格后,又发现因承包人引起的质量问题,由承包人承担责任,赔偿发包人的直接损失,工期相应顺延。检查检验不应影响施工正常进行,如影响施工正常进行,检查检验不合格时,影响正常施工的费用由承包人承担。除此之外影响正常施工的追加合同价款由发包人承担,相应顺延工期。

(3)隐蔽工程和中间验收

由于隐蔽工程在施工中一旦完成隐蔽,很难再对其进行质量检查(这种检查成本很大),因此必须在隐蔽前进行检查验收。对于中间验收,合同双方应约定需要进行中间验收的单项工程和部位的名称、验收的时间和要求,以及发包人应提供的便利条件。工程具备隐蔽条件和达到约定的中间验收部位，承包人进行自检，并在隐蔽和中间验收前 48 h 以书面形式通知工程师验收。通知包括隐蔽和中间验收内容、验收时间和地点。承包人准备验收记录，验收不合格，承包人在工程师限定的时间内修改后重新验收。工程质量符合标准、规范和设计图纸等的要求，验收 24 h 后，工程师不在验收记录上签字，视为工程师已经批准，承包人可进行隐蔽或者继续施工。

(4)重新检验

工程师不能按时参加验收，需在开始验收前 24 h 向承包人提出书面延期要求，延期不能超过两天。工程师未能按以上时间提出延期要求，不参加验收，承包人可自行组织验收，发包人应承认验收记录。无论工程师是否参加验收，当其提出对已经隐蔽的工程重新检验的要求时，承包人应按要求进行剥露或者开孔，并在检验后重新覆盖或者修复。检验合格，发包人承担由此发生的全部追加合同价款，赔偿承包人损失，并相应顺延工期。检验不合格，承包人承担发生的全部费用，工期不予顺延。

(5)试车

对于设备安装工程，应当组织试车。试车内容应与承包人承包的安装范围相一致。

①单机无负荷试车

设备安装工程具备单机无负荷试车条件，由承包人组织试车。只有单机试运转达到规定要求，才能进行联试。承包人应在试车前 48 h 书面通知工程师。通知内容包括试车内容、时间、地点。承包人准备试车记录，发包人根据承包人要求为试车提供必要条件。试车通过，工程师在试车记录上签字。

②联动无负荷试车

设备安装工程具备无负荷联动试车条件，由发包人组织试车，并在试车前 48 h 书面通知承包人。通知内容包括试车内容、时间、地点和对发包人的要求，承包人按要求做好准备工作和试车记录。试车通过，双方在试车记录上签字。

③投料试车

投料试车，应当在工程竣工验收后由发包人全部负责。如果发包人要求承包人配合或在工程竣工验收前进行时，应当征得承包人同意，另行签订补充协议。

5. 合同价款管理

(1)施工合同价款及调整

施工合同价款，是按有关规定和协议条款约定的各种取费标准计算，用以支付承包人按照合同要求完成工程内容的价款总额。这是合同双方关心的核心问题之一，招投标等工作主要是围绕合同价款展开的。合同价款应依据中标通知书中的中标价格和非招标工程的工程预算书确定。合同价款双方约定后，任何一方不得擅自改变。

合同价款可以按照固定价格合同、可调整价格合同、成本加酬金合同 3 种方式约定。可调整价格合同中价款调整的范围包括：

①国家法律、行政法规和国家政策变化影响合同价款；

②工程造价管理部门公布的价格调整；

③一周内非承包人原因停水、停电、停气造成停工累计超过 8 h；

④双方约定的其他调整或增减。

承包人应当在价款可以调整的情况发生后 14 d 内，将调整原因、金额以书面形式通知工程师，工程师确认后作为追加合同价款，与工程款同期支付。工程师收到承包人通知之后 14 d

内不作答复也不提出修改意见，视为该项调整已经同意。

(2)工程预付款

工程预付款主要是用于采购建筑材料。预付额度，建筑工程一般不得超过当年建筑(包括水、电、暖、卫等)工程工作量的30%，大量采用预制构件以及工期在6个月以内的工程，可以适当增加；安装工程一般不得超过当年安装工程量的10%，安装材料用量较大的工程，可以适当增加。双方应当约定发包人向承包人预付工程款的时间和数额，开工后按约定的时间和比例逐次扣回。预付时间应不迟于约定的开工日期前7 d。发包人不按约定预付，承包人在约定预付时间7 d后向发包人发出要求预付的通知，发包人收到通知后仍不能按要求预付，承包人可在发出通知后7 d停止施工，发包人应从约定应付之日起向承包人支付应付款的贷款利息，并承担违约责任。

(3)工程量的确认

对承包人已完成工程量的核实确认，是发包人支付工程款的前提。其具体的确认程序如下：首先，承包人向工程师提交已完工程量的报告；然后，工程师进行计量。工程师接到报告后7 d内按设计图纸核实已完成工程量(以下称计量)，并在计量前24 h通知承包人，承包人为计量提供便利条件并派人参加。承包人不参加计量，发包人自行进行，计量结果有效，作为工程价款支付的依据。工程师收到承包人报告后7 d内未进行计量，从第8 d起，承包人报告中开列的工程量即视力已被确认，作为工程价款支付的依据。工程师不按约定时间通知承包人，使承包人不能参加计量，计算结果无效。工程师对承包人超出设计图纸范围和(或)因自身原因造成返工的工程量，不予计量。

(4)工程款(进度款)支付

工程款(进度款)的支付方式包括下列几种：

①按月结算。这种结算方法实行旬末或月中预支、月末结算，竣工后清算的办法。跨年度施工的工程，在年终进行工程盘点，办理年度结算。

②竣工后一次结算。建设项目或单项工程全部建筑安装工程建设期较短或施工合同价较低的，可以实行工程价款每月月中预支，竣工后一次结算。

③分段结算。这种结算方式要求当年开工、当年不能竣工的单项工程或单位工程按照工程形象进度，划分不同阶段进行结算。

④其他结算方式。结算双方可以约定采用并经开户银行同意的其他结算方式。

发包人应在双方计量确认后14 d内，向承包人支付工程款(进度款)。同期用于工程上的发包人供应材料设备的价款，以及按约定时间发包人应按比例扣回的预付款，与工程款(进度款)同期结算。合同价款调整、设计变更调整的合同价款及追加的合同价款，应与工程款(进度款)同期调整支付。发包人超过约定的支付时间不支付工程款(进度款)，承包人可向发包人发出要求付款的通知，发包人在收到承包人通知后仍不能按要求支付，可与承包人协商签订延期付款协议，经承包人同意后可以延期支付。协议需明确延期支付时间和从结果确认计量后第15 d起计算应付款的贷款利息。发包人不按合同约定支付工程款(进度款)，双方又未达成延期付款协议，导致施工无法进行，承包人可停止施工，由发包人承担违约责任。

6. 竣工验收与结算管理

(1)竣工验收工作程序

①工程具备竣工验收条件，承包人按国家工程竣工验收的有关规定，向发包人提供完整竣工资料及竣工验收报告。双方约定由承包人提供竣工图的，应当约定提供的日期和份数。

②发包人收到竣工验收报告后 28 d 内组织有关部门验收，并在验收后 14 d 内给予认可或提出修改意见。承包人按要求修改。

③由于承包人原因，工程质量达不到约定的质量标准，承包人承担违约责任。因特殊原因，发包人要求部分单位工程或者工程部位需甩项竣工时，双方另行签订甩项竣工协议，明确各方责任和工程价款的支付办法。建设工程未经验收或验收不合格，不得交付使用。发包人强行使用的，由此发生的质量问题及其他问题，由发包人承担责任。

(2)竣工结算

①工程竣工验收报告经发包人认可后 28 d 内，承包人向发包人递交竣工结算报告及完整的结算资料。

②发包人自收到竣工结算报告及结算资料后 28 d 内进行核实，确认后支付工程竣工结算价款。承包人收到竣工结算价款后 14 d 内将竣工工程交付发包人。工程竣工验收报告经发包人认可后 28 d 内，承包人未能向发包人递交竣工决算报告及完整的结算资料，造成工程竣工结算不能正常进行或工程竣工结算价款不能及时支付，发包人要求交付工程的，承包人应当交付；发包人不要求交付工程的，承包人承担保管责任。

③发包人收到竣工结算报告及结算资料后 28 d 内无正当理由不支付工程竣工结算价款，从第 29 d 起按承包人同期向银行贷款利率支付拖欠工程价款的利息，并承担违约责任。发包人收到竣工决算报告及结算资格后 28 d 内不支付工程竣工结算价款，承包人可以催告发包人支付结算价款。发包人在收到竣工结算报告及结算资料后 56 d 内仍不支付的，承包人可以与发包人协议将该工程折价，也可以由承包人申请人民法院将该工程依法拍卖，承包人就该工程折价或者拍卖的价款优先受偿。

(3)质量保修

建设工程办理交工验收手续后，在规定的期限内，因勘察、设计、施工、材料等原因造成的质量缺陷，应当由施工单位负责维修。所谓质量缺陷是指工程不符合国家或行业现行的有关技术标准、设计文件以及合同中对质量的要求。

为了保证保修任务的完成，承包人应当向发包人支付保修金，也可由发包人从应付承包人工程款内预留。质量保修金的比例及金额由双方约定，但不应超过施工合同价款的 5%。工程的质量保证期满后，发包人应当及时结算和返还(如有剩余)质量保修金。发包人应当在质量保证期满后 14 d 内，将剩余保修金和按约定利率计算的利息返还承包人。

7. 合同变更的管理

(1)设计变更

在施工过程中如果发生设计变更，将对施工进度产生很大的影响。因此，应尽量减少设计变更，如果必须对设计进行变更，必须严格按照国家的规定和合同约定的程序进行。

①发包人对原设计进行变更

施工中发包人如果需要对原工程设计进行变更，应不迟于变更前 14 d 以书面形式向承包人发出变更通知。变更超过原设计标准或者批准的建设规模时，需经原规划管理部门和其他有关部门审查批准，并由原设计单位提供变更相应的图纸和说明。

②承包人原因对原设计进行变更

承包人应当严格按照图纸施工，不得随意变更设计。施工中承包人提出的合理化建议涉及对设计图纸或者施工组织设计的更改及对原材料、设备的更换，需经工程师同意。工程师同意变更后，也需经原规划管理部门和其他有关部门审查批准，并由原设计单位提供变更相应的图纸和说明。承包人未经工程师同意擅自更改或换用时，由承包人承担由此发生的费用，赔偿发包人的有关损失，延误的工期不予顺延。

由于发包人对原设计进行变更，以及经工程师同意的、承包人要求进行的设计变更，导致合同价款的增减及造成的承包人损失，由发包人承担，延误的工期相应顺延。

(2)其他变更

合同履行中发包人要求变更工程质量标准及发生其他实质性变更，由双方协商解决。

(3)变更价款的确定

①变更价款的确定程序

设计变更发生后，承包人在工程设计变更确定后 14 d 内，提出变更工程价款的报告，经工程师确认后调整合同价款。承包人在确定变更后 14 d 内不向工程师提出变更工程价款报告时，视为该项设计变更不涉及合同价款的变更。工程师收到变更工程价款报告之日起 7 d 内，予以确认。工程师无正当理由不确认时，自变更价款报告送达之日起 14 d 后变更工程价款报告自行生效。

②变更价款的确定方法

变更合同价款按照下列方法进行：

a. 合同中已有适用于变更工程的价格，按合同已有的价格计算变更合同价款；

b. 合同中只有类似于变更工程的价格，可以参照此价格确定变更价格，变更合同价款；

c. 合同中没有适用或类似于变更工程的价格，由承包人提出适当的变更价格，经工程师确认后执行。

8. 合同争议管理

合同当事人在履行施工合同时发生争议，可以和解或者要求合同管理及其他有关主管部门调解。和解或调解不成的，双方可以约定以以下一种方式解决争议：

(1)双方达成仲裁协议，向约定的仲裁委员会申请仲裁。

(2)向有管辖权的人民法院起诉。

发生争议后，在一般情况下，双方都应继续履行合同，保持施工连续，保护好已完工程。只有出现下列情况时，当事人方可停止履行施工合同：

(1)单方违约导致合同确已无法履行，双方协议停止施工；

(2)调解要求停止施工，且为双方接受；

(3)仲裁机构要求停止施工；

(4)法院要求停止施工。

9.4 我国工程项目货物采购合同管理

9.4.1 学习任务

通过对工程项目货物采购合同管理知识的学习，能够确定货物采购合同内容。

9.4.2 相关配套知识

货物采购合同是工程项目合同体系中的重要组成部分，与施工合同居于同样重要的地位。工程项目是一个特殊的产品，发包人购买的是工程实体的形成过程，而构成工程实体的过程中，最为重要的就是施工和货物采购。货物采购合同应依据工程承包合同的相关内容订立，在实践中,有的货物由发包人负责提供,也可以由承包人负责采购,无论是发包人自己采购的货物,还是承包人采购的货物,都应当由双方当事人在施工合同中作出明确约定,并符合施工合同对货物的质量要求和工程进度需要的安排。也就是说,货物采购合同的订立要以施工合同为依据,并且与其他工程建设事项互相衔接。

目前,我国还没有统一的货物采购合同示范文本,货物采购合同一般都是由当事人按照《合同法》的规定,双方协商约定。这里仅就货物采购合同的主要内容做一介绍,待国家有关行政主管部门出台统一的货物采购合同示范文本后,在实际工作中应以新的示范文本为准。

1. 货物采购合同的当事人

(1)购货人

购货人也叫买受人,是指在合同中约定,具有购买货物要求和支付货物价款能力的当事人以及取得该当事人资格的合法继承人。

(2)供货人

供货人也叫出卖人,是指合同中约定,被购货人接受的具有卖出货物能力的当事人以及取得该当事人资格的合法继承人。

2. 货物采购合同的标的

货物采购合同的标的是货物,包括工程建设所需要的供水供电管线和设备、消防设施、空调等设备、机械、仪表、配件、备件以及水泥、砖瓦石料、钢筋、木料、玻璃等工程建设所必需的重要设备和材料。

3. 货物采购合同的主要内容

(1)货物名称、种类

需要采购的各种货物,应在合同中予以明确和具体化,这是货物采购中最重要的条款之一。在合同中,应详细写明各种货物的品种、型号、规模、等级、花色、数量等。还要写明货物不符合合同规定时买方提出异议的时间。

(2)质量要求

质量条款是货物采购供应合同中重要条款,也是货物的验收和区分责任的依据。货物的质量关系到该货物能否满足购货人的需要,是否适用于约定的用途。货物的质量要求主要体现在货物的性能、功能、耐用程度、可靠性、外观、经济性等方面。实践中,相当多的经济纠纷是因质量问题引起的,因此,一定要在合同中说明货物质量各项要求。供货人应保证货物是用一流的工艺和材料制造而成的,并完全符合合同规定的质量、规格和性能的要求,还应保证所提供的货物经正确安装、正常运转和保养,在其使用寿命期内应具有满意的性能。成套供货的货物,不仅对主件有质量要求,对附件也要有质量要求。

(3)技术标准

货物的技术标准指国家对采购货物的性能、规格、质量、检验方法、包装以及储运条件等所作的统一规定,是设计、生产、检验、供应、使用该产品的技术依据。合同双方当事人在确定货物技术标准时,如该货物有国家标准或行业标准的,应按照国家标准或行业标准执行;如没有国家标准和行业标准的,则按地方标准或企业标准执行;当事人有特殊要求的,由双方协商,在合同中约定。

实行招标采购的货物,合同中货物的技术标准应与招标文件中规定的技术标准相一致。

(4)包装要求

除合同中另有约定外,供货人提供的全部货物,均应采用国家标准或行业标准要求的保护措施对货物进行包装，适应于远距离运输、防潮、防震、防锈和防粗暴装卸要求，确保货物安全无损运抵现场。由于包装不善所引起的货物锈蚀、损坏和损失均由供货人承担。

采用包装箱对货物进行包装的，供货人应在包装箱的四侧以醒目的方式标记出提货人、目的地、货物名称、货物毛重或净重、尺寸等内容。

(5)交货条款

交货条款包括交货方式、运输方式、到货地点、提货人、交(提)货期限等内容。

合同中必须明确约定交货方式，是一次性交货，还是分期分批交货；是现场交货，还是购货人自提。

采用现场交货方式的，供货人负责办理运输和保险，将货物运抵现场并进行卸货。有关运输和保险的一切费用由供货人承担。所有货物运抵现场的日期为交货日期。供货人应在合同约定的交货期前将货物名称、数量、包装箱件数、总毛重、总体积、备妥交货日期以及对货物在运输和仓储的特殊要求和注意事项通知购货人。

合同中还应明确交货地点、运输方式以及交货期限。合同中规定的到货地点，即合同履行地。双方应根据各种运输工具的特点，结合货物的特性和数量、路程的远近、供应任务的缓急等因素协商选择合理的运输方式和运输工具。交货期限是货物由供货人转移给购货人的具体时间要求，它涉及合同是否按期履行问题和货物意外损失危险的责任承担问题。合同中的交货期限，应写明年份和月份。实际交货日期早于或迟于合同规定的，即视为提前或逾期交货，当事人应承担相应的责任。在履行合同过程中，如果供货人遇到不能按时交货和提供服务的情况，应及时以书面形式将不能按时交货的理由、延误时间通知购货人。购货人在收到通知后，应给予答复，如果同意，可通过修改合同，酌情延长交货期限；如果供货人任意拖延交货，将被追究违约责任。

(6)检验和验收

在交货前，供货人应对货物的质量、规格、性能、数量和重量等进行详细而全面的检验，并出具一份证明货物符合合同约定的文件，但有关质量、规格、性能、数量或重量的检验不应视为最终检验。供货人检验的结果应在检验文件中加以说明。

货物运抵现场后，购货人应对货物进行验收。验收包括对货物的名称、品种、规格、型号、花色、数量、质量、包装等进行检测和测试，以确定是否与合同相符。验收标准应根据合同约定的质量标准进行。如果质量标准是国家标准、行业标准、地方标准的，应按规定标准验收；如果质量标准是双方约定的其他标准的，应按其他标准验收，供货人应附严品合格证或质量保证书及必要的技术资料；如果质量标准是以样品为依据的，双方应共同封存样品，分别保管，按封存的样品进行验收。如发现货物的规格或数量与合同不符时，购货人有权拒付货款，并应在合同约定的时间内，根据供货人自行检验的结果或当地质检部门出具的检验证明向供货人提出索赔。

(7)质量保证期

质量保证期为供货人对货物质量责任的保修期限。供货人对货物的质量是负责任的，但并非无期限、无条件地负责，双方应该在合同中明确有关责任期限的约定。货物采购合同应约定一个适当的质量保证期，在质量保证期内，如果货物的数量、质量或规格与合同不符，或证实货物是有缺陷的，包括潜在的缺陷或使用不符合要求的材料制造等，购货人应以书面形式通知供货人，供货人在收到通知后应在约定的时间内免费维修或更换有缺陷的货物或部件。

(8)价格和结算

价格条款是货物采购合同的重要条款，是双方当事人进行结算的依据。货物的价格，实行招标采购的货物，按中标人的中标价格执行；不实行招标采购的货物，属于国家定价的应按国家定价执行；属于国家指导价的货物则按国家指导价执行；不属于国家定价和国家指导价的，由双方根据市场价格协商定价。

在价格条款中，应写明付款总额、付款方式、付款次数、付款时间、付款币种，以及延期付款时利息的计算方法。结算是对货物价款的了结和清算。目前在我国货物价款采用转账方式比较普遍，包括异地托收承付、异地委托收款信用证结算、汇兑结算、票据结算等。合同中应明确规定货款的结算办法和结算时间，并注明双方的开户银行和账户名称、账号。

(9)违约责任

①供货人违约责任

a. 不能按时交货的，应向购货人偿付违约金。具体偿付比例可由双方在合同中约定。

b. 提前交货或多交的货物的品种、型号、规格、质量不符合合同约定的，供货人应承担购货人代保管期内实际发生的保管、保养等费用。

c. 购货人按供货人通知的时间、地点前往提货而未提到时，供货人应负逾期交货的违约责任，并承担购货人因此而支付的实际费用。

d. 货物的规格、品种、质量不符合合同约定的，如果购货人同意利用，应当按质论价，由供货人负责包修、包换、包退，并承担修理、调换、退货所发生的实际费用；不能修理或调换的，按不能交货处理。在交售货物中掺杂使假、以次充好的，购货人有权拒收，供货人同时应向购货人偿付相应的违约金。

e. 产品包装不符合合同约定的，必须重新包装的，供货人应重新包装，并承担因此支付的费用。因包装不符合规定造成货物损坏或者丢失的，供货人应负责赔偿。

f. 由于货物错发到货地点或接货单位造成逾期交货的，供货人应支付违约金。未经购货人同意，供货人擅自改变运输路线和运输工具的，应承担由此增加的费用。

②购货人违约责任

a. 中途退货或无故拒收货物，应支付违约金，并承担供货人由此发生的费用和赔偿由此造成的损失。具体赔偿比例双方在合同中约定。

b. 自提货物未按供货人通知的日期或合同规定的日期提货的，应承担供货人在此期间所支付的保管费、保养费。

c. 未按合同规定日期付款的，应按合同约定支付违约金。在此期间如遇国家规定的价格上涨时，承担由此而多发生的费用。

d. 错填或临时变更到货地点且没提前通知供货人的，应承担由此而多支付的费用。

e. 在合同约定的验收期限内，未进行验收或验收后在规定的期限内，未提出异议的，视为默认。对于提出质量异议或因其他原因提出拒收的一般货物，在代保管期内，应按原包装妥善保管、保养，不得动用，一经动用即视为接收。

(10)争议

货物采购合同发生争议，双方应协商解决，协商不成可聘请咨询工程师或有关行业主管部门等第三方进行调解，协调不成时，可按照合同也选择仲裁机构仲裁或向有管辖权的人民法院提起诉讼。

4. 货物采购合同的履行

货物的生产过程，就是合同的履行过程。与工程采购不同，货物采购合同签订后要实行催交和现场监造与检验，这是货物合同履行的重要保证，是货物招标投标工作的延续。

(1)催交

因为采购的货物是在制造厂家生产制造的,货物是否能及时交付,一方面固然要依靠供货人的努力,另一方面,还要依靠购货人派遣咨询工程师作为驻厂代表进行催交货物。

催交工作的任务主要是督促供货人能按合同规定的期限要求提供货物和技术文件,以满足现场施工安装的需要,故催交工作贯穿于合同签订后直到货物制造完成,并具备出厂检验合格的全过程。催交工作的重点是保证货物生产制造的进度和工期,在催交的过程中,驻厂代表及时地发现制造过程中的问题,并且能采取有效的控制和改正措施,以防止进度拖延。

催交工作是货物采购必不可少的重要环节。国外工程公司对催交工作也十分重视,为确保设备、材料按时到货,保证工程顺利进行,不惜投入一定的人力做催交工作。做好催交工作,对保证工程项目的总进度具有重要作用。催交工作主要包括下列内容:

①催促供货人按照合同规定,及时向招标人提交一份详细的制造进度表,明确交货日期,以便催交工作的开展。

②检查供货人主要原材料的采购和准备进展情况,并检查供货人主要外协配件和配套辅机的采购进展情况。

③检查设备、材料的制造、组装、试验、检验和装运的准备情况。检查各关键工序是否按生产计划进行。催交人员应不断评估供货人的进度状态,确保全部关键控制点的进度按期进行。

(2)现场监造与检验

与工程采购不同,为确保货物的质量符合采购合同规定的要求,避免由于质量问题而影响工程建设,或给以后生产经营带来困难,货物采购尤其是设备采购,购货人需要派遣咨询工程师在供货厂家进行现场监造与检验,包括对原料材料进货的检验、设备制造加工监造检验、组装和中间产品的监造检验、整体货物性能的监造检验、包装监造检验、运输条件检验等。现场监造与检验的要求应事先在合同中约定。

①监造与检验的主要内容

a. 工程师的职责就是保证货物的质量和制造进度。货物质量主要是通过建立和实施质量保证体系来保证的。咨询工程师应首先了解制造厂质量保证体系文件的制订和有效实施情况,并对其提出建议。

b. 咨询工程师应掌握货物招标采购合同的全部内容,特别是要掌握合同中的技术标准、规范要求、货物的质量要求和时间要求,以及检验标准要求,并且据此制订监造检验计划,列出重点监造检验目录。

c. 在货物制造开始之前,咨询工程师要组织召开协调会议,使供货人明确产品要求、检验内容、方式、时间以及各自的义务等。

d. 货物制造工作中,根据需要咨询工程师应进驻制造现场进行监造与检验。监造与检验的方法一般是日检、实测、记录、照相等。当需要使用测试仪器时,供货人应提供协助和方便。

e. 货物制造完毕后,咨询工程师应参加全面的质量验收,认真做好出厂前的检验测试,把问题消除在出厂之前,并写出检验报告。检验报告应该是根据采购订货合同及其附件提出的技术规格和要求,对采购的设备和材料进行检验、测试和其他有关质量检查的真实情况的记录。为了提高编写检验报告的质量,咨询工程师应根据经验编制统一的格式。检验报告的结论部分,应该明确被检验的设备和材料可以验收、有条件验收或拒收等。

f. 根据具体情况,也可聘请有资格和有信誉的第三方检验机构承担货物的检验工作。

g. 设备、材料运抵施工现场后,主持仓储的管理人员要开箱检验,合格后方能入库。

②监造与检验的要求

a. 在机械设备制造之前,工程师要召开预检会议,审查制造厂的检验计划。

b. 机械设备检验应按订货合同文件规定的标准、规范进行。

c. 认真做好检验报告,因为检验报告是对机构设备质量的真实记录。

d. 对合格产品,有关参检方要联名签字,并且一切文件要完整无损。对不合格产品,咨询工程师要提出处理意见。

e. 对产品质量有争议的问题,应聘请第三方检验,也可请专家或有关专业部门检验,得出公正的结论。

货物制造完毕,运抵施工现场并入库后,货物采购合同才宣布履行完毕,采购工作宣布结束。

9.5　索赔管理

9.5.1　学习任务

通过对索赔管理知识的学习,能够确定索赔事件、处理索赔事件。

9.5.2　相关配套知识

1. 索赔概念及作用

索赔是合同当事人在合同实施过程中,根据法律、合同规定及惯例,对并非由于自己的过错,而是属于应由合同对方承担责任且实际发生了损失,向对方提出给予补偿的要求。索赔事件的发生,可以是一定行为造成,也可以由不可抗力引起;可以是合同当事人一方引起,也可以是任何第三方行为引起。索赔的性质属于经济补偿行为,而不是惩罚。索赔的损失结果与被索赔人的行为并不一定存在法律上的因果关系。

索赔的主要作用有:

(1)索赔是合同管理的主要环节,是挽回成本损失的主要手段。

(2)工程索赔的健康开展,对双方的管理与合同的履约管理都提出很高的要求,它有利于促进双方加强内部管理,提高管理素质,严格履行合同,维护市场正常秩序。

(3)能促使双方迅速掌握索赔和处理索赔的方法和技巧,有利于熟悉国际惯例,有利于对外开放和对外承包工程的开展。

(4)可促使双方根据合同执行的实际情况,实事求是地调整工程造价和工期,把原来打入工程造价的一些不可预见费用改按实际发生的损失支付,有助于降低工程造价,使工程造价更合理。

2. 承包商向业主的索赔

1)常见的索赔内容

(1)不利的自然条件与人为障碍引起的索赔

不利的自然条件是指施工中遭遇到的实际自然条件比招标文件中所描述的更为困难和恶劣,是一个有经验的承包商无法预测的不利的自然条件与人为障碍,导致了承包商必须花费更多的时间和费用,在这种情况下,承包商可以向业主提出索赔要求。

(2)工程变更引起的索赔

在工程施工过程中,由于工地上不可预见的情况,环境的改变,在监理工程师认为必要时,可以对工程或其任何部分的外形、质量或数量作出变更。任何此类变更，承包商均不应以任何方式使合同作废或无效。但如果监理工程师确定的工程变更单价或价格不合理，或缺乏说服承包商的依据，则承包商有权就此向业主进行索赔。

(3)工期延期的费用索赔

工期延期的索赔通常包括两个方面：一是承包商要求延长工期；二是承包商要求偿付由于非承包商原因导致工程延期而造成的损失。一般这两方面的索赔报告要求分别编制。因为工期和费用索赔并不一定同时成立。

(4)加速施工费用的索赔

一项工程可能遇到各种意外的情况或由于工程变更而必须延长工期。但由于业主的原因，坚持不给延期，迫使承包商加班赶工来完成工程，从而导致工程成本增加，承包商可以提出索赔。

(5)业主不正当地终止工程而引起的索赔

由于业主不正当地终止工程，承包商有权要求补偿损发，其数额是承包商在被终止工程中的人工、材料、机械设备的全部支出，以及各项管理费用、保险费、贷款利息、保函费用的支出(减去已结算的工程款)，并有权要求赔偿其盈利损失。

(6)物价上涨引起的索赔

物价上涨是各国市场的普遍现象，尤其在一些发展中国家。由于物价上涨，使人工费和材料费不断增长，引起了工程成本的增加。如何处理物价上涨引起的合同价调整问题，常用的办法有以下三种：

①对固定总价合同不予调整。这适用于工期短、规模小的工程。

②按价差调整合同价。在工程结算时，对人工费及材料费的价差，即现行价格与基础价格的差值，由业主向承包商补偿。

③用调价公式调整合同价。在每月结算工程进度款时，利用合同文件中的调价公式，计算人工、材料等的调整数。

(7)法律、货币及汇率变化引起的索赔

①法律改变引起的索赔。如果在基准日期(投标截止日期前的 28 d)以后，由于业主国家或地方的任何法规、法令、政令或其他法律或规章发生了变更，导致了承包商成本增加。对承包商由此增加的开支，业主应予补偿。

②货币及汇率变化引起的索赔。如果在基准日期以后，工程施工所在国政府或其授权机构对支付合同价格的一种或几种货币实行货币限制或货币汇兑限制，则业主应补偿承包商因此而受到的损失。

如果合同规定将全部或部分款额以一种或几种外币支付给承包商，则这项支付不应受上述指定的一种或几种外币与工程施工所在国货币之间的汇率变化的影响。

(8)拖延支付工程款的索赔

如果业主在规定的应付款时间内未能按工程师的任何证书向承包商支付应支付的款额，承包商可在提前通知业主的情况下，暂停工作或减缓工作速度，并有权获得任何误期的补偿和其他额外费用的补偿(如利息)。

(9)不可抗力的后果

如果承包商因不可抗力，妨碍其履行合同规定的任何义务，使其遭受延误和(或)招致增加费用，承包商有权根据“承包商的索赔”的规定要求索赔。

2)合同示范文本中规定的索赔条款

为了健康开展工程索赔工作，FIDIC 制定的《施工合同条件》和我国的《建设工程施工合同示范文本》都写出了涉及索赔的条款，为开展索赔提供了条件。表 9.1 为我国《建设工程施工合同示范文本》中可引用的索赔条款。

表 9.1　《建设工程施工合同示范文本》中承包商可引用的索赔条款

序号	条款	索赔的基础、理由或权利	工期延长	费用增加
1	4	发包人要求承包人需要特殊保密的措施费，由发包人承担		√
2	6.2	工程师指令错误发生的费用、给承包人造成的损失，由发包人承担	√	√
3	7.3	因发包人原因，承包人在施工中采取的紧急措施，造成承包人引用增加	√	√
4	8.3	发包人未能完成其义务(9 项工作)，造成延误，赔偿承包人损失	√	√
5	12.2	发包人因其自身原因，推迟工作	√	√
6	12	因发包人原因暂停施工	√	√
7	13	工期延误条款(7 种情况)	√	√
8	15	发包人要求工程部分或全部达到优良标准	√	√
		工程质量因发包人原因达不到约定条件		
9	16	(1)工程质量因发包人原因达不到其他非承包人原因造成的返工、修改		√
		(2)发包人检验合格后，又发现承包人造成的质量问题，费用由承包人承担	√	
		(3)工程师影响施工正常进行，如检验为合格，由发包人承担追加合同价款	√	√
10	18	工程师要求重新检验，如工程合格	√	√
11	19.5	由于设计原因试车达不到验收要求，发包人负责修改设计	√	√
		由于设备制造原因试车达不到验收要求，且设备为发包人采购	√	√
12	23.3	合同价款调整条款(4 种情况)		√
13	27.4	发包人供材料、设备延误或不合格	√	
14	29.1	设计变更	√	√
15	39.3—④⑤⑥	不可抗力	√	
16	43.2	工程施工发现地下障碍和文物而采取的保护措施	√	√
17	44.6	因发包人原因，解除合同，由发包人按合同支付已完成工程价款和赔偿承包人有关损失		√

3. 业主向承包商的索赔

由于承包商不履行或不完全履行约定的义务，或者由于承包商的行为使业主受到损失时，业主可向承包商提出索赔。示范文本中也包括了业主向承包商索赔的内容和条件。主要有：

(1)工期延误索赔

由于承包商的责任，使竣工日期拖后，影响到业主对该工程的利用，给业主带来经济损失，业主有权对承包商进行索赔，即由承包商支付误期损害赔偿费。施工合同中的误期损害赔偿费，通常是由业主在招标文件中确定的。业主在确定误期损害赔偿费的费率时，一般要考虑以下因素：

①业主盈利损失；

②由于工程拖期而引起的贷款利息增加；

③工程拖期带来的附加监理费；

④由于工程拖期不能使用，继续租用原建筑物或租用其他建筑物的租赁费。

误期损害赔偿费的计算方法，在每个合同文件中均有具体规定。一般按每延误一天赔偿一定的款额计算，累计赔偿额一般不超过合同总额的10%。

(2)施工缺陷索赔

当承包商的施工质量不符合合同的要求，或使用的设备和材料不符合合同规定，或在缺陷责任期未满以前未完成应该负责修补的工程时，业主有权向承包商追究责任，要求补偿所受的经济损失。如果承包商在规定的期限内未完成缺陷修补工作，业主有权雇佣他人来完成工作，发生的费用由承包商负担。如果承包商自费修复，则业主可索赔重新检验费。

(3)对指定分包商的付款索赔

在承包商未能提供已向指定分包商付款的合理证明时，业主可以直接按照监理工程师的证明书，将承包商未付给指定分包商的所有款项(扣除保留金)付给这个分包商，并从应付给承包商的任何款项中如数扣回。

(4)业主合理终止合同或承包商不正当地放弃工程的索赔

如果业主合理地终止承包商的承包，或者承包商不合理放弃工程，则业主有权从承包商手中收回由新的承包商完成工程所需的工程款与原合同未付部分的差额。

4. 索赔费用的组成

索赔费用的主要组成部分，同工程款的计价内容相似。按我国现行规定，建安工程合同价包括直接工程费、间接费、计划利润和税金。我国的这种规定，同国际上通行的做法还不完全一致。按国际惯例，建安工程合同价一般包括直接费、间接费和利润。直接费包括人工费、材料费和机械使用费；间接费包括工地管理费、保险费、利息、总部管理费等。

从原则上说，承包商有索赔权利的工程成本增加，都是可以索赔的费用。这些费用都是承包商为了完成额外的施工任务而增加的开支。但是，对于不同原因引起的索赔，承包商可索赔的具体费用内容是不完全一样的。哪些内容可索赔，要按照各项费用的特点、条件进行分析论证。现概述如下：

(1)人工费

人工费包括施工人员的基本工资、工资性质的津贴、加班费、奖金以及法定的安全福利等费用。对于索赔费用中的人工费部分而言，人工费是指完成合同之外的额外工作所花费的人工费用；由于非承包商责任的工效降低所增加的人工费用；超过法定工作时间加班劳动；法定人工费增长以及非承包商责任工程延误导致的人员窝工费和工资上涨费等。

(2)材料费

材料费的索赔包括：

①由于索赔事项材料实际用量超过计划用量而增加的材料费；

②由于客观原因材料价格大幅度上涨；

③由于非承包商责任工程延误导致的材料价格上涨和超期储存费用。

材料费中应包括运输费，仓储费，以及合理的损耗费用。如果由于承包商管理不善，造成材料损坏失效，则不能列入索赔计价。

(3)施工机械使用费

施工机械使用费的索赔包括：

①由于完成额外工作增加的机械使用费；

②非承包商责任工效降低增加的机械使用费；

③由于业主或监理工程师原因导致机械停工的窝工费。窝工费的计算，如系租赁设备，一般按实际租金和调进调出费的分摊计算；如系承包商自有设备，一般按台班折旧费计算，而不能按台班费计算，因台班费中包括了设备使用费。

(4)分包费用

分包费用索赔指的是分包商的索赔费，一般也包括人工、材料、机械使用费的索赔。分包商的索赔应如数列入总承包商的索赔款总额以内。

(5)工地管理费

索赔款中的工地管理费是指承包商完成额外工程、索赔事项工作以及工期延长期间的工地管理费，包括管理人员工资、办公、通信、交通费等。但如果对部分工人窝工损失索赔时，因其他工程仍然进行，可能不予计算工地管理费索赔。

(6)利息

在索赔额的计算中，经常包括利息。利息的索赔通常发生于下列情况：

①拖期付款的利息；

②由于工程变更和工程延期增加投资的利息；

③索赔款的利息；

④错误扣款的利息。

至于这些利息的具体利率应是多少，在实践中可采用不同的标准，主要有这样几种规定：

①按当时的银行贷款利率；

②按当时的银行透支利率；

③按合同双方协议的利率；

④按中央银行贴现率加 3 个百分点。

(7)总部管理费

索赔款中的总部管理费主要指的是工程延误期间所增加的管理费。

(8)利润

一般来说，由于工程范围的变更、文件有缺陷或技术性错误、业主未能按时提供现场等引起的索赔费用，承包商可以列入利润。但对于工程暂停的索赔，由于利润通常是包括在每项实施的工程内容的价格之内的，而延误工期并未影响削减某些项目的实施，而导致利润减少。所以，一般监理工程师很难同意在工程暂停的费用索赔中加进利润损失。

索赔利润的款额计算通常是与原报价单中的利润百分率保持一致。即在成本的基础上，增加原报价单中的利润率，作为该项索赔款的利润。

5. 索赔证据

证据是索赔的关键，证据不足或没有证据，索赔是不能成立的。常见的可以索赔的证据除合同文本外有如下几种：

(1)投标文件。投标文件是组成施工合同的重要部分，其内容包括承发包双方的要约和承诺，在索赔要求中可以直接作为证据。

(2)会议纪要。在施工过程中发包人、承包人、监理人及有关方面针对工程召开的一切会议的纪要。但纪要要经过参与会议的各方签认，或由发包人或其代理人签章发给承包企业才有法律效力。

(3)往来信件。合同双方的往来信件,特别是对承包企业提出问题的答复信或认可信等。

(4)指令或通知。发包人驻工地代表或监理工程师发出的各种指令、通知,包括工程设计变更、工程暂停等指令。

(5)施工组织设计。这是指包括施工进度计划在内,并经发包人驻工地代表或监理工程师批准的施工组织设计或施工方案。

(6)施工现场的各种记录。如施工记录、施工日报、工长日记、检查人员日记或记录,以及经发包人驻工地代表或监理工程师签认的工程中停电、停水、停气和道路封闭、开通记录或证明等。

(7)工程照片。这是指注明日期,可以直观的工程照片。

(8)气象资料。现场每日天气状况记录。请发包人驻工地代表或监理工程师签证的气象记录。

(9)各种验收报告。如隐蔽工程验收报告、中间验收工程报告、材料实施报告以及设备开箱验收报告等。

(10)建筑材料的采购、运输、保管和使用等方面的原始凭证。

(11)政府主管工程造价部门发布的材料价格信息、调整造价的方法和指数等。

(12)各种可以公开的成本和会计资料。

(13)国家发布的法律、法令和政策文件,特别是涉及工程索赔的各类文件,一定要注意积累。

6. 索赔程序

索赔主要程序包括提出索赔意向,调查干扰事件,寻找索赔理由和证据,计算索赔值,起草索赔报告,通过谈判最终解决索赔争议。

承包商可按下列程序以书面形式提出索赔:

(1)索赔事件发生 28 d 内,向工程师发出索赔意向通知;

(2)发出索赔意向通知后 28 d 内,向工程师提出延长工期和(或)补偿经济损失的索赔报告及有关资料;

(3)工程师在收到承包商送交的索赔报告及有关资料后,于 28 d 内给予答复,或要求承包商进一步补充索赔理由和证据;

(4)工程师在收到承包商送交的索赔报告和窄关资料后 28 d 内未予答复或未提出进一步要求,视为该项索赔已经认可;

(5)当该索赔事件持续进行时,承包商应当阶段性向工程师发出索赔意向,在索赔事件终了 28 d 内,向工程师送交索赔的有关资料和最终索赔报告。索赔答复程序与(3)、(4)规定相同。

反之,由于承包商不履行合同义务,给业主造成损失,业主的索赔程序和时限与上述规定相同。

本章小结

本章重点介绍了施工项目合同管理的有关内容、包括施工合同的订立、履行、变更、终止及解决争议、进行索赔等的管理。然后,介绍了国外通用的 FIDIC 合同条件,已对我国的合同管理有借鉴作用。最后,介绍了工程项目货物采购合同的管理内容以及工程索赔的有关内容。

复习思考题

1. 工程项目合同管理的法律依据、原则是什么?
2. 工程项目合同管理体系都包括哪些?
3. FIDIC合同条件是如何规定合同价格的? 解决争议的方式有哪些?
4. 我国工程项目施工合同示范文本的组成有哪些?
5. 合同工期是指什么? 合同价款是如何规定的?
6. 发包人的义务是什么? 承包人的义务是什么?
7. 什么条件下的工期延误,经监理工程师批准,工期可以相应顺延?
8. 隐蔽工程如何验收?
9. 如何组织试车?
10. 工程进度款的支付方式有哪些?
11. 设计变更如何进行? 变更价款如何确定?
12. 采购合同中,供货人和购货人的违约责任是什么?
13. 简述工程索赔的概念和分类。
14. 简述工程索赔的程序。
15. 简述索赔费用的组成。
16. 常见的工程索赔内容有哪些?

10　施工项目安全管理

本章描述

施工项目安全管理是一项综合性管理，是施工项目管理的重要组成部分，通过本项目的学习，了解安全生产管理体系、管理制度、管理措施、各责任主体安全责任，以及安全事故的分类及处理等内容。

拟实现的教学目标

1. 能力目标

- 能够按照高速铁路工程项目安全生产的特点，确定安全生产的管理体系；
- 能够判断各责任主体的安全责任；
- 能够制定安全生产管理制度，确定安全生产管理制度的内容；
- 能够确定安全生产管理措施；
- 能够进行安全事故的分类、明确安全事故处理程序。

2. 知识目标

- 了解项目安全管理的概念、目标、各责任主体的安全责任；
- 熟悉安全事故的分类及处理；
- 掌握安全生产的管理体系、管理制度、管理措施。

3. 素质目标

- 培养学生的安全意识、安全责任；培养严肃认真的工作态度。

相关案例——大西高速铁路14标桥梁施工安全方案

1. 工程概况

新建铁路大同至西安高速铁路14标起讫里程为DK782＋750.84～DK829＋193.54，共计46.454 km，项目部管段桥梁线下施工起讫里程为DK782＋750.84～DK805＋410.00，管段长22.681 km，为渭洛河特大桥770号墩～1461号墩间桥梁下部结构和现浇梁。管段桥墩均为圆端型实体桥墩，墩身坡比分为45∶1和1∶0(直)两种，墩身高度最高为20.5 m，最低为3.5 m。

2. 安全目标

安全目标：认真落实“安全第一、预防为主、综合治理”安全方针。以确保铁路行车安全为重点，杜绝铁路交通一般D类及以上事故；消灭人身伤亡事故；消灭较大及以上道路交通责任事故；消灭较大及以上火灾事故；消灭重大机械设备事故；消灭锅炉及压力容器爆炸事故。责任轻伤事故年控制在1‰以下。

3. 安全保证体系

(1)安全组织领导机构

坚持“管生产必须管安全”的原则,成立以项目经理为组长的安全生产领导小组,全面负责并领导本项目的安全生产工作。项目目经理部安全管理体系组织机构见《安全管理体系组织机构图》。

(2)安全保证体系

按照GB/T 28001—2001劳动卫生保障管理体系标准的要求建立项目安全生产保证体系,制定安全包保责任制,逐级签订安全承包合同。达到全员参加,全面管理的目的,充分体现“管生产必须管安全”和“安全生产、人人有责”。在编制施工技术方案的同时,编制各分项工程的安全技术措施,确保安全目标的实现。安全管理体系组织机构图如图10.1所示。

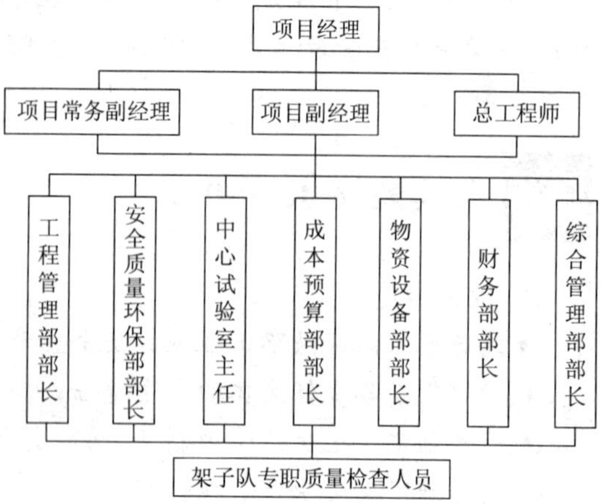

图10.1 安全管理体系组织机构图

4. 安全生产保证措施

(1)建立健全各项安全制度

①安全生产责任制度

建立健全各级各部门的安全生产责任制,责任落实到人。各项经济承包有明确的安全指标和包括奖惩办法在内的保证措施。

②安全教育培训制度

全体员工在上岗前,进行安全教育,针对本工程的特点,定期进行安全生产教育,培养安全生产必备的基本知识和技能。有计划的对重点岗位的生产知识、安全操作规程、安全生产制度、施工纪律进行培训和考核。

③持证上岗作业制度

对专职安全员、班组长、从事特种作业的高空架设、起重工、电焊工、电工、场内机动车辆驾驶员等,必须严格按照《特种作业人员安全技术考核管理规则》(GB 5306—1985)进行安全教育、考核、复验,经过培训考试合格,获取操作证者才能持证上岗。

④安全防护制度

在工程施工中,对安全有影响的重要环节,如T梁架设,在施工前要制定出具体可行的安全防护措施和实施细则,并报请监理工程师代表批准后,方可进行施工。开工前由工点安全负责人进行书面安全交底,施工中严格执行安全规则,关键工序技术人员、安全员应跟班作业,现场监督。

⑤安全评比制度

对班组的安全活动,要有考核措施。

⑥安全生产报告制度

按照铁道部技术管理规程规定的时限、方法、程序执行安全生产报告制度,内部报告由下至上分单位逐级进行。报告方式:书面报告、电报、电话并办理登记。

⑦安全事故报告制度

施工中一旦发生重大责任伤亡事故,将按安全事故报告制度和程序立即报告上级主管部门、检察机关,并及时通知业主代表。

⑧安全经济奖惩制度

推广实施安全风险抵押金制度,对全体职工,包括项目经理、作业队长等第一责任人,尤其是安全管理人员按工资的一定比例扣留安全风险抵押金，未发生安全责任施工者，除全额返还押金外，并予以规定的奖励；未达标者不再返还，并根据事故的轻重给予罚款直至下岗处理。安全生产保证体系框图如图 10.2 所示。

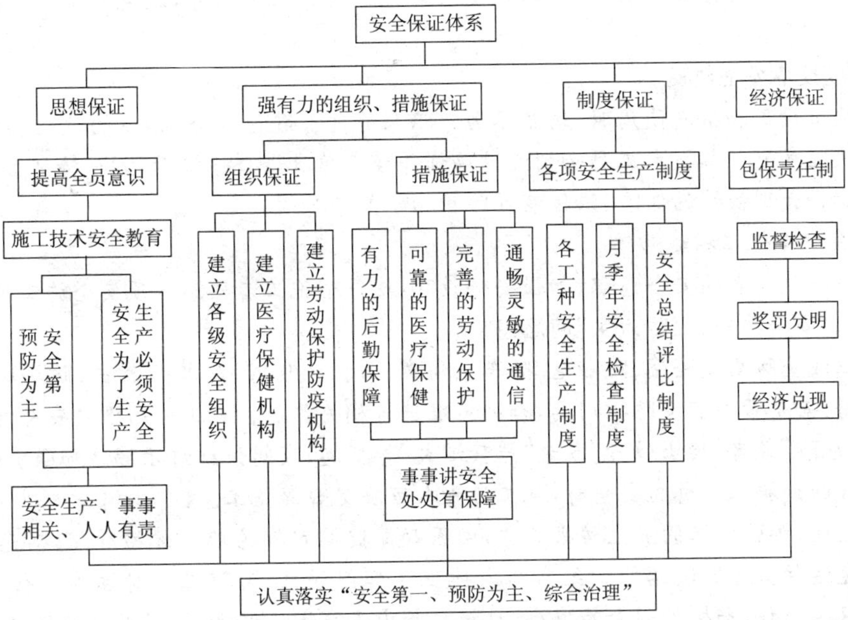

图 10.2　安全生产保证体系框图

(2)专项安全施工管理措施

①分项工程安全技术措施

严格按施工组织设计施工。每项工程开工前，制定详细的安全细则，并向施工人员交底。

基础施工严格遵守铁路施工技术细则。基坑开挖时根据设计要求或地质情况按规定的基坑边坡分层下挖，严禁局部开挖深坑或从底层向四周掏土的方法施工。

高桥墩身施工，要严格执行高处作业安全规定。

挂篮构件出厂前要有超声波探伤等检验报告；荷载实验前，专人检查各部件的螺栓连接是否符合要求；荷载试验时，要对各部位变形进行测量。牛腿安装时一定要将牛腿上部连接精轧螺纹钢拧好，下部与支承面顶紧。模架落架挂篮移动前，要将各部件与混凝土箱梁连接松开。推进过程中，两侧主梁要对称前移。

预应力施工时禁止作业人员踩踏油管，油管如有破损及时更换；千斤顶内有油压时，不得拆卸油管接头，防止高压油射出伤人；油泵电源线应接地避免触电；要保持安全阀的灵敏可靠；张拉时，千斤顶后面严禁站人。

施工现场设有安全标志。危险地区悬挂“危险”等警告标志，夜间设红灯示警。场地狭小，设临时交通指挥。制定防止机械车辆倾翻措施。

②吊装施工安全技术措施

吊装作业必须执行规定的统一信号，吊具必须符合有关技术规定，并严格执行“十不吊”的规定。起重作业前检查好吊具部件，确认良好后方可作业。作业时，必须有专人指挥，同时注意起吊范围内设备的安全，严禁任何人在起重物下通过、停留及作业。

③水中墩下部基础施工安全措施

对操作机械人员进行安全思想教育，提高安全意识，实行持证上岗制度，不经培训或无证者，不得进行上岗操作。

设专人负责日常检查和养护工作，在使用索道时设专人给信号，避免人多时乱指挥，出现安全事故。

5. 机械设备安全措施

所有施工设备和机具使用时，均必须由专职人员负责进行检查、必要的试验和维修保养，确保设备状况良好。各技术工种必须经过培训并经考核取得合格证后，方可持证上岗操作，杜绝违章作业。大型机械的保险、限位装置防护指示器等必须齐全可靠。

6. 人身安全保证措施

提高每个施工者的安全意识，加强安全教育，使每个施工者熟悉各项安全施工规定。使职工牢固树立“安全第一、预防为主”的思想。

施工中注重防高空坠落、防触电、防车辆伤害、防机械伤害、防物体打击、防坍塌。按规定佩戴安全帽、安全带等安全防护用具，否则不准进行相关作业。施工现场设立安全标志。危险地区悬挂“危险”或者“禁止通行”或者“严禁烟火”等标志，夜间设红灯示警。如遇雷雨、大风或其他情况威胁到施工人员的安全时，施工负责人可决定暂停施工。

施工期间，加强职工的卫生防疫工作，由医疗保健站定期为职工体检登记，对患有传染病的职工迅速送往当地医院治疗。经常与当地卫生部门联系，为职工及时注射流行疾病疫苗。搞好后勤卫生工作，严格控制食品卫生，杜绝食物中毒事故的发生；搞好暑期的防暑降温工作，消灭因中暑而发生职工死亡事故。

7. 用电与防火安全措施

严格按有关规定安装线路及设备，用电设备都要安装地线，不合格的电气器材严禁使用。库房、油库严禁烟火，油库施工场地要安装避雷装置。

按照规定配备消防器材，并定期检查。经常开展以防火、防盗、防爆为中心的安全大检查，堵塞漏洞，发现隐患及时整改，采取相应的临时措施。

施工现场用电，严格执行有关规定，加强电源管理，防止发生电器火灾。

8. 施工期间防洪措施

在各项目部成立施工防汛领导小组，严格分工，明确责任；储备足够的防洪物资，制订可行的防汛措施。防汛期间对参加施工的全员进行教育，从思想上和物资上做准备，万一有洪灾发生，全员皆兵。

10.1　项目安全管理概述

10.1.1　学习任务

通过对项目安全管理知识的学习，能够认识项目安全管理的目标与责任。

10.1.2　相关配套知识

1. 安全管理的概念

施工项目安全管理是一项综合性管理，是施工项目管理的重要组成部分，它是指在项目施工的全过程中，运用科学管理的理论、方法，通过法规、技术、组织等手段所进行的规范劳动者行为，控制劳动对象、劳动手段和施工环境条件，消除或减少不安全因素，使人、物、环境构成的施工生产体系达到最佳安全状态，实现项目安全目标等一系列活动的总称。

由于施工项目具有露天、高空作业多，受环境影响大，工程结构复杂等特性，使得施工项目生产过程的安全事故与其他行业相比，发生的频率要高，因此在项目管理中应高度重视安全管理问题，将其作为一项复杂的系统工程认真加以研究和防范，尽可能事先排除各种导致安全事故的原因。安全生产管理的内容具体说包括以下三个方面的内容。

(1)对劳动者的管理

通过依法制定有关安全的政策、法规，给予劳动者的劳动安全、身体健康以法律保障，以约束劳动者的不安全行为，消除或减少主观上的不安全隐患。

(2)对劳动手段与劳动对象的管理

采取改善施工工艺，改进设备性能，以消除和控制生产过程中可能出现的危险因素，并通过安全技术保证措施，达到规范物的状态，以消除和减轻其对劳动者的威胁和造成财产损失。

(3)对劳动条件(施工环境)的管理

防止、控制施工中高温、严寒、粉尘、噪声、振动、毒物对劳动者安全与健康影响的医疗、保健、防护等一系列措施，改善和创造良好的劳动条件、防止职业伤害，保护劳动者身体健康和生命安全。

2. 安全管理的原则

(1)管生产同时管安全

安全寓于生产之中，并对生产发挥促进与保证作用。管生产同时管安全，不仅是对各级领导人员明确安全管理责任，同时，也向一切与生产有关的机构、人员明确了业务范围内的安全管理责任。

(2)坚持安全管理的目的性

安全管理的内容是对生产中的人、物、环境因素的管理，有效的控制人的不安全行为和物的不安全状态，消除或避免事故，达到保护劳动者的安全与健康的目的。没有明确目的的安全管理是一种盲目行为，在一定意义上，盲目的安全管理，只能纵容威胁人的安全与健康的状态，向更为严重的方向发展或转化。

(3)必须贯彻预防为主的方针

安全生产的方针是“安全第一、预防为主”。安全第一是从保护生产力的角度和高度，表明在生产范围内安全与生产的关系，肯定安全在生产活动中的位置和重要性。进行安全管理不是处理事故，而是在生产活动中，针对生产的特点，对生产因素采取管理措施，有效的控制不安全因素的发展与扩大，把可能发生的事故，消灭在萌芽状态，以保证生产活动中人的安全与健康。

(4)坚持“四全”动态管理

安全管理不是少数人和安全机构的事，而是一切与生产有关的人共同的事。安全管理涉及生产活动的各方面，涉及从开工到竣工交付的全部生产过程，涉及全部生产时间，涉及一切变化着的生产因素。因此，生产活动中必须坚持全员、全过程、全方位、全天候的动态安全管理。

(5)安全管理重在控制

进行安全管理的目的是预防、消灭事故，防止或消除事故伤害，保护劳动者的安全与健康。在安全管理的主要内容中，虽然都是为了达到安全管理的目的，但是对生产因素状态的控制，与安全管理目的关系更直接，显得更为突出。因此，对生产中人的不安全行为和物的不安全状态的控制，是动态的安全管理的重点。

(6)在管理中发展提高

既然安全管理是在变化着的生产活动中的管理，是一种动态管理。其管理就意味着是不断发展、不断变化的，以适应变化的生产活动，消除新的危险因素。然而更为需要的是不间断的摸索新的规律，总结管理、控制的办法与经验，指导新的变化后的管理，从而使安全管理不断上升到新的高度。

3. 施工项目安全目标

施工项目安全目标是在项目施工过程中，安全工作所要达到的预期效果。

施工项目安全目标应根据项目施工的特点制订，应具有先进性和可行性。施工项目总的安全目标值包括:项目施工过程控制伤亡事故发生的指标、控制交通安全事故的指标、尘毒治理要求达到的指标、控制火灾发生的指标等。

项目总的安全目标确定后，还要按层次进行安全目标分解，形成安全目标体系，即施工项目总的安全目标;项目经理部下属各单位、各部门的安全目标;施工班组安全目标;个人安全目标。在安全目标体系中，总目标值是最基本的安全指标，而下一层的目标值应略高一些，以保证上一层安全目标实现。如项目总安全目标要求重大伤亡事故为零，中层的安全目标就应除此之外还要求重伤事故为零，施工队一级的安全目标还应进一步要求轻伤事故为零，班组一级要求险肇事故为零，个人则做到违章为零。

4. 高速铁路建设工程安全生产的特点

(1)学习任务繁重，多工种交叉作业，施工情况复杂

高速铁路工程是一项涉及多专业、多工种相互配套的系统工程，它最大的特点是施工工程量大、战线长、技术类型多、结构复杂。高速项目投资巨大、工期长且由很多的分部分项工程组成，因此，相互联系和制约的因素较多，从而构成错综复杂的施工顺序、施工方法、运输方法和施工机具的配备。

(2)高危作业较多，劳动者素质普遍偏低

铁路施工涉及露天、野外、高空等高危作业比较多。目前，高速铁路建设中农民工占80%以上，大量未经培训的农民工参与高速铁路建设，手工劳动和繁重体力劳动多，相应的劳动者素质比较低，这就使高速铁路建设规模大、技术新、标准高，却难以制订与之相配套、相适应的安全生产技术和保证措施。

(3)作业环境艰苦，施工情况多变化

在施工过程中，由于地质、水文、气候的变化难测，特别是高速铁路大多临近既有线施工，还要考虑在行车干扰的情况下施工，既要保证通过能力和安全运营，又要保证工程任务的完成，从而增加了施工的多变性。除此之外，高铁在施工过程中还需要处理好征地、拆迁、补偿、道路、供水、供电等一系列问题，这就进一步加大了安全事故发生的概率。

(4)工期紧，安全教育培训仓促，效果不明

由于历史的原因，我国铁路建设速度一直跟不上国民经济发展的速度，为使高速铁路能够尽快地为国民经济服务，与国外同等级铁路建设工期相比，我国高速铁路的建设工期普遍紧张，多数企业为了赶工期对职工的三级安全教育多半是在仓促中完成的，其培训的效果很差。另一方面铁路施工企业三级安全教育执行情况也不容乐观，而作为铁路建设的主要劳动力的农民工，却因工作流动性较大基本得不到企业的安全技能培训。

(5)安全生产投入不足,违章现象时有发生

铁路建筑市场的激烈竞争导致各施工企业竞相压价,在低价中标的情况下,部分施工企业为了降低成本就减少了对保证安全生产的必要措施和费用的投入,同时各方从业人员过分注意自身的经济利益,轻视自身的安全,导致施工企业有章不循、纪律松弛、违章指挥、违章操作、管理不严、监督不力和违反劳动纪律的现象很普遍。

10.2　安全生产管理体系

10.2.1　学习任务

能够按照高速铁路工程项目安全生产的特点,制定安全生产的管理体系。

10.2.2　相关配套知识

安全不仅是铁路建设永恒的主题,而且是各施工企业的生命线。在高速铁路建设中应构建一个“政府统一领导,部门依法监管,企业全面负责,群众参与监督,全社会广泛支持”的安全生产管理体系。

1. 政府统一领导铁路建设安全生产

(1)政府统一领导铁路安全生产的概念

政府统一领导是指国务院以及县级以上地方人民政府有关部门对建设工程安全生产进行的综合和专业的管理,县级以上人民政府负有建设工程安全生产监督管理职责的部门在各自的职责范围内履行安全监督检查时,有权纠正施工中违反安全生产要求的行为,责令立即排除检查。施工中发现的安全事故隐患,对重大隐患可以责令暂时停止施工。

(2)政府统一领导铁路安全生产的内容

《安全生产法》明确规定了政府领导管理主要有以下职能:

①监督、检查用人单位执行职业健康安全法律、法规、规章以及国家、行业、地方职业健康安全规程和标准的情况。

②督促用人单位编制、落实职业健康安全技术措施计划;审查用人单位新建、改建、扩建和技术改造项目中有关职业健康安全管理体系的工程技术措施。

③监督用人单位的劳动者安全教育和安全技术培训工作;负责用人单位生产经营主要负责人、职业健康安全专职管理人员和特种人员的考核、发证工作。

④负责对特种设备的产品安全进行认可。

⑤对用人单位的职业健康安全工程技术措施及其组织管理实施监察。

⑥组织重大事故隐患评估分级和伤亡事故的调查处理,参加职业病的调查,按照规定通报伤亡事故和职业病情况。

⑦对违反职业健康安全管理体系法律、法规和规章的用人单位,发出职业健康安全监察指令书;对违反职业健康安全法律、法规和规章的用人单位、法定代表人或者生产经营主要负责人按照规定建议给予行政处理和实施行政处罚。

(3)强化政府统一领导安全生产工作的基本制度

①完善和执行铁路工程施工企业安全许可证制。为了严格规范建筑施工企业安全生产条件,进一步加强安全生产监督管理,防止和减少生产安全事故,原建设部颁布《建筑施工企业安全生产许可证管理规定》(2004年),国家对建筑施工企业实行安全生产许可制度。铁路建设

施工企业未取得安全生产许可证的，不得从事建筑施工活动。

②加强政府领导监督职能，坚持实施铁路施工企业“三类人员”安全考核任职制度。根据原建设部《关于印发〈建筑施工企业主要负责人、项目负责人、专职安全生产管理人员安全生产考核管理暂行规定〉的通知》，落实《安全生产法》、《建筑工程安全生产管理条例》和《安全生产许可证条例》的要求，提高铁路建筑施工企业主要负责人、项目负责人、专职安全生产管理人员安全生产知识水平和管理能力，保证建筑施工安全生产，对建筑施工企业三类人员进行考核认定。

③强化政府安全监督管理制度。建筑安全生产监督管理根据“生产和安全同时同步”的原则，贯彻“安全第一，预防为主，综合治理”的方针，依靠科学管理和技术进步，推动建筑安全生产工作的开展，控制人身伤亡事故的发生。

2. 部门监督铁路建设安全生产

(1)部门监督铁路建设安全生产的概念

部门依法监督管理是指各级建设行政主管部门要组织贯彻国家的法律、法规和方针政策。依法制订建设行业的规章制度和规范标准，对建设行业的安全生产工作进行计划、组织、监督、检查和考核评价指导，搞好安全生产。

(2)部门监督铁路建设安全生产的内容

①组织贯彻执行职业健康安全法律、法规、规章以及国家、行业、地方职业健康规程和标准。

②编制行业职业健康安全长期规划和发展计划。指导用人单位制订和落实职业健康安全保护措施计划，落实或督促用人单位落实对重点职业健康安全技术改造项目和重大事故隐患治理项目的资金投入。

③组织行业职业健康安全的宣传教育和安全技术培训、考核工作。组织行业职业健康安全管理体系工作的检查和考核，总结、推广职业健康安全工作先进经验和管理方法。

④建设行政主管部门或者其他有关部门可以将施工现场的安全监督检查委托给建设工程安全监督机构具体实施，凡铁道部的工程安全监督机构可以对铁路工程进行安全监督检查，并组织行业职业健康安全管理体系先进经验和管理方法的推广。

铁路建设项目及其配套、辅助和附属工程，均由铁路工程质量安全监督机构实行监督。铁道部工程质量安全监督总站设在建设管理司，是实施铁路建设工程质量安全监督管理的政府职能机构。监督总站在各铁路局、部工程管理中心设立的各监督站，是铁路工程质量安全监督的实施机构。监督站是监督总站的派出机构，接受监督总站直接领导。监督站可根据工作需要设立监督分站或项目监督组。监督总站及其各监督站受铁道部委托，依法对铁路建设工程项目施工现场进行安全监督检查。

3. 参建各单位对铁路建设安全生产负责

(1)企业全面负责的含义

企业全面负责，是指施工单位主要负责人依法对本单位的安全生产工作全面负责，遵守安全生产法律、法规的规定，保证建设工程安全生产，依法承担建设工程安全生产责任。施工企业贯彻落实国家的法律、法规和方针政策，建立和保持安全生产管理体系。

(2)企业法人负责安全生产的义务

企业法定代表人是企业安全生产的第一责任人。在《安全生产法》中对此有明确的规定：

①企业法定代表人是安全生产的第一责任人；项目经理则是施工项目安全生产的主要责

任人。

②正确处理好安全与生产、安全与效益、安全与进度、安全与管理、安全与技术、五种关系。

③建立健全本企业安全生产责任制和各项安全生产规章制度。

④必须设置安全机构，配备合格的安全管理人员，对企业的安全工作进行有效的管理。

⑤加强对有毒、易燃易爆等危险品和特种设备的管理。同时对从事危险晶管理和操作的人员都应进行专业的训练，并要求持证上岗。

⑥定期进行安全检查，杜绝违章指挥、违章作业和违反劳动纪律现象发生，及时消除不安全因素。

⑦加强对员工的安全教育和培训，提高全体员工的业务素质和安全素质。

⑧组织制订并实施本单位安全事故应急预案，及时如实报告安全事故。

4. 群众参与监督和社会支持铁路建设安全生产

要取得全社会广泛支持应以提高全社会的安全意识为目的，在社会上广泛形成“关注安全，关爱生命”的良好氛围。群众参与监督是与国家监督、行业管理相配套的自上而下的监督。它有利于企业安全文化和安全生产人人有责的局面的形成。在《安全生产法》中对此也进行了明确的规定：

(1)对用人单位违反职业健康安全法律、法规的行为和重大事故隐患，有权提出纠正意见和改正的建议。

(2)有权参加工伤事故和其他危害劳动者健康问题的调查。

(3)有权向有关部门提出追究有关主管人员和直接责任人员法律责任的建议。

(4)新闻出版、广播、电影、电视等单位有进行安全生产宣传教育的义务，有对违反安全生产法律、法规的行为进行舆论监督的权利。

10.3 各责任主体的安全责任

10.3.1 学习任务

能够按照高速铁路工程项目安全生产的特点，判断各责任主体的安全责任。

10.3.2 相关配套知识

由于大多数高速铁路都是沿着既有线的走向，与既有线临近、交叉的现象常常发生，同时高速铁路还要与既有线多次接轨，所以按照相关规定，高速铁路建设的各参建方不只负有新线建设的安全责任，同时还可能负有营业线建设中的安全责任。

1. 建设单位的安全责任

(1)建设单位应当向施工单位提供施工现场及毗邻区域内供水、排水、供电、供气、供热、通信、广播电视等地下管线资料，气象和水文观测资料，相邻建筑物和构筑物、地下工程的有关资料，并保证资料的真实、准确、完整。

(2)建设单位不得对勘察、设计、施工、工程监理等单位提出不符合建设工程安全生产法律、法规和强制性标准规定的要求，不得压缩合同约定的工期。

(3)建设单位在编制工程概算时，应当确定建设工程安全作业环境及安全施工措施所需费用。

(4)建设单位不得明示或者暗示施工单位购买、租赁、使用不符合安全施工要求的安全防护用具、机械设备、施工机具及配件、设施和器材。

(5)建设单位在申请领取施工许可证时，应当提供建设工程有关安全施工措施的资料。

(6)依法批准开工报告的建设工程，建设单位应当自开工报告批准之日起 15 d 内，将保证安全施工的措施报送建设工程所在地的县级以上地方人民政府建设行政主管部门或者其他有关部门备案。

(7)建设单位应当将拆除工程发包给具有相应资质等级的施工单位，并应在拆除工程施工 15 d前，将下列资料报送建设工程所在地的县级以上地方人民政府建设行政主管部门或者其他有关部门备案：施工单位资质等级证明，拟拆除建筑物、构筑物及可能危及毗邻建筑的说明，拆除施工组织方案，堆放、清除废弃物的措施。

2. 设计单位的安全责任

设计单位在新线建设中主要的安全责任是应当按照法律、法规和工程建设强制性标准进行设计，防止因设计不合理导致生产安全事故的发生。设计单位和注册建筑师等注册执业人员应当对其设计负责。在营业线建设中的安全责任是，设计单位在设计文件中，必须明确定出施工期间营业线的行车安全条件，施工影响范围内各种行车设备的状况，对所涉及的行车设备的防护措施，为确保行车安全必须采取的施工工艺和采用的材料。

3. 工程监理单位的安全责任

(1)新线建设中的安全责任

①工程监理单位和监理工程师应当按照法律法规和工程建设强制性标准实施监理，并对建设工程安全生产承担监理责任。

②工程监理单位应当审查施工组织设计中的安全技术措施或者专项施工方案是否符合工程建设强制性标准。

③工程监理单位在实施监理过程中，发现存在安全事故隐患的，应当要求施工单位整改；情况严重的，应当要求施工单位暂时停止施工，并及时报告建设单位。施工单位拒不整改或者不停止施工的，工程监理单位应当及时向有关主管部门报告。

(2)营业线建设中的安全责任

监理部门要认真履行监理合同，监督施工单位按设计标准和有关规范、规定施工，及时防范施工中的安全隐患，彻底消除因施工质量不良给行车安全留下的隐患。

由于监理单位的原因造成的行车责任事故，应按《铁路行车事故处理规则》及有关规定进行赔偿和处罚。因施工质量不合格造成行车事故的，施工单位负主要责任，监理单位和建设单位负重要责任。因擅自变更设计或施工方案造成行车事故的，由擅自变更单位负主要责任，监理单位负重要责任。

4. 施工单位的安全责任

(1)施工单位从事建设工程的新建、扩建、改建和拆除等活动，应当具备国家规定的注册资本、专业技术人员、技术装备和安全生产等条件，依法取得相应等级的资质证书，并在其资质等级许可的范围内承揽工程。

(2)施工单位主要负责人依法对本单位的安全生产工作全面负责。施工单位设置安全生产管理部门，配备专职的安全生产管理人员，建立健全安全生产责任制度和安全生产教育培训制度，制订安全生产规章制度和操作规程，对所承担的建设工程进行定期和专项安全检查，并做好安全检查记录。要保证本单位安全生产条件所需资金的投入，对于列入建设工程概算的安全作业环境及安全施工措施所需费用，应当说明用于施工安全防护用具及设施的采购和更新、安全施工措施的落实、安全生产条件的改善,不得挪作他用。

(3)施工单位应当在施工组织设计中编制安全技术措施和施工现场临时用电方案,对达到一定规模的危险性较大的分部分项工程编制专项施工方案,并附具安全验算结果,经施工单位技术负责人、总监理工程师签字后实施,由专职安全生产管理人员进行现场监督。这类工程主要包括:基坑支护及降水工程、土方开挖工程、模板工程、起重吊装工程、脚手架工程、拆除、爆破工程,国务院建设行政主管部门或者其他有关部门规定的其他危险性较大的工程。

对以上所列工程中涉及深基坑、地下暗挖工程、高大模板工程的专项施工方案,施工单位还应当组织专家进行论证、审查。

(4)施工单位应当在施工现场入口处、施工起重机械、临时用电设施、脚手架、出入通道口、楼梯口、电梯井口、孔洞口、桥梁口、隧道口、基坑边沿、爆破物及有害危险气体和液体存放处等危险部位,设置明显的安全警示标志。安全警示标志必须符合国家标准。

(5)施工单位应当根据不同施工阶段和周围环境及季节、气候的变化,在施工现场采取相应的安全施工措施。施工现场暂时停止施工的,施工单位应当做好现场防护,所需费用由责任方承担,或者按照合同约定执行。

(6)施工单位应当将施工现场的办公、生活区与作业区分开设置,并保持安全距离,办公、生活区的选址应当符合安全性要求。职工的膳食、饮水、休息场所等应当符合卫生标准。施工单位不得在尚未竣工的建筑物内设置员工集体宿舍。

(7)施工现场临时搭建的建筑物应当符合安全使用要求。施工现场使用的装配式活动房屋应当具有产品合格证。

(8)施工单位对因建设工程施工可能造成损害的毗邻建筑物、构筑物和地下管线等,应当采取专项防护措施。

(9)施工单位应当遵守有关环境保护法律、法规的规定,在施工现场采取措施,防止或者减少粉尘、废气、废水、固体废物、噪声、振动和施工照明对人和环境的危害和污染。

(10)在城市市区的建设工程,施工单位应当对施工现场实行封闭围挡。

(11)施工单位应当在施工现场建立消防安全管理责任制度,确定消防安全责任人,制订用火、用电、使用易燃易爆材料等各项消防安全管理制度和操作规程,设置消防通道、消防水源,配备消防设施和灭火器材,并在施工现场入口设置明显标志。

(12)施工单位应当向作业人员提供安全防护用具和安全防护服装,并书面告知危险岗位的操作规程和违章操作的危害。施工单位采购、租赁的安全防护用具、机械设备、施工机具及配件,应当具有生产(制造)许可证、产品合格证,并在进入施工现场前进行查验。

(13)施工现场的安全防护用具、机械设备、施工机具及配件必须由专人管理,定期进行检查、维修和保养,建立相应的资料档案,并按照国家有关规定及时报废。

(14)施工单位在使用施工起重机械和整体提升脚手架、模板等自升式架设设施前,应当组织有关单位进行验收,也可以委托具有相应资质的检验检测机构进行验收;使用承租的机械设备和施工机具及配件的,由施工总承包单位、分包单位、出租单位和安装单位共同进行验收,验收合格的方可使用。《特种设备安全监察条例》规定的施工起重机械,在验收前应当经有相应资质的检查检测机构监督检验合格。

(15)施工单位应当自施工起重机械和整体提升脚手架、模板等自升式架设设施验收合格之日起 30 d 内,向建设行政主管部门或者其他有关部门登记。登记标志应当置于或者附着于该设备的显著位置。

(16)施工单位的主要负责人、项目负责人、专职安全生产管理人员应当经建设行政主管部门及其他有关部门考核合格方可任职。

(17)施工单位应当对管理人员和作业人员每年至少进行一次安全生产教育培训，其教育培训情况记人个人工作档案。安全生产教育培训考核不合格的人员，不得上岗。施工单位在采用新技术、新工艺、新设备、新材料时，应当对作业人员进行相应的安全生产教育培训。

(18)施工单位应当为施工现场从事危险作业人员办理意外伤害保险。意外伤害保险费由施工单位支付。实行施工总承包的，由总承包单位支付意外伤害保险费。意外伤害保险期限自建设开工之日起至竣工验收合格止。

(19)施工单位应当制订本单位生产安全事故应急救援预案，建立应急救援组织或者配备应急救援人员，配备必要的应急救援器材、设备，并定期组织操练。施工单位应当根据建设工程的特点、范围，对施工现场易发生重大事故的部位、环节进行监控，制订施工现场生产安全事故应急救援预案，工程总承包单位和分包单位按照应急救援预案，各自建立应急救援组织或者配备应急救援人员，配备救援器材、设备，并定期组织操练。

(20)施工单位发生生产安全事故，应当按照国家有关伤亡事故报告和调查处理的规定，及时如实地向负责安全生产监督管理的部门、建设行政管理部门或者其他有关部门报告，特种设备发生事故的，还应当同时向特种设备安全监督管理部门报告。发生生产安全事故后，施工单位应当采取措施防止事故扩大，保护事故现场。需要移动现场物品时，应当做出标记和书面记录，妥善保管有关证物。

(21)实行施工总承包的建设工程，由总承包单位对施工现场的安全生产负总责。总承包单位的安全责任是：

①总承包单位应当自行完成建设工程主体结构的施工。

②总承包单位依法将建设工程分包给其他单位的，分包合同中应当明确各自的安全生产方的权利、义务。总承包单位和分包单位对分包工程的安全生产承担连带责任。

③建设工程实行总承包的，如发生事故，由总承包单位负责上报事故。

分包单位应当服从总承包单位的安全生产管理，分包单位不服从管理导致生产安全事故的，由分包单位承担主要责任。

10.4 安全生产管理制度

10.4.1 学习任务

能够制定安全生产管理制度，确定安全生产管理制度的内容。

10.4.2 相关配套知识

1. 政府安全生产监督制度

铁道部负责全国铁路工程安全生产的统一监督管理。铁道部工程质量安全监督总站受铁道部委托，负责对铁路建设工程质量监督管理，对铁路建设工程项目施工现场进行安全监督检查。监督总站派出的各监督站是铁路建设工程质量安全监督的实施机构，可根据监督工作需要设立监督分站、监督组等派出机构，但须报监督总站核备。

铁路建设安全监督实行以抽查为主要方式的监督检查制度，主要监督检查内容有以下几个方面：

(1)检查责任主体执行《中华人民共和国安全生产法》、《建设工程安全生产管理条例》、强制性标准和铁道部有关建设工程安全生产法规、安全技术规范、规程等情况。

(2)核查责任主体安全生产的保证体系运转情况、管理制度执行情况、责任制及有关措施落实情况，生产安全事故应急预案的制定、落实和定期演练的情况。

(3)核查相关单位安全生产承诺兑现的情况。

(4)按照监督计划对工程实体关键部位和环节的安全情况进行现场监督抽查。

(5)对形成竣工文件有关安全工作的各项原始记录等内业资料进行监督检查。

2. 施工企业安全生产许可证准入制度

2004 年国务院颁布了《安全生产许可证条例》，其中规定："国家对矿山企业、建筑施工企业和危险化学品、烟花爆竹、民用爆破器材生产企业实行安全生产许可制度。企业未取得安全生产许可证的，不得从事生产活动。"

《安全生产许可证条例》中明确规定了企业取得安全生产许可证，应当具备的以下安全生产条件：

(1)建立完善安全生产责任制，制订完备的安全生产规章制度和操作规程。

(2)安全投入符合安全生产要求。

(3)设置安全生产管理机构，配备专职安全生产管理人员。

(4)主要负责人和安全生产管理人员经考核合格。

(5)特种工作人员经有关业务部门考核合格，取得特种作业操作资格证书。

(6)从业人员经安全生产教育和培训合格。

(7)依法参加工伤保险，为从业人员缴纳保险费。

(8)厂房、作业场所和安全设施、设备、工艺符合有关安全生产法律、法规、标准和规程的要求。

(9)有职业危害防治措施，并为从业人员配备符合国家标准或者行业标准的劳动防护用品。

(10)依法进行安全评价。

(11)有重大危险源检测、评估、监控措施和应急预案。

(12)有生产安全事故应急救援预案，应急救援组织或应急救援人员，配备必要的应急救援器材、设备。

(13)法律、法规规定的其他条件。

3. 安全生产责任制

《安全生产法》第十七条规定："生产经营单位的主要负责人首要的安全生产职责是建立健全本单位的安全生产责任制。"在《建设工程安全生产管理条例》中也规定："施工单位应当建立健全安全生产责任制"。铁道部颁发的《铁路建设工程安全生产管理办法》也明确提出："施工单位应当建立健全安全生产责任制度"。

铁路施工单位应在"安全生产，人人有责"的指导思想下，明确项目领导、职能部门、专业人员对安全生产应负的责任，各司其职，各尽其责，通力合作，齐抓共管，争取安全目标高效的实现。

(1)铁路施工企业主要负责人的安全职责

《铁路建设工程安全生产管理办法》中明确规定，施工单位主要负责人依法对本单位的安全生产工作全面负责。包括：建立、健全本单位的安全生产责任制，组织制订安全生产规章制度和操作规程，保证单位安全生产投入的有效实施，做好安全检查记录，组织制订本单位安全事故应急救援预案等工作。

(2)项目经理的安全职责

项目经理对铁路建设工程项目的安全施工负责。项目负责人负责落实安全生产责任制度、安全生产规章制度和操作规程，根据工程的特点组织制订安全施工措施，消除安全事故隐患，确保安全生产费用的有效使用，并组织制订本项目安全事故应急救援预案，及时、如实报告安全事故。

(3)项目经理部总工程师的安全职责

总工程师对本单位的安全生产负技术责任，组织编制施工组织设计和重要工程的安全技术方案，并监督检查其实施情况；组织开展安全技术交底工作，对职工进行安全技术培训，及时解决施工中的安全技术问题；主持安全防护设施和设备的验收。

(4)施工作业队负责人的安全职责

①向作业人员进行安全技术措施交底，严格执行本工种安全技术操作规程，拒绝违章指挥。

②指导和督促职工执行各项安全生产规章制度，按规定标准及时发放劳动保护用具，并指导职工正确使用，随时进行现场安全检查，纠正违章作业现象，及时消除事故隐患。

③组织开展安全活动，对作业人员进行安全操作规程教育培训，提高作业人员的安全意识，对特种作业人员的持证上岗严格把关。

④当发生工伤事故时，应立即组织抢救，保护现场，立即如实报告。

(5)工班长的安全职责

①学习安全技术规章制度，严格遵守劳动纪律，按章作业，检查督促班组人员正确使用各种防护用品。

②认真落实安全生产措施，对所用机具、装置负责检查验收，合格后交工人使用。

③对不具备生产条件的工作项目有权拒绝施工，对违章指挥有权抵制，充分发挥工班义务安全员的作用，支持他们的工作。

④发生事故后，及时组织抢救，并及时向上级报告，研究分析事故原因，提出并落实改进措施。

(6)专职安全人员的安全职责

专职安全人员的主要职责是负责日常的安全管理和教育，配合有关部门进行安全检查，排除安全隐患。

(7)项目部各部门的安全职责

在高速铁路建设项目中，各部门要相互协调，相互合作，共同履行安全责任，实现项目的安全目标。

①安全生产(质量)管理部门

对贯彻执行国家和企业有关安全生产法规和规定的情况进行监督检查，负责监督管理劳动安全，监督施工生产安全、消防安全、特种设备安全等工作；制订安全生产管理办法；制订易然、易爆、危险品安全管理制度；进行安全检查，制止违章指挥和违章作业，遇有紧急情况有权暂停生产，并向上级报告；组织对新职工的“三级”安全教育；组织专(兼)安全员的业务培训和管理人员安全培训；负责职工施工伤亡的统计报告工作，组织或参与调查、分析、处理安全事故。

②工程技术部门

负责编制施工组织设计中的安全技术措施，进行安全生产技术的改进和研究工作；对重行技术交底，并检查执行情况。

③设备物资部

保证所供应的设备安全技术性能可靠，具有必要的安全防护装置，确保安全运行；负责车辆的验收、使用、检查、维修等过程的安全管理工作；参加汽车交通事故的调查；参加由于机械设备原因造成的伤亡事故的调查和分析，并提出防范措施；组织对变配电设备及线路、起重设备、行驶机械等特种设备进行安全技术检验及对操作人员进行安全教育培训。

④财务部门

保证安全生产的资金专款专用，切实落实安全生产措施、安全教育培训和宣传的经费，并监督其合理使用。

⑤综合办公室

参与全体职工安全技术和劳动纪律教育培训，开展群众监督检查活动，搞好安全生产。

4. 安全生产管理制度

(1)生产安全事故应急预案制定制度

《安全生产法》第 17 条规定“生产经营单位的主要负责人对本单位安全生产工作负有组织制订并实施本单位的生产安全事故应急救援预案的职责”；第 33 条规定“生产经营单位对重大危险源应当登记建档，进行定期检测、评估、监控，并制订应急预案，告知从业人员和相关人员在紧急情况下应当采取的应急措施”；国务院颁布的《建设工程安全生产管理条例》第 48 条“施工单位应当制订本单位生产安全事故应急救援预案，建立应急救援组织或者配备应急救援人员，配备必要的应急救援器材、设备，并定期组织演练”；第 49 条“施工单位应当根据建设工程施工的特点、范围，对施工现场易发生重大事故的部位、环节进行监控，制订施工现场生产安全事故应急救援预案”；铁道部《铁路建设工程安全生产管理办法》第 31 条也明确规定“施工单位主要负责人依法对本单位的安全生产工作全面负责，组织制订本单位安全事故应急救援预案等”；第 53 条“施工单位应根据建设项目的特点和范围，对施工现场易发生重大事故的部位、环节进行监控，制订施工现场安全事故应急救援预案”。

事故应急预案应本着“保护人员安全优先，防止和控制事故蔓延优先，预防为主、常备不懈，统一指挥、高效协调”的原则，对危险源与不利因素进行识别，确定可能发生的事故时或紧急情况时所采取的应急救援行动。

(2)特种作业人员管理制度

铁路建设项目的特种作业人员主要包括：架子工、爆破工、锅炉工、起重工、电气(焊)工、电工、场内机动车辆驾驶员等，按照国家规定：“生产经营单位的特种作业人员必须按照国家有关规定经专门的安全作业培训，取得特种作业操作资格证书，方可上岗作业”。

(3)安全交底制度

在项目开工前由工点安全员对有关安全施工的技术要求进行书面安全交底，交底内容要细致全面。施工中严格执行安全规则，关键工序技术人员、安全员应跟班作业，现场监督。

(4)安全生产检查制度

铁路建设项目应建立定期安全检查制度，安全生产检查由单位领导带队，以查管理、查制度、查纪律、查隐患为主要内容。第一,检查各级领导的安全责任意识,是否真正树立了“安全第一”的思想;第二,检查施工现场标准化管理是否到位;第三,检查规章制度是否健全,重点查在施工现场落实情况;第四,检查职工和劳务工的劳动纪律;第五,检查施工现场事故易发点的隐患,重点是制订有效措施,认真整改。特别要做好对隧道安全施工、“高空坠落”、“机械伤害”、“淹溺”、“触电”、“火灾”等易发事故场所的检查,做到边查边改。

(5)施工现场的安全管理

①积极推进安全标准工地建设。

②建立施工现场安全准备工作验收制度,在验收施工组织设计是否有安全技术措施时,按照《建筑法》第三十八条的规定:“建筑施工企业在编制施工组织设计时,应当根据建筑工程的特点制订相应的安全技术措施”。

③施工现场应设置安全防护设施,定期向作业人员提供安全防护用具和安全防护服装,并书面告知危险岗位的操作规程和违章操作的危害。

④建立危险源管理制度,对危险源进行辨识、评价,把分析结果填入《危险源分析评审表》,并按伤害类别汇总。

⑤针对铁路专用的造桥机、运梁车、架桥机和提梁机等施工起重机械和自升式架设设施在使用前,须经有关单位验收,验收合格的方可使用。

5. 安全教育学习制度

《安全生产法》第二十一条规定,“生产经营单位应当对从业人员进行安全生产教育和培训,保证从业人员具备必要的安全生产知识,熟悉有关的安全生产规章制度和安全操作规程,掌握本岗位的安全操作技能。未经安全生产教育和培训合格的从业人员,不得上岗作业”。《建设工程安全生产管理条例》第三十六条也明确规定,“施工单位应当对管理人员和作业人员每年至少进行一次安全生产教育培训,其教育培训情况记入个人工作档案。安全生产教育培训考核不合格的人员,不得上岗”。

(1)生产岗位职工安全教育

新职工进场前必须进行项目部、作业队、作业班组三级安全教育,教育时间不得少于40学时。其中,项目部教育应包括劳动安全卫生法律、法规,通用安全技术、劳动卫生和安全文化的基本知识,本企业劳动安全卫生规章制度及状况、劳动纪律和有关事故案例等项内容;作业队安全教育由作业队负责人组织实施;作业班组安全教育应包括本单位劳动安全卫生状况和规章制度,主要危险因素及安全事故,预防工伤事故和职业病的主要措施,典型事故案例及事故应急处理措施等项内容。值得注意的是,劳务队安全教育由项目部负责组织。

企业新职工应按规定通过三级安全教育并经考核合格后方可上岗。从事特种作业的人员必须经过专门的安全知识与安全操作技能培训,并经过考核,取得特种作业资格,方可上岗工作。企业在实施新工艺、新技术或使用新设备、新材料时,必须对有关人员进行相应的有针对性的安全教育。

(2)管理人员的安全教育

项目经理必须经过安全教育并经考核合格后方能任职,安全教育时间不得少于30学时。教育内容主要包括国家有关劳动安全卫生的方针、政策、法律、法规及有关规章制度,工伤保险法律、法规,安全生产管理职责、企业劳动安全卫生管理知识及安全文化,有关事故案例及事故应急处理措施等项内容。

专职安全管理人员必须经过安全教育并经考核合格后方能任职，安全教育时间不得少于40学时。安全教育应包括国家有关劳动安全卫生的方针、政策、法律、法规和劳动卫生标准，企业安全生产管理、安全技术、劳动卫生知识、安全文化，工伤保险法律、法规，职工伤亡事故和职业病统计报告及调查处理程序，有关事故案例及事故应急处理措施等项内容。

其他管理负责人和技术人员的安全教育由企业安全管理部门组织实施，安全教育时间不得少于20学时。培训的主要内容：安全生产法律、法规及本部门、本岗位安全职责，安全技术和安全文化知识，有关事故案例及事故应急处理措施等。

班组长和班组安全员的安全教育由企业安全管理部门组织实施，安全教育时间不得少于20学时。培训的内容主要有：安全生产法律、法规，安全技术和安全文化知识、技能及本队、本班组和一些岗位的危险危害因素、安全注意事项，本岗位安全生产职责，典型事故案例及事故抢救与应急处理措施等。

特殊作业人员取得操作资格证书后，每年仍须接受有针对性的安全培训，时间不少于20学时。

6. 安全生产事故报告制度

(1)《安全生产法》第十七条规定，生产经营单位的主要负责人必须"及时、如实报告生产安全事故"。第七十一条规定，"生产经营单位发生生产安全事故后，事故现场有关人员应当立即报告本单位负责人。单位负责人接到事故报告后，应当迅速采取有效措施，组织抢救，防止事故扩大，减少人员伤亡和财产损失，并按照国家有关规定立即如实报告当地负有安全生产监督管理职责的部门，不得隐瞒不报、谎报或者拖延不报，不得故意破坏事故现场、毁灭有关证据"。

《生产安全事故报告和调查处理条例》第九条规定"事故发生后，事故现场有关人员应当立即向本单位负责人报告；单位负责人接到报告后，应当于1 h内向事故发生地县级以上人民政府安全生产监督管理部门和负有安全生产监督管理职责的有关部门报告。

情况紧急时，事故现场有关人员可以直接向事故发生地县级以上人民政府安全生产监督管理部门和负有安全生产监督管理职责的有关部门报告。

若铁路项目发生重大安全事故，项目经理部应在30 min内电话方式报告业主、监理工程师和上级安质部门，12 h内以书面形式报告业主、监理工程师和上级安质部门。

(2)《建筑法》第五十一条规定，"施工中发生事故时，建筑施工企业应当采取紧急措施减少人员伤亡和事故损失，并按照国家有关规定及时向有关部门报告。

(3)《生产安全事故报告和调查处理条例》规定"安全生产监督管理部门和负有安全生产监督管理职责的有关部门接到事故报告后，应当依照下列规定上报事故情况，并通知公安机关、劳动保障行政部门、工会和人民检察院。特别重大事故、重大事故逐级上报至国务院安全生产监督管理部门和负有安全生产监督管理职责的有关部门；较大事故逐级上报至省、自治区、直辖市人民政府安全生产监督管理部门和负有安全生产监督管理职责的有关部门；一般事故上报至设区的市级人民政府安全生产监督管理部门和负有安全生产监督管理职责的有关部门。"《条例》中还规定"安全生产监督管理部门和负有安全生产监督管理职责的有关部门依照前款规定上报事故情况，应当同时报告本级人民政府。国务院安全生产监督管理部门和负有安全生产监督管理职责的有关部门以及省级人民政府接到发生特别重大事故、重大事故的报告后，应当立即报告国务院。必要时，安全生产监督管理部门和负有安全生产监督管理职责的有关部门可以越级上报事故情况。"

10.5 安全管理措施

10.5.1 学习任务

能够明确安全责任，确定安全生产管理措施。

10.5.2 相关配套知识

1. 落实安全责任、实行责任管理

施工项目经理承担控制、管理施工生产进度、成本、质量、安全等目标的责任。因此，必须同时承担进行安全管理、实现安全生产的责任。

(1)建立、完善以项目经理为首的安全生产领导机构，有组织、有领导的开展安全管理活动。承担组织、领导安全生产的责任。

(2)建立各级人员安全生产制度，明确各级人员的安全责任。抓制度落实、抓责任落实，定期检查各安全责任落实情况。

(3)施工项目应通过监察部门的安全生产资质审查，并得到认可。

(4)施工项目负责施工生产中物的状态审验与认可，承担物的状态漏验、失控的管理责任。

(5)一切管理、操作人员均需与施工项目签订安全协议，向施工项目做出安全保证。

(6)安全生产责任落实情况的检查，应认真、详细的记录，作为分配、补偿的原始资料之一。

一般地，每个施工项目应根据具体情况，成立以项目经理为主的安全生产委员会或领导小组。同时，根据建设工程的性质、规模和特点，配备规定数量的专职和兼职安全管理员，督促检查各类人员贯彻执行安全管理，协助项目经理推动安全管理工作，保证施工管理顺利进行。施工项目的安全生产组织管理体系如图 10.3 所示。

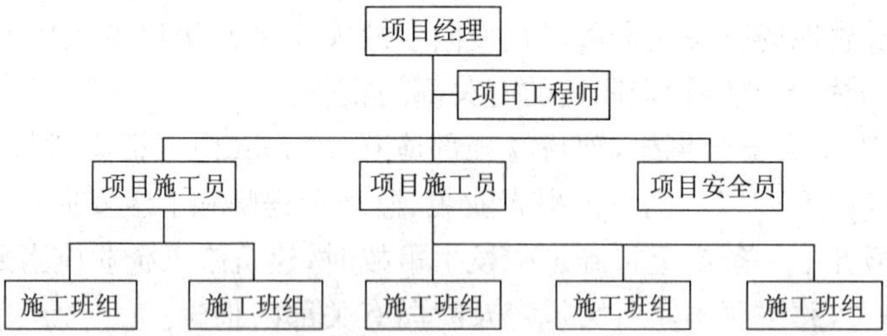

图 10.3 安全生产组织管理体系

2. 安全教育

1)安全事故诱因分析

诱发安全事故的主要原因有人的不安全行为，物的不安全状态及管理上的缺陷，因此安全教育既要从提高安全意识方面，也要从增强安全技术知识方面进行有的放矢的教育和培训。

(1)人的不安全行为

不安全行为是人表现出来的，与人的心理特征相违背，属非正常行为。人在生产活动中，曾引起或可能引起事故的行为，必然是不安全行为。人出现一次不安全行为，不一定就会发生事故造成伤害，然而不安全行为，一定会导致事故。即使物的因素作用是事故的主要原因，也不能排除隐藏在不安全状态背后的，人的行为失误的转换作用。

(2)物的不安全状态

人机系统把生产过程中发挥一定作用的机构、物料、生产对象以及其他生产要素统称为物。物都具有不同形式、性质的能量,有出现能量意外释放,引发事故的可能性。由于物的能量可能释放引起事故的状态,称为物的不安全状态。这是从能量与人的伤害间的联系所给出的定义。如果从发生事故的角度,也可把物的不安全状态看作为曾引起或可能引起事故的物的状态。

在生产过程中,物的不安全状态极易出现。所有的物的不安全状态,都与人的不安全行为或人的操作、管理失误有关。往往在物的不安全状态背后,隐藏着人的不安全行为或失误。物的不安全状态既反映了物的自身特性,又反映了人的素质和人的决策水平。物的不安全状态的运动轨迹,一旦与人的不安全行为的运动轨迹交叉,就是发生事故的时间与空间。因此,物的不安全状态是发生事故的直接原因。正确判断物的具体不安全状态,控制其发展对预防、消除事故有直接的现实意义。

2)安全教育的主要内容

项目经理部应切实加强现场工作人员的安全教育,本着谁使用谁负责安全的原则,实施培训考核上岗制,建立健全培训档案制度。安全教育贯穿于整个项目建设过程,教育的主要内容包括:

(1)安全思想教育

教育操作人员具有良好的自我保护意识,时时处处注意安全,防范风险于未然。

(2)安全技术教育

教育操作人员了解其施工生产的一般流程,安全生产的一般应注意的事项,工种、岗位安全生产知识,重点熟悉安全生产技术和安全技术操作规程等。

(3)安全法制和纪律教育

让操作人员充分了解安全生产法规和责任制度,安全生产规章制度,职工守则,劳动纪律,安全生产奖惩条例。

3. 安全检查

工程项目安全检查的目的是为了清除隐患、防止事故、改善劳动条件及提高员工安全生产意识,是安全控制工作的一项重要内容。通过安全检查可以发现工程中的危险因素,以便有计划地采取措施,保证安全生产。施工项目的安全检查应由项目经理组织,定期进行。

1)安全检查的形式

(1)全面安全检查

全面检查应包括职业健康安全管理方针、管理组织机构及其安全管理的职责、安全设施、操作环境、防护用品、卫生条件、运输管理、危险品管理、火灾预防、安全教育和安全检查制度等项内容。对全面检查的结果必须进行汇总分析,详细探讨所出现的问题及相应对策。

(2)经常性安全检查

工程项目和班组应开展经常性安全检查,及时排除事故隐患。工作人员必须在工作前,对所用的机械设备和工具进行仔细的检查,发现问题立即上报。下班前,还必须进行班后检查,做好设备的维修保养和清整场地等工作,保证交接安全。

(3)专业或专职安全管理人员的专业安全检查

由于操作人员在进行设备的检查时,往往是根据其自身的安全知识和经验进行主观判断,因而有很大的局限性,不能反映出客观情况,流于形式。而专业或专职安全管理人员则有较丰富的安全知识和经验，通过其认真检查就能够得到较为理想的效果。专业或专职安全管理人员在进行安全检查时，必须不拘私情，按章检查，发现违章操作情况要立即纠正，发现隐患及时指出并提出相应防护措施，并及时上报检查结果。

(4)季节性安全检查

要对防风防沙、防涝抗旱、防雷电、防暑防害等工作进行季节性的检查，根据各个季节自然灾害的发生规律，及时采取相应的防护措施。

(5)节假日检查

在节假日，坚持上班的人员较少，往往放松思想警惕，容易发生意外，而且一旦发生意外事故，也难以进行有效的救援和控制。因此，节假日必须安排专业安全管理人员进行安全检查，对重点部位要进行巡视。同时配备一定数量的安全保卫人员，搞好安全保卫工作，绝不能麻痹大意。

(6)要害部门重点安全检查

对于企业要害部门和重要设备必须进行重点检查。由于其重要性和特殊性，一旦发生意外，会造成大的伤害，给企业的经济效益和社会效益带来不良的影响。为了确保安全，对设备的运转和零件的状况要定时进行检查，发现损伤立刻更换，决不能"带病"作业；一到有效年限即使没有故障，也应该予以更新，不能因小失大。

2)安全检查的主要内容

(1)查思想

检查企业领导和员工对安全生产方针的认识程度，建立健全安全生产管理和安全生产规章制度。

(2)查管理

主要检查安全生产管理是否有效，安全生产管理和规章制度是否真正得到落实。

(3)查隐患

主要检查生产作业现场是否符合安全生产要求，检查人员应深入作业现场，检查工人的劳动条件、卫生设施、安全通道，零部件的存放，防护设施状况，电气设备、压力容器、化学用品的储存，粉尘及有毒有害作业部位点的达标情况，车间内的通风照明设施，个人劳动防护用品的使用是否符合规定等。要特别注意对一些要害部位和设备加强检查，如锅炉房、变电所、各种剧毒、易燃、易爆等场所。

(4)查整改

主要检查对过去提出的安全问题和发生生产事故及安全隐患是否采取了安全技术措施和安全管理措施，进行整改的效果如何。

(5)查事故处理

检查对伤亡事故是否及时报告，对责任人是否已经作出严肃处理。

在安全检查中必须成立一个适应安全检查工作需要的检查组，配备适当的人力物力检查结束后应编写安全检查报告，说明已达标项目，未达标项目，存在问题，原因分析，作出纠正和预防措施的建议。

3)安全检查的组织

(1)制订安全检查制度，按制度要求的规模、时间、原则、处理、报偿全面落实。

(2)成立由第一责任人为首，业务部门、全体人员参加的安全检查组织。

(3)安全检查必须做到有计划、有目的、有准备、有整改、有总结、有处理。

4)安全检查的注意事项

(1)安全检查要深入基层、紧紧依靠职工,坚持领导与群众相结合的原则,组织好检查工作。

(2)建立检查的组织领导机构,配备适当的检查力量,挑选具有较高技术业务水平的专业人员参加。

(3)做好检查的各项准备工作,包括思想、业务知识、法规政策和物资、奖金准备。

(4)明确检查的目的和要求。既要严格要求,又要防止一刀切,要从实际出发,分清主、次矛盾,力求实效。

(5)把自查与互查有机结合起来。基层以自检为主,企业内相应部门间互相检查,取长补短,相互学习和借鉴。

(6)坚持查改结合。检查不是目的,只是一种手段,整改才是最终目的。发现问题,要及时采取切实有效的防范措施。

(7)建立检查档案。结合安全检查表的实施,逐步建立健全检查档案,收集基本的数据,掌握基本安全状况,为及时消除隐患提供数据,同时也为以后的职业健康安全检查奠定基础。

(8)在制定安全检查表时,应根据用途和目的具体确定安全检查表的种类。安全检查表的主要种类有:设计用安全检查表;厂级安全检查表;车间安全检查表;班组及岗位安全检查表;专业安全检查表等。制定安全检查表要在安全技术部门的指导下,充分依靠职工来进行。初步制定出来的检查表,要经过群众的讨论,反复试行,再加以修订,最后由安全技术部门审定后方可正式实行。

5)安全生产规章制度的检查

为了实施安全生产管理制度,工程承包企业应结合本身的实际情况,建立健全一整套本企业的安全生产规章制度,并落实到具体的工程项目施工任务中。在安全检查时,应对企业的施工安全生产规章制度进行检查。施工安全生产规章制度一般应包括以下内容:

(1)安全生产奖励制度;

(2)安全值班制度;

(3)各种安全技术操作规程;

(4)危险作业管理审批制度;

(5)易燃、易爆、剧毒、放射性、腐蚀性等危险物品生产、储运、使用的安全管理制度;

(6)防护物品的发放和使用制度;

(7)安全用电制度;

(8)加班加点审批制度;

(9)危险场所动火作业审批制度;

(10)防火、防爆、防雷、防静电制度;

(11)危险岗位巡回检查制度;

(12)安全标志管理制度。

4. 施工安全技术措施

1)施工安全控制

(1)安全控制的概念

安全控制是生产过程中涉及的计划、组织、监控、调节和改进等一系列致力于满足生产安全所进行的管理活动。

(2)安全控制的目标

安全控制的目标是减少和消除生产过程中的事故,保证人员健康安全和财产免受损失。具体应包括:

①减少或消除人的不安全行为的目标;

②减少或消除设备、材料的不安全状态的目标;

③改善生产环境和保护自然环境的目标。

(3)施工安全控制的特点

建设工程施工安全控制的特点主要有以下几个方面:

①控制面广

由于建设工程规模较大,生产工艺复杂、工序多,在建造过程中流动作业多,高处作业多,作业位置多变,遇到的不确定因素多,安全控制工作涉及范围大,控制面广。

②控制的动态性

a. 由于建设工程项目的单件性,使得每项工程所处的条件不同,所面临的危险因素和防范措施也会有所改变,员工在转移工地后,熟悉一个新的工作环境需要一定的时间,有些工作制度和安全技术措施也会有所调整,员工同样有个熟悉的过程。

b. 建设工程项目施工的分散性。因为现场施工是分散于施工现场的各个部位,尽管有各种规章制度和安全技术交底的环节,但是面对具体的生产环境时,仍然需要自己的判断和处理,有经验的人员还必须适应不断变化的情况。

③控制系统交叉性

建设工程项目是开放系统,受自然环境和社会环境影响很大,同时也会对社会和环境造成影响,安全控制需要把工程系统、环境系统及社会系统结合起来。

④控制的严谨性

由于建设工程施工的危害因素复杂、风险程度高、伤亡事故多,所以预防控制措施必须严谨,如有疏漏就可能发展到失控,而酿成事故,造成损失和伤害。

(4)施工安全控制程序

①确定每项具体建设工程项目的安全目标

按“目标管理”方法在以项目经理为首的项目管理系统内进行分解,从而确定每个岗位的安全目标,实现全员安全控制。

②编制建设工程项目安全技术措施计划

工程施工安全技术措施计划是对生产过程中的不安全因素,用技术手段加以消除和控制的文件,是落实“预防为主”方针的具体体现,是进行工程项目安全控制的指导性文件。

③安全技术措施计划的落实和实施

安全技术措施计划的落实和实施包括建立健全安全生产责任制,设置安全生产设施,采用安全技术和应急措施,进行安全教育和培训,安全检查,事故处理,沟通和交流信息,通过一系列安全措施的贯彻,使生产作业的安全状况处于受控状态。

④安全技术措施计划的验证

安全技术措施计划的验证是通过施工过程中对安全技术措施计划实施情况的安全检查,纠正不符合安全技术措施计划的情况,保证安全技术措施的贯彻和实施。

⑤持续改进

根据安全技术措施计划的验证结果,对不适宜的安全技术措施计划进行修改、补充和完善。

2)施工安全技术措施的一般要求

(1)施工安全技术措施必须在工程开工前制定

施工安全技术措施是施工组织设计的重要组成部分,应在工程开工前与施工组织设计一同编制。为保证各项安全设施的落实,在工程图纸会审时,就应特别注意考虑安全施工的问题,并在开工前制定好安全技术措施,使得用于该工程的各种安全设施有较充分的时间进行采购、制作和维护等准备工作。

(2)施工安全技术措施要有全面性

按照有关法律法规的要求,在编制工程施工组织设计时,应当根据工程特点制定相应的施工安全技术措施。对于大中型工程项目、结构复杂的重点工程,除必须在施工组织设计中编制施工安全技术措施外,还应编制专项工程施工安全技术措施,详细说明有关安全方面的防护要求和措施,确保单位工程或分部分项工程的施工安全。对爆破、拆除、起重吊装、水下、基坑支护和降水、土方开挖、脚手架、模板等危险性较大的作业,必须编制专项安全施工技术方案。

(3)施工安全技术措施要有针对性

施工安全技术措施是针对每项工程的特点制定的,编制安全技术措施的技术人员必须掌握工程概况、施工方法、施工环境、条件等一手资料,并熟悉安全法规、标准等,才能制定有针对性的安全技术措施。

(4)施工安全技术措施应力求全面、具体、可靠

施工安全技术措施应把可能出现的各种不安全因素考虑周全,制定的对策措施方案应力求全面、具体、可靠,这样才能真正做到预防事故的发生。但是,全面具体不等于罗列一般通常的操作工艺、施工方法以及日常安全工作制度、安全纪律等。这些制度性规定,安全技术措施中不需要再作抄录,但必须严格执行。

(5)施工安全技术措施必须包括应急预案

由于施工安全技术措施是在相应的工程施工实施之前制定的,所涉及的施工条件和危险情况大都是建立在可预测的基础上,而建设工程施工过程是开放的过程,在施工期间的变化是经常发生的,还可能出现预测不到的突发事件或灾害(如地震、火灾、台风、洪水等)。所以,施工技术措施计划必须包括面对突发事件或紧急状态的各种应急设施、人员逃生和救援预案,以便在紧急情况下,能及时启动应急预案,减少损失,保护人员安全。

(6)施工安全技术措施要有可行性和可操作性

施工安全技术措施应能够在每个施工工序之中得到贯彻实施,既要考虑保证安全要求,又要考虑现场环境条件和施工技术条件下能否做得到。

3)主要的工程施工安全技术措施简介

建设工程结构复杂多变,工程施工涉及专业和工种很多,安全技术措施内容很广泛。但归结起来,可以分为一般工程安全技术措施、特殊工程安全技术措施、季节性安全技术措施和应急措施等。

(1)一般工程安全技术措施

一般工程是指结构共性较多的工程,其施工生产作业既有共性,也有不同之处。由于施工条件、环境等不同,同类工程不同之处在共性措施中就无法解决。应根据有关法规的规定,结合以往的施工经验与教训,制定安全技术措施。一般工程施工安全技术措施主要有以下几个方面:

①土石方开挖工程，应根据开挖深度、土质类别，选择开挖方法，确定保证边坡稳定或采取的支护结构措施，防止边坡滑动和塌方；

②脚手架、吊篮等选用及设计搭设方案和安全防护措施；

③高处作业的上下安全通道；

④爆破作业的安全防护；

⑤施工洞口的防护方法和主体交叉施工作业区的隔离措施；

⑥场内运输道路及人行通道的布置；

⑦编制临时用电的施工组织设计和绘制临时用电图纸，在建工程(包括脚手架具)的外侧边缘与外电架空线路的间距达到最小安全距离采取的防护措施；

⑧防火、防毒、防爆、防雷等安全措施；

⑨混凝土与砌体工程的浇筑要求；

⑩起重机回转半径达到项目现场范围以外的要设置安全隔离设施。

(2)特殊工程施工安全技术措施

结构比较复杂、技术含量高的工程称为特殊工程。对于结构复杂、危险性大的特殊工程，应编制单项的安全技术措施。如：爆破、大型吊装、沉箱、沉井、烟囱、水塔、特殊架设作业，高层脚手架、井架和拆除工程必须制定专项施工安全技术措施，并注明设计依据，做到有计算、有详图、有文字说明。

(3)季节性施工安全技术措施

季节性施工安全技术措施是考虑不同季节的气候条件对施工生产带来的不安全因素，可能造成的各种突发性事件，从技术上、管理上采取的各种预防措施。一般工程的施工组织设计或施工方案的安全技术措施中，都需要编制季节性施工安全措施。对危险性大、高温期长的建设工程，应单独编制季节性的施工安全措施。季节性主要指夏季、雨季和冬季。各季节性施工安全的主要内容是：

①夏季气候炎热，高温时间持续较长，主要是做好防暑降温工作，避免员工中暑和因长时间暴晒造成的职业病；

②雨季进行作业，主要应做好防触电、防雷击、防水淹泡、防塌方、防台风和防洪等工作；

③冬季进行作业，主要应做好防冻、防风、防火、防滑、防煤气中毒等工作。

(4)应急措施

应急措施是在事故发生或各种自然灾害发生的情况下的应对措施。为了在最短的时间内达到救援、逃生、防护的目的，必须在平时就准备好各种应急措施和预案，并进行模拟训练，尽量使损失减小到最低限度。应急措施可包括：

①应急指挥和组织机构；

②施工场内应急计划、事故应急处理程序和措施；

③施工场外应急计划和向外报警程序及方式；

④安全装置、报警装置、疏散口装置、避难场所等；

⑤有足够数量并符合规格的安全进、出通道；

⑥急救设备(担架、氧气瓶、防护用品、冲洗设施等)；

⑦通信联络与报警系统；

⑧与应急服务机构(医院、消防等)建立联系渠道；

⑨定期进行事故应急训练和演习。

10.6 安全事故的分类和处理

10.6.1 学习任务

能够进行安全事故的分类、明确安全事故处理程序。

10.6.2 相关配套知识

1. 安全事故的分类

安全事故分两大类型，即伤害事故与职业病。

伤害事故是指因生产过程及工作原因或与其相关的其他原因造成的伤亡事故。

1)按照事故发生的原因分类

按照我国《企业伤亡事故分类标准》(GB 6441—1986)标准规定，职业伤害事故分为20类，其中与建筑业有关的有以下12类：

(1)物体打击：指落物、滚石、锤击、碎裂、崩块、砸伤等造成的人身伤害，不包括因爆炸而引起的物体打击。

(2)车辆伤害：指被车辆挤、压、撞和车辆倾覆等造成的人身伤害。

(3)机械伤害：指被机械设备或工具绞、碾、碰、割、戳等造成的人身伤害，不包括车辆、起重设备引起的伤害。

(4)起重伤害：指从事各种起重作业时发生的机械伤害事故，不包括上下驾驶室时发生的坠落伤害，起重设备引起的触电及检修时制动失灵造成的伤害。

(5)触电：由于电流经过人体导致的生理伤害，包括雷击伤害。

(6)灼烫：指火焰引起的烧伤、高温物体引起的烫伤、强酸或强碱引起的灼伤、放射线引起的皮肤损伤，不包括电烧伤及火灾事故引起的烧伤。

(7)火灾：在火灾时造成的人体烧伤、窒息、中毒等。

(8)高处坠落：由于危险势能差引起的伤害，包括从架子、屋架上坠落以及平地坠入坑内等。

(9)坍塌：指建筑物、堆置物倒塌以及土石塌方等引起的事故伤害。

(10)火药爆炸：指在火药的生产、运输、储藏过程中发生的爆炸事故。

(11)中毒和窒息：指煤气、油气、沥青、化学、一氧化碳中毒等。

(12)其他伤害：包括扭伤、跌伤、冻伤、野兽咬伤等。

2)按事故后果严重程度分类

(1)轻伤事故：造成职工肢体或某些器官功能性或器质性轻度损伤，表现为劳动能力轻度或暂时丧失的伤害，一般每个受伤人员休息1个工作日以上，105个工作日以下。

(2)重伤事故：一般指受伤人员肢体残缺或视觉、听觉等器官受到严重损伤，能引起人体长期存在功能障碍或劳动能力有重大损失的伤害，或者造成每个受伤人损失105工作日以上的失能伤害。

(3)死亡事故：一次事故中死亡职工1～2人的事故。

(4)重大伤亡事故：一次事故中死亡3人以上(含3人)的事故。

(5)特大伤亡事故：一次死亡10人以上(含10人)的事故。

(6)特别重大伤亡事故：按照原劳动部对国务院第34号令《特别重大事故调查程序暂行规

定》有关条文解释为,凡符合下列情况之一者即为《规定》所称特别重大伤亡事故。

①民航客机发生的机毁人亡(死亡四十人及其以上)事故。

②专机和外国民航客机在中国境内发生的机毁人亡事故。

③铁路、水运、矿山、水利、电力事故造成一次死亡五十人及其以上,或者一次造成直接经济损失一千万元及其以上的。

④公路和其他发生一次死亡三十人及其以上或直接经济损失在五百万元及其以上的事故(航空、航天器科研过程中发生的事故除外)。

⑤一次造成职工和居民一百人及其以上的急性中毒事故。

⑥其他性质特别严重产生重大影响的事故。

2. 安全事故的处理

1)安全事故处理的原则(四不放过的原则)

强化安全生产监管监察行政执法。各级安全生产监管监察机构要增强执法意识,做到严格、公正、文明执法。依法对生产经营单位安全生产情况进行监督检查,指导督促生产经营单位建立健全安全生产责任制,落实各项防范措施。组织开展好企业安全评估,搞好分类指导和重点监管。对严重忽视安全生产的企业及其负责人或业主,要依法加大行政执法和经济处罚的力度。认真查处各类事故,坚持事故原因未查清不放过、责任人员未处理不放过、整改措施未落实不放过、有关人员未受到教育不放过的"四不放过"原则,不仅要追究事故直接责任人的责任,同时要追究有关负责人的领导责任。

2)安全事故处理程序

依据国务院令第75号《企业职工伤亡事故报告和处理规定》及《建设工程安全生产管理条例》,安全事故的报告和处理应遵循以下规定程序。

(1)事故报告

①伤亡事故发生后,负伤者或者事故现场有关人员应当立即直接或者逐级报告企业负责人。企业负责人接到重伤、死亡、重大死亡事故报告后,应当立即报告企业主管部门和企业所在地安全行政管理部门、劳动部门、公安部门、人民检察院、工会。

②企业主管部门和劳动部门接到死亡、重大死亡事故报告后,应当立即按系统逐级上报;死亡事故报至省、自治区、直辖市企业主管部门和劳动部门;重大死亡事故报至国务院有关部门。

③发生死亡、重大死亡事故的企业应当保护事故现场,并迅速采取必要措施抢救人员和财产,防止事故扩大。

(2)安全事故调查

①参加调查组的单位:

a. 轻伤、重伤事故,由企业负责人或其指定人员组织生产、技术、安全等有关人员以及工会成员参加的事故调查组,进行调查;

b. 死亡事故,由企业主管部门会同企业所在地设区的市(或者相当于设区的市一级)安全行政管理部门、劳动部门、公安部门、工会组成事故调查组,进行调查;

c. 重大伤亡事故,按照企业的隶属关系由省、自治区、直辖市企业主管部门或者国务院有关主管部门会同同级安全行政管理部门、劳动部门、公安部门、监察部门、工会组成事故调查组,进行调查;

d. 事故调查组应当邀请人民检察院派员参加,还可邀请其他部门的人员和有关专家参加。

②事故调查组成员应当符合下列条件：

a. 具有事故调查所需要的某一方面的专长；

b. 与所发生事故没有直接利害关系。

③事故调查组的职责：

a. 查明事故发生原因、过程和人员伤亡、经济损失情况；

b. 确定事故责任者；

c. 提出事故处理意见和防范措施的建议；

d. 写出事故调查报告。

事故调查组有权向发生事故的企业和有关单位、有关人员了解有关情况和索取有关资料，任何单位和个人不得拒绝。

事故调查组在查明事故情况以后，如果对事故的分析和事故责任者的处理不能取得一致意见，劳动部门有权提出结论性意见；如果仍有不同意见，应当报上级劳动部门及有关部门处理；仍不能达成一致意见的，报同级人民政府裁决。但不得超过事故处理工作的时限。任何单位和个人不得阻碍、干涉事故调查组的正常工作。

3)安全事故处理

事故调查组提出的事故处理意见和防范措施建议，由发生事故的企业及其主管部门负责处理。

因忽视安全生产、违章指挥、违章作业、玩忽职守或者发现事故隐患、危害情况而不采取有效措施以致造成伤亡事故的，由企业主管部门或者企业按照国家有关规定，对企业负责人和直接责任人员给予行政处分；构成犯罪的，由司法机关依法追究刑事责任。

在伤亡事故发生后隐瞒不报、谎报、故意迟延不报、故意破坏事故现场，或者无正当理由，拒绝接受调查以及拒绝提供有关情况和资料的，由有关部门按照国家有关规定，对有关单位负责人和直接责任人员给予行政处分；构成犯罪的，由司法机关依法追究刑事责任。

在调查、处理伤亡事故中玩忽职守、徇私舞弊或者打击报复的，由其所在单位按照国家有关规定给予行政处分；构成犯罪的，由司法机关依法追究刑事责任。

伤亡事故处理工作应当在 90 日内结案，特殊情况不得超过 180 日。伤亡事故处理结案后，应当公开宣布处理结果。

本章小结

本章介绍了安全管理的目标、特点，安全生产管理体系的内容，各责任主体的安全责任，重点介绍安全生产管理制度、安全生产管理措施，并对安全事故的分类及处理程序进行了介绍。

复习思考题

1. 安全生产管理的原则、主要内容有哪些？
2. 高速铁路安全生产的特点是什么？
3.《安全生产法》中如何规定企业法定代表人是企业安全生产的第一责任人的？

4.《安全生产法》中如何规定政府的安全领导管理职能的？
5. 建设单位的安全责任有哪些？
6. 施工单位的安全责任有哪些？
7. 安全生产管理制度都有哪些？
8. 施工单位的安全生产管理体系有哪些？
9. 安全教育的主要内容有哪些？
10. 安全检查的形式、主要内容、如何组织？
11. 施工安全控制的目的、特点有哪些？
12. 施工安全技术措施的一般要求是什么？
13. 主要的施工安全技术措施有哪些？

11 高速铁路竣工验收

本章描述

铁路客运专线竣工验收是指承建单位将竣工项目及与该项目有关的资料移交给建设单位，并接受由建设单位组织的对项目质量和技术资料进行的一系列审查验收工作的总称。是铁路客运专线项目实施的最后程序。通过本章的学习，了解客运专线竣工验收的内容和组织机构、竣工验收各阶段的条件和程序、竣工文件的编制和交接管理等内容。

拟实现的教学目标

1. 能力目标

- 能够明确客运专线竣工验收的基本概念；
- 能够确定竣工验收的内容和组织机构；
- 能够确定竣工验收各阶段具备的条件和验收程序；
- 能够对竣工文件进行编制和整理。

2. 知识目标

- 了解客运专线竣工验收的基本概念；
- 掌握竣工验收的内容和组织机构；
- 掌握竣工验收各阶段的条件和程序；
- 熟悉竣工文件的编制和交接管理等内容。

3. 素质目标

- 培养学生团结协作的精神。

相关案例——沪杭高铁竣工资料编制

沪杭城际高速铁路，连接上海与杭州，是中国“四纵四横”客运专线网络中沪昆客运专线的一个组成部分。该工程连接上海、杭州两大城市，由上海虹桥站引出，经松江南—金山北—嘉善南—嘉兴南—桐乡—海宁西—余杭南引入杭州东站，并通过联络线与上海站、杭州站相接，正线全长 160 km，其中 87%为桥梁工程，全线设车站 9 座。全线设计时速为 350 km。工程自 2009 年 2 月 26 日动工，2010 年 10 月 26 日正式通车营运。

在沪杭高铁的建设过程中，中铁十局曾承担沪杭高铁五标段的施工任务，该标段在南湖区、秀洲区和桐乡市境内，全长 28.785 km，总造价 22.6 亿元。在施工过程中，中铁十局严格执行《中铁十局施工技术管理办法》文件，制定了关于竣工资料编制的有关文件，要求项目经理必须加强对竣工文件编制工作的组织领导，成立竣工文件编制小组，制定工作制度，做到统筹安排，经常督促检查，保证人员相对稳定。

1. 竣工文件必须真实地反映建筑物施工过程的主要情况和各专业设备安装的技术状况，并符合工程竣工时的现状。

2. 所有竣工文件必须做到项目齐全、规格统一、图面整洁、反差良好、字迹清楚、手续完备。

3. 资料收集及时，内容完整齐全，纸质优良，文字、线条反差良好，数据准确相符，如实反映施工质量、数量以及全过程，各类签字手续齐备，签署意见、结论规范。

4. 各种表格采用业主统一下发的范本及通用表格。

5. 竣工文件的文字材料纸张必须是 50 g(含)以上的优质白纸。

6. 过程资料(如检查证、检验批、试验报告等)必须有相应的结论，签字和结论必须采用手写。

7. 竣工文件应按专业和单位工程组成保管单位，先按专业划分再按单位工程组成案卷。

8. 一座桥梁、一座隧道、一栋房屋组成一个保管单位，一个站场组成一个保管单位，线路以一个区间组卷，路基包括路基及路基附属两个部分按区间和站场为单位分别编制。

9. 一个挡墙、护墙、桩板墙、锚杆挡墙、一段抗滑桩、锚固桩、锚索桩、挤密桩、砂桩组成保管单位，涵渠以一个涵渠组成保管单位，环保水土保持工程及道路改移以标段为单位组卷，给水排水分开组卷，地亩资料按照区间、县界组成保管单位，道路改移、弃砟场资料单独组卷。

10. 资料的装订顺序：开工报告、施工小结、竣工验收报告、单位工程质量验收记录、工程数量汇总表、单位工程建交表、变更设计资料、各种检查证、其他原始资料、工程日志、竣工图。

11. 工程日志的内容：开工、竣工日期，施工勘测资料，工程进度、工作安排和上级有关指示；施工组织、方法、机具设备及使用情况；每日使用主要材料规格、数量及试验结果；每日完成工程数量及质量情况；气候情况；施工中发现的问题，如变更设计原因，变更后施工方法，施工设计不符合情况以及检查发现问题和解决办法。

11.1　关于竣工验收的几个基本概念

11.1.1　学习任务

能够明确客运专线竣工验收的基本概念。

11.1.2　相关配套知识

1. 竣工验收

竣工验收是铁路客运专线项目按批准的设计文件建成，由验收机构对其进行综合评价考核，移交接管使用单位试运营或正式运营的整个过程。

2. 竣工文件

依据《铁路建设项目竣工文件编制移交办法》的规定，竣工文件是指在建设项目建设过程中形成的，如实反映施工过程和建设项目实体状况的，具有保存利用价值的各种文件材料、图纸、录音、录像等。它是铁路建设项目的真实记录，是对建设项目进行稽查、审计、监督、管理、验收以及铁路设备养护、维修及破损后修复的依据，是改建、扩建和实施质量保修的重要凭证。

3. 竣工决算

竣工决算是在建设项目竣工后，由建设单位统一组织并负责编制的。它反映了铁路基本建设成果，是组建新增固定资产价值和进行投入产出分析测算的重要依据。根据有关的竣工验收交接管理规定，工程竣工验收前，施工单位按要求认真填制“工程竣工验收报告”，工程竣工验收时，施工单位将填有数量和文件名的“工程竣工验收报告”交由实际列账接收单位签章，并将签章后的“工程竣工验收报告”送交建设单位。

4. 静态验收

静态验收是指由客运专线公司组织接管使用单位、监理单位以及参建单位对建设项目进行检查，确认工程是否按设计完成且质量合格，系统设备是否已安装并调试完毕。它主要包括子系统(专业)验收和综合系统验收。

(1)子系统(专业)验收

子系统(专业)验收是承包商按照合同约定完成施工和设备安装工作并自检合格后，由客运专线竣工验收工作组按照项目系统构成组织的分专业、分系统现场检查和验收。铁路客运专线子系统可分为基础工程、通信、信号、牵引供电、运营调度、客运服务等，运营调度和客运服务子系统验收可根据需要在动态验收完成前单独进行。

(2)综合系统验收

综合系统验收是在客运专线子系统(专业)验收合格后，对项目按照系统集成理念通过综合调试进行的检查验收工作。

5. 动态验收

动态验收是在铁路客运专线静态验收合格并经铁道部确认后，由客运专线公司在铁道部工程管理中心和运输局客专技术部组织下进行综合调试，并委托专业机构进行动态检测，对工程质量和系统集成安全运行状态进行全面检查和验收。

6. 初步验收

初步验收是在客运专线动态验收合格后，由铁道部对铁路客运专线静态验收、动态验收结果进行检查和确认的工作。

7. 国家验收

国家验收是指铁路客运专线初步验收一年后，由国家主管部门或委托铁道部组织对铁路客运专线进行整体验收和综合评价。

11.2 高速铁路竣工验收的内容和组织机构

11.2.1 学习任务

能够确定竣工验收的内容和组织机构。

11.2.2 相关配套知识

高速铁路竣工验收分为：静态验收、动态验收、初步验收、安全评估和国家验收五个阶段(见图 11.1)。按照《铁路客运专线竣工验收暂行办法》(铁建设〔2007〕183 号)的规定：铁路客运专线按照本办法进行初步验收，验收合格并经安全评估后，方可进行试运营；国家验收合格后投入正式运营。若初步验收不合格或未通过安全评估的铁路客运专线，一律不得交付试运营。

1. 竣工验收的内容

(1)检查工程是否按铁路技术管理规程、设计规范、批准的设计文件(包括批准的修改初步设计、变更设计)建成,配套辅助项目是否与主体工程同步建成;

(2)检查工程质量是否符合国家和铁道部颁布的工程施工质量验收标准;

(3)检查建设程序执行情况和设计变更管理情况;

(4)检查工程设备配套及设备安装、调试情况;主要设备联调联试及试运转情况;国外引进设备合同完成情况;

(5)检查概算执行情况,材料、设备购置是否合理,工程其他支出是否符合规定,检查财务竣工决算;

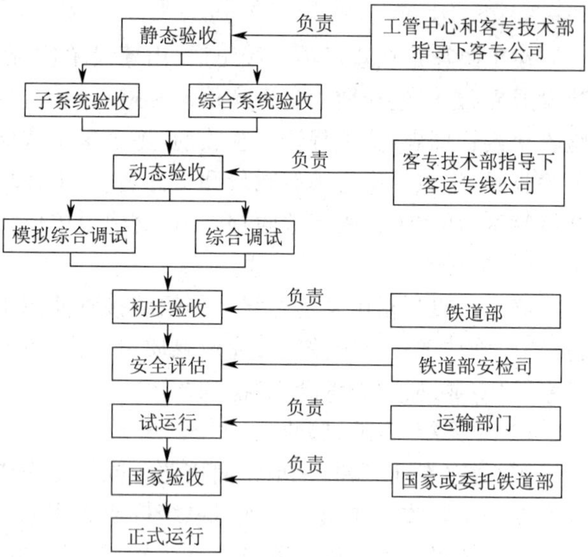

图 11.1 高速铁路竣工验收流程图

(6)检查动态检测、试运行情况,是否具备试运营或运营条件;

(7)检查铁路高速铁路技术引进、吸收、创新情况;

(8)检查环保、水保、劳动、安全、卫生、消防等设施是否按批准的设计文件建成,是否合格;地质灾害整治及建筑抗震设防是否符合规定;

(9)检查工程竣工文件编制完成情况,建设项目批准文件、设计文件、施工过程管理文件及招投标文件、监理文件、竣工文件等资料是否齐全、准确,并按规定归档;

(10)检查建设用地权属是否符合界址,手续是否齐全;

(11)检查运营投产准备情况,运营生产组织管理机构、岗位人员培训、物资准备、外部协作条件是否已经落实;

(12)落实审计、检查、监察等发现问题的整改情况。

2. 竣工验收的组织机构

客运专线竣工验收采用建设单位自验、专家检查、政府验收的方式。

(1)静态验收和动态验收工作由高速铁路公司组织,在工程管理中心和运输局高铁技术部指导下进行。高速铁路公司在子系统(专业)基本完工前,成立由高速铁路公司负责人为组长,接管使用单位负责人为副组长,监理、勘察设计、咨询单位(如果有)负责人参加的竣工验收工作组,具体负责静态验收和动态验收工作。

(2)在子系统(专业)基本完工前,由工程管理中心和运输局高铁技术部组建专家组,对验收全过程进行咨询,对检测结果进行检查,对验收过程中存在的问题进行研究并提出解决意见,提出初步验收和正式验收实施建议。专家组由专家和铁道部相关部门人员组成。工程管理中心和运输局高铁技术部领导分别任专家组正副组长。专家组人员名单报铁道部建设管理司核备。

(3)初步验收由铁道部组织。铁道部在高速铁路动态验收合格后一个月内成立初步验收委员会,负责初步验收工作。初步验收委员会由铁道部有关业务部门、接管使用单位、其他投资方、高速铁路公司人员,专家组正副组长,以及勘察设计、咨询(如果有)单位人员组成,在专家组检查的基础上进行初步验收。

(4)国家验收由国家主管部门或委托铁道部组织，在铁道部提出国家验收申请一个月内，按相关规定成立国家验收委员会，具体负责国家验收工作。验收委员会组成由铁道部提出方案报国家主管部门批准。

11.3　高速铁路竣工验收各阶段的条件与程序

11.3.1　学习任务

能够确定竣工验收各阶段具备的条件和验收程序。

11.3.2　相关配套知识

1. 静态验收

1)静态验收阶段具备的条件

(1)主体工程及其配套工程(包括外部配套工程及设备安装)已按设计文件建成；

(2)环境保护设施、水土保持设施与主体工程同步建成；

(3)劳动、安全、卫生及消防设施与主体工程同步建成；

(4)承包商按有关规范、标准对工程质量和系统功能自检合格；

(5)监理单位及咨询单位(如果有)对工程质量评定合格；

(6)竣工文件已按规定的内容和标准基本完成。

2)静态验收阶段的程序

静态子系统(专业)验收程序：

(1)承包商按照设计文件和合同约定完成全部工程和设备安装、调试并经自检合格后，向客运专线公司申请子系统(专业)验收，并报送《子系统(专业)验收申请表》。

(2)高速铁路公司经检查确认达到子系统(专业)验收条件后，组织竣工验收工作组对子系统(专业)进行验收。

(3)竣工验收工作组应在30个工作日内完成检查，对存在问题提出处理意见、整改期限、复检时间等，经专家组确认后组织实施；对整改问题复查合格后填写《子系统(专业)验收记录表》。

(4)专家组对验收情况进行检查，对竣工验收工作组验收意见进行确认。

(5)子系统(专业)验收合格后，竣工验收工作组和专家组在《子系统(专业)验收记录表》上签署验收意见。

3)综合系统验收程序

(1)子系统(专业)验收合格后，承包单位向高速铁路公司申请综合系统验收并报送《综合系统验收申请表》。

(2)高速铁路公司经检查确认达到综合系统验收条件后，组织竣工验收工作组对综合系统进行验收。

(3)竣工验收工作组对综合系统进行验收，对存在的问题提出处理意见、整改期限、复检时间等，经专家组确认后组织实施；对整改问题复查合格后填写《综合系统验收记录表》。

(4)专家组对验收情况进行检查，对竣工验收工作组验收意见进行确认。

(5)综合系统验收合格后，竣工验收工作组和专家组在《综合系统验收记录表》上签署验收意见。

2. 动态验收

1)动态验收应具备的条件

(1)静态验收合格;

(2)《动态验收实施方案》已经批准;

(3)动态检测准备工作完成。

2)动态验收的程序

(1)高速铁路公司应在静态验收完成20日前拟定详细的《动态验收实施方案》,经铁道部工程管理中心和运输局客专技术部审查后报铁道部批准。《动态验收实施方案》应包括动态验收组织形式、综合调试计划、试运行和动态检测方案,拟投入主要设备仪器,安全保证措施等内容。

(2)高速铁路公司应按照批复的《动态验收实施方案》组织动态验收。

(3)高速铁路公司组织专业机构按批复的《动态验收实施方案》进行动态检测,并形成动态检测报告。动态检测工作由铁道部批准的专门机构负责。

(4)竣工验收工作组就动态检测中发现的问题进行研究并提出整改意见,整改意见送专家组审查,按专家组审查意见组织整改;对整改问题复查合格后,填写《动态验收记录表》。

(5)专家组对验收情况进行检查,对竣工验收工作组验收意见进行确认。

(6)动态验收合格后,竣工验收工作组和专家组在《动态验收记录表》上签署意见。

3. 初步验收

1)初步验收应具备的条件

(1)静态验收、动态验收合格,工程质量和系统功能满足有关标准要求;

(2)静态验收及动态验收遗留问题整改完毕;

(3)环境保护设施、水土保持设施经相应行政主管部门验收;

(4)劳动、安全、卫生及消防设施经相关部门验收合格;

(5)通过试运行,达到试运营的条件;

(6)咨询单位(如果有)已提交对整个系统可否按照设计速度安全运行的咨询报告;

(7)建设用地取证工作基本完成;

(8)竣工文件按规定编制完成,施工过程中的管理文件和招标投标文件等整理完毕,达到档案验收标准。

2)初步验收的程序

(1)高速铁路公司完成动态验收工作后,应及时向铁道部建设管理司报送《初步验收申请表》。

(2)专家组向铁道部报送前一阶段验收工作情况和组织初步验收的建议。

(3)铁道部建设管理司在收到《初步验收申请表》、《安全质量监督报告》和专家组关于组织初步验收的建议后,确认符合初步验收条件的,报请铁道部成立初步验收委员会。

(4)初步验收委员会组织召开初步验收会议,必要时组织现场检查,提出《初步验收报告》,明确验收结论。

4. 安全评估

安全评估阶段应具备的条件:

(1)初步验收中存在的影响运营的问题全部得到解决;

(2)试运营的各项准备工作已经完成。

初步验收合格后，由铁道部安全监察部门组织安全评估，就客运专线试运营提出安全评价意见，责成客运专线公司和接管运输单位完善安全措施，完成安全评估工作。客运专线铁路安全评估合格并经铁道部批准后投入试运营。客运专线公司及接管运输单位在试运营期间必须进一步做好观测、测试工作。

5. 国家验收

1)国家验收应具备的条件

(1)初步验收一年后；

(2)试运营情况良好，经检测各项指标已达到建设目标；

(3)建设用地取证工作已经完成；

(4)环境保护设施、水土保持设施经相应行政主管部门验收合格；

(5)竣工决算已经编制完成，并经过铁道部组织的审计；

(6)建设资金已全部到位，除质量保修金外与建设工程各方按合同完成资金结算。

2)国家验收的程序

(1)对具备国家验收条件的客运专线铁路，客运专线公司应向铁道部建设管理司提出申请，上报《国家验收申请表》。报请国家验收。

(2)专家组向铁道部报送试运营检查情况和组织国家验收的建议。

(3)铁道部建设管理司在收到《国家验收申请表》和专家组关于组织国家验收的建议后，经确认申报项目符合国家验收条件的，提出国家验收建议报铁道部，经铁道部同意后按程序报请国家主管部门组织验收。

(4)国家验收委员会组织召开国家验收会议，必要时组织现场检查，对客运专线工程质量、线路运行状况、环境协调性等建设成果以及初步验收结论进行整体评价，形成《国家验收证书》，明确验收结论。

11.4 高速铁路竣工文件的编制和交接管理

11.4.1 学习任务

能够对竣工文件进行编制和整理。

11.4.2 相关配套知识

铁道部办档〔2002〕8号文件即《铁路建设项目竣工文件编制移交办法》中规定，“各施工单位要认真履行投标承诺与合同中关于竣工文件编制的有关条款、规定，加强对竣工文件编制和交接的管理，将这项工作纳入施工技术管理、项目部总工程师和有关工程技术人员的职责范围。施工单位的各级技术管理部门应有专人负责竣工文件编制的组织、检查、指导工作”。并随时接受建设、质量监督、监理及档案管理部门的业务指导及检查。

1. 竣工文件的管理

(1)竣工文件编制工作由建设单位负责组织，施工单位负责编制，接管单位档案部门负责协助指导。

建设项目在招、投标和签订施工及监理合同、协议时，应列专门条款明确规定竣工文件的编制要求、内容、份数、交接时间以及整理归档的责任。

(2)竣工文件编制工作由客专公司负责组织，工程管理部负责归口管理，接管使用单位档案部门协助指导，监理单位负责督促、检查和审核，施工单位负责编制、整理、组卷和归档。按照谁施工，谁收集整理，谁组卷归档的原则进行管理，最后由客专公司负责竣工文件的汇总工作。

(3)各单位应设专人负责竣工文件的收集、整理、保管、立卷、移交归档工作，并应将此项工作纳入施工技术管理，纳入总工程师的职责范围。同时，要根据竣工文件编制的有关条款规定，制订相应的管理办法。

(4)监理单位在施工中要督促、检查施工单位及时整理竣工文件和竣工验收资料，并按规定审核竣工文件的质量和完整性，负责向客专公司提交监理业务范围内的专项报告。

(5)各单位必须按期移交完整齐全的竣工文件，竣工文件不齐全、不完整、不真实，不能验收交接，不能进行末次验工计价。

2. 竣工文件的形成和累积

(1)客运专线项目竣工文件的收集、整理、归档及移交，应做到布置施工任务与布置竣工文件编制、工程施工进度与竣工文件形成积累、工程验收交接与竣工文件交接同步进行。

(2)各单位要按照各专业竣工文件编制内容，随时做好图纸修改、资料收集和积累工作，注意收集施工中采用的新工艺、新材料、特殊地质、重点难点的科技攻关项目、地下建筑、地下管线、工程质量事故处理方案以及工程隐蔽部位的资料，并应根据变更设计的要求，及时修改施工图，填写工程日志，做到准确、符合实际。

(3)各单项工程的技术负责人，要将施工过程中形成的各种检查证、试验报告、原材料(或设备)出厂合格证及各种施工记录等原始资料，按工程项目和内容分别放在平时立卷盒内，以防文件材料的散失和损坏。

3. 竣工文件的组成和内容

(1)凡与工程建设有关的重要活动、记载工程建设主要过程和现状及具有保存价值的各种载体文件，均应收集齐全，整理立卷后归档。

(2)客运专线竣工文件由综合部分和专业部分两大类组成。专业部分由线路、路基、桥梁、涵洞、隧道、站场、动车、给水排水、通信、信号、电力、电气化、房建、环境保护与水土保持、铁路用地等专业组成。凡各专业未包括或不能包括进去的，可以纳入综合部分。

(3)由于铁路客运专线引进了无砟轨道等国外技术和设备，因此，凡有引进技术、引进设备的单位，要做好引进技术和设备图纸文件的收集、整理、译注工作。归档时，外文资料与译注资料一起归档，归档的竣工图应是译注后的图纸。由咨询项目部负责汇总并移交公司。

(4)客专项目沿途经过的大中城市，应按照《关于转发〈城市建设档案归属与流向暂行办法〉的通知》(办档〔1998〕10 号)的要求向当地城市建设档案馆报送有关城市建设档案，内容包括：

①城市规划区范围内的车站、地下管线径路、段(所)等平面布置图，以及竣工验收证书。向城建档案馆报送的归档文件应符合国家标准《建设工程文件归档整理规范》(GB/T 50328—2001)之规定。

②城市规划区内的铁路线路、桥梁、隧道总平面布置图、桥梁平面图、立面竣工图，线路、隧道的纵断面图和标准横断面图及有关说明。

③报送城市建设档案馆的竣工文件均提供复制件，其文整应符合城市建设档案馆提出的

要求。

(5)项目向铁道部档案馆提供一套与公司收集范围相同的竣工文件,并移交以下竣工图的底图一份,具体内容包括:

①线路的平面图,纵断面图,平、纵断面缩图,铁路用地总平面图。

②特大桥和大桥的平面图、立面图、桥址平面图、梁部和墩台结构图(梁图采用标准图时,只在目录中注明标准图号和编制单位)。

③长隧道(3 km 及以上)的横、纵断面图和主要结构图。

④项目沿途建立的车站的平面布置图,通信、信号、电力、电气化、给水排水、动车、站房等平面布置图。

⑤新型通信信号(我国以前没有的)竣工图。

⑥电气化铁路接触网和变配电所平面布置图。

(6)征购土地、拆迁补偿等原始凭证的原件,由施工单位单独组卷,归入地亩档案,交客运专线公司永久保存,施工(购地)单位保存复印件。铁路用地资料内容包括:

①国家立项、批准的各种文件;

②地方国土部门的各种报批文件;

③施工中与当地市、县、乡、村民委员会、农民等各级组织和个人协商产生的各种协议、合同、证明;

④施工中现场制作的地界桩表;

⑤统一里程与施工里程对照表、图等。

(7)监理管理文件纳入竣工文件综合部分,由监理单位负责编制。

4. 竣工文件整理和案卷质量标准要求

(1)竣工文件形成后,要按文件材料形成规律和成套性的特点,保持文件之间的有机联系,合理的组成保管单位。一般应符合以下要求:

①在组成保管单位时,应先区分专业,然后按单位工程组成若干个保管单位(即盒),一盒为一个保管单位。

②一个保管单位一般按施工资料、工程日志、竣工图三部分组成,并进行科技排序,文字在前,图纸在后。

③组成保管单位时,要考虑运营维修管辖区段,不是一个维修管辖区段的工程不能组织在一起。

④铁路通信、信号、电力、电气化、给排水、房建、铁路用地等专业的竣工文件,应将站与区间分别编制,正线与联络线也应分开组成保管单位。

⑤小桥及涵洞分别按区间组成保管单位。

⑥铁路用地资料,按市、县(区)为单位编制组卷,一般按国土部门报件类、补偿类、审批类、其他类组卷。

(2)若建设项目由两个以上单位负责施工时,其竣工文件可各自按施工管辖范围组卷,但要考虑接管单位将文件材料与图纸合并组卷的要求。涉及综合性资料如:建交表、竣工验收报告、施工中来往文电等由各承包单位收集汇总,分别组成保管单位。部分专业的竣工文件按以下规定执行:

①桥梁工程:由各制梁厂和架设单位及时提供有关资料,线下施工单位负责编制竣工文件。制梁厂提供资料为:现场灌注钢筋混凝土梁的各种检验资料及工厂预制梁合格证;架设单

位提供资料为铁程检—12、—32及其他相关附件合格证等，其中铁程检—12由线下单位和架设单位分别检查签字。

②轨道工程：无砟轨道由相应的施工单位提供有关资料，线下施工单位负责编制竣工文件。轨道(铺设无缝线路、道岔及伸缩调节器)由轨道施工单位负责编制竣工文件。

③铁路用地以线下单位为主编制竣工文件。

(3)竣工文件在组成保管单位时，应分别对施工资料、工程日志进行整理装订，对图纸进行折叠或装订，案卷要编张号，填写案卷封面、卷内目录、备考表。其案卷质量应达到铁道部办公厅公布的《科技档案案卷质量标准》(办档〔1986〕6号)的要求。

(4)竣工文件的质量要求

①齐全完整，应归档的施工资料、图纸全部收齐，印章齐全，具备法律效力。

②内容准确，所移交的竣工文件内容，能真实记述和准确反映工程建设过程和竣工时的客观实际，各项原始记录和技术数据详实可靠；竣工图纸已按变更设计和施工洽商记录进行了修改，做到图物相符，施工里程已更换为竣工后的统一里程。

③系统配套，一个建设项目内各专业内容，一个单位工程内施工资料、图纸的各项内容应配套完整。

④整洁美观，竣工文件材料装订整齐、美观，软封面及卷内目录填写清楚，字体工整，文面整洁。不允许用圆珠笔、铅笔、双面蓝色复写纸书写和复印文件。图纸图幅标准、线条清晰、字体工整、反差良好、折叠规范统一。

(5)竣工文件其他要求

①竣工文件的所有文字、表格材料统一采用70 g A4纸(297 mm×210 mm)，文字、表格页边距统一采用上下边距23 mm、左边距23 mm、右边距20 mm；质量验收记录表各栏字体和字号可参照《客运专线铁路工程施工质量验收标准应用指南》中的文字表格形式，表格内容除验收与检查评定意见及签字外均可采用打印。

②统一采用部颁科技档案盒。成册的图纸按3号图幅尺寸装订，对折后放入盒内，其他图纸散装。

③先期开工报告和变更设计通知单等已用A4纸不变，如不是A4纸大小的，最后组成时要进行折叠和裱糊成统一的A4纸大小。

④开工报告只要上级批复的一页，其余附件不必归档。

⑤文字资料与竣工蓝图混装时，文字资料在前，图纸在后，编号使用一个流水号，编号位置在每一张右上角，图纸在标题栏右上角，字号为仿宋体小一号字。

⑥卷内目录、备考表不编号、不装订，分别置于案卷的首尾，卷内目录在首页，备考表在尾页。

⑦向铁道部档案馆移交各种平、纵断面图必须重新绘制(CAD)，应注意使用标准绘图方式，标识文字不小于2.5 mm，数字不小于1.8 mm。

⑧档案装具统一采用部颁科技档案盒，结构尺寸为220 mm×310 mm，厚度分别为25 mm、40 mm、50 mm案卷盒，并由各参建单位统一向客运专线项目归属所在地铁路局档案管理部门定购，所需费用由使用单位自理。

5. 竣工文件的交接手续和份数

(1)凡竣工验收的建设项目，在办理验收交接前，施工单位应编好已完工程全部竣工文件(包括征地资料)，达到档案验收标准，经初验工作组审查确认齐全、完整、准确后，交接管单位并按规定报送铁道部档案部门及省市、军区、武警等部门归档。监理文件由各自收集、积累，向客运专线铁路公司移交。

(2)新增二线及旧线改造建设项目(包括分期分段、分区间、分站交付的工程)施工单位应在初验前七日内向运营单位提供开办运营或生产所需的竣工资料及图纸，待整个建设项目全部竣工后再办理全部竣工文件的交接手续。

(3)一个建设项目的尾工工程，允许施工单位与原工程项目分开办理竣工文件的交接，即先交已完建设项目的文件，然后再交尾工项目的竣工文件，交接时间由双方商定。

(4)竣工文件编制十二份，其中：正本一份，副本十一份。正本是竣工文件主要材料的原始件，各种文件材料只有一份的(不含各种原始记录)，应列入正本。所有程检表、检验批、分项、分部工程验收资料只纳入正本和第二副本。其他副本材料除竣工图外，可采用原件复印后加盖相应施工、监理单位公章的形式。

①第一副本交铁道部档案馆。

②第二副本交设备维修使用部门。工程日志、混凝土配合比报告、混凝土试件试压报告和耐久性指标试验检测报告及砂浆试压报告、填土压实各种试验检测报告、地基和桩基检测报告、基桩成孔记录、混凝土灌注记录、隧道压浆记录、混凝土结构实体检测报告，电气、设备测试报告，原材料、成品、半成品出厂合格证及复试报告，铺轨材料出厂合格证，各项设备出厂合格证、使用说明书和设备图纸等以上原始资料，只需制作一份，纳入第二副本。

③第三、四、五副本收集范围与正本相同，交项目各省出资人代表单位。

④第六、七副本交相关铁路局、铁路集团，这两副本只收集与铁路局相关的线路起止点联络线(或站场的改造部分)的竣工文件，以及与运输指挥调度有关的专业文件和图纸(线路平、纵断面图、站场、区间、信号图等)。

⑤第八副本交各大中城市城建档案馆(根据行政管理范围移交)。

⑥第九至第十一副本交总后、军区、武装警察总部。

⑦除第一至第五副本外，其他副本收集范围各有侧重。

(5)客运专线铁路公司在初验时组织有关部门对竣工文件进行预验。正式验收前邀请部档案馆对竣工文件的内容是否齐全、完整，文整质量是否达到部颁要求进行专项检查验收。

(6)文件交接时要按规定格式填写“文件清册和目录”，一式两份，交接双方各执一份，以备存查。

本章小结

本章重点介绍了客运专线竣工验收的内容和组织机构、竣工验收各阶段的条件和程序、竣工文件的编制和交接管理等内容。

复习思考题

1. 什么是竣工验收？
2. 竣工验收的静态验收、动态验收、初步验收、国家验收是指什么？
3. 客运专线竣工验收的内容有哪些？

4. 客运专线竣工验收组织机构如何确定?
5. 静态验收阶段应具备的条件是什么? 验收程序如何?
6. 动态验收阶段应具备的条件是什么? 验收程序如何?
7. 初步验收阶段应具备的条件是什么? 验收程序如何?
8. 国家验收阶段应具备的条件是什么? 验收程序如何?
9. 如何进行安全评估?
10. 竣工文件的组成都有哪些?
11. 竣工文件如何进行交接?

参 考 文 献

[1] 田金信．建设项目管理．北京:高等教育出版社,2002.

[2] 卢鹏．客运专线铁路施工项目管理手册．北京:人民交通出版社,2009.

[3] 全国一级建造师执业资格考试用书编写委员会．建设工程项目管理．北京:中国建筑工业出版社,2010.

[4] 向群,贾艳红．铁路工程施工组织管理与概预算．北京:中国铁道出版社,2006.

[5] 杨志忠．建设工程招投标与合同管理．北京:机械工业出版社,2010.

[6] 郝永池．工程招投标与合同管理．北京:机械工业出版社,2010.

[7] 胡彩虹,高秀清．工程招投标与合同管理．郑州:黄河水利出版社,2009.

附　　录

中华人民共和国招标投标法

（1999年8月30日第九届全国人民代表大会
常务委员会第十一次会议通过）

目　录

第一章　总　　则

第一条　为了规范招标投标活动，保护国家利益、社会公共利益和招标投标活动当事人的合法权益，提高经济效益，保证项目质量，制定本法。

第二条　在中华人民共和国境内进行招标投标活动，适用本法。

第三条　在中华人民共和国境内进行下列工程建设项目包括项目的勘察、设计、施工、监理以及与工程建设有关的重要设备、材料等的采购，必须进行招标：

（一）大型基础设施、公用事业等关系社会公共利益、公众安全的项目；

（二）全部或者部分使用国有资金投资或者国家融资的项目；

（三）使用国际组织或者外国政府贷款、援助资金的项目。

前款所列项目的具体范围和规模标准，由国务院发展计划部门会同国务院有关部门制订，报国务院批准。

法律或者国务院对必须进行招标的其他项目的范围有规定的，依照其规定。

第四条　任何单位和个人不得将依法必须进行招标的项目化整为零或者以其他任何方式规避招标。

第五条　招标投标活动应当遵循公开、公平、公正和诚实信用的原则。

第六条　依法必须进行招标的项目，其招标投标活动不受地区或者部门的限制。任何单位和个人不得违法限制或者排斥本地区、本系统以外的法人或者其他组织参加投标，不得以任何方式非法干涉招标投标活动。

第七条　招标投标活动及其当事人应当接受依法实施的监督。

有关行政监督部门依法对招标投标活动实施监督，依法查处招标投标活动中的违法行为。

对招标投标活动的行政监督及有关部门的具体职权划分，由国务院规定。

第二章 招 标

第八条 招标人是依照本法规定提出招标项目、进行招标的法人或者其他组织。

第九条 招标项目按照国家有关规定需要履行项目审批手续的，应当先履行审批手续，取得批准。

招标人应当有进行招标项目的相应资金或者资金来源已经落实，并应当在招标文件中如实载明。

第十条 招标分为公开招标和邀请招标。

公开招标，是指招标人以招标公告的方式邀请不特定的法人或者其他组织投标。

邀请招标，是指招标人以投标邀请书的方式邀请特定的法人或者其他组织投标。

第十一条 国务院发展计划部门确定的国家重点项目和省、自治区、直辖市人民政府确定的地方重点项目不适宜公开招标的，经国务院发展计划部门或者省、自治区、直辖市人民政府批准，可以进行邀请招标。

第十二条 招标人有权自行选择招标代理机构，委托其办理招标事宜。任何单位和个人不得以任何方式为招标人指定招标代理机构。

招标人具有编制招标文件和组织评标能力的，可以自行办理招标事宜。任何单位和个人不得强制其委托招标代理机构办理招标事宜。

依法必须进行招标的项目，招标人自行办理招标事宜的，应当向有关行政监督部门备案。

第十三条 招标代理机构是依法设立，从事招标代理业务并提供相关服务的社会中介组织。

招标代理机构应当具备下列条件：

(一)有从事招标代理业务的营业场所和相应资金；

(二)有能够编制招标文件和组织评标的相应专业力量；

(三)有符合本法第三十七条第三款规定条件，可以作为评标委员会成员人选的技术，经济等方面的专家库。

第十四条 从事工程建设项目招标代理业务的招标代理机构，其资格由国务院或者省、自治区、直辖市人民政府的建设行政主管部门认定。具体办法由国务院建设行政主管部门会同国务院有关部门制定。从事其他招标代理业务的招标代理机构，其资格认定的主管部门由国务院规定。

招标代理机构与行政机关和其他国家机关不得存在隶属关系或者其他利益关系。

第十五条 招标代理机构应当在招标人委托的范围内办理招标事宜，并遵守本法关于招标人的规定。

第十六条 招标人采用开招标方式的，应当发布招标公告。依法必须进行招标的项目的招标公告，应当通过国家指定的报刊、信息网络或者其他媒介发布。

招标公告应当载明招标人的名称和地址、招标项目的性质、数量、实施地点和时间以及获取招标文件的办法等事项。

第十七条 招标人采用邀请招标方式的，应当向三个以上具备承担招标项目的能力、资信良好的特定的法人或者其他组织发出投标邀请书。

投标邀请书应当载明本法第十六条第二款规定的事项。

第十八条 招标人可以根据招标项目本身的要求，在招标公告或者投标邀请书中，要求潜在投标人提供有关资质证明文件和业绩情况，并对潜在投标人进行资格审查；国家对投标人的资格条件有规定的，依照其规定。

招标人不得以不合理的条件限制或者排斥潜在投标人，不得对潜在投标人实行歧视待遇。

第十九条 招标人应当根据招标项目的特点和需要编制招标文件。招标文件应当包括招标项目的技术要求、对投标人资格审查的标准、投标报价要求和评标标准等所有实质性要求和条件以及拟签订合同的主要条款。

国家对招标项目的技术、标准有规定的，招标人应当按照其规定在招标文件中提出相应要求。

招标项目需要划分标段、确定工期的，招标人应当合理划分标段、确定工期，并在招标文件中载明。

第二十条 招标文件不得要求或者标明特定的生产供应者以及含有倾向或者排斥潜在投标人的其他内容。

第二十一条 招标人根据招标项目的具体情况，可以组织潜在投标人踏勘项目现场。

第二十二条 招标人不得向他人透露已获取招标文件的潜在投标人的名称、数量以及可能影响公平竞争的有关招标投标的其他情况。

招标人设有标底的，标底必须保密。

第二十三条 招标人对已发出的招标文件进行必要的澄清或者修改的，应当在招标文件要求提交投标文件截止时间至少十五日前，以书面形式通知所有招标文件收受人。该澄清或者修改的内容为招标文件的组成部分。

第二十四条 招标人应当确定投标人编制投标文件所需要的合理时间，但是，依法必须进行招标的项目，自招标文件开始发出之日起至投标提交投标文件截止之日止，最短不得少于二十日。

第三章　投　　标

第二十五条 投标人是响应招标、参加投标竞争的法人或者其他组织。

依法招标的科研项目允许个人参加投标的，投标的个人适用本法有关投标人的规定。

第二十六条 投标人应当具备承担招标项目的能力；国家有关规定对投标人资格条件或者招标文件对投标人资格条件有规定的，投标人应当具备规定的资格条件。

第二十七条 投标人应当按照招标文件的要求编制投标文件。投标文件应当对招标文件提出的实质性要求和条件作出响应。

招标项目属于建设施工的，投标文件的内容应当包括拟派出的项目负责人与主要技术人员的简历、业绩和拟用于完成招标项目的机械设备等。

第二十八条 投标人应当在招标文件要求提交投标文件的截止时间前，将投标文件送达投标地点。招标人收到投标文件后，应当签收保存，不得开启。投标人少于三个的，招标人应当依照本法重新招标。

在招标文件要求提交投标文件的截止时间后送达的投标文件，招标人应当拒收。

第二十九条 投标人在招标文件要求提交投标文件的截止时间前，可以补充、修改或者撤回已提交的投标文件，并书面通知招标人。补充、修改的内容为投标文件的组成部分。

第三十条 投标人根据招标文件载明的项目实际情况，拟在中标后将中标项目的部分非主体、非关键性工作进行分包的，应当在投标文件中载明。

第三十一条 两个以上法人或者其他组织可以组成一个联合体，以一个投标人的身份共同投标。

联合体各方均应当具备承担招标项目的相应能力；国家有关规定或者招标文件对投标人资格条件有规定的，联合体各方均应当具备规定的相应资格条件。由同一专业的单位组成的联合体，按照资质等级较低的单位确定资质等级。

联合体各方应当签订共同投标协议，明确约定各方拟承担的工作和责任，并将共同投标协议连同投标文件一并提交招标人。联合体中标的，联合体各方应当共同与招标人签订合同，就中标项目向招标人承担连带责任。

招标人不得强制投标人组成联合体共同投标，不得限制投标人之间的竞争。

第三十二条 投标人不得相互串通投标报价，不得排挤其他投标人的公平竞争，损害招标人或者其他投标人的合法权益。

投标人不得与招标人串通投标，损害国家利益、社会公共利益或者他人的合法权益。

禁止投标人以向招标人或者评标委员会成员行贿的手段谋取中标。

第三十三条 投标人不得以低于成本的报价竞标，也不得以他人名义投标或者以其他方式弄虚作假，骗取中标。

第四章 开标、评标和中标

第三十四条 开标应当在招标文件确定的提交投标文件截止时间的同一时间公开进行；开标地点应当为招标文件中预先确定的地点。

第三十五条 开标由招标人主持，邀请所有投标人参加。

第三十六条 开标时，由投标人或者其推选的代表检查投标文件的密封情况，也可以由招标人委托的公证机构检查并公证；经确认无误后，由工作人员当众拆封，宣读投标人名称、投标价格和投标文件的其他主要内容。

招标人在招标文件要求提交投标文件的截止时间前收到的所有投标文件，开标时都应当当众予以拆封、宣读。

开标过程应当记录，并存档备查。

第三十七条 评标由招标人依法组建的评标委员会负责。

依法必须进行招标的项目，其评标委员会由招标人的代表和有关技术、经济等方面的专家组成，成员人数为五人以上单数，其中技术、经济等方面的专家不得少于成员总数的三分之二。

前款专家应当从事相关领域工作满八年并具有高级职称或者具有同等专业水平，由招标人从国务院有关部门或者省、自治区、直辖市人民政府有关部门提供的专家名册或者招标代理机构的专家库内的相关专业的专家名单中确定；一般招标项目可以采取随机抽取方式，特殊招标项目可以由招标人直接确定。

与投标人有利害关系的人不得进入相关项目的评标委员会，已经进入的应当更换。

评标委员会成员的名单在中标结果确定前应当保密。

第三十八条 招标人应当采取必要的措施，保证评标在严格保密的情况下进行。

任何单位和个人不得非法干预、影响评标的过程和结果。

第三十九条 评标委员会可以要求投标人对投标文件中含义不明确的内容作必要的澄清或者说明，但是澄清或者说明不得超出投标文件的范围或者改变投标文件的实质性内容。

第四十条 评标委员会应当按照招标文件确定的评标标准和方法，对投标文件进行评审和比较;设有标底的,应当参考标底。评标委员会完成评标后,应当向招标人提出书面评标报告,并推荐合格的中标候选人。

招标人根据评标委员会提出的书面评标报告和推荐的中标候选人确定中标人。招标人也可以授权评标委员会直接确定中标人。

国务院对特定招标项目的评标有特别规定的,从其规定。

第四十一条　中标人的投标应当符合下列条件

(一)能够最大限度地满足招标文件中规定的各项综合评价标准;

(二)能够满足招标文件的实质性要求,并且经评审的投标价格最低,但是投标价格低于成本的除外。

第四十二条　评标委员会经评审,认为所有投标都不符合招标文件要求的,可以否决所有投标。

依法必须进行招标的项目的所有投标被否决的,招标人应当依照本法重新招标。

第四十三条　在确定中标人前,招标人不得与投标人就投标价格、投标方案等实质性内容进行谈判。

第四十四条　评标委员会成员应当客观、公正地履行职务,遵守职业道德,对所提出的评审意见承担个人责任。

评标委员会成员不得私下接触投标人,不得收受投标人的财物或者其他好处。

评标委员会成员和参与评标的有关工作人员不得透露对投标文件的评审和比较,中标候选人的推荐情况以及与评标有关的其他情况。

第四十五条　中标人确定后,招标人应当向中标人发出中标通知书,并同时将中标结果通知所有未中标的投标人。

中标通知书对招标人和中标人具有法律效力。中标通知书发出后,招标人改变中标结果的,或者中标人放弃中标项目的,应当依法承担法律责任。

第四十六条　招标人和中标人应当自中标通知书发出之日起三十日内,按照招标文件和中标人的投标文件订立书面合同。招标人和中标人不得再行订立背离合同实质性内容的其他协议。

招标文件要求中标人提交履约保证金的,中标人应当提交。

第四十七条　依法必须进行招标的项目,招标人应当自确定中标人之日起十五日内,向有关行政监督部门提交招标投标情况的书面报告。

第四十八条　中标人应当按照合同约定履行义务,完成中标项目。中标人不得向他人转让中标项目,也不得将中标项目肢解后分别向他人转让。

中标人按照合同约定或者经招标人同意,可以将中标项目的部分非主体、非关键性工作分包给他人完成。接受分包的人应当具备相应的资格条件,并不得再次分包。

中标人应当就分包项目向招标人负责,接受分包的人就分包项目承担连带责任。

第五章　法 律 责 任

第四十九条　违反本法规定,必须进行招标的项目而不招标的,将必须进行招标的项目化整为零或者以其他任何方式规避招标的,责令限期改正,可以处项目合同金额千分之五以上千分之十以下的罚款;对全部或者部分使用国有资金的项目,可以暂停项目执行或者暂停资金拨付;对单位直接负责的主管人员和其他直接责任人员依法给予处分。

第五十条 招标代理机构违反本法规定,泄露应当保密的与招标投标活动有关的情况和资料的,或者与招标人、投标人串通损害国家利益、社会公共利益或者他人合法权益的,处五万元以上二十五万元以下的罚款,对单位直接负责的主管人员和其他直接责任人员处单位罚款数额百分之五以上百分之十以下的罚款;有违法所得的,并处没收违法所得;情节严重的,暂停直至取消招标代理资格;构成犯罪的,依法追究刑事责任。给他人造成损失的,依法承担赔偿责任。

前款所列行为影响中标结果的,中标无效。

第五十一条 招标人以不合理的条件限制或者排斥潜在投标人的,对潜在投标人实行歧视待遇的,强制要求投标人组成联合体共同投标的,或者限制投标人之间竞争的,责令改正,可以处一万元以上五万元以下的罚款。

第五十二条 依法必须进行招标的项目的招标人向他人透露已获取招标文件的潜在投标人的名称、数量或者可能影响公平竞争的有关招标投标的其他情况的,或者泄露标底的,给予警告,可以并处一万元以上十万元以下的罚款;对单位直接负责的主管人员和其他直接责任人员依法始予处分;构成犯罪的,依法追究刑事责任。

前款所列行为影响中标结果的,中标无效。

第五十三条 投标人相互串通投标或者与招标人串通投标的,投标人以向招标人或者评标委员会成员行贿的手段谋取中标的,中标无效,处中标项目金额千分之五以上千分之十以下的罚款,对单位直接负责的主管人员和其他直接责任人员处单位罚款数额百分之五以上百分之十以下的罚款;有违法所得的,并处没收违法所得;情节严重的,取消其一年至二年内参加依法必须进行招标的项目的投标资格并予以公告,直至由工商行政管理机关吊销营业执照;构成犯罪的,依法追究刑事责任。给他人造成损失的,依法承担赔偿责任。

第五十四条 投标人以他人名义投标或者以其他方式弄虚作假,骗取中标的,中标无效,给招标人造成损失的,依法承担赔偿责任;构成犯罪的,依法追究刑事责任。

依法必须进行招标的项目的投标人有前款所列行为尚未构成犯罪的,处中标项目金额千分之五以上千分之十以下的罚款,对单位直接负责的主管人员和其他直接责任人员处单位罚款数额百分之五以上百分之十以下的罚款;有违法所得的,并处没收违法所得;情节严重的,取消其一年至三年内参加依法必须进行招标的项目的投标资格并予以公告,直至由工商行政管理机关吊销营业执照。

第五十五条 依法必须进行招标的项目,招标人违反本法规定,与投标人就投标价格、投标方案等实质性内容进行谈判的,给予警告,对单位直接负责的主管人员和其他直接责任人员依法给予处分。

前款所列行为影响中标结果的,中标无效。

第五十六条 评标委员会成员收受投标人的财物或者其他好处的,评标委员会成员或者参加评标的有关工作人员向他人透露对投标文件的评审和比较、中标候选人的推荐以及与评标有关的其他情况的,给予警告,没收收受的财物,可以并处三千元以上五万元以下的罚款,对有所列违法行为的评标委员会成员取消担任评标委员会成员的资格,不得再参加任何依法必须进行招标的项目的评标;构成犯罪的,依法追究刑事责任。

第五十七条 招标人在评标委员会依法推荐的中标候选人以外确定中标人的,依法必须进行招标的项目在所有投标被评标委员会否决后自行确定中标人的,中标无效。责令改正,可以处中标项目金额千分之五以上千分之十以下的罚款;对单位直接负责的主管人员和其他直接责任人员依法给予处分。

第五十八条　中标人将中标项目转让给他人的，将中标项目肢解后分别转让给他人的，违反本法规定将中标项目的部分主体、关键性工作分包给他人的，或者分包人再次分包的，转让、分包无效，处转让、分包项目金额千分之五以上千分之十以下的罚款；有违法所得的，并处没收违法所得；可以责令停业整顿；情节严重的，由工商行政管理机关吊销营业执照。

第五十九条　招标人与中标人不按照招标文件和中标人的投标文件订立合同的，或者招标人、中标人订立背离合同实质性内容的协议的，责令改正；可以处中标项目金额千分之五以上千分之十以下的罚款。

第六十条　投标人不履行与招标人订立的合同的，履约保证金不予退还，给招标人造成的损失超过履约保证金数额的，还应当对超过部分予以赔偿；没有提交履约保证金的，应当对招标人的损失承担赔偿责任。

中标人不按照与招标人订立的合同履行义务，情节严重的，取消其二年至五年内参加依法必须进行招标的项目的投标资格并予以公告，直至由工商行政管理机关吊销营业执照。

因不可抗力不能履行合同的，不适用前两款规定。

第六十一条　本章规定的行政处罚，由国务院规定的有关行政监督部门决定。本法已对实施行政处罚的机关作出规定的除外。

第六十二条　任何单位违反本法规定，限制或者排斥本地区、本系统以外的法人或者其他组织参加投标的，为招标人指定招标代理机构的，强制招标人委托招标代理机构办理招标事宜的，或者以其他方式干涉招标投标活动的，责令改正；对单位直接负责的主管人员和其他直接责任人员依法给予警告、记过、记大过的处分，情节较重的，依法给予降级、撤职、开除的处分。

个人利用职权进行前款违法行为的，依照前款规定追究责任。

第六十三条　对招标投标活动依法负有行政监督职责的国家机关工作人员徇私舞弊、滥用职权或者玩忽职守，构成犯罪的，依法追究刑事责任；不构成犯罪的，依法给予行政处分。

第六十四条　依法必须进行招标的项目违反本法规定，中标无效的，应当依照本法规定的中标条件从其余投标人中重新确定中标人或者依照本法重新进行招标。

第六章　附　　则

第六十五条　投标人和其他利害关系人认为招标投标活动不符合本法有关规定的，有权向招标人提出异议或者依法向有关行政监督部门投诉。

第六十六条　涉及国家安全、国家秘密、抢险救灾或者属于利用扶贫资金实行以工代赈、需要使用农民工等特殊情况，不适宜进行招标的项目，按照国家有关规定可以不进行招标。

第六十七条　使用国际组织或者外国政府贷款、援助资金的项目进行招标，贷款方、资金提供方对招标投标的具体条件和程序有不同规定的，可以适用其规定。但违背中华人民共和国的社会公共利益的除外。

第六十八条　本法自 2000 年 1 月 1 日起施行。

建设业企业资质管理规定

中华人民共和国建设部令第 159 号

中华人民共和国住房和城乡建设部　　　　2007 年 07 月 06 日

《建设业企业资质管理规定》已于 2006 年 12 月 30 日经建设部第 114 次常务会议讨论通过，现予发布，自 2007 年 9 月 1 日起施行。

建设部部长　汪光焘
二〇〇七年六月二十六日

建设业企业资质管理规定

第一章　总　　则

第一条　为了加强对建设活动的监督管理，维护公共利益和建设市场秩序，保证建设工程质量安全，根据《中华人民共和国建设法》、《中华人民共和国行政许可法》、《建设工程质量管理条例》、《建设工程安全生产管理条例》等法律、行政法规，制定本规定。

第二条　在中华人民共和国境内申请建设业企业资质，实施对建设业企业资质监督管理，适用本规定。

本规定所称建设业企业是指从事土木工程、建设工程、线路管道设备安装工程、装修工程的新建、扩建、改建等活动的企业。

第三条　建设业企业应当按照其拥有的注册资本、专业技术人员、技术装备和已完成的建设工程业绩等条件申请资质，经审查合格，取得建设业企业资质证书后，方可在资质许可的范围内从事建设施工活动。

第四条　国务院建设主管部门负责全国建设业企业资质的统一监督管理。国务院铁路、交通、水利、信息产业、民航等有关部门配合国务院建设主管部门实施相关资质类别建设业企业资质的管理工作。

省、自治区、直辖市人民政府建设主管部门负责本行政区域内建设业企业资质的统一监督管理。省、自治区、直辖市人民政府交通、水利、信息产业等有关部门配合同级建设主管部门实施本行政区域内相关资质类别建设业企业资质的管理工作。

第二章　资质序列、类别和等级

第五条　建设业企业资质分为施工总承包、专业承包和劳务分包三个序列。

第六条　取得施工总承包资质的企业（以下简称施工总承包企业），可以承接施工总承包工程。施工总承包企业可以对所承接的施工总承包工程内各专业工程全部自行施工，也可以将专业工程或劳务作业依法分包给具有相应资质的专业承包企业或劳务分包企业。取得专业承包资质的企业（以下简称专业承包企业），可以承接施工总承包企业分包的专业工程和建设单位依法发包的专业工程。专业承包企业可以对所承接的专业工程全部自行施工，也可以将劳务作业依法分包给具有相应资质的劳务分包企业。

取得劳务分包资质的企业（以下简称劳务分包企业），可以承接施工总承包企业或专业承包企业分包的劳务作业。

第七条 施工总承包资质、专业承包资质、劳务分包资质序列按照工程性质和技术特点分别划分为若干资质类别。各资质类别按照规定的条件划分为若干资质等级。

第八条 建设业企业资质等级标准和各类别等级资质企业承担工程的具体范围，由国务院建设主管部门会同国务院有关部门制定。

第三章 资质许可

第九条 下列建设业企业资质的许可，由国务院建设主管部门实施：

（一）施工总承包序列特级资质、一级资质；

（二）国务院国有资产管理部门直接监管的企业及其下属一层级的企业的施工总承包二级资质、三级资质；

（三）水利、交通、信息产业方面的专业承包序列一级资质；

（四）铁路、民航方面的专业承包序列一级、二级资质；

（五）公路交通工程专业承包不分等级资质、城市轨道交通专业承包不分等级资质。

申请前款所列资质的，应当向企业工商注册所在地省、自治区、直辖市人民政府建设主管部门提出申请。其中，国务院国有资产管理部门直接监管的企业及其下属一层级的企业，应当由国务院国有资产管理部门直接监管的企业向国务院建设主管部门提出申请。

省、自治区、直辖市人民政府建设主管部门应当自受理申请之日起 20 日内初审完毕并将初审意见和申请材料报国务院建设主管部门。

国务院建设主管部门应当自省、自治区、直辖市人民政府建设主管部门受理申请材料之日起 60 日内完成审查，公示审查意见，公示时间为 10 日。其中，涉及铁路、交通、水利、信息产业、民航等方面的建设业企业资质，由国务院建设主管部门送国务院有关部门审核，国务院有关部门在 20 日内审核完毕，并将审核意见送国务院建设主管部门。

第十条 下列建设业企业资质许可，由企业工商注册所在地省、自治区、直辖市人民政府建设主管部门实施：

（一）施工总承包序列二级资质（不含国务院国有资产管理部门直接监管的企业及其下属一层级的企业的施工总承包序列二级资质）；

（二）专业承包序列一级资质（不含铁路、交通、水利、信息产业、民航方面的专业承包序列一级资质）；

（三）专业承包序列二级资质（不含民航、铁路方面的专业承包序列二级资质）；

（四）专业承包序列不分等级资质（不含公路交通工程专业承包序列和城市轨道交通专业承包序列的不分等级资质）。

前款规定的建设业企业资质许可的实施程序由省、自治区、直辖市人民政府建设主管部门依法确定。

省、自治区、直辖市人民政府建设主管部门应当自作出决定之日起 30 日内，将准予资质许可的决定报国务院建设主管部门备案。

第十一条 下列建设业企业资质许可，由企业工商注册所在地设区的市人民政府建设主管部门实施：

（一）施工总承包序列三级资质（不含国务院国有资产管理部门直接监管的企业及其下属一层级的企业的施工总承包三级资质）；

（二）专业承包序列三级资质；

（三）劳务分包序列资质；

（四）燃气燃烧器具安装、维修企业资质。

前款规定的建设业企业资质许可的实施程序由省、自治区、直辖市人民政府建设主管部门依法确定。

企业工商注册所在地设区的市人民政府建设主管部门应当自作出决定之日起30日内，将准予资质许可的决定通过省、自治区、直辖市人民政府建设主管部门，报国务院建设主管部门备案。

第十二条　建设业企业资质证书分为正本和副本，正本一份，副本若干份，由国务院建设主管部门统一印制，正、副本具备同等法律效力。资质证书有效期为5年。

第十三条　建设业企业可以申请一项或多项建设业企业资质；申请多项建设业企业资质的，应当选择等级最高的一项资质为企业主项资质。

第十四条　首次申请或者增项申请建设业企业资质，应当提交以下材料：

（一）建设业企业资质申请表及相应的电子文档；

（二）企业法人营业执照副本；

（三）企业章程；

（四）企业负责人和技术、财务负责人的身份证明、职称证书、任职文件及相关资质标准要求提供的材料；

（五）建设业企业资质申请表中所列注册执业人员的身份证明、注册执业证书；

（六）建设业企业资质标准要求的非注册的专业技术人员的职称证书、身份证明及养老保险凭证；

（七）部分资质标准要求企业必须具备的特殊专业技术人员的职称证书、身份证明及养老保险凭证；

（八）建设业企业资质标准要求的企业设备、厂房的相应证明；

（九）建设业企业安全生产条件有关材料；

（十）资质标准要求的其他有关材料。

第十五条　建设业企业申请资质升级的，应当提交以下材料：

（一）本规定第十四条第（一）、（二）、（四）、（五）、（六）、（八）、（十）项所列资料；

（二）企业原资质证书副本复印件；

（三）企业年度财务、统计报表；

（四）企业安全生产许可证副本；

（五）满足资质标准要求的企业工程业绩的相关证明材料。

第十六条　资质有效期届满，企业需要延续资质证书有效期的，应当在资质证书有效期届满60日前，申请办理资质延续手续。

对在资质有效期内遵守有关法律、法规、规章、技术标准，信用档案中无不良行为记录，且注册资本、专业技术人员满足资质标准要求的企业，经资质许可机关同意，有效期延续5年。

第十七条　建设业企业在资质证书有效期内名称、地址、注册资本、法定代表人等发生变更的，应当在工商部门办理变更手续后30日内办理资质证书变更手续。

由国务院建设主管部门颁发的建设业企业资质证书，涉及企业名称变更的，应当向企业工商注册所在地省、自治区、直辖市人民政府建设主管部门提出变更申请，省、自治区、直辖市人民政府建设主管部门应当自受理申请之日起 2 日内将有关变更证明材料报国务院建设主管部门，由国务院建设主管部门在 2 日内办理变更手续。

前款规定以外的资质证书变更手续，由企业工商注册所在地的省、自治区、直辖市人民政府建设主管部门或者设区的市人民政府建设主管部门负责办理。省、自治区、直辖市人民政府建设主管部门或者设区的市人民政府建设主管部门应当自受理申请之日起 2 日内办理变更手续，并在办理资质证书变更手续后 15 日内将变更结果报国务院建设主管部门备案。

涉及铁路、交通、水利、信息产业、民航等方面的建设业企业资质证书的变更，办理变更手续的建设主管部门应当将企业资质变更情况告知同级有关部门。

第十八条 申请资质证书变更，应当提交以下材料：

（一）资质证书变更申请；

（二）企业法人营业执照复印件；

（三）建设业企业资质证书正、副本原件；

（四）与资质变更事项有关的证明材料。

企业改制的，除提供前款规定资料外，还应当提供改制重组方案、上级资产管理部门或者股东大会的批准决定、企业职工代表大会同意改制重组的决议。

第十九条 企业首次申请、增项申请建设业企业资质，不考核企业工程业绩，其资质等级按照最低资质等级核定。

已取得工程设计资质的企业首次申请同类别或相近类别的建设业企业资质的，可以将相应规模的工程总承包业绩作为工程业绩予以申报，但申请资质等级最高不超过其现有工程设计资质等级。

第二十条 企业合并的，合并后存续或者新设立的建设业企业可以承继合并前各方中较高的资质等级，但应当符合相应的资质等级条件。

企业分立的，分立后企业的资质等级，根据实际达到的资质条件，按照本规定的审批程序核定。

企业改制的，改制后不再符合资质标准的，应按其实际达到的资质标准及本规定申请重新核定；资质条件不发生变化的，按本规定第十八条办理。

第二十一条 取得建设业企业资质的企业，申请资质升级、资质增项，在申请之日起前一年内有下列情形之一的，资质许可机关不予批准企业的资质升级申请和增项申请：

（一）超越本企业资质等级或以其他企业的名义承揽工程，或允许其他企业或个人以本企业的名义承揽工程的；

（二）与建设单位或企业之间相互串通投标，或以行贿等不正当手段谋取中标的；

（三）未取得施工许可证擅自施工的；

（四）将承包的工程转包或违法分包的；

（五）违反国家工程建设强制性标准的；

（六）发生过较大生产安全事故或者发生过两起以上一般生产安全事故的；

（七）恶意拖欠分包企业工程款或者农民工工资的；

（八）隐瞒或谎报、拖延报告工程质量安全事故或破坏事故现场、阻碍对事故调查的；

（九）按照国家法律、法规和标准规定需要持证上岗的技术工种的作业人员未取得证书上岗，情节严重的；

（十）未依法履行工程质量保修义务或拖延履行保修义务，造成严重后果的；

（十一）涂改、倒卖、出租、出借或者以其他形式非法转让建设业企业资质证书；

（十二）其他违反法律、法规的行为。

第二十二条 企业领取新的建设业企业资质证书时，应当将原资质证书交回原发证机关予以注销。

企业需增补（含增加、更换、遗失补办）建设业企业资质证书的，应当持资质证书增补申请等材料向资质许可机关申请办理。遗失资质证书的，在申请补办前应当在公众媒体上刊登遗失声明。资质许可机关应当在 2 日内办理完毕。

第四章 监督管理

第二十三条 县级以上人民政府建设主管部门和其他有关部门应当依照有关法律、法规和本规定，加强对建设业企业资质的监督管理。

上级建设主管部门应当加强对下级建设主管部门资质管理工作的监督检查，及时纠正资质管理中的违法行为。

第二十四条 建设主管部门、其他有关部门履行监督检查职责时，有权采取下列措施：

（一）要求被检查单位提供建设业企业资质证书、注册执业人员的注册执业证书，有关施工业务的文档，有关质量管理、安全生产管理、档案管理、财务管理等企业内部管理制度的文件；

（二）进入被检查单位进行检查，查阅相关资料；

（三）纠正违反有关法律、法规和本规定及有关规范和标准的行为。

建设主管部门、其他有关部门依法对企业从事行政许可事项的活动进行监督检查时，应当将监督检查情况和处理结果予以记录，由监督检查人员签字后归档。

第二十五条 建设主管部门、其他有关部门在实施监督检查时，应当有两名以上监督检查人员参加，并出示执法证件，不得妨碍企业正常的生产经营活动，不得索取或者收受企业的财物，不得谋取其他利益。

有关单位和个人对依法进行的监督检查应当协助与配合，不得拒绝或者阻挠。

监督检查机关应当将监督检查的处理结果向社会公布。

第二十六条 建设业企业违法从事建设活动的，违法行为发生地的县级以上地方人民政府建设主管部门或者其他有关部门应当依法查处，并将违法事实、处理结果或处理建议及时告知该建设业企业的资质许可机关。

第二十七条 企业取得建设业企业资质后不再符合相应资质条件的，建设主管部门、其他有关部门根据利害关系人的请求或者依据职权，可以责令其限期改正；逾期不改的，资质许可机关可以撤回其资质。被撤回建设业企业资质的企业，可以申请资质许可机关按照其实际达到的资质标准，重新核定资质。

第二十八条 有下列情形之一的，资质许可机关或者其上级机关，根据利害关系人的请求或者依据职权，可以撤销建设业企业资质：

（一）资质许可机关工作人员滥用职权、玩忽职守作出准予建设业企业资质许可的；

（二）超越法定职权作出准予建设业企业资质许可的；

（三）违反法定程序作出准予建设业企业资质许可的；

（四）对不符合许可条件的申请人作出准予建设业企业资质许可的；

(五)依法可以撤销资质证书的其他情形。

以欺骗、贿赂等不正当手段取得建设业企业资质证书的,应当予以撤销。

第二十九条　有下列情形之一的,资质许可机关应当依法注销建设业企业资质,并公告其资质证书作废,建设业企业应当及时将资质证书交回资质许可机关:

(一)资质证书有效期届满,未依法申请延续的;

(二)建设业企业依法终止的;

(三)建设业企业资质依法被撤销、撤回或吊销的;

(四)法律、法规规定的应当注销资质的其他情形。

第三十条　有关部门应当将监督检查情况和处理意见及时告知资质许可机关。资质许可机关应当将涉及有关铁路、交通、水利、信息产业、民航等方面的建设业企业资质被撤回、撤销和注销的情况告知同级有关部门。

第三十一条　企业应当按照有关规定,向资质许可机关提供真实、准确、完整的企业信用档案信息。

企业的信用档案应当包括企业基本情况、业绩、工程质量和安全、合同履约等情况。被投诉举报和处理、行政处罚等情况应当作为不良行为记入其信用档案。

企业的信用档案信息按照有关规定向社会公示。

第五章　法律责任

第三十二条　申请人隐瞒有关情况或者提供虚假材料申请建设业企业资质的,不予受理或者不予行政许可,并给予警告,申请人在1年内不得再次申请建设业企业资质。

第三十三条　以欺骗、贿赂等不正当手段取得建设业企业资质证书的,由县级以上地方人民政府建设主管部门或者有关部门给予警告,并依法处以罚款,申请人3年内不得再次申请建设业企业资质。

第三十四条　建设业企业有本规定第二十一条行为之一,《中华人民共和国建设法》、《建设工程质量管理条例》和其他有关法律、法规对处罚机关和处罚方式有规定的,依照法律、法规的规定执行;法律、法规未作规定的,由县级以上地方人民政府建设主管部门或者其他有关部门给予警告,责令改正,并处1万元以上3万元以下的罚款。

第三十五条　建设业企业未按照本规定及时办理资质证书变更手续的,由县级以上地方人民政府建设主管部门责令限期办理;逾期不办理的,可处以1 000元以上1万元以下的罚款。

第三十六条　建设业企业未按照本规定要求提供建设业企业信用档案信息的,由县级以上地方人民政府建设主管部门或者其他有关部门给予警告,责令限期改正;逾期未改正的,可处以1 000元以上1万元以下的罚款。

第三十七条　县级以上地方人民政府建设主管部门依法给予建设业企业行政处罚的,应当将行政处罚决定以及给予行政处罚的事实、理由和依据,报国务院建设主管部门备案。

第三十八条　建设主管部门及其工作人员,违反本规定,有下列情形之一的,由其上级行政机关或者监察机关责令改正;情节严重的,对直接负责的主管人员和其他直接责任人员,依法给予行政处分:

(一)对不符合条件的申请人准予建设业企业资质许可的;

(二)对符合条件的申请人不予建设业企业资质许可或者不在法定期限内作出准予许可决

定的；

（三）对符合条件的申请不予受理或者未在法定期限内初审完毕的；

（四）利用职务上的便利，收受他人财物或者其他好处的；

（五）不依法履行监督管理职责或者监督不力，造成严重后果的。

第六章　附　　则

第三十九条　取得建设业企业资质证书的企业，可以从事资质许可范围相应等级的建设工程总承包业务，可以从事项目管理和相关的技术与管理服务。

第四十条　本规定自 2007 年 9 月 1 日起施行。2001 年 4 月 18 日建设部颁布的《建设业企业资质管理规定》（建设部令第 87 号）同时废止。

铁路建设工程招标投标实施办法

铁道部令第 8 号

2002 年第五次铁道部部长办公会议通过，现予公布，自 2002 年 10 月 1 日起施行。

二〇〇二年八月二十四日

铁路建设工程招标投标实施办法

第一章　总　　则

第一条　铁路建设工程是关系社会公共利益、公众安全的基础设施建设，必须依法进行招标投标。为规范铁路建设工程招标投标活动，保护国家利益、社会公共利益和招标投标当事人的合法权益，保证项目质量和公众安全，提高投资效益，依据《中华人民共和国招标投标法》和国家有关法律、法规，制定本实施办法。

第二条　本办法适用于新建、改建国家铁路、国家与地方或企业合资铁路、地方铁路的固定资产投资项目的施工、监理及与建设工程有关的重要设备和主要材料采购等的招标投标活动。

专用铁路和铁路专用线的建设项目可参照执行。

第三条　铁路建设项目达到以下规模和标准之一的必须进行招标：

(一)工程总投资 200 万元(含)以上或施工单项合同估算价在 100 万元人民币以上的；

(二)监理单项合同估算价在 10 万元人民币以上的；

(三)重要设备、主要材料采购单项合同估算价在 50 万元人民币以上的。

不足以上规模和标准的铁路建设项目参照本办法进行招标。

第四条　铁路建设工程招标投标活动应遵循公开、公平、公正、诚实信用的原则。

第五条　任何单位和个人不得将必须招标的铁路建设项目化整为零或者以其他任何方式规避招标。

第六条　必须招标的铁路建设项目，其招标投标活动不受地区或部门的限制。任何单位和个人不得违法限制或排斥本地区、本系统以外的具备相应资质的法人或其他组织参加投标，不得以任何方式非法干涉招标投标活动。

第七条　铁路建设工程招标投标活动受国家法律保护，招标投标活动及其当事人应当接受依法实施的监督。

第八条　国务院铁路主管部门及受其委托的部门归口管理全国铁路建设工程招标投标工作，主要职责是：

(一)贯彻国家有关招标投标的法律、法规，制定铁路建设工程招标投标管理的规章制度并监督实施；

(二)对铁路建设项目工程招标投标活动实施监督；

(三)审查招标人资质。

第九条　受国务院铁路主管部门委托的铁道部工程招标投标管理办公室和铁路局工程招标投标管理办公室(以下统称工程招投标管理办公室)按委托规定权限负责监督、检查铁路建设项目招标投标活动。

工程招投标管理办公室的主要职责是:

(一)宣传、贯彻有关建设工程招标投标法律、法规和规章制度;

(二)审查招标人、招标代理机构和标底编制单位资格;

(三)监督、检查招标投标当事人的招标投标行为是否符合法律、法规规定的权限和程序;

(四)对新建、改建国家铁路、国家与地方或企业合资铁路的招标计划、标底、评标办法、招标结果进行审查、核准;

(五)协调与省、市地方招标投标管理部门的工作关系;

(六)组建并管理招标评标委员会评委专家库。

第十条　铁路建设工程施工、监理及与建设工程有关的重要设备和主要材料采购等招标投标活动,除特殊情况经工程招投标管理办公室批准外,一律在铁路有形建设市场的交易中心进行。

第二章　招　　标

第十一条　铁路建设项目招标应具备下列条件:

(一)大中型建设项目可行性研究报告经国家批准,其他建设项目按规定已履行相应审批手续;

(二)有批准的设计文件(两阶段设计有初步设计文件,一阶段设计有施工图);

(三)建设资金已落实;

(四)建设项目管理机构已建立。

第十二条　铁路建设工程的招标人是依照本办法规定提出招标项目、负责组织招标活动的法人或其他组织。

第十三条　招标人的责任与权利

(一)责任

1. 发布招标公告及编制招标文件,负责组织招标;

2. 审查投标人资格;

3. 组织现场踏勘,解答和澄清招标文件中的问题;

4. 编制标底,组建评标委员会,编写评标报告;

5. 按招标文件和中标人的投标文件与中标人签订合同;

6. 对招标文件、合同条款与建设项目目标实现的差异承担责任;

7. 接受依法实施的监督,遵守招标投标有关法规,按规定保守秘密;

8. 负责招标档案的建立和保存。

(二)权利

1. 参加设计文件鉴定;

2. 按招标投标法律、法规,根据招标项目特点,经过资格审查选定投标人;

3. 具备自行招标条件的招标人有权自行办理招标,有权拒绝任何单位和个人强制其委托招标代理机构办理招标事宜。不具备自行招标条件的招标人,有权自行选择招标代理机构,委托办理招标事宜,拒绝任何单位和个人指定的招标代理机构;

4. 有权拒绝不符合招标文件要求的投标；

5. 按评标委员会的书面评标报告和推荐的中标候选人确定中标人。

第十四条 招标人可自行招标或委托招标。经项目审批部门核准招标人符合自行招标条件的，可以自行组织招标。不符合自行招标条件的，由招标人委托具有相应资质的招标代理机构办理招标事宜。

第十五条 招标人自行组织招标时必须具备下列条件：

(一)具有项目法人资格(或法人资格)；

(二)有与建设项目规模相适应的，熟悉和掌握招标投标法律、法规、规章的专业齐全的技术、经济管理人员；

(三)具有编制招标文件、审查投标人资格和组织开标、评标、定标的能力；

(四)设有财务机构和具有会计从业资格的人员，能按有关法规进行财务管理和独立的会计核算；

(五)资质等级与建设项目的投资规模相适应，有从事同类铁路建设项目招标的经验。

第十六条 招标人自行招标应在上报可行性研究报告时向项目审批部门报送下列书面材料，经核准后方能自行招标：

(一)项目法人营业执照、法人证书或项目法人组建的文件；

(二)与招标项目相适应的专业技术力量情况，包括工程技术、概(预)算、财务和工程管理人员的高、中、初级职称的人数；

(三)内设的招标机构或专职招标人员的基本情况；

(四)拟使用的评委专家库；

(五)以往编制的同类建设项目招标文件和评标报告，以及招标业绩的证明材料；

(六)其他材料。

在报送可行性研究报告前，需通过招标方式或其他方式确定勘察、设计单位开展前期工作的，应在上述书面材料中说明。

第十七条 任何单位和个人不得限制招标人自行办理招标事宜，不得强制其委托招标代理机构办理招标事宜。不得为招标人指定招标代理机构。也不得拒绝办理工程建设的有关手续。

第十八条 委托招标应遵守下列规定：

(一)招标人与招标代理机构应签订委托代理合同，招标代理机构在招标人委托的范围内办理招标事宜，并遵守本办法关于招标人的规定；

(二)招标代理机构应维护招标人的合法权益，对招标文件、评标办法、评标报告等的科学性、准确性负责，不得向外泄漏有关情况，影响公正、公平竞争；

(三)招标代理机构不得接受已代理的同一招标项目的投标咨询业务，不得转让招标代理；

(四)招标代理机构与行政机关和其他国家机关及投标人不得有隶属关系或其他利益关系。

第十九条 招标分为公开招标和邀请招标。必须招标的铁路建设工程项目均应公开招标。公开招标项目的招标人必须以招标公告的方式邀请不特定的法人或其他组织投标。

不适宜公开招标的项目，经项目审批部门批准，可以采用邀请招标。招标人以投标邀请书的形式邀请三个以上具备承担招标项目的能力、资信良好的特定投标人投标。投标邀请书的内容可比照招标公告。

第二十条　招标公告应在《中国日报》、《中国经济导报》、《中国建设报》、《中国采购与招标网》等至少一家媒介上发布，其中，必须招标的国际招标项目的招标公告应在《中国日报》发布。同时应将招标公告抄送指定网络。公告发布手续由铁路有形建设市场的交易中心归口对指定媒介办理，同时在交易中心网站发布。

招标公告的内容包括：

（一）招标人的名称和地址；

（二）招标项目的名称、资金来源、内容、规模、实施的地点和工期；

（三）获取资格审查文件和招标文件的办法、地点和时间；

（四）对投标人资质条件的要求；

（五）招标的日程安排；

（六）对资格预审文件和招标文件收取的费用。

第二十一条　铁路建设工程招标程序如下：

（一）编制、报批招标计划；

（二）发布招标公告；

（三）申请投标；

（四）审查投标资格；

（五）发售招标文件；

（六）召开标前会；

（七）递送投标文件；

（八）确定评标方案、标底；

（九）开标、评标、定标；

（十）核准招标结果，发中标通知书；

（十一）上报招标投标情况的书面报告；

（十二）承发包合同签订与登记。

第二十二条　招标人应提出招标计划报工程招投标管理办公室审批，招标计划应包括以下内容：

（一）工程项目概况，招标依据，招标方式、范围和内容；

（二）标段划分依据及数量，每个标段的主要工程量及估价；

（三）投标人选择标段的方式；

（四）招标时间安排和地点；

（五）评委会组成方案，从专家库中选择专家的专业分类、人数；

（六）建议定标方式。

第二十三条　招标文件的编制应符合下列要求

（一）招标文件包括以下主要内容：

1. 投标邀请书；

2. 投标人须知；

3. 合同条件；

4. 技术规范；

5. 图纸；

6. 工程量清单；

7. 投标书格式及投标保证；

8. 辅助资料表及各类文件格式；

9. 履约保证金；

10. 合同协议书；

11. 评标的标准和方法；

12. 国家对招标项目的技术、标准有规定的，应按照其规定在招标文件中提出相应要求；

13. 招标文件应对技术标和商务标的划分、内容要求、密封、标志、递交投标文件和开标等作出具体规定。

（二）招标文件应载明：严禁中标人转包工程，中标人不得将招标项目的主体、关键工程进行分包；重要的设备和主要材料的招标范围，其他设备和材料的采购供应方式；开标时的唱标内容。

（三）招标文件不得规定任何不合理的标准、要求和程序，不得要求或者标明特定的生产供应者，不得含有倾向或排斥潜在投标人的内容，不得强制投标人组成联合体或限制投标人之间的竞争。

第二十四条 招标文件发出后，招标人不得擅自变更和增加附加条件，确需进行必要的澄清或修改，应在招标文件要求提交投标文件截止时间至少 15 日前，以书面形式通知所有招标文件的收受人。澄清或修改内容以及对投标人所提问题的书面答复均为招标文件的组成部分。

第二十五条 标段划分应符合下列要求：

（一）标段不宜过小；

（二）根据工程项目的特点，考虑工程的整体性、专业性；

（三）有利于组织工程建设和管理，工程衔接和相关工程的配合，场地平面布置，大型临时设施、过渡工程和辅助工程的合理配置，分段施工、分期投产、分期受益。

第二十六条 招标人应按招标公告和招标文件载明的条件对潜在投标人进行资格审查。资格审查分为资格预审和资格后审。资格预审是指在投标前对潜在投标人进行的资格审查，资格后审是指在开标后对投标人的资格审查。采取资格预审的，招标人应当在资格预审文件中载明资格预审的条件；采取资格后审的，招标人应当在招标文件中载明对投标人的资格要求。

第二十七条 资格审查一般应审查潜在投标人是否符合下列条件：

（一）具有独立签订合同的资格；

（二）具有与招标项目相适应的资质证书、生产许可证或特许证等；

（三）具有有效履行合同的能力；

（四）以往承担类似项目的业绩情况；

（五）没有处于被责令停业，暂停投标期限，财产被接管、冻结，破产状态等；

（六）近两年内没有与骗取合同有关的犯罪或严重违法行为；

（七）近一年无重大质量、安全事故及既有线施工造成的铁路行车重大、大事故；

（八）投标联合体还应符合本办法第三十五条规定的资格条件。

国家对投标人资格条件有规定的，依照其规定。

第二十八条 招标人应将资格审查结果通知潜在投标人，并在铁路有形建设市场的交易中心公布资格审查合格的潜在投标人。只有资格审查合格的潜在投标人才能购买招标文件。

第二十九条　招标人可按下列原则和方式确定潜在投标人投标标段：

（一）若潜在投标人自报投标标段，资格审查通过后即为潜在投标人投标标段；

（二）考虑资格审查通过的潜在投标人的专业特长确定投标标段；

（三）结合资格审查通过的潜在投标人的企业规模，做到投标机会基本公平。

第三十条　招标人应组织召开有购买招标文件的潜在投标人参加的标前会。标前会的内容包括：

（一）招标人介绍招标文件和工程概况，设计单位介绍设计情况。

（二）现场踏勘。可根据项目的具体情况，由招标人统一组织或明确由潜在投标人自行进行。

（三）潜在投标人提出问题，招标人答疑。

提出问题应以书面方式，答复问题以书面形式通知所有招标文件收受人。

第三十一条　招标人不得与投标人串通，不得向他人透露已获取招标文件的潜在投标人的名称、数量以及可能影响公平竞争的有关招标投标的其他情况。

第三十二条　招标中各项工作的期限应满足下列要求：

（一）向交易中心报送招标公告资料至发售招标资格审查文件一般不少于 12 日。

（二）招标人发售资格审查文件至潜在投标人报送资格审查申请文件一般不少于 7 日。

（三）潜在投标人向招标人提出的问题一般应在提交投标文件截止时间 16 日前，过时不予受理。

（四）自招标文件开始发售之时起至提交投标文件截止之时止不得少于 20 日。

（五）评委专家的产生时间：开标前 1～3 日。

（六）评标时间：从开标至推荐中标候选人一般在 15 日之内完成。

（七）招标人应于确定中标人后 5 日内，向工程招投标管理办公室上报招标结果，工程招投标管理办公室核准时间不超过 5 个工作日。

（八）中标通知书发出时间应不超过招标文件载明的投标文件的有效期。

（九）自中标通知书发出之日起，30 日内签订书面合同。

第三十三条　出现下列情况，招标人必须按本办法的规定重新招标：

（一）一个招标标段递交投标文件的投标人少于三个；

（二）一个招标标段所有投标人递交的投标文件，符合本办法第三十七条的有效投标文件少于三个；

（三）所有投标被评标委员会否决；

（四）投标人放弃中标，其余又无有效的中标候选人；

（五）由于行为人的违法行为中标无效，其余又无有效的中标候选人；

（六）经主管部门批准，其他原因需要重新招标的。

第三章　投　　标

第三十四条　必须招标的铁路建设工程项目的投标人应具备下列条件：

（一）经工商行政管理部门注册登记核准的营业执照；

（二）与招标工程相应的铁路行业资质条件，承担招标项目的相应能力；

（三）重要设备、主要材料的产品生产许可证或特许证；

（四）开户银行的资信证明；

(五)社会中介机构对年度财务报表出具的年审报告。

第三十五条 由两个以上的法人或者其他组织组成联合体共同投标的应符合下列要求：

(一)联合体投标人的资格条件：

1. 联合体各方均应符合本办法第三十四条的条件；

2. 国家有关规定或者招标文件对投标人资格条件有规定的，联合体各方均应具备规定的相应条件；

3. 由同一专业的各方组成的联合体，按照资质等级较低的一方考核。

(二)联合体各方应当签订共同投标协议，约定各方拟承担的工作和责任，明确联合体代表及授权。联合体代表在协议授权的范围内代表联合体各方处理有关问题。

(三)联合体中标的，联合体各方应当共同与招标人签订合同，就中标项目向招标人承担连带责任。

第三十六条 投标人的权利与义务：

(一)权利

1. 有权决定参加或不参加投标；

2. 在提交投标文件截止时间前有权补充、修改以至撤回投标文件；

3. 有权要求招标人书面澄清招标文件中词义表达不清、遗漏的内容或对比较复杂的事项进行说明；

4. 当自己的权益受到损害或认为招投标活动不符合有关法律、法规规定时，有权向招标人提出异议或依法向有关行政部门投诉。

(二)义务

1. 接受依法实施的监督，遵守招标投标法律、法规和招标文件的规定，遵循诚实信用原则，公平竞争；对投标文件的真实性负责；

2. 按评标委员会的要求对投标文件中含义不明确的内容作必要的澄清或者说明，但不得超出投标文件范围或者改变投标文件实质内容；

3. 按规定提供投标保证金、履约保证金或其他经济担保；

4. 中标通知书发出后在规定期限内，按招标文件和中标的投标文件与招标人签订合同。

第三十七条 投标文件的编制应符合下列要求：

(一)投标人应当严格按招标文件的要求编制投标文件，投标文件应对招标文件提出的实质性要求作出响应，即对招标项目的价格和其他商务条件、项目的计划和组织实施安排、技术规范、合同主要条款等作出响应。

投标人拟投标项目的预定项目经理(总监理工程师)必须参与投标文件的编制。

(二)投标文件一般应包括以下内容：

1. 投标书；

2. 法定代表人证书或授权书；

3. 各种投标保证；

4. 投标价格及有关分析资料；

5. 投标项目的实施或重要设备和主要材料供应方案及说明；

6. 投标项目达到的目标及措施；

7. 投标保证金和其他担保；

8. 项目管理或监理机构主要负责人和专业人员资格的简历、业绩；

9. 完成项目的主要设备和检测仪器；

10. 招标文件要求的其他内容。

(三)技术标文件和商务标文件应分别编写。

(四)投标人拟在中标后将中标项目的部分非主体、非关键工程进行分包的，应在投标文件中说明，并将分包人的资质证明文件载入投标文件。

(五)投标人组成联合体投标的，应在投标文件中说明，并将各方联合投标的协议载入投标文件。

(六)除有变化和招标文件规定外，投标文件中不再重复资格审查申请文件已报送的资料。

(七)投标人在规定提交投标文件的截止时间前，以书面方式对已提交投标文件的补充、修改内容，为投标文件的组成内容。

第三十八条　投标人应当在招标文件要求提交投标文件的截止时间前，将投标文件密封送达招标地点。

招标人在收到投标文件后，应当向投标人出具标明签收人和签收时间的凭证，对投标文件要妥善保存并不得开启。

第四章　评标委员会和评标办法

第三十九条　评标委员会由招标人依法组建，负责人由招标人确定。

评标委员会成员人数，铁路大中型建设项目为 7 人以上、其他建设项目为 5 人以上，均应为单数。其中招标人代表不得多于总人数的三分之一，技术、经济方面的专家名额不得少于总人数的三分之二。技术、经济专家于开标前 1～3 天在工程招投标管理办公室的监督下，由招标人从评委专家库相应专业中随机抽取。每次可抽取与评委专家名额相同的备选评委专家。

技术特别复杂、专业性要求特别高或者国家有特殊要求的招标项目，采取随机抽取方式确定的专家难以胜任的，可以由招标人直接确定。

评标委员会可根据需要安排工作人员负责评标的具体事务性工作。

第四十条　抽取的评委专家与招标人、投标人有利害关系或因故不能出席的，应从备选评委专家中依次递补。

评委专家确定后由招标人通知评委专家本人，其名单在中标结果确定前应严格保密。

第四十一条　评标委员会职责

(一)按评标办法评审投标文件；

(二)编写评标报告，向招标人推荐中标候选人(按顺序列出第 1、2、3 名)，或根据招标人的授权直接确定中标人；

(三)负责评标工作，接受依法实施的监督。

第四十二条　评标办法应遵循下列原则

(一)评标办法应根据选定的评标方法(即最低评标价法、综合评分法、合理最低投标价法三种之一)制定。

(二)评标办法应详细、具体，便于操作，避免随意性。内容、标准应与招标文件一致，条件尽可能量化。技术标文件和商务标文件应分开评审，技术标文件作为暗标先评审，技术标文件未通过的，商务标文件不再参加评审。

(三)评标方法若采用综合评分法，报价评分比例不宜超过百分之四十，报价较标底的增减幅度应拉开分差。

(四)国家对特定的招标项目的评标有特别规定的，从其规定。

(五)评标办法经工程招投标管理办公室审核确定后应即时密封，待开标会上当场启封公布。评标办法公布后，其内容不得作任何修改。

第四十三条 招标项目需要编制标底的，由招标人自行编制或委托经主管部门批准具有编制标底能力的中介机构代理编制。

第四十四条 编制标底应遵循以下依据和原则

(一)依据

1. 招标文件的商务条款及其他规定；

2. 批复的设计文件及概算；

3. 工程施工组织设计，重要设备和主要材料供应计划；

4. 国务院铁路及建设主管部门颁发的概算定额、费用标准和有关规定。

(二)原则

1. 标底价格应根据市场情况，力求科学、合理，有利于竞争和保证项目质量；

2. 标底的计价内容、依据应与批准的设计文件和招标文件一致；

3. 按招标文件工程量清单的工程项目划分、统一计量单位和工程量计算规则确定工程数量和编制标底；

4. 不由投标人承包的项目及费用不计入标底；

5. 标底价格由成本、利润、税金等组成。按概算章、节编制，应低于招标概算，即批准的设计概算中招标项目的概算金额。

6. 一个标段只能编制一个标底。

第四十五条 标底经工程招投标管理办公室审核确定后应即时密封，待开标会上当场启封公布。

第五章 开　　标

第四十六条 开标应按招标文件规定的时间，在交易中心举行。

第四十七条 开标由招标人主持。邀请所有投标人、监督部门代表等参加。必要时招标人可委托公证部门的公证人员对整个开标过程依法进行公证。

第四十八条 开标会按以下程序进行：

(一)宣布参加开标会的投标人及法定代表人或委托代理人名单。

(二)介绍招标项目的有关情况。

(三)公布评标、定标办法。宣布开标顺序和唱标主要内容。

(四)请投标人代表确认投标文件的密封完整性。

当众检验、启封投标文件和补充、修改函件。

(五)宣读投标文件的主要内容：

1. 必须按当场启封的投标文件正本宣读；

2. 在提交投标文件截止时间前收到的所有投标文件和对投标文件的补充、修改函件都应当当众予以宣读。

(六)当众启封、公布标底。

(七)当场作出开标记录，并由招标人、投标人法定代表人或委托代理人在记录上签字，确认开标结果。

第六章　评　标

第四十九条　招标人应根据评标工作量和难易程度安排足够的评标时间，并采取必要的措施，保证评标在严格保密的情况下进行。避免任何单位和个人非法干预、影响评标过程和结果。

评标委员会应组织全体评标委员学习有关规定和保密要求，宣布评标纪律，熟悉招标文件和评标办法。

第五十条　评标只对有效投标文件进行评审，有下列情形之一的属于无效投标文件：

（一）逾期送达；

（二）未按规定密封；

（三）投标人的法定代表人或委托代理人未参加开标会；

（四）未按招标文件规定提交投标保证金；

（五）未同时加盖投标人和法定代表人或委托代理人的印鉴或签字（含投标联合体各方）；

（六）实质性内容不全或数据模糊、辨认不清或者拒不按照要求对投标文件进行澄清、说明或补正的；

（七）投标人未对招标文件作出实质性的响应或与招标文件有重大的偏离；

（八）投标人有《中华人民共和国反不正当竞争法》所列的不正当竞争行为；

（九）投标人在同一个投标段，提交一个以上的标价或自行投标又参加联合体投标或同时参加一个以上联合体投标；

（十）在技术标文件中显示或暗示投标人的。

第五十一条　评标应按照招标文件和评标办法规定的标准和方法进行。不得采用招标文件和评标办法未列明的标准和方法；不得改变招标文件和评标办法规定的标准和方法；也不得在招标文件和评标办法规定的评审内容之外增加和延伸评审内容。

第五十二条　评标过程中评标委员会可以要求投标人对投标文件中含义不明确的内容以书面方式作必要的澄清或说明，但澄清或者说明不得超出投标文件的范围，不得改变投标文件的实质内容。评标委员会不得向投标人提出超出招标文件范围的问题，不得与投标人就投标价格和投标方案进行实质性谈判。

第五十三条　评标委员应在阅读投标文件的基础上，对同一标段各投标文件同一评审分项进行横向比较，客观、公正、独立的提出评审意见。不得采取事先议论某标段可能中标的总体意向后再评审，不得有迎合任何人评标意图的倾向，不得以分项评审人的评审意见代替其余评标委员的意见。

经评标委员会评审，认为所有的投标都不符合招标文件的要求，可以否决所有投标，对低于成本价格的投标应予否决。

第五十四条　经评审具备下列条件之一，应推荐为第一中标候选人：

（一）若采用最低评标价法，评标价最低的投标人；

（二）若采用综合评分法，平均分最高的投标人；

（三）若采用合理最低投标价法，能够满足招标文件各项要求，投标价格最低（但低于成本的除外）的投标人。

若有不同意见，以多数评标委员的意见为准。

第五十五条 评标委员会全体委员应对评标结果经签字确认，并向招标人提出书面评标报告和推荐中标候选人。评标委员对中标候选人有不同意见在评标报告中说明。

第七章 中 标

第五十六条 中标人的投标应当符合下列条件之一：

(一)能最大限度的满足招标文件中规定的各项综合评标标准；综合评分最高；

(二)能够满足招标文件的实质性要求，并且经评审的投标价格最低；但是投标价格低于成本的除外。

第五十七条 招标人应根据评标委员会的书面评标报告和推荐的中标候选人确定排名第一的中标候选人为中标人。排名领先的中标候选人放弃中标、因不可抗力提出不能履行合同，或者招标文件规定应当提交履约保证金而在规定的期限内未能提交的，可以确定顺延排名的中标候选人为中标人。

招标人可以授权评标委员会直接确定中标人。

第五十八条 招标人在确定中标人 5 日内，将招标结果书面报工程招投标管理办公室。书面报告的内容包括：中标人，中标标段的招标概算、标底、中标价、降造幅度、评分，评标报告等。

招标人的书面评标报告经工程招投标管理办公室核准后，招标人应向中标人发出中标通知书，并同时将中标结果通知所有未中标的投标人。

第五十九条 经国家计委核准自行招标的铁路建设项目，招标人在最终确定中标人之日起 15 日内向国家计委提交招标投标情况的书面报告，同时抄送国务院铁路主管部门。书面报告至少应包括下列内容：

(一)招标方式和发布招标公告的媒介；

(二)招标文件中投标人须知、技术标准、评标标准和方法、合同主要条款等内容；

(三)评标委员会的组成和评标报告；

(四)中标结果。

第六十条 招标文件规定提交履约保证金的，中标人应在收到中标通知书后、签订合同前按规定提交履约保证金。若中标人未按期或拒绝提交履约保证金，可视为放弃中标项目，中标人依法承担法律责任。招标人可以从其余仍然有效的中标候选排序最前的投标人选取中标人，签订合同。

第六十一条 中标人在提交履约保证金的同时，应按中标的承诺，将中标项目的项目经理的资质证书原件交由招标人保存。该项目经理在合同履行期间不得在其他建设工程项目任职。

第六十二条 招标人与中标人应当自中标通知书发出之日起 30 日内，按照招标文件和中标人的投标文件订立书面合同，并在签订合同后 5 个工作日内向中标人和未中标的投标人退还投标保证金。

招标人和中标人不得再订立背离合同实质性内容的其他协议。招标人不得对中标人的中标工程指定分包或将任务切割。

双方当事人应按招、投标文件的承诺和合同约定履行义务。中标人在投标文件中承诺的人员、装备，一般不允许更换；因特殊原因需要更换时，必须经招标人同意，且技术能力不得低于资格审查和投标时的水平。

第八章　罚　　则

第六十三条　招标投标有关当事人在招标投标活动中，发生违法行为的，依据《中华人民共和国招标投标法》规定承担相应法律责任。

国务院铁路主管部门依据《中华人民共和国招标投标法》和本办法对违法行为进行行政处罚。受国务院铁路主管部门委托的部门，认为需要进行行政处罚时，报国务院铁路主管部门批准后实施。

第六十四条　必须进行招标的项目而不招标的，将必须进行招标的项目化整为零或者以其他任何方式规避招标的，限期改正，可以处项目合同金额千分之五以上千分之十以下的罚款；对全部或者部分使用国有资金的项目，可以暂停项目执行或者暂停资金拨付；对单位直接负责的主管人员和其他直接责任人依法给予处分。

第六十五条　招标代理机构泄露应当保密的与招标投标活动有关的情况和资料的，或者与招标人、投标人串通损害国家利益、社会公共利益或者他人合法权益的，处五万元以上二十五万元以下的罚款，对单位直接负责的主管人员和其他直接责任人员处单位罚款数额百分之五以上百分之十以下的罚款；有违法所得的，并处没收违法所得；情节严重的，暂停直至取消招标代理机构资格；构成犯罪的，依法追究刑事责任。给他人造成损失的，依法承担赔偿责任。

前款所列行为影响中标结果的，中标无效。

第六十六条　招标人以不合理的条件限制或者排斥潜在投标人的，对潜在投标人实行歧视待遇的，强制要求投标人组织联合体共同投标的，或者限制投标人之间竞争的，责令改正，可以处一万元以上五万元以下的罚款。

第六十七条　招标人向他人透露已获取招标文件的潜在投标人的名称、数量或者可能影响公平竞争的有关招标投标的其他情况的，或者泄露标底的，给予警告，可以并处一万元以上十万元以下的罚款；对单位直接负责的主管人员和其他直接责任人依法给予处分；构成犯罪的，依法追究刑事责任。

前款所列行为影响中标结果的，中标无效。

第六十八条　投标人相互串通投标或者与招标人串通投标的，投标人以向招标人或者评标委员会成员行贿的手段谋取中标的，中标无效，处中标项目金额千分之五以上千分之十以下的罚款，对单位直接负责的主管人员和其他直接责任人员处单位罚款数额百分之五以上百分之十以下的罚款；有违法所得的并处没收违法所得；情节严重的，取消其一年至二年参加招标项目的投标资格并予以公告，直至由主管部门建议工商行政管理机关吊销营业执照；构成犯罪的，依法追究刑事责任。给他人造成损失的，依法承担赔偿责任。

第六十九条　投标人以他人名义投标或者以其他方式弄虚作假、骗取中标的，中标无效；处中标项目金额千分之五以上千分之十以下的罚款，对单位直接负责的主管人员和其他直接责任人员处单位罚款数额百分之五以上百分之十以下的罚款；有违法所得的，并处没收违法所得；情节严重的，取消其一年至三年内参加招标项目的投标资格并予以公告，直至由主管部门建议工商行政管理机关吊销营业执照；给招标人造成损失的，依法承担赔偿责任；构成犯罪的，依法追究刑事责任。

第七十条　招标人与投标人就投标价格、投标方案等实质性内容进行谈判的，给予警告，对单位直接负责的主管人员和其他直接责任人员依法给予处分。

影响中标结果的，中标无效。

第七十一条　评标委员会成员收受投标人的财物或者其他好处的，评标委员会成员或者参加评标的有关工作人员向他人透露对投标文件的评审和比较、中标候选人的推荐以及与评标有关的其他情况的，给予警告，没收收受的财物，可以并处三千元以上五万元以下的罚款，对有所列违法行为的评标委员会成员，取消担任评标委员会成员的资格，不得参加任何招标项目的评标；构成犯罪的，依法追究刑事责任。

第七十二条 招标人在评标委员会依法推荐的中标候选人以外确定中标人的，在所有投标被评标委员会否决后自行确定中标人的，中标无效，责令改正。

可以处中标项目金额千分之五以上千分之十以下的罚款；对单位直接负责的主管人员和其他直接责任人员依法给予处分。

第七十三条 中标人将中标项目转让给他人的，将中标项目肢解后分别转让给他人的，将中标项目的部分主体、关键性工程分包给他人的，或者分包人再次分包的，转让、分包无效，处转让、分包项目金额千分之五以上千分之十以下的罚款；有违法所得的，并处没收违法所得；可以责令停业整顿；情况严重的，由主管部门建议工商行政管理机关吊销营业执照。

第七十四条 招标人与中标人不按照招标文件和中标人的投标文件订立合同，或者招标人、中标人订立背离合同实质性内容的协议的，责令改正；可以处中标项目金额千分之五以上千分之十以下的罚款。

第七十五条 中标人不履行与招标人订立的合同的，履约保证金不予退还，给招标人造成的损失超过履约保证金数额的，应当对超过部分予以赔偿；没有提交履约保证金的，应当对招标人的损失承担赔偿责任。

中标人不按照与招标人订立的合同履行义务，情节严重的，取消其二年至五年内参加招标项目的投标资格并予以公告，直至由工商行政管理机关吊销营业执照。

前两项规定不包括因不可抗力不能履行合同的。

第七十六条 由于招标人自身原因违约，使得中标人无法签订合同的，招标人应对中标人的损失承担赔偿责任。

第七十七条 限制或者排斥本地区、本系统以外的法人或者其他组织参加投标的，为招标人指定招标代理机构的，强制招标人委托招标代理机构办理招标事宜的，或者以其他方式干涉招标投标活动的，责令改正；对单位直接负责的主管人员和其他直接责任人员依法给予警告、记过、记大过的处分，情节较重的，依法给予降级、撤职、开除的处分。

第七十八条 对招标投标活动依法负有行政监督职责的国家机关工作人员徇私舞弊、滥用职权或者玩忽职守，构成犯罪的，依法追究刑事责任；不构成犯罪的，依法给予行政处分。

第九章 附 则

第七十九条 必须招标的铁路建设项目使用国际组织或者外国政府贷款、援助资金进行招标，贷款方、资金提供方对招标投标的具体条件和程序有不同规定的，可以适用其规定，但违背中华人民共和国的社会公共利益的除外。

第八十条 本实施办法中所涉及的资格预审文件、资格预审办法、招标文件（含工程量清单）、评标办法的示范文本和招标档案的目录，应按照各类招标实施细则的规定编制。

第八十一条 本实施办法生效后，必须招标的铁路建设项目招标投标活动一律以本办法为准。

第八十二条 铁路建设工程勘察、设计招标投标实施办法另行制定。

第八十三条 本办法自2002年10月1日起施行。

第八十四条 本办法由国务院铁路主管部门负责解释。